JN108264

図説

近世城郭の作事

天守 編

三浦正幸
Masayuki Miura

原書房

目次

第三章

天守の容姿

第四章

代表的な天守

はじめに

三浦正幸

多数あった中世城郭

飛鳥時代以来、全国に城は四万から五万もの数が築かれたが、その大多数は南北朝時代から室町時代までの間、すなわち中世の中・後期に築かれた城であった。それらは中世城郭と呼ばれるものである。その時期の武士や雑兵《ぞうひょう》の総人数を仮に多めの百万人としても、一城当たりの兵力はわずか二十数人となってしまう。したがって中世城郭の規模は極めて小さい。

中世の城主の大多数は、在地領主と呼ばれる武士たちであった。主に地頭の系統を引く国人《こくじん》（国衆《くにしゅう》）らが中核を占め、土豪《どごう》・地侍《じざむらい》（所領を直接に経営する武士）などから新興した小領主も加わり、下克上と押領（他者の所領を武力で奪うこと）の風潮で十六世紀になると混乱の極みに達した。周囲の領主の侵略から自己の所領を守る防衛のために、また領民から年貢を取り立てる威嚇のために在地領主らはこぞって城を築いた。中世城郭がやたらに数多いのは、中小領主層がひしめいていたからに外ならない。

在地領主らの勢力は、近世（安土桃山時代・江戸時代）の大名と比べると格段に弱小だった。したがって築城に必要な労力や資材が乏しかったため、城の防備の基本は、急な斜面、深い谷、あるいは広い川や沼地、行軍が困難な湿地や水田（深田・浅田に区別）といった地形をできるだけ利用し、堀・土塁《どるい》や塀・木柵などの人工的な構築物は手薄なところに限って設けた。防備に有効な地形を要害といい、中世城郭は要害の地を選んで築かれた。そのため、おのずと要害堅固な山の上に城が築かれることが多く、一般的に中世城郭は山城《やまじろ》であった。

しかし、山城は生活に不便なので、領主らは山麓などの平地に居館を別に営んで住んでいた。山城には小人数の番兵が駐留しており、番小屋として十二畳大ぐらいの粗末な掘立小屋が設けられていた。城主の居館は館（タテ・タチ・ヤカタなど地方によって読み方が相違）や屋形《やかた》と呼ばれ、そのため城主は「お屋形様」と呼ばれることが多い。山城の山麓に設けられた居館は特に根小屋《ねごや》ともいう。居館は周囲を堀や土居《どい》（土塁の古称、土手ともいう）で囲んで一応の防備がなされていたが、強敵に攻められた時には山城へ逃げ込んだ。

石垣と天守は近世城郭の特徴

日本の現代都市の多くは、江戸時代の城下町から発展した。城下町を従え、石垣と水堀に囲まれ、天守が聳《そび》えるという形態は、近世城郭の特徴である。そうした近世城郭の基は織田信長が創始したもので、豊臣秀吉そして徳川家康による天下統一にともなって城の形態も近世城郭に統一され、瞬く間に全国に広まっていった。近世城郭の数は約四百であり、その半数が明治維新まで存続した。数が少ない分、規模は壮大で、城主は将軍や大名らであった。

中世の在地領主らは淘汰されて多くは滅亡し、あるいは大名の家臣となって自己の城を失い、城下町の住人となった。近世の大名には、佐竹・上杉・島津のような守護などの名門の武家や、毛利《もうり》・真田《さなだ》など大きく勢力を拡大した在地領主の系統の者もいたが、大名の多くは織田信長・豊臣秀吉・徳川家康の家臣として頭角を現した者たちだった。

さて、近世になると城には、広い水堀、高い石垣、天守（天守代用の三重櫓を含む）、城内の御殿、城下町といった五点が備わった。この五点が近世城郭の基本的な要素である。石材が乏しい関東地方では石垣が普及せず、また近世城郭自体の普及が後れた東北地方では石垣や天守をもたない城も少なくなかったが、五点のうちの何点かを備えていれば立派な近世城郭なのである。

中世城郭の掘立柱建築（愛媛県河後森城の復元馬小屋）

それに対して中世城郭には、そうした要素がそもそもなかった。中世においては、山城であるため堀は水のない空堀《からぼり》ばかりで、石垣はあっても低い土留め程度のものであった。中世の山城と居館（御殿）は分離しているのが一般的で、家臣団は数が少ないばかりか半農半武の者が多く、商人も城の近くには定住せず、したがって城下町は未発達だった。中世には城郭建築自体も粗末であって、掘立柱の小屋が主流であり、城門や櫓にも瓦は使われず板葺《いたぶき》や柿葺《こけらぶき》・茅葺《かやぶき》がもっぱらであった。現代人が普通に「城」と思っているのは、数の多い中世城郭ではなく、数の少ない近世城郭なのである。

建物の種類が豊富な近世城郭

ところで、近世城郭の象徴は、織田信長が創始した天守（本来は「天主」と書かれた。詳しくは後述）であろう。天守の印象は強烈で、現代人の多くは天守を「お城」と呼んでいる。だが正しくは、天守は城の構成要素の一つにすぎない。江戸時代においては、天守は象徴ではあったが、通常はただの空き家になっていた。城主すなわち大名（藩主）が住み、藩政を執った御殿のほうこそ「お城」であった。例を挙げると、名古屋城では、天守が聳える本丸は将軍上洛の際に宿舎とされるため通常は空き家であって、尾張藩主が居住した二の丸（二の丸御殿）のほうが藩士らから「御城」と呼ばれていたのである。

さて、本書「天守編」と続巻「櫓・城門編」では、天守だけではなく、近世城郭にあった城郭建築の総てについて詳しく記したい。副天守である小天守《こてんしゅ》、要所要所に建てられて防備の要となっていた櫓《やぐら》（矢倉《やぐら》）、敵の侵入を食い止める城門、防衛線となる土塀《どべい》である。櫓は、屋根の重数によって三重櫓・二重櫓・平櫓《ひらやぐら》に分かれ、また細長い多門櫓《たもんやぐら》、天守や城門に付属する付櫓《つけやぐら》や続櫓《つづきやぐら》などがあり、さらに用途や格納する資材によって太鼓櫓・月見櫓・台所櫓・塩櫓・糒《ほしいい》（干飯《ほしいい》）櫓《やぐら》・鉄砲櫓・弓櫓など多種多様である。城門も形式によって櫓門・高麗門《こうらいもん》・薬医門《やくいもん》・埋門《うずみもん》・長屋門などに分かれ、位置や役割によって大手門・搦手門《からめてもん》・不開《あかずの》門《もん》・太鼓門《たいこもん》などと呼び分けられる。何とも複雑であるが、本書では高度でありながら分かりやすく解説したい。

普請と作事

建築物を造る工事を江戸時代には「作事《さくじ》」と称した。それに対して、堀・石垣・土居の築造は「普請《ふしん》」と称した。要するに建築工事が作事で、土木工事が普請である。したがって、本書「天守編」と続巻「櫓・城門編」の内容は、城の作事すなわち城郭建築である。城郭建築は土木構造物よりも華やかで目立つが、築城の工事量は普請が七割から八割を占め、作事は城普請の脇役だったことも念頭に置いていただきたい。

元和元年（一六一五）に二代将軍徳川秀忠が武家諸法度《ぶけしょはっと》という禁令を諸大名に公布したが、それには城に関する禁令が含まれていた。城の新たな普請と作事を厳しく禁止し、修理であっても幕府に届け出て将軍の裁許を受ける定めであった。なお、作事のうち御殿や付属建築（馬小屋・土蔵・番所など）は、城郭建築ではなく、住まいと見なされたので、法度の規制対象からは除外されていた。ところが、修理のたびの届け出は事務手続きが繁多だったため、三代将軍家光以降になると、普請については将軍裁許を必要としたが、作事については「元《もと》の如《ごと》く」であれば届け出る必要はないと改定された。そうした普請重視は、城の防備性能が普請で大きく変わるからである。

しかし、天守・櫓・城門といった城郭建築は、石垣や堀より華やかで目立ち、城の趣に大きく作用する。城郭建築はどの城でも似たり寄ったりで大差ないと思ったら大間違いである。戦後に杜撰《ずさん》に設計されたコンクリート造の城郭建築は論外として、本来の城郭建築は城ごとに全く相違した、とても個性的な姿をもっていた。特に天守は城の顔であるだけに、同じように見える例などは一つもなかった。戦国大名の鎧兜《よろいかぶと》の出で立《いた》ちは、実戦では邪魔になるほど大げさで、度肝を抜くほど個性的であって、大勢がうごめく戦場で際立つことを目指した。そうした個性の主張は、城の天守をはじめ城郭建築にも現れており、その結果、軍事建築でありながら、芸術的作品と言えるのである。城の愛好者は、そんな日本の城の特質に魅せられているのではなかろうか。

第一章

城の防備

第一節　外壁

外壁の構造

天守や櫓《やぐら》など城郭建築の外壁には、籠城に備えて防弾と防火が必須である。一般的にはその双方に有効な分厚い土壁が設けられる。土壁は、太い竹（竹が生育しない北国では粗朶《そだ》と呼ばれる細い枝木）を縦横の格《こう》子《し》状に渡した木舞《こまい》（小舞）を骨組《ほねぐみ》とし、粘土・砂・苆《すさ》（藁《わら》を短く裁断したもので、壁土が崩れるのを防ぐ）を混ぜ、水を加えて練った壁土を塗ったもので、厚さは五寸〜一尺（約一五〜三〇センチ）ぐらいである。姫路城大天守では一尺五寸（約四五センチ）以上もある。当時使われた火縄銃の弾丸は、パチンコ玉ほどの鉛製の球体であって、厚い土壁を貫通する力はなかった。また、付近の建物の火災に対しても土壁は完璧な防火壁としての性能をもち、延焼を確実に防ぐ。

その土壁は多層構造になっており、大ざっぱに分けると、木舞に直接にくっ付いている荒壁《あらかべ》、その上に塗られる中塗《なかぬ》り、表面を仕上げる上塗《うわぬ》りの三層から成る。壁厚の大部分は荒壁が占める。

民家の薄い荒壁は、水を多めにして柔らかく練った壁土を用いて鏝《こて》で引き伸ばして塗るが、城郭建築の分厚い荒壁は鏝で塗ることができず、水分を減じて塊状にした壁土を手で木舞に押し付ける「手打《てう》ち」という工法で行われた。なお、分厚い荒壁が木舞から剝《は》がれ落ちないように、木舞には一尺ほどの長さの藁縄《わらなわ》（流し縄という）を結び垂らしておき、荒壁の塊を吊り上げるような意図で荒壁の表面に塗り込む。木舞の片面（外側）からの手打ちの荒壁が乾燥して硬化したら、木舞の裏側からも手打ち、あるいは鏝塗りで荒壁を付ける「裏返《うらかえ》し」が行われる。

手打ちされた荒壁は水分が少ないので強度が高く、乾燥収縮も少ない。その代わりに表面の凹凸が著しいので、「斑直《むらなお》し」（二回に分けて行う場合は、「大斑直《おおむらなお》し」「斑直し」と称して区別）として、鏝で壁土を一寸（約三センチ）ほどの厚さに塗り付けて平らにする。

中塗りは、粘土と砂の割合が荒壁と相違している。荒壁は強度の高い粘土の割合が多く、中塗りは乾燥による収縮率が小さい砂の割合が多い。荒壁は粘土が多いので乾燥して多数のひび割れが生じるが、そのひびは中塗りとの接着力を高める働きがある。中塗りは表面を平滑に修正するためのもので、ひび割れが生じないように粘土を減らして砂を多くする。厚さは一寸程度である。

上塗りは白色の漆喰《しっくい》であって、消石灰《しょうせっかい》（水酸化カルシウム）を主原料とし、麻の繊維を苆として加えて水で練ったものである。粘着性を増して塗りやすくするためにマフノリなどの海藻を煮て作った糊《のり》（布海苔《ふのり》）を添加した。今日では化学的な合成糊を水で溶いて加える。高級な漆喰には、麻苆の代わりにちぎった和紙が用いられた。和紙は長くて強靱な繊維でできているので好都合であった。漆喰の厚さは、一分《ぶ》（三ミリ）ほどしかなく、それを一層だけ塗ればよいが、数層を塗り重ねた丁寧なものもある。練ったばかりの漆喰は大変に柔らかく、水にも少し溶けるが、消石灰が空気中の二酸化炭素を吸収して、不溶性の炭酸カルシウムに化学変化して硬化する。この三ミリメートルは、粘り気は強いが柔らかい漆喰を鏝で塗りやすい厚さであって、すばやく二酸化炭素を吸着できる厚さでもある。

しかし、漆喰塗りは雨水に対してはあまり強くなく、風雨に晒《さら》される部位では、二十年程度で漆喰が下地の中塗りと肌別《はだわか》れを起こして剥がれ落ちてしまう。明治

▲彦根城多門櫓
風雨によって剝がれ落ちた漆喰。上塗りの薄い漆喰の層が大きな面積にわたって剝落し、下地である黄土色の中塗りが露出している。右方の付櫓は下部が下見板張りなので無被害

初期に撮影された城の写真を見ると、白壁が落ちて荒れ果てた櫓や土塀が多いが、その原因は漆喰の耐久性の無さにある。なお、大正・昭和時代になると、砂を加えた砂漆喰を中塗りとして分厚く塗る工法（明治以降の洋風建築の内装に広く使われたもの）や、仕上げの漆喰を白セメントに変えて耐久性能を増す近代的な工法が普及し、姫路城や江戸城などの修理に応用されている。

安価な土壁

土壁の材料は、消石灰以外は骨組も含めて手軽に入手できたので、総てただ同然の安価なものであった。すなわち天守をはじめ城郭建築の外壁は、上塗りの漆喰以外は、庶民の粗末な住まいの壁と同様で、いわば安物であったといえる。

それでも、城内にあった膨大な量の建築の壁を漆喰で仕上げるには経費が掛かりすぎるので、漆喰の上塗りを省略して中塗り仕上げで止めてしまった城も少なくはなかった。現存例はないが、古絵図によると、総ての櫓や城門の外壁を中塗りで止めた苗木《なえぎ》城（岐阜県中津川市）の例があり、その壁の色から赤壁《あかかべ》城と呼ばれた。また、外郭の土塀の壁を中塗りで止めた城は、東国では珍しくはなかった。そして、櫓の内部の壁では、経費節減のため中塗り仕上げとした例（丸亀城大手門櫓門・彦根城佐和口多門《さわぐちたもん》など）が今でも見られる。

▲名古屋城本丸御殿（戦災前）
広間上段之間の貼付壁。床（床の間）と棚の壁は紙を張った貼付壁で、老松の絵が描かれている。白漆喰仕上げの土壁は上方の小壁に限られている

内壁を中塗りで止めるのは、江戸時代の農家においてはむしろ一般的で、外壁も中塗りの大壁《おおかべ》（次項で詳述）だった。

また、城内の御殿建築は書院造《しょいんづくり》という高級邸宅だったので、鴨居《かもい》より上方には漆喰塗りの土壁を用いたが、鴨居より下方には土壁を用いず、舞良戸《まいらど》（板戸の一種）や障子《しょうじ》や襖《ふすま》といった建具《たてぐ》が入れられる。そもそも壁自体がないのである。なお、書院造でも、床《とこ》・棚《たな》といった座敷飾りに限っては壁が設けられるが、その壁は土壁ではなく、木造の格子を骨組として、その表面に紙を張った貼付壁《はりつけかべ》であった。近世城郭と書院造の最盛期であった安土桃山時代には、その貼付壁に豪華な金碧《きんぺき》障壁画《しょうへきが》や水墨画が描かれた。当時の城内の御殿においては、土壁は城主が立ち入らない台所・役所・長《なが》局《つぼね》・土蔵・納屋《なや》・番所といった付属建築や、茶室・数《す》寄屋《きや》にしか使われなかったのである。江戸時代後期になると、倹約令や財政難などにより御殿建築にも土壁が使われるようになってくる。

なお、寺院建築には漆喰（古くは白土《はくど》）仕上げの土壁が普通に用いられるが、それに対して神社建築、特に本殿には土壁は絶対に用いられない。本殿には板壁が用いられるが、板壁の材料となる大木の入手が困難であり、それを板材に加工する手間も多く掛かる。板壁は極めて高級であった。城郭建築の外壁に板壁を用いる部位は、城門の戸口脇に限られ、戸口以外では姫路城「と」の一門の二階外壁が現存唯一の例（ただし昭和修理時の復元）である。

▲姫路城「と」の一門
櫓門の板壁。二階の外壁は柱を見せた真壁で、柱間には薄い縦板が張られている。中世の櫓門の特色を残す現存唯一の例である

真壁と大壁の塗籠

社寺建築や書院造の壁（土壁・板壁・貼付壁）は柱の太さより薄く、柱が壁面から少し突き出ている。そうした壁を真壁《しんかべ》といい、格式が高い。それに対して、土蔵の外壁（土壁）は防火と防犯のために分厚く、柱が厚い壁の中に埋もれて壁面には現れない。それを大壁《おおかべ》という。大壁は鎌倉時代後期には既に存在したが、土蔵の外壁の形式だったので格式が低く、邸宅の壁には決して使われなかった。

　ところが、現存するほぼ総ての天守や櫓の外壁は、格式の低い大壁なのである。天守に大壁が使われたことが判明する初例は、早くも天正八年（一五八〇）に羽柴秀吉が築き始めた姫路城であって、同九年に完成したと伝えられる三重天守の一階と二階の外壁が大壁だった。その側柱《がわばしら》（外側の柱）が小天守《こてんしゅ》の床梁《ゆかばり》などに転用されており、大壁を支える間渡《まわたし》（柱の間に渡す細い部材）を取り付けた段がその旧柱の表面に多数刻まれていた。同時に発見された華頭窓《かとうまど》の窓枠からは、それを取り付けていた天守最上階は真壁だったことも判明している。

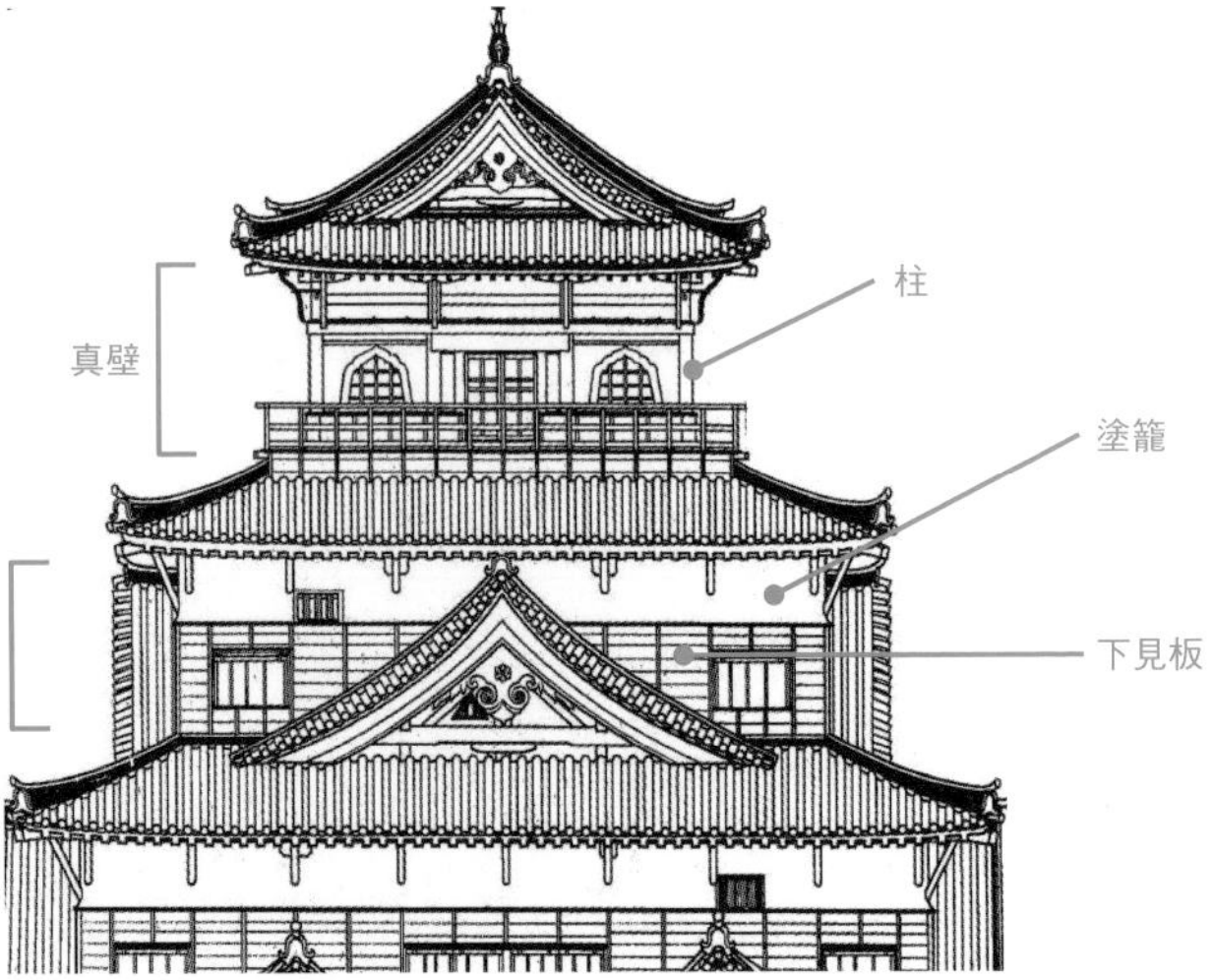

▲広島城天守実測立面図
天守の最上階の真壁と下階の大壁

　さて、信長の安土城天主や秀吉の大坂城・聚楽第《じゅらくてい》の天守は、絵画資料などからすると格式の高い真壁であった。それらに続く広島城・岡山城などの天守は、秀吉の姫路城天守と同様に最上階だけは格式高く真壁であり、下階は実戦的に大壁であった。それが慶長五年（一六〇〇）の関ヶ原の戦い以降になると、天守や櫓の外壁は防弾と防火のために、最上階に至るまで総て厚い大壁とされるのが通例となった。その時期になると真壁の外壁をもつ例は少ないが、実戦よりも格式を重んじた場合には、あえて真壁が選択された。例えば、三重櫓を大壁としながら、櫓門の二階には真壁を用いた弘前《ひろさき》城のような例が見かけられるが、櫓よりも櫓門のほうが格式が高かったからである。もちろん、天守や櫓でも内部の壁面は防火の必要がないので、延焼防止のための防火壁（付《つけ》櫓《やぐら》と天守の境、多門櫓《たもんやぐら》の区画など）以外は総て真壁である。

　大壁の表面は、城郭建築では一般的に白い漆喰で仕上げられる。木部が見えないように塗り込めるので、塗籠《ぬりごめ》という。「塗籠」の語は古く、平安時代後期には寝殿造の邸宅の内部に塗籠という小部屋があった。防犯・防寒対策でこの部屋だけは土壁が塗り込めてあって、寝室や物入れとなっていた。

▲小諸城大手門　二階を真壁とする櫓門

▲姫路城「は」の門　二階を大壁とする櫓門

下見板張り

城郭建築の外壁では、土壁の表面仕上げに漆喰の上塗りをせず、下見板《したみいた》（横羽目《よこばめ》ともいう）を張る例も多い。柱が下見板張りの間に見えれば真壁で、柱の表面が覆われて見えなければ大壁である。城郭建築では大壁に張るのが通例であって、下見板張りの真壁は稀である。

下見板張りは、横方向に薄い板（安価な松や杉が多かった）を張ったもので、雨水が壁の中に入らないように羽重《はがさ》ね（下の板に上の板の端を少しだけ重ねる）にし、まくり上がらないように縦に細い木棒（押桟《おしざん》や簓子《ささらこ》。羽重ねに合わせて裏側を段々に削る刃刻みを施した押桟を簓子という）を取付けて押さえる。簓子下見板張りは手間が掛かっており、明治時代の洋風建築で使われた押桟のない南京下見《なんきんしたみ》より、ずっと高級であった。

なお、高知城の櫓門では、板を羽重ねにはせず、縦方向に張っており、その表面に太めの横桟を打ち付けている。特殊な板張りであって、板の表面に降り懸かった雨水が横桟に溜まるので不適切であろうが、強風に対してはこのような工法が有効と思われる。下見板張りが始まる前の古式な工法が残存したものかもしれな

▲高知城廊下門
横桟のある縦板張り

▲備中松山城天守
押縁のある縦板張り

い。また、備中《びっちゅう》松山城の天守・二重櫓では、縦に板を張り、板の継ぎ目に押縁《おしぶち》（目板《めいた》）を打ったもので、民家の板壁にも用いられる。こうした縦板張りは、厳密には下見板張りとはいえないが、塗籠ではないので、下見板張りの一種としてよい。

塗籠と下見板張りの相違

塗籠は不燃性の防火壁であるが、下見板張りでは表面の薄い板が可燃性なので防火壁にはならないと思われがちである。しかし、下見板の背後には分厚い土壁が控えているので、火矢の攻撃を受けて板が燃え上がったとしても、内部まで火が回ることはない。したがって、防火性能については塗籠と下見板張りで大きな差異はない。両者の性能の違いは、耐候性と見栄えだけである。

塗籠が長時間にわたって風雨に当たると、漆喰の上塗りは水分をわずかに通すので、中塗りの表面を劣化させてしまい、上塗りが大きく剝がれ落ちることになる。すなわち塗籠は風雨に対する耐久性が低いのである。特に雨が懸かりやすい壁の下部では、せいぜい二、三十年しかもたない。それに対して下見板張りは、厚さが四分（約一二ミリ）もあれば、激しく風雨が当たる場合でも二百年を超える耐久性をもっている。

そこで、城郭建築の外壁では、風雨が当たる壁の下部を下見板張りとし、風雨があまり懸からない壁の上部（おおよそ窓より上方）は塗籠とすることが多い。したがって、外壁に塗籠を全く用いず、全面的に下見

▲松山城天守
上部の塗籠と下部の下見板張り。外壁を下見板張りにする場合でも、雨が懸からない軒下は板を張らずに塗籠とするのが一般的。漆喰塗りの白壁のほうが見栄えが良く、建築経費も下見板より低く抑えられた

板張りとする必要性はない。松江城天守の一階・二階や江戸城同心番所のように全面的な下見板張りとした実例は珍しいのである。

なお、下見板張りの表面は、耐久性を増すために黒く塗装されるのが一般的である。その塗料は墨であったが、松煙《しょうえん》（樹脂の多い松根を燃やして集めた煤《すす》）に油（荏胡麻《えごま》油・桐油などの乾性油）を混ぜた安価なものだった。これに松脂《まつやに》や柿渋《かきしぶ》などを混ぜることもある。最近は煤（炭素）を含まない化学合成塗料を用いているので、退色が早く、光沢がない。

耐久性において劣る塗籠は、見栄えにおいては逆に下見板張りに大きく優る。天守や櫓の純白の出《い》立《た》ちは美しく、まさに城郭建築の真骨頂であろう。純白の姫路城は「白鷺《しらさぎ》城」と称えられている。それに対して黒い下見板張りの岡山城天守は「烏《う》城」と呼ばれ、地味で武骨である。

ところで以前は、黒い下見板張りは時代が古く、白い塗籠は新しいと考えられていた。広島城・岡山城・犬山城などの建築年代が古い天守が下見板張りで、姫路城・名古屋城などの新しい時代の天守が塗籠であったからだ。最初期の天守である豊臣大坂城天守も、残

▲松江城天守
壁面全体の下見板張り。外壁の上部を塗り込めずに壁面全体を下見板張りとした城は少数派。松江城天守では、一階と二階には塗籠を全く使わず、徹底した雨水対策を実施している

▲大洲城天守・高欄櫓
下見板張りの天守と塗籠の高欄櫓。高欄櫓は幕末に建て替えられた時に下見板張りから塗籠に模様替えされた

されている屏風絵からすれば黒壁であるので、下見板張りと思われていた（実際は板壁に黒漆《くろうるし》塗り）。しかし、大坂城に次ぐ古さである豊臣秀吉の聚楽第天守は屏風絵からすると白壁であるし、逆に幕末の再建である松山城天守は黒い下見板張りである。要するに、壁の黒白は年代とは無関係である。実際は、補修経費を軽減するなら下見板張り、見栄えを重視するなら塗籠が選ばれていた。城主の好みや考え方が現れているようだ。西国の外様《とざま》大名の城に下見板張りが多く、幕府や親藩・譜代大名の城に塗籠が多い傾向はある。城ごとの黒白の使い分けを考えてみるのも面白い。

黒白が混在する城も少なくなく、高知城では本丸が主に白い塗籠（正しくは郭外側が白、郭内側が黒）で、二の丸以下は総て黒い下見板張りであったし、大洲《おおず》城（愛媛県）では櫓ごとに黒白がまちまち（天守・台所櫓が黒、高欄櫓《こうらんやぐら》・苧綿櫓《おわたやぐら》が白）である。城主が途中で交代した場合、例えば岡山城では、宇喜多秀家《うきたひでいえ》の天守は下見板張りであったが、池田氏が建てた本丸月見櫓・西の丸西手櫓《にしてやぐら》は塗籠である。

高級な海鼠壁

耐候性と見栄えの両方を満たした外壁の仕上げが海鼠壁《なまこかべ》である。雨が懸かる壁の下部に、下見板に代えて平らな瓦を張り、瓦どうしの合わせ目に漆喰を盛り上げた目地《めじ》を付ける。目地の形状が海鼠に似ているので海鼠壁と呼ばれる。江戸時代以降の民家の土蔵によく見かける外壁であるが、海鼠壁に使われた壁瓦の発

▲金沢城三十間長屋
海鼠壁。下見板張りより高価な海鼠壁を用いるのは加賀百万石金沢城の特色。城内の櫓や土塀の外壁は総て海鼠壁に統一されていた。海鼠壁に使われた壁瓦の色が経年によって１枚ずつ相違しており、モザイク模様のように美しい

掘事例（広島県福山市の草戸千軒町《くさどせんげんちょう》遺跡）からすると、既に南北朝時代からあったようだ（ただし、海鼠目地の有無は不明）。

城郭建築では、金沢城の櫓・櫓門・土塀や新発田《しばた》城（新潟県）の櫓・櫓門に現存例がある。古写真によれば、鹿児島城の櫓門・多門櫓や水戸城天守（三重櫓）にも使われていた。

格式が高い真壁の塗籠

姫路城大天守の最上階や菱《ひし》の門《もん》、福山城伏見櫓（伏見城より移築）の一階と二階などでは、柱や長押《なげし》（柱の表面に取り付ける横材）の形を見せて、漆喰を塗り込めている。柱の木地《きじ》が漆喰に覆われているので、これも塗籠の一種であるが、柱や長押の形が白壁の表面に表されているので、大壁ではなく真壁である。

要するに真壁の塗籠も少数例ながら存在する。それは大壁の塗籠よりも防備性能は低いが、格式は高い。聚楽第天守も屏風絵からすると、真壁の塗籠だったと考えられ、伏見城天守も同様であったと推定される。それらが史上初の塗籠の天守だったということになり、塗籠の天守は早くも秀吉が始めたのである。

▲福山城伏見櫓
真壁の塗籠。柱や長押の形を表して塗り込めた外壁で、木部を露出させた真壁に次ぐ高い格式を示す。この伏見櫓は、豊臣秀吉が最晩年に築いた伏見城から移建された。その真壁の塗籠は、現存最古の櫓の古式を見せるとともに、全国一の高い格式の櫓であることも示す

防弾を重視した太鼓壁

分厚い土壁は、当時の火縄銃の銃弾に対しては十分な効力があったが、大筒《おおづつ》（大砲）の砲弾に対しては、やや心もとなかった。慶長五年（一六〇〇）の関ヶ原の戦いの前哨戦では大津城攻めに大筒が使われ、運悪く天守に命中した砲弾によって侍女が絶命している。

そうした教訓からか、名古屋城天守では外壁の中に厚さ四寸（約一二センチ）の欅《けやき》や樫《かし》（実際には楠《くす》だったと思われる）の横板を落とし込んでいたと記録されている。姫路城大天守の最上階では、土壁の背後に分厚い縦板壁を設けて防弾壁としている。なお、これを耐震壁とする意見もあるが、縦板張りであって、しかも細い窓台の上に載っているので耐震性能は全くない。

　分厚い板壁は経費が掛かるが、安価な防弾壁として太鼓壁《たいこかべ》が開発され、彦根城天守・丸亀城天守や松山城の櫓など多くの城郭建築に応用されている。太鼓壁は、比較的に薄い土壁を向かい合わせに二枚、隙間を空けて設け、その隙間に小石や瓦片《かわらへん》などの瓦礫《がれき》をぎっしりと詰めた壁である。土壁が太鼓の皮のように隙間を挟んで両側にあるので、太鼓壁という。もちろん皮となる土壁の芯には竹木舞が入っている。

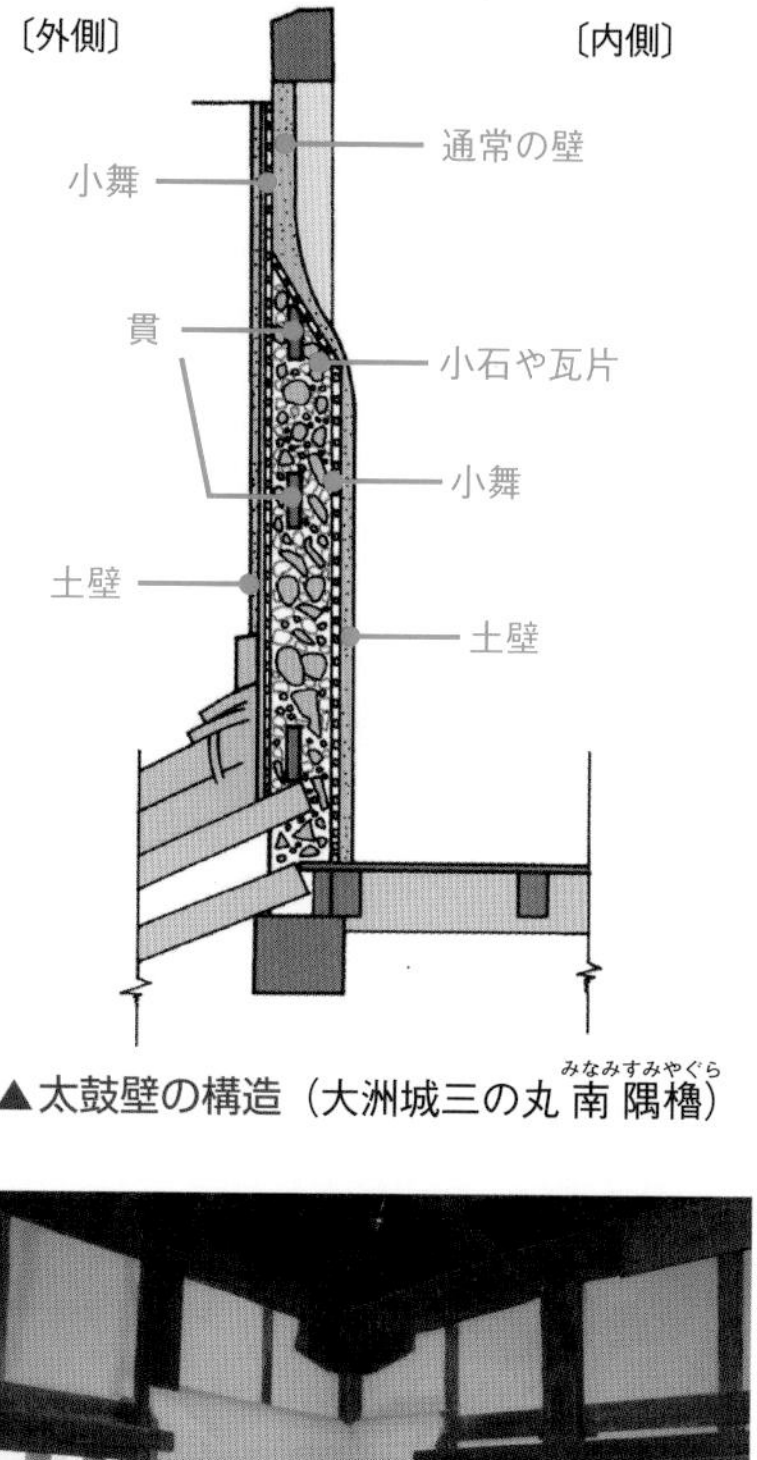

▲太鼓壁の構造（大洲城三の丸南隅櫓《みなみすみやぐら》）

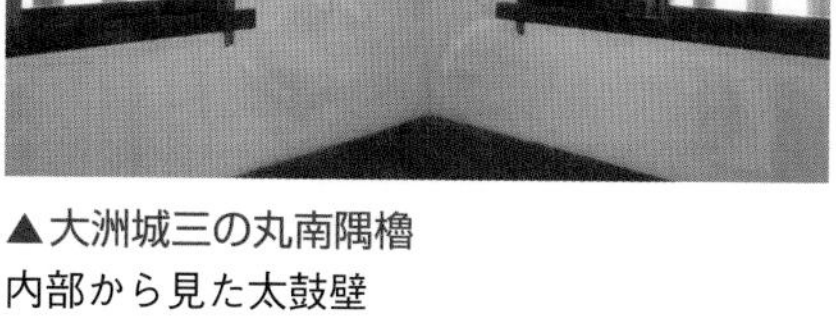
▲大洲城三の丸南隅櫓
内部から見た太鼓壁

古代の寺院などの土塀には、壁土を突き固めて造った築地塀《ついじべい》が使われたが、築造に膨大な壁土と労力が掛かるので、近世になると中空の太鼓壁が開発された。その中空部に瓦礫を詰めると城郭建築の太鼓壁ができる。

　ところで、単純に強度だけであれば、太鼓壁よりも壁土で塗り固めた通常の土壁のほうが優れている。しかし、大砲弾の命中による衝撃力は、土壁をいくら厚くしようとも室内側へ伝播する。砲弾が壁を貫通しなくても、衝撃力によって（砲弾の質量と速度の積である運動量が保存される法則に従って）室内側では壁土の塊がはじき飛ばされて、籠城兵に死傷者が出てしまう。壁体内部に空隙が多い太鼓壁では、そこにある瓦礫の粉砕と移動によって衝撃力が吸収されてしまうので、室内側には被害が出ないはずである。物理学的に優秀なのである。

現存最古の太鼓壁の例は、慶長十一年（一六〇六）の彦根城天守である。その太鼓壁は、床上から桁下まで完全に瓦礫が詰まっているが、それは少数派であった。

通例の太鼓壁では、外側の土壁は桁下まで届くが、内側の土壁は窓の上ぐらいの高さで止まってしまう。それより下方が太鼓壁になっていて、その上方では外側の一重の薄い土壁があるだけだ。内側から見ると、厚い土壁が上の方で急に薄くなっている。瓦礫を詰めるには、内側の土壁が途中で止まっているほうが便利である。壁が薄くなっている上方は外部の屋根で守られているし、その壁を銃弾や砲弾が突き破っても、その部位は城兵の頭上なので問題は少ない。もちろん、太鼓壁は城外側だけに設けるもので、城内側は通常の土壁にする。

▲福山城天守（戦災前）
鉄板張りの外壁

防弾壁の特殊例としては、戦災焼失した福山城天守（元和八年〈一六二二〉）が著名である。福山城は築城年代がやや新しく、城の搦手《からめて》である北側の縄張《なわばり》が著しく手薄だったので、黒塗りの鉄板を天守北側の一階から四階までの外壁に隙間なく張り詰めていた。文字通り鉄壁の構えで、城郭史上で最強の防弾壁であった。

寛永十五年（一六三八）再建の江戸城天守では、下見板の代わりに黒塗りの銅板を張っており、史上で最高級の防弾かつ耐候性の外壁であった。鉄や銅の金属板に施す黒い塗料は、黒チャン（松煙・松脂・荏胡麻油の混合物）という錆止《さびど》めで、安土桃山時代に南蛮あるいは中国から伝来したといわれる。

軒裏の塗籠

火災の延焼は、外壁よりも屋根面や軒裏《のきうら》に火が着くことから起こる。城郭建築は寒冷地を除いて瓦葺《かわらぶき》なので、延焼対策には軒裏が重視された。なお、伝統的な和瓦《わがわら》（素焼きの灰色の瓦）は水が染みこんで凍結すると割れるため寒冷地では使われず、石瓦・銅瓦・鉛瓦を用いるか、やむを得ず延焼しやすい板葺《いたぶき》や杮葺《こけらぶき》にしてあった。

ところで、社寺や書院造住宅の軒裏は、屋根を支える垂木《たるき》という棒状の部材が並び、その先端に茅負《かやおい》という横材が載る。垂木どうしの間には、薄い裏板が張られる。隣接する建物に火災が発生したら、ひとたまりもなく類焼してしまう。したがって、今日の都市部の木造住宅では、軒裏は燃えないように防火材を張ることが義務づけられているので、垂木は隠れて見えない。

御殿や番所などは別として、天守・櫓・城門などの城郭建築では、軒裏を塗籠（揚《あ》げ塗《ぬ》りという）とするのが一般的である。軒裏の塗籠には、垂木形・波《なみ》形・板軒《いたのき》形の三種類がある。

垂木の四角い形を見せて垂木形に塗りこめる例は、年代・地域にかかわらず、広くかつ多く存在する。軒裏は下向きなので漆喰が剝がれ落ちやすいため、垂木の表面には、割り竹を釘で打ち付けたり、細縄を巻い

▲松江城天守
白木造りの垂木。通常、天守や櫓の軒裏は防火のために塗り込められるが、松江城天守の軒裏は木部をそのまま見せた垂木が並ぶ。関ヶ原の戦い以前の古式を残した意匠といえるが、軒裏の塗籠は剝がれ落ちやすいため、合理的な白木造りが選ばれたのかもしれない

たり、鋸目《のこめ》を付けたりして漆喰を付着させている。垂木形の塗籠の技法は、波形や板軒形の塗籠よりずっと古くから存在しているが、その始まりは建築年代の特に古い天守が現存しないので不明である。

慶長十六年（一六一一）までに建てられた松江城天守は、垂木を塗り込めずに白木《しらき》のままである。同天守が豊臣大坂城天守の外観をかなり忠実に継承していることから、信長の安土城天主や秀吉の大坂城天守など草創期の天守の軒は塗籠ではなく、その豪華さからすると黒い漆塗りの垂木を見せたものだったらしい。書院造の殿舎の垂木はみな白木であり、後述するように天守は書院造から発生したことから、安土城・豊臣大坂城の天守の軒が塗籠ではないのは当然であろう。

すると、第二世代の天守である岡山城・広島城あたりが軒の塗籠の最初となり、天正末から文禄年間（一五九二～九六）頃に垂木形の塗籠が始まったと推定される。その場合でも、広島城天守が最上階だけは垂木を塗り込めない古式な白木造りだったことからすると、垂木形の塗籠にしても白木のままの垂木よりは格式が低いことが分かる。塗籠は格式を犠牲にして防火を優先した技法であるからだ。

▲松山城野原《のはら》櫓

波形の塗籠。四角い垂木に代わって円い波形が軒先に並ぶ意匠は、伝統的な社寺建築にはなかった新機軸であって、律動的で新鮮な美意識が漂う

▲松山城天守

垂木形の塗籠。垂木の形に合わせて１本ずつ四角く塗り込める。上向きに漆喰を塗るのは手間が掛かるが、軒先に整然と並んだ垂木形は伝統的建築に対する日本人の美意識に適う

垂木形に次いで多い例では、垂木を芯にして波形に塗り込めるものである。交流電気のサインカーブの波形に似ている。その波形が下向きに垂れた部位に垂木が納まっている。一間《けん》（通常は六尺五寸〈約一・九七メートル〉）に垂木を四本あるいは五本打つので、波の間隔は約五〇あるいは約四〇センチメートルとなる。波形に塗り込める場合は、垂木の両脇に細い竹の束を添えて波形の下地を作り、そこに漆喰を塗り付ける。日本建築の美の見せどころの一つは軒先に整然と並んだ垂木であるので、波形の塗籠は垂木形の塗籠よりも当然に略式である。しかし、波形の塗籠は、垂木の列に劣らぬ造形美を見せる。今日知られている最古の波形塗籠の天守は、慶長十七年（一六一二）に完成した名古屋城天守であったが、十八世紀中期の大修理の際に垂木形から波形に変更された可能性もある。

軒に垂木の形や垂木の存在を一切見せず、垂木下を真っ平らに塗籠にする板軒形は、波形よりも新しい工法で、現代の都市住宅の軒にも応用されている。防火性能は最も高いが、格式は最も低い。実例は多くなかったが、現存例には松江城天守の付櫓（創建時は垂木形で、後世に板軒形に改造されたと思われる）があり、古写真からすると寛文十年（一六七〇）再建の高松城天守があった。高松城では現存する月見櫓も板軒形である。格式は低くとも、新鮮で清楚な美しさを見せる。

付言しておくなら、板軒は十四世紀から扇垂木《おうぎだるき》（放射状に垂木を配置するもの）とともに唐様《からよう》の禅宗仏殿などに用いられた正式意匠であった。それは塗籠にはせずに幅が特に広い板を見せる贅沢な意匠であって、格式の下がる世俗の建物に使われるようなものではなく、したがって城郭建築の板軒形とは別物である。

▲高松城月見櫓
板軒形の塗籠。軒を支える垂木を総て隠して平らに塗り込めた斬新な意匠で、軒裏の塗籠を徹底して省力化する。合理的ではあったが美意識には適わなかったようで、普及しなかった

第二節　窓

格子窓

防火・防弾の次は、敵に対する攻撃装置である。城郭建築の窓には、敵の侵入を防ぐために頑丈な格子《こうし》が付けられている。格子窓とは本来は縦横に格子が組まれたものをいうので、城のように縦だけの格子のものは格子窓ではなく、連子窓《れんじまど》や武者窓《むしゃまど》と呼ぶのが正しいが、現在では一般的に格子窓と呼ばれている。天守や櫓《やぐら》の窓は明《あ》かり採《と》りや物見《ものみ》の役割が大きいが、窓の格子の間から矢や鉄砲を放てるので、重要な攻撃装置でもあった。

なお、縦横の文字通りの格子窓は、姫路城の小天守《こてんしゅ》や櫓などの一階の窓に見られる。幅の狭い鉄板を縦横に組んで賊の侵入防止を図った窓である。

城郭建築では、窓の格子は一般的に縦方向に入れる。

▲熊本城宇土櫓《うとやぐら》
白木造りの格子窓。文字通りの縦横の格子

弓矢を窓から射掛けるには、縦格子のほうが都合が良いからだ。横格子では、矢を突き出す高さが上下の格子に制限されてしまうので、射手の背丈の差に適応できず、また下方を狙うのに不便であった。しかし、矢を射ず、物見や採光に使う窓には、横格子が応用された。物見には、視野が左右に広がる横格子のほうが有用であるからだ。

　窓の格子は三寸（約九センチ）ほどの太さで、格子の間は弓矢を射るために四寸から五寸ぐらい空けられる。したがって、幅一間《けん》（約二メートル）の窓で格子七本、半間の窓で格子三本が標準である。格子は正方形断面が多いが、特別に太い格子を立てる場合には、視野を確保して弓矢や鉄砲の射角を左右に広げる必要から、八角形（姫路城）や扁平な五角形（宇和島《うわじま》城天守）の格子を用いた例もある。

　格子は木製であるが、白木《しらき》のままでは火災に弱いので、防火のために表面に漆喰《しっくい》を塗り込めるのが一般的である。高級な例では、鉄板（岡山城月見櫓や名古屋城天守など）や銅板（江戸城の櫓門や金沢城の出窓）を張る。松江城天守地階の明かり採り窓では、敵が石垣を登って容易に窓に近づけそうなため、破壊活動に備えて厳重な鉄格子が使われている。姫路城の小天守や櫓の一階窓に使われている鉄格子も同様の配慮からである。

　現存天守では、犬山城（慶長元年〈一五九六〉頃）・

▲姫路城大天守
八角形の格子

▲宇和島城天守
五角形の格子。扁平な菱形断面の格子を作り、その長い方の対角線を窓敷居と平行にして立て、内側に通る引戸を避けるように内側の頂点を大きく削り落とした扁平な五角形格子。弓矢や鉄砲を放つために最も合理的な形状

彦根城（慶長十一年）・松江城（慶長十六年以前）といった年代の古い天守に白木の格子が見られる。それらからすると、慶長五年の関ヶ原の戦い以前では、白木のままの格子が一般的であったようだ。豊臣大坂城や安土城の天守では、高級な黒漆塗りであったかもしれない。

格子窓の特殊例では、先述したように厚い鉄板の帯を縦横に組んで文字通り格子窓としたものもある。これでは弓矢は使えず、鉄砲だけで防備することになって不都合であるが、低い位置にある窓に応用されることが多く、敵や忍者の侵入を防ぐことを主眼としているようだ。姫路城の小天守や櫓の一階などの窓に限定して使われている。

ところで、窓は視野が広く、物見や攻撃には都合が良かったが、逆に敵からも丸見えであって城兵の身を守れない。そこで、窓とは別の攻撃装置として、開口部が小さい狭間《さま》（第一章第三節に詳述）が多用される。

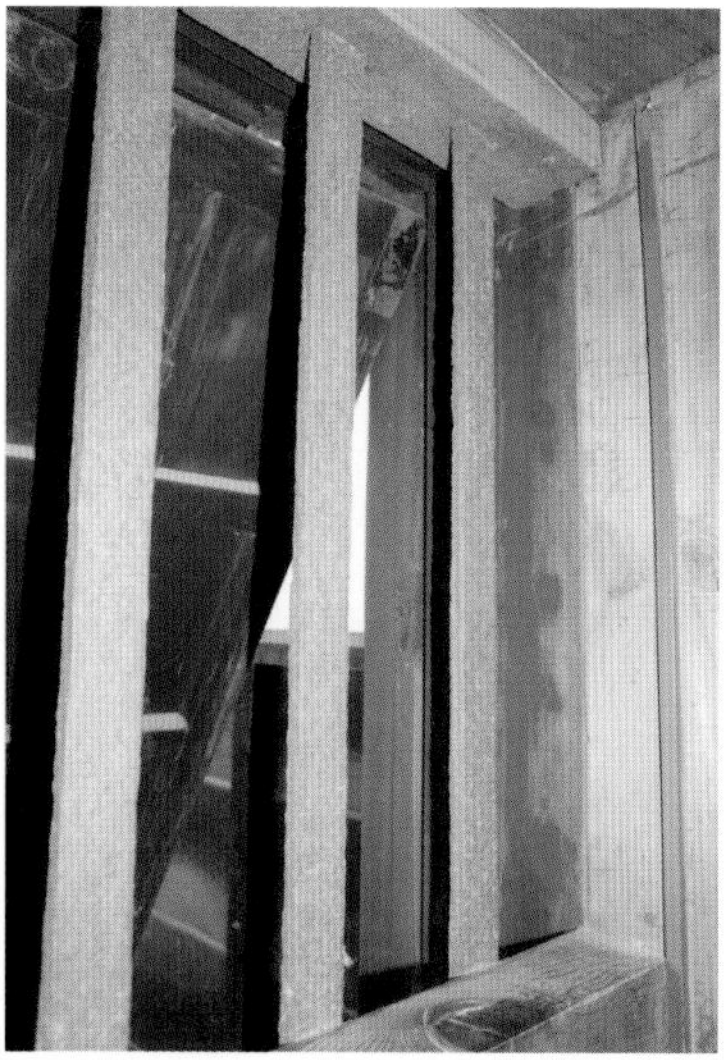

▲松江城天守
地階の鉄格子

窓の建具

格子窓の建具《たてぐ》には、外側に棒で突き上げる突上戸《つきあげど》と横に引く引戸《ひきど》が一般的であり、外開きや内開きの開き戸が稀に見られる。

突上戸は、軽くて薄い板戸が一般的である。板戸の上框《うえがまち》（上側の枠）に蝶番《ちょうつがい》、あるいは壺金《つぼがね》という環状の鉄金具を付けて吊り下げる、極めて単純な構造である。格子の間から棒で板戸の下框《したがまち》（下側の枠）を押し上げて開き、そのまま棒で突っ張って開けておく。棒を外せば自重によって勝手に閉まるので、機敏性が求めれる城郭建築では合理的であった。窓に降り懸かる雨水は、板戸に沿って窓下に流れ落ちるので、雨風を防ぐ建具としての性能も良かった。

ところで、突上戸は平安時代後期から民家の窓に使われた古風な建具で、いわば時代後れで安物だった。しかし、その性能の良さから戦国時代の櫓に使われ、後に天守の建具に応用された。犬山城・彦根城・松江城といった建築年代の古い天守はみな、突上戸であったが、慶長十三年（一六〇八）の姫路城大天守から新型の引戸に変わっていった。薄い板戸では、防火性能が全くないし、鉄砲の銃弾が簡単に突き抜けてしまうからだ。それでも、幕末の再建である松山城天守は古式に突上戸を用いており、総ての城郭建築の建具が引戸に移行したわけではない。なお、寛永十五年（一六三八）再建の江戸城天守には、防火性能がある銅板が張られた突上戸が用いられていたらしいが、明暦三年（一六五七）の江戸大火で起こった火炎の旋風で銅の戸が吹き上げられて窓から火が入り、ついに延焼してしまった。

それに対して、引戸は分厚い板戸の外面に漆喰を塗り込めた土戸《つちど》であって、完璧な防火・防弾戸である。

松山城天守
▲外側から見た突上戸
◀内側から見た突上戸と引戸
外側の突上戸は雨除けの戸で、格子の内側には防弾用の引戸が控える現存例では姫路城大天守の引戸が最も厚く、四寸（約一二センチ）ほどもある。戦災焼失した名古屋城天守の引戸は、厚さ二寸一分（約六・四センチ）であった。重い引戸を動かしやすくするため、下框の中に木製（鉄製もある）の戸車《とぐるま》を付けるのが一般的である。

ところで、書院造の住宅の障子や襖《ふすま》といった引戸では、一つの柱間《はしらま》に二本の建具を入れて引違《ひきちが》いにするのが普通である。しかし、城郭建築の厚い土戸を引違いにしても、開口できる幅は最大で戸の一本分しかなく、すなわち半間（厳密には、柱の太さおよび戸の召合《めしあ》わせの縦框《たてがまち》一本分が減るので半間未満）しか窓は開かない。窓からの物見・射撃・採光のいずれにしても、引違いにする意味がない。建具は土壁とは違って製作に手間が掛かり、さらに開口部には格子も必要となるので、経済性と工期短縮が至上の城郭建築においては、無益な引違いにはせず、一本の土戸を片引きにする合理的な半間窓が設けられた。

住宅や社寺においては、片引きの半間の戸は略式であって、その用例は稀であるが、天守をはじめ櫓の窓では、あえて略式の片引きの土戸が用いられたのである。その一方、突上戸では引違いにはならないので、柱間いっぱいの一間窓（突上戸は半間幅のものを二枚並べて用いる）が設けられた。窓の幅からすると、格式では旧式の突上戸のほうが上なのである。

▲姫路城帯郭《おびくるわ》櫓《やぐら》
片引きの土戸と内側の障子。柱を挟んで一対の半間幅の窓を設ける。片側の引戸を少し開けたところで、外側に白く塗り込めた格子が見える。天守や櫓の窓では、引戸の内側に障子を建てて、籠城生活の快適化が図られていた

しかし、天守の最上階では、合理性よりも格式のほうが重視された。姫路城大天守と丸亀城天守の最上階では、引違いに土戸を建てている。戦災焼失した名古屋城天守の最上階では、片引きの土戸を用いてはいたが、土戸脇の壁を内外ともに、まるで土戸のように作

り、引違いに見せ掛けていた。しかし、慶長十七年（一六一二）の創建時には引違いだった可能性が大きく、片引きは十八世紀中期の改造だったかもしれない。なお、天守最上階では格式を重視するため、無粋な格子を建てずに開放することが多く、松江城・名古屋城・福山城・丸岡城・松山城の天守は窓を完全に開放し、姫路城では目立たない黒塗り鉄格子としている。格式の高い華頭窓でも一般的に格子を建てない。

最上階以外では、柱を挟んで半間窓を一対にして設け、その一対の半間窓を一間窓に見せ掛けるのが一般的であるが、その場合には窓の並べ方の左右非対称問題が生じる。それについては、別章で触れることにする。なお、宇和島城天守では、窓の並びが左右非対称となるのを嫌って、変則的に各階の窓を引違いの土戸としている。もちろん、どちらか一方の戸しか開けない。

話変わって、開き戸については用例が少ないが、現存の高知城天守と戦災焼失した福山城天守や水戸城天守に使われていた。厚い板戸の外側に漆喰を塗り込めた土戸

高知城天守
▲外側から見た四階の突上戸
▼内側から見た突上戸と内開きの土戸

宇和島城天守
▲外側から見た引違いの土戸
▼内側から見た２本の土戸

で、高知城天守と福山城天守では内開き、水戸城天守では外開きであった。外開きの重い塗籠《ぬりごめ》の土戸は、戸の内側に格子が並んでいると邪魔になって開閉が難しく、実戦では全く役に立たない。

なお、櫓門の渡櫓《わたりやぐら》（門上の二階部分）の窓では、門前に迫る敵兵に対して弓矢の斉射《せいしゃ》を加える必要から、格子窓を何間も並べた連続窓が開かれる。その窓の建具は、突上戸を連続して設けるのが古式で、格子窓の内側に一列に引戸を連ねて建てるものが新式である。引戸の場合は、連続窓の両端の壁裏に戸溜《とだま》り（戸を重ねて納めておく所。戸袋の板壁のないもの）が作ってあり、戸溜りまでの長い距離を引いて窓を開ける。長距離を引くので、重たい土戸にはせず、板戸のままにしておくのが普通である。

格子窓の防水

土戸は防火・防弾の性能が良かったが、雨水に対しては弱点があった。土戸が通る敷居の溝に雨水が溜まってしまうからである。その対策として、敷居の溝の底に銅や鉄で作った排水管（断面は円形）を付け、

▲福山城本丸筋鉄御門《すじがねごもん》
櫓門の格子窓

宇和島城天守
▶外側から見た窓の敷居の排水管
◀内側

雨水を窓の外に流下させる。それでも大雨の際には排水が追いつかず、敷居の溝から雨水が室内へ流れ落ちることがある。姫路城大天守でも、暴風雨に見舞われると、そうした事態が起こる。

戦災焼失した名古屋城天守では、敷居の溝の下に銅製の箱を組み込み、そこから角形の太い排水溝を二本ずつ窓外に突き出していた。「入子《いれこ》水抜《みずぬき》」と呼ばれたもので、史上唯一の完璧な雨水対策を施した引戸であった。

その名古屋城では、土戸は変則的に格子の外側に建てられている。したがって、土戸を開くと格子が見えるが、閉めると格子は戸に隠されて、白い窓のくぼみだけが見える。大切な格子が雨水に濡れずにすみ、排水管が短くなるので敷居の溝からの排水が容易である。また、窓を閉めた時に、武骨な格子が隠れるので上品である。名古屋城をはじめ、江戸城・大坂城・二条城といった幕府の城に用いられ、その後の建築年代が新しい城郭にも見られた。

▲名古屋城東南隅櫓《とうなんすみやぐら》
引戸が外側の格子窓。引戸を閉めたところ。戸は格子の外側に納まり、塗籠の格子が戸の内側に見える。格子の右側に引戸の端が少し見えている。板壁は窓脇の壁の内側に張られた化粧板

▲姫路城帯の櫓
引戸が内側の格子窓。柱を挟んだ一対の半間窓で、右側は引戸を閉めたところ、左側は引戸を開けたところ。戸を開けると外側の格子が見え、戸は窓脇の壁の裏側に納まる

第三節 狭間

狭間の種類

壁や塀に切られる狭間《さま》は小間とも書かれ、文字通り狭い隙間のことである。その隙間から弓矢や鉄砲といった飛び道具を使って、敵兵に攻撃を加える。城に備えられた攻撃装置としては最重要のもので、狭間のない城は存在しなかった。

狭間には、主に弓を射る矢狭間《やざま》（弓狭間ともいう）と鉄砲を撃つ鉄砲狭間の二種類があり、特殊なものとして大筒《おおづつ》（稀に石火矢《いしびや》ともいう）を放つ大筒狭間（大狭間、石火矢狭間）があった。矢狭間は箭眼《せんがん》、鉄砲狭間は銃眼《じゅうがん》とも呼ばれる。また、狭間の開口部を漆喰《しっくい》や壁土で塗り込めて塞いだものは隠狭間《かくしざま》と呼ばれる。

狭間の開口部の形状には、縦長の長方形・正方形・正三角形（稀に二等辺三角形）・円形・正六角形がある。近年の復元の誤りなどもあって多少の例外があるが、縦長の長方形が矢狭間、そのほかは鉄砲狭間である。長方形と正方形のものは箱狭間、三角形のものは鎬狭間《しのぎざま》（鎬は山形を意味する）、円形のものは丸狭間《まるざま》という。六角形の狭間の現存例はないが、戦災焼失した福山城天守の破風《はふ》の間《ま》には六角形の鉄砲狭間が一つずつ切られていた。

なお、円形の狭間は主に土塀用であって、天守や櫓《やぐら》にはあまり使われなかった。円形では狭間の開口部に蓋（戸）を付けるのが難しかったからだ。蓋がないと、狭間から室内へ風雨が吹き込み、鳥や小動物も侵入して都合が悪い。松本城天守の狭間には蓋がないが、明治以降の荒廃した時期に蓋が失われたようだ。

矢狭間と鉄砲狭間の違いは、形状のほかに狭間を切る高さにある。矢狭間は窓と同じくらいの高さに切ら

れる。日本の弓矢は立った姿勢で射るからで、立狭間《たちざま》ともいう。それに対して鉄砲は、籠城に際しては座って撃つのが基本であって、座って使うので居狭間《いざま》ともいい、多くの例では窓より低い位置に切られる。床面すれすれに切られた例もある。

　矢狭間を切る高さは鉄砲狭間と比べて厳密である。射手と標的が同高になる野戦では矢を水平より高く向けて射るが、籠城の際の弓矢の使われ方は特殊であって、城内の櫓や土塀から見て敵はかなり下方にいるので、下向きに射ることになる。水平より少し下向きに左腕を伸ばして弓を握り、矢を放つ。その時の左手首の高さは、身長にもよるが、おおよそ床から九〇センチメートル前後になるので、その高さを基準にして矢狭間を切る。矢狭間の開口部の寸法は、横四寸から五寸（約一二～一五センチ）、縦一尺二寸から一尺八寸（約三六～五四センチ）であって、弓に矢を番《つが》えてから目いっぱい引く際に上下方向に左手首を動かせたほうが楽なので縦長になっている。矢狭間の下辺の高さは、現存例からすると床より二尺四寸から二尺八寸（約七二～八四センチ）であり、矢狭間の中心は三尺（約九〇センチ）か、それより少し上方になる。真っすぐ左腕を伸ばした高さにある狭間が矢狭間と思えばよい。

　一方、鉄砲を撃つ際には、筒先を弓矢のように上下に動かさないので、狭間の縦横は同寸でよく、四寸から六寸ぐらいである。鉄砲は大変に重いので、立ったままで構えていると数分しか持ちこたえられない。かといって弓矢のように瞬時に構えて放つわけにはいか

▲姫路城土塀
さまざまな形の狭間

▲福山城伏見櫓
鉄砲狭間（左側）と矢狭間（右側）

ず、火薬や弾を込めて発射準備をしたままで敵が射程に入るのをじっと待ち続けなければならない。鉄砲の使われ方も野戦とは違って、床にしっかりと腰を下ろして座り、膝に筒を載せてじっくりと待ち構えるのである。したがって、鉄砲狭間は床からわずか八寸（約二四センチ）ぐらいのところに下辺を置けと記録されている。多くの鉄砲狭間は床近くの低い位置に切られるが、窓より少し高い位置に切られているものもある。城内に敵兵が乱入した際の速射に供する狭間で、そうした狭間を使うようになったら、落城はもう目前であろう。

　大筒狭間は、大筒を放つための大型の狭間である。大筒は鉄砲を大型化させたような一種の大砲で大鉄砲ともいうが、ロケット弾のような石火矢とも混同されている。近代戦に使われた大砲とは全く相違し、一人で肩に担いで発射するものと、小さな木製の台座や台車に据えて発射するものがあった。いずれにしても大砲よりはるかに小さい。大筒狭間は、台座に据えた大筒を放つ狭間で、大きな正方形とアーチ形があった。

▲松山城隠門続櫓《かくれもんつづきやぐら》
低い位置に切られた鉄砲狭間

▲丸亀城天守
床面すれすれに切られた大筒狭間

　大筒狭間の現存例は、丸亀城天守、園部《そのべ》城（京都府南丹市）櫓門、石田城（長崎県五島市）搦手門《からめてもん》脇土塀だけであるが、記録によれば鳥羽《とば》城（三重県）天守には「大狭間」があった。園部城の櫓門は明治二年（一八六九）に建てられたもので、戊辰《ぼしん》戦争における大砲戦の影響もある。鳥羽城のほうは、織田信長に仕えた九鬼《くき》水軍の城で、戦国時代の阿武船《あたけぶね》（大型の軍船）に石火矢が搭載されていたことと関連がある。丸亀城天守にある鉄砲狭間は三角形であるが、それとは別に正方形で開口部が異様に大きく、床面にほぼ接して切られている狭間があるが、それは大筒狭間であろう。アーチ形の石火矢狭間は高崎城（群馬県）の土塀にあったが、現存しない。

狭間の構造

天守や櫓の土壁や太鼓壁《たいこかべ》は分厚いので、狭間を開口させるには板で作った箱のような木枠を埋め込む。その木枠は、矢や鉄砲を放つ方向に自由度をもたせ、かつ狭間内を敵に狙撃されないようにするため、狭間の内部を斜めに作って、室外側を狭く、室内側を広くしている。そのため狭間の内部は四角錐台や三角錐台などになっている。円形の狭間は、底の抜けた木桶のような円錐台の木枠を壁に埋め込むが、経費を節減するために、太い竹筒に細かく割り込みを入れて広げて円錐台にした大竹壺狭間《おおたけつぼざま》（実例は大洲《おおず》城〈愛媛県〉三の丸南隅櫓《みなみすみやぐら》の隠狭間）も使われた。なお、土塀の狭間には木枠がないものが多い。

狭間の内部を斜めに作ることをアガキ（足掻《あが》き）という。一般的に城内から見て敵兵は下方から迫ってくるので、アガキは下方に向けて作られる。敵の迫り来る方向によっては、左右の片側に大きく片寄らせたアガキとされる。狭間の外側の近くに破風が突き出している場合には、破風を避けて反対方向に大きくねじ曲げたアガキとする。姫路城や彦根城天守の鉄砲狭間のアガキはそれが著しく、下方かつ右方や左方にひねったアガキはカメレオンの目のように思えてほほえまし

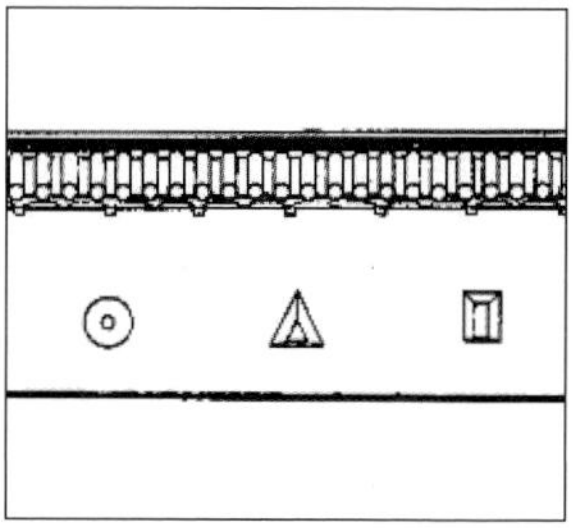
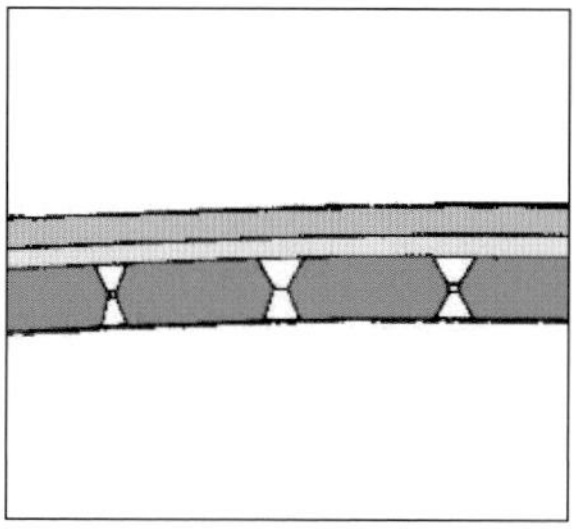
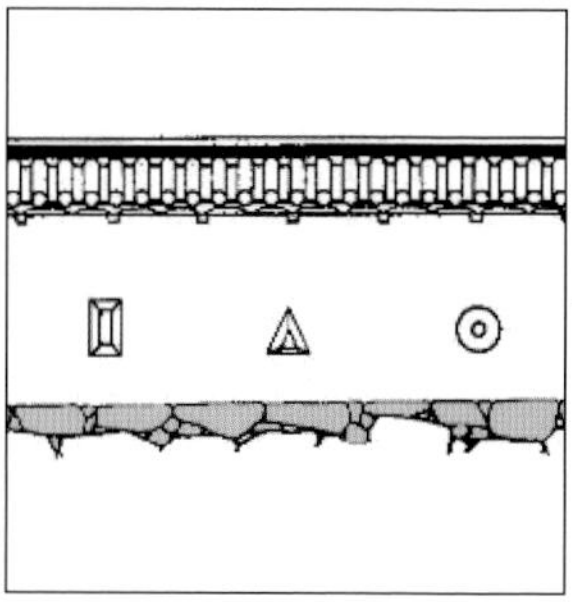

姫路城「へ」の門東方土塀
▶内側から見た鼓型アガキ
◀外側
▲平面図
鼓型アガキの鉄砲狭間は、内側から見ても外側から見ても全く同じ形状。平面図（壁体の水平断面図）からは、分厚い土塀の中央部で狭間がくびれているのが分かる

い。そのアガキの向きの意図を一つひとつ考えてみるのも楽しい。

特別に分厚い壁に狭間を切る場合には、特殊なアガキが使われた。狭間の中ほどを絞って狭くし、内外の開口部を広くするアガキで、鼓《つづみ》のような中くびれの形状から鼓型アガキという。内から見ても外から見てもアガキが付く。壁厚が五〇センチメートルを超えると、通常のアガキでは城内側が大穴になってしまうので、中ほどがくびれた鼓型は都合が良かった。姫路城の「と」の四門や「へ」の門脇の土塀の鉄砲狭間が典型例である。

狭間の蓋

天守や櫓の狭間の外側には必ず蓋を付ける。土塀の場合は、蓋を付けずに開放されている狭間が多い。いずれにしても狭間の蓋は薄い木製の板なので、江戸時代の実物が残っている例は稀である。窓の建具《たてぐ》と同様に、狭間の蓋にも開くものと引くものとがあり、開くものが旧式で、引くものは寛永年間（一六二四〜四四）頃に発明された。

江戸時代の軍学書では、狭間の蓋は内開きが良いとされているが、それに反して現存例で最も優れたものは姫路城の外開きの蓋である。狭間の木枠の外側上部に蝶番《ちょうつがい》を付けて木蓋を吊り下げたもので、蓋の内側に付けてある鉄製の掛け金をつかんで外側に押し上げて開く。狭間の内側には蓋を固定しておく留め金（環状の壺金《つぼがね》）が二つあり、狭間の蓋の掛け金を差し込む。留め金が二つあるのは、蓋を開いたまま留めておくた

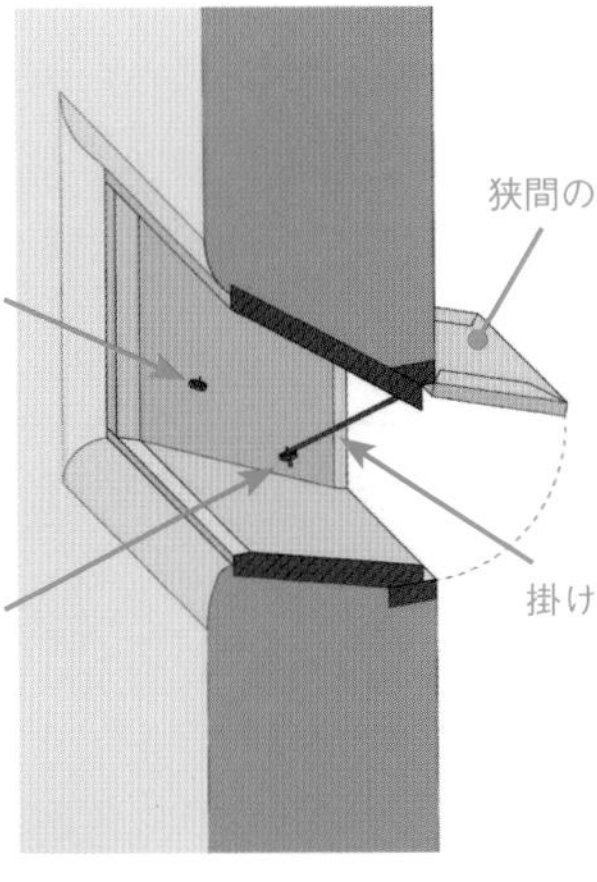

▲狭間と蓋の構造（姫路城東小天守）

めと、閉めた蓋が開かないように固定しておくためのものがあるからだ。蓋は上側に跳ね上げられるので、天守や櫓から下方を射撃するのに蓋や掛け金は全く邪魔にならないし、蓋を閉める時には棒状の長い掛け金を引っ張ればよい。

江戸時代の軍学書が外開きの蓋を嫌ったのは、閉める際に手を外に出さねばならぬと誤解したからのようだ。近年の復元例では、蓋を横向きに外開きとするものがあるが、それでは蓋や掛け金が横方向の射撃の邪魔になるし、蓋を閉めにくい。また、内開きの蓋は、狭間内が狭くなるので不都合である。

新型の狭間の蓋は、横に引く板戸である。狭間の木枠の外側に小さな敷居と鴨居《かもい》を付けて薄い板戸を入れたものだ。その戸は壁の中に引き込まれるので、開けてしまうとほんの一部しか見えない。狭間としては最高級であるが、破損した場合は壁を壊さないと修理できないという欠点がある。従来、天守や櫓には、蓋を付ける都合から四角形の箱狭間しか使えなかったが、横に引く蓋の発明によって三角形の鎬狭間や円形の丸

丸亀城大手門土塀
▲引戸を閉めた状態の狭間
▼開いた状態

松山城天守
▲外側から見た狭間
▼内側

狭間も使えるようになった。鎬狭間には台形の板戸、丸狭間には四角形の板戸が用いられる。もちろん、その蓋は狭間の開口部の内にしか見えないので、三角形や円形の蓋が付けられているようにしか見えない。

築城年代が古い姫路城には、長方形・正方形・三角形・円形の狭間があるが、天守や櫓には主に正方形の狭間（姫路城の太鼓櫓には平行四辺形がある）が用いられ、三角形や円形の狭間は総て蓋がいらない土塀に用いられている。十七世紀中期の丸亀城の天守や大手門の土塀には、引戸の付いた三角形の狭間が見られる。

隠狭間

狭間の外側を壁で塗り塞いで隠したものを、隠狭間という。外側から見ると狭間の存在は分からないが、内側から見ると狭間の木枠が見える。現存例では彦根城天守に多用されている。高級な例では木製の化粧蓋が内壁面に揃えて嵌《は》められており、アガキ部分は見えない。戦災焼失した名古屋城天守は、総て高級な隠狭間であった。丸亀城天守では、二階・三階の大筒狭間に応用されている。大洲城三の丸南隅櫓や岡山城月見

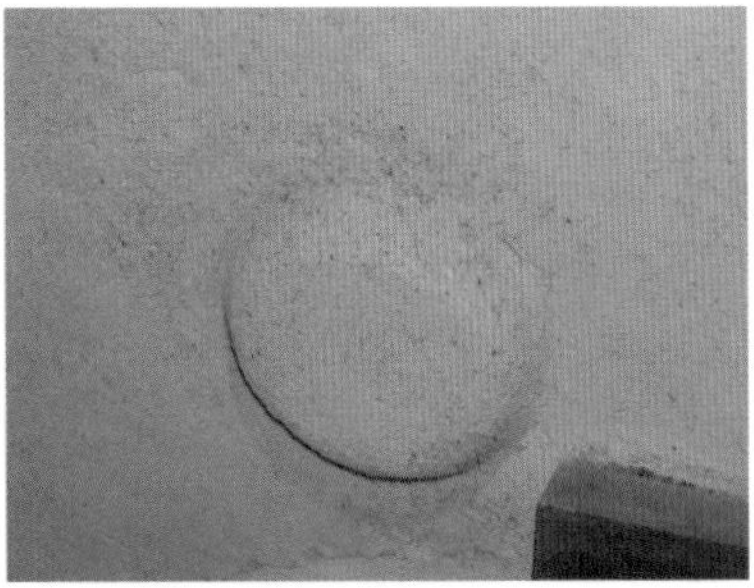

▲大洲城三の丸南隅櫓
内側も塗り塞がれた隠狭間

彦根城天守
▶内側から見た隠狭間（化粧蓋付き）
◀内側から見た隠狭間（化粧蓋なし）

櫓にも見られる。金沢城では、外側の壁が塗り壁ではなく、海鼠壁《なまこかべ》となった隠狭間で、海鼠壁の壁瓦を割って開口する。

さて、江戸時代の軍学書によると、敵が迫ってきた時に隠狭間の外側の壁を突き破って狭間を開口し、敵に不意打ちを加える仕掛けと述べられている。しかし、隠狭間を開口するには数十秒は掛かりそうで、それだけ余裕があれば敵は十分に逃げられるはずだ。したがって、隠狭間は不意打ちを加えるための卑怯な仕掛けではない。

ところで、姫路城大天守では、最上階である六階は当初から隠狭間になっている。その隠狭間は、内側から見ると木製の蓋が閉まっており、外側から見ると狭間の外部に漆喰が塗られている。しかし、狭間の部分だけが外壁面より少し窪んでおり、したがって狭間の存在は全く隠されていない。この例からすると、風雨が激しく吹き付ける最上階では、狭間の蓋の隙間から雨水が吹き込まないように、防水の目的で狭間の外部に漆喰を塗り込めたものである。大天守の下階の狭間も現状では隠狭間であるが、それらは後世の改造の可能性もある。彦根城でも、山上に建つ天守は隠狭間であるが、山下に建つ多門櫓は通常の狭間になっている。

金沢城石川門土塀
▲外側から見た海鼠壁の隠狭間　▼内側

名古屋城天守の隠狭間も、防水のための工夫であろう。また、平時に狭間を開口していたのでは無粋極まりなく、将軍家が建てる天守としては品格が下がるといえよう。もし、西国の外様《とざま》大名衆が大坂城の豊臣秀頼を担いで討幕の兵を挙げた場合には、名古屋城の隠狭間を総て開口して討幕軍の到着を厳然と待ち迎えたと考えられる。将軍家には、隠狭間で不意打ちするような卑怯な戦法は相応しくなかろう。

狭間の数と配列

狭間は通常、柱間一間《けん》に一つを開ける。天守や櫓は一般的に一間が六尺五寸（一・九七メートル）なので、狭間が約二メートル間隔で並ぶが、城によっては一間に二つを設ける例（彦根城天守・津山城天守など）もある。土塀は柱間《はしらま》が五尺（約一・五メートル）の場合が多く、狭間の間隔もそれに合わせて少し短くなる。

　ここで、姫路城大天守・松江城天守の現状と、岡崎城天守・津山城天守の古記録による狭間数を次に示しておく。

◆姫路城大天守

五重六階、地下一階　慶長十三年（一六〇八）

［一階］　矢狭間　〇／鉄砲狭間　四八

［二階］　矢狭間　〇／鉄砲狭間　二九

［三階］　矢狭間　〇／鉄砲狭間　三二（そのうち四は内向き狭間）

［四階］　矢狭間　〇／鉄砲狭間　二八

［五階］　矢狭間　〇／鉄砲狭間　二三

［六階］　矢狭間　〇／鉄砲狭間　一八

◆松江城天守

四重五階、地下一階　慶長十六年（一六一一）以前

［地階］　矢狭間　〇／鉄砲狭間　三（付櫓内部へ向ける）

［一階］　矢狭間　〇／鉄砲狭間　二二（そのうち五は付櫓内部へ向ける）

［二階］　矢狭間　一一／鉄砲狭間　四

［三階］　矢狭間　〇／鉄砲狭間　一四

［四階］　矢狭間　〇／鉄砲狭間　一一

［五階］　矢狭間　〇／鉄砲狭間　〇

◆岡崎城天守

三重三階、地下一階　元和三年（一六一七）頃

［一階］　矢狭間　一二／鉄砲狭間　一四
［二階］　矢狭間　六／鉄砲狭間　一一
［三階］　矢狭間　一二／鉄砲狭間　一二

◆津山城天守

五重五階、地下一階　慶長二十年（一六一五）頃

［一階］　矢狭間　一七／鉄砲狭間　二三
［二階］　矢狭間　一四／鉄砲狭間　三四
［三階］　矢狭間　一二／鉄砲狭間　二六
［四階］　矢狭間　一〇／鉄砲狭間　二〇
［五階］　矢狭間　〇／鉄砲狭間　〇

姫路城大天守は現存最大の天守であり、その狭間数はおそらく天守史上でも最多である。矢狭間を設けず（格子窓《こうしまど》を矢狭間として用いる）、総て鉄砲狭間としているのは姫路城の特性である。

松江城天守は現存第二位の大型天守で、狭間の付け方は標準的ではあるが、二階に狭間が少ないのは、巨大な石落《いしおとし》を多数配備したため、狭間を配れる壁面が少なくなったからである。

岡崎城は津山城より、やや小型の天守で、前者は窓が少なく矢狭間の比率が高い例、後者は窓が多く矢狭間の比率が低い例であった。また、津山城天守は破風のない新式の層塔《そうとう》型天守であって、上階にいくにつれて壁面の延長が整然と短縮するので、それにともない狭間の数が整然と逓減《ていげん》していた点にも注目していただ

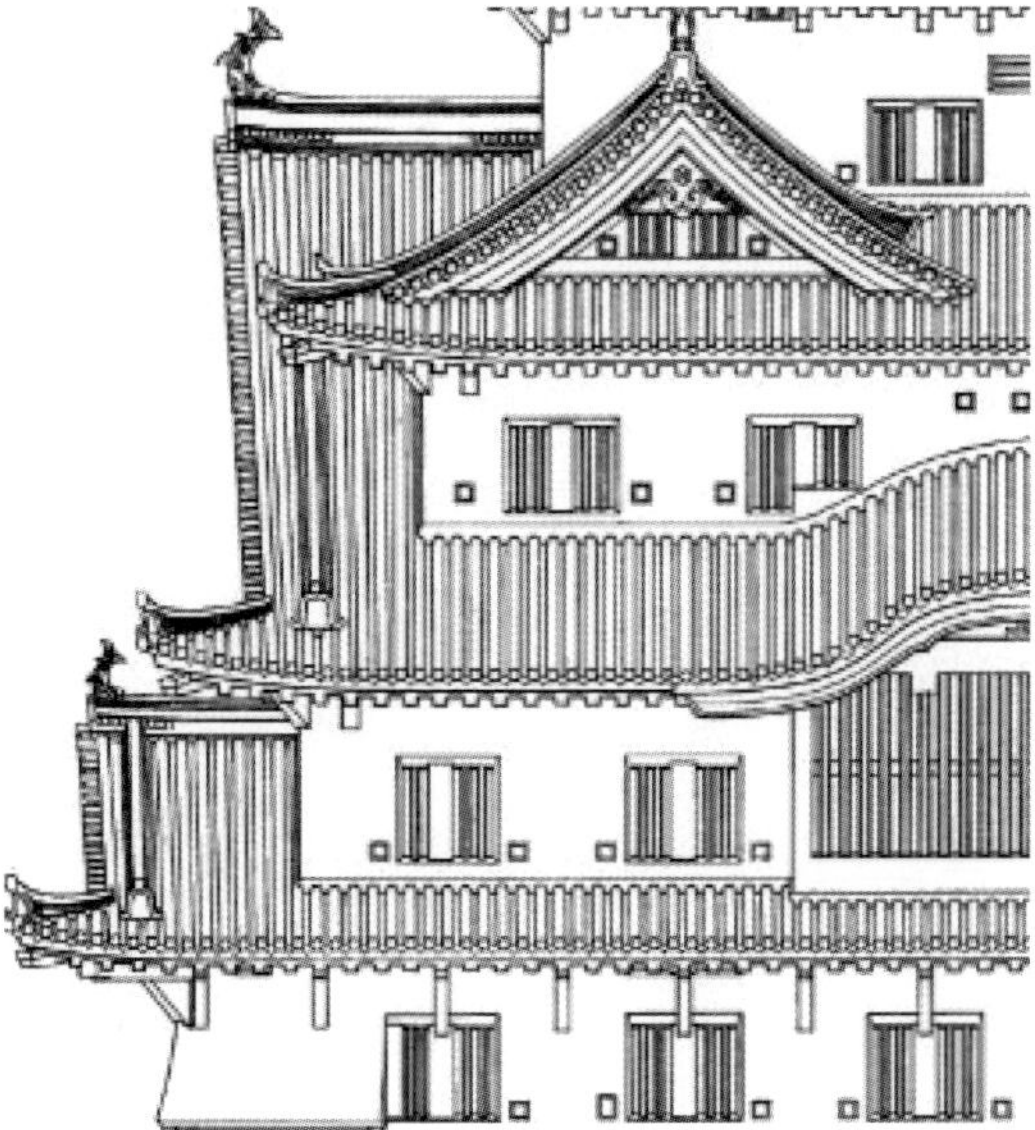

▲姫路城大天守正面図
図中の小さな正方形は総て鉄砲狭間

きたい。

なお、現存する宇和島《うわじま》城天守や犬山城天守には狭間がないが、後者については、明治二十四年（一八九一）の濃尾《のうび》大地震で破損した後の修理の際に狭間が失われたのであって、当初から狭間がなかったわけではない。

特殊な例では、弘前《ひろさき》城天守は城外側の二面に窓を一つも設けず、その代わりに矢狭間だけを五九カ所（一階に二五、二階に二〇、三階に一四）も設けており、鉄砲狭間は全くない。古記録によると、大型の層塔型天守だった小倉《こくら》城天守（四重五階）では、鉄砲狭間はなく、矢狭間ばかり一二七あったという。

現存する櫓や土塀はわずかなので、城内の狭間の数も残り少ないが、往時はどの城にも途方もなく多くの狭間があった。古記録によると、城内の狭間の総数は次の通りである。

◆広島城
矢狭間　八九二／鉄砲狭間　三三九一
狭間の総数　四一八三

◆岡崎城
矢狭間　六八〇／鉄砲狭間　一四三七
狭間の総数　二一一七

◆鶴ヶ岡城
矢狭間　二二八／鉄砲狭間　五〇六
狭間の総数　七三四

広島城は大身の外様大名（毛利輝元・福島正則・浅野氏）の城であって規模が特に大きく、また西日本の城の特徴として重防備である。西日本の大城郭（熊本城・福岡城・小倉城・岡山城・津山城・姫路城・松山城・高松城など）には、千を軽く超える狭間があった。

岡崎城は東日本の規模の大きい城で、徳川家康の中世的な城を豊臣系外様大名（田中吉政）が近世城郭に改修し、関ヶ原の戦い以降は譜代《ふだい》大名（本多氏・水野氏など）が継承した。記録によると、土塀の総延長は千三百二十七間半（土塀の柱間は短いので、柱間数に換算すると千七百二十五間に相当）もあり、櫓などの壁面の延長をこれに加えると千九百九十二間に及び、一間に一つの狭間を設けると約二〇〇〇の狭間総数になることに納得がいくであろう。

鶴ヶ岡城（山形県）は関東・東北地方の譜代大名の城の典型例で、石垣や櫓が少ないのがその特徴である。

それでも狭間数は七百を超える。

天守や櫓では、格子窓が矢を射る狭間として使えるので、外壁に開けられた狭間は鉄砲狭間が圧倒的に多い。極端な例では、姫路城大天守は狭間の総てが鉄砲狭間である。それに対して窓がない土塀では、矢狭間と鉄砲狭間を一定の比率で混在させて切るのが一般的であった。胸高ぐらいの高い位置に切られる縦長の長方形狭間が矢狭間で、そのほかは鉄砲狭間なので、両者は見ただけで区別できる。

姫路城の土塀では、鉄砲狭間に正方形・三角形・円形を織り混ぜて用いており、その形状の多様性は土塀の造形が単調になるのを防いでいる。そのようなところからも、日本の城は芸術作品であるといえよう。付言しておくならば、姫路城の上山里曲輪《かみやまざとぐるわ》（二の丸）の東側土塀には狭間が全くないが、それは近代に仮復元された土塀だからだ。往時は、そこには土塀ではなく、櫓が建っていた。

土塀の狭間では露天で射撃を行うことになるので、鉄砲狭間だけにすると雨天の際に火縄が濡れて役立たない。また、鉄砲は弓矢に比べて再射撃までの時間が掛かりすぎるので、弓矢の援護が不可欠である。

そこで土塀では、鉄砲を主力兵器としながらも、鉄砲狭間一から五に対して矢狭間一の比率で配置され、そのうち二対一の比率のものが多かった。先に挙げた例では、岡崎城と鶴ヶ岡城がおおよそ二対一の比率になっていた。鶴ヶ岡城を築いた譜代大名、酒井家の家臣団の編成を寛文七年（一六六七）の記録から見ると、鉄砲足軽三九〇人に対して弓足軽一五三人で、鶴ヶ岡城における鉄砲狭間と矢狭間の比率にほぼ等しい。

それに対して広島城では三対一ぐらいの比率になっているが、大身の外様大名の城では鉄砲狭間の比率が高くなる傾向があった。

なお、堀の幅が広くて弓矢の有効射程距離（殺傷距離）の十五間（約三〇メートル）ほどを超えるような場合では、総て鉄砲狭間が選ばれた。鉄砲の有効射程距離は三十間（約六〇メートル）もあったので、ほとんどの城では、堀の対岸の敵に対して鉄砲狭間で十分に対処できた。

石狭間

現在の徳川再築大坂城や江戸城大手門・平川門および岡山城本丸月見櫓付近では、石垣の最上段の石の上端に鉄砲狭間が切ってあり、石狭間《いしざま》と呼ばれる。一般的な石垣の最上段（天端石《てんばいし》）には大きめの平たい石材が選ばれるが、それは天端（上面）だけを平らに仕上げたもので、形状は不整形で大きさも不揃いである。それに対して石狭間には完璧な四角柱に成形された石材が用いられ、一石ずつも大変に大きい。その四角柱石材を石垣の天端に横に寝かせ、その上面にアガキのある鉄砲狭間を精密に彫り込んだものが石狭間である。

石狭間は、慶長二十年（一六一五）に落城焼失した大坂城の再築工事において、元和年間（一六一五～二四）に新たに開発された技法である。石狭間を彫り込んだ石材を土塀や櫓の基礎石として石垣頂部に一列に並べ、その上に木の土台を渡して柱を立てる。石狭間は大坂城内の各所に残されているが、二の丸大手門では、その上の土塀や櫓が現存しており、石狭間はそれらの外壁の下辺に接して開口しているのがよく分かる。岡山城本丸月見櫓付近の土塀基礎石にも全く同形式の石狭間が見られるが、大

▲大坂城二の丸
石狭間のある基礎石

大坂城二の丸大手門土塀
▶外側から見た石狭間
◀内側

坂城の石垣普請に参加した池田忠雄《ただお》（岡山城主）が同時期に築いたものである。

石狭間の開口部は通常の鉄砲狭間より小さく、しかも石垣の頂部に開口しているので、外側から見ると狭間とは思えない。狭間のアガキは本来、下向きに作るべきであるが、石狭間は基礎石に彫るため逆に上向きになっていて役に立たない。大きな石材を選んで手間暇を掛けて仕上げなければならないのに、その効果が低かったため石狭間は普及せず、間もなく途絶えてしまった。

江戸城は明暦三年（一六五七）の江戸大火でほぼ全域が焼失し、その後の再築工事では石狭間は使われなかった。したがって、江戸城内の石狭間の現存数はわずかである。その一世紀以上後の寛政三年（一七九一）になって、幕府の作事方《さくじかた》の役人が土塀に石狭間（当時は地獄狭間と称した）を設けることを進言したのに対して、担当奉行は事情が分からず、北条流軍学者、福島伝兵衛に尋ねたところ、石狭間はもともと排水口であって、時には棒を差し込んで足場を組むものだという回答を得たという。江戸時代後期になると、石狭間が鉄砲狭間であったこと自体、軍学者には分からなくなっていたのである。もっとも、江戸時代の軍学者たちは机上の学問ばかりで実戦を全く知らなかったので、石狭間を知らないのは無理もない。

視界が狭い狭間

狭間は分厚い土壁を貫いて小さな開口部を設ける構造なので、小さな箱を通して外を眺めるようなものであって、外側への視界は極めて狭い。狭間のほぼ真正面に来た敵兵しか視認できないのである。天守や櫓では、狭間のほかに大きな格子窓が開かれているので敵の動向を探るのに不都合はないが、櫓がなく土塀だけが長く連続する場合では、敵の接近・人数・進行方向などの状況を窺って、狭間に張りついている射手に指令するための物見窓が必要だった。金沢城では、連続する土塀には所々に物見のための出格子窓《でごうしまど》を設け、そこに唐破風《からはふ》を載せて飾りにもしている。高知城本丸では土塀に横格子の物見窓を設けている。

それに関連することであるが、特殊な用途の狭間もあったらしい。姫路城大天守の一階には、格子窓脇にも鉄砲狭間が切られているが、そうした狭間は格子窓の土戸を開けた時には、土戸裏に隠れて使用できない。そのうち南面に三つ、東面に二つ、北・西面に一つずつ、ほかの鉄砲狭間より少し大きい狭間が均等距離を隔てて配置されている。それらの狭間は、土戸を閉めた時に窓の代替としての覗き窓を兼ねるものと考えられる。「鑓（遣）槍窓」という墨書があったというので、遣槍窓《やりやりまど》と呼ばれ、槍を繰り出す窓、すなわち大きめの狭間という意であろう。姫路城では、大天守二階や小《こ》天守《てんしゅ》、渡櫓などにも同様の狭間が配置されている。

ところで、全国の中世城郭に土塀が一斉に普及するのは十六世紀中期頃からで、天下統一に向けて戦乱が激化した時期だったようだ。当時の土塀は総て掘立《ほったて》柱《ばしら》に木舞《こまい》を掻《か》き付けて荒壁を塗ったもので、耐用年限は十年程度しかない。しかるに、各地の発掘事例を見ると、当時の掘立柱の土塀は、あまり建て替えられた痕跡がなく、土塀の設置期間は極めて短かったらしい。その時期に限定的に中世城郭において土塀が普及したと考えられる。土塀の普及にともなって矢狭間が急増し、城によっては鉄砲狭間も応用されたと思われる。そして狭間の急増に対処して、当時の山城《やまじろ》の土手（土《ど》塁《るい》）を上ってくる敵兵の動向を察知する必要が生じた

▲高知城本丸
土塀の物見窓。高知城本丸の背面側には櫓がなくて土塀が長く続くので、櫓に代わって敵の動静を探るために横長の物見窓を土塀の軒下に開く。窓の格子は、通常の縦方向ではなく横方向で、左右への視界が確保されている

▲金沢城石川門脇土塀
物見の出格子窓。唐破風屋根の出格子窓は金沢城の特色で、櫓や櫓門にも多用されている。金沢城の土塀の出格子窓は、厳密には唐破風造の独立した小さな建物（極小の櫓）の正面が土塀の外へ突き出たもので、床面は石落になる。土塀の物見窓としては最華美かつ最優秀

はずで、その時期に井楼《せいろう》と呼ばれる掘立柱の仮設の物見櫓が設けられたらしい。井楼も建て替えられた痕跡がほとんどないことから、その時期に限定的に設置されたと考えられる。

天下統一にともない、新たに築かれた近世城郭には、狭間を切った土塀が恒常的に設置された。そして、土塀狭間の視界の狭さを補うためにも、本格的な櫓が普及していったものらしい。

排煙窓

当時の火縄銃の発射火薬は、木炭・硫黄《いおう》・硝石《しょうせき》（硝酸カリウム）を混合した黒色火薬であって、線香花火の火薬に近い。その火薬が燃焼した際、多量の白煙を発生させる。土塀の狭間など野外での射撃では煙は問題とはならないが、天守や櫓の狭間などからの射撃では室内に煙が充満してしまい、射撃を継続して行うことができない。煙の中には有毒な二酸化イオウ（亜硫酸ガス）が多量に含まれており、長く吸い続けると咳き込んでしまうからだ。

姫路城では、天守や櫓の外壁の高所に、そこは軒下

▲姫路城大天守
鉄砲狭間と大き目の遣槍窓

◀高根城跡（静岡県浜松市）
復元された井楼

になるのであまり目立たないが、注意して見ると随所に横長の格子窓が設けられているのが分かる。下方に設けてある通常の格子窓ほどではないが、随分と数が多い。横長窓なので、格子は横方向に入れる。内部から見ると、横に引く板戸が入っている。窓の位置が高所なので、梯子《はしご》を掛けないと開閉できず、平常は閉めたままとなっている。そうした窓は、鉄砲のための排煙窓（煙出し）である。鉄砲狭間を数多く開く姫路城ならではの工夫であり、このことからも姫路城が全国随一の実戦的な城であったことが窺われる。

全国の城郭でそうした排煙窓を設けているのは、姫路城以外の現存例では、宇和島城天守三階、岡山城本丸月見櫓一階などわずかしかない。古写真や古絵図からすると、岡山城本丸中段の多数の櫓や広島城天守・二の丸太鼓櫓に排煙窓があった。岡山城本丸中段の櫓は、姫路城大天守を築いた池田輝政の子の池田忠雄が建てたものであって、姫路城と関連が深い。宇和島城天守は寛文五年（一六六五）と建築年代が新しいので、泰平の世の天守の例とされることが多いが、排煙窓を装備する数少ない天守であることからすれば、実戦的な天守の例でもある。

▲姫路城大天守
外側から見た排煙窓

▲宇和島城天守
内側から見た排煙窓

第四節　石落

石落の創始と構造

石落《いしおとし》とは、天守や櫓《やぐら》の外壁に突き出した攻撃装置であって、狭間《さま》に次いで重要である。石落は部材が細く、また外壁から張り出しているので風雨に晒《さら》されて腐朽しやすく、現存例の大多数は江戸時代後期以降に作り替えられたか、あるいは昭和戦後の修理の際に部材を取り替えられている。したがって、特に古いものはほとんど現存しないが、関ヶ原の戦い後に起こった慶長の築城盛況期（一六〇一～一五）に建てられた姫路城の大天守・小天守《こてんしゅ》や櫓、松江城天守、熊本城・松山城・名古屋城の櫓などに見られる石落は、作り替えられているにせよ、現存最古の石落の実例としてよい。

それより古い天正二十年（一五九二）までに建てられた広島城天守や慶長元年（一五九六）頃の犬山城天守にも石落があったが、前者は原爆で失われ、後者は明治後期の修理で新材に変わり、さらに昭和戦後の修理の際に復元されたものである。両者ともに江戸時代になってから付加された可能性があって判然としな

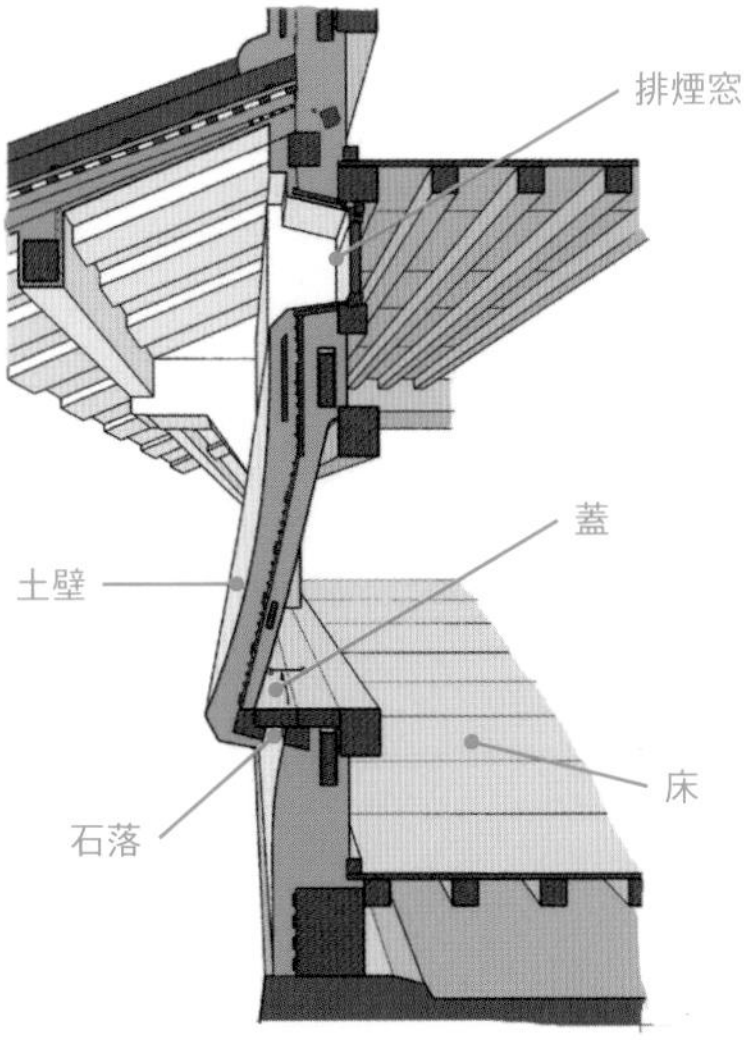

▲袴腰型石落の構造（姫路城大天守）

い。文禄元年（一五九二）頃に創建された松本城天守は元和元年（一六一五）頃に改造されて乾小天守となっているが、その石落が文禄創建時からあったかどうかは不明である。戦災焼失した慶長二年以前の岡山城天守、同十一年の彦根城天守などに石落がなく、元和以降の城郭建築には石落が普通に見られることから、石落の発明は慶長の築城盛況期だったと考えられる。

　石落は、石垣上から外壁を空中に突き出し、突き出た床面に開口部を設けた攻撃装置である。突き出た床面は石垣の頂部に沿って細長く伸び、その床面の開口部から石垣の直下を見下ろせるようになっている。開口部の幅は五寸から一尺（約一五～三〇センチ）ぐらいで、長さは半間《はんげん》から二間（約一～四メートル）、一般的には一間である。石落の外壁は、石垣から空中に突き出ているため重くできず、通常の外壁より薄い土壁や板壁になっている。

　石落の開口部には、細長い一枚板の蓋を被せる。現存例からすると、蓋は蝶番《ちょうつがい》によって内側に上げて開くものが一般的であるが、ただ板蓋を開口部に被せただけで、開く際には蓋を取り除くような例もある。後者では、蓋を石落から取り落としてしまう恐れがある。前者では、蓋の下面に鉄板を張ったり漆喰《しっくい》を塗り込めたりして防火・防弾構造にしたものもある。なお、熊本城宇《う》土《と》櫓《やぐら》などでは、現状では蓋がなく常時開放されているが、明治以降に蓋が失われたものと考えられる。

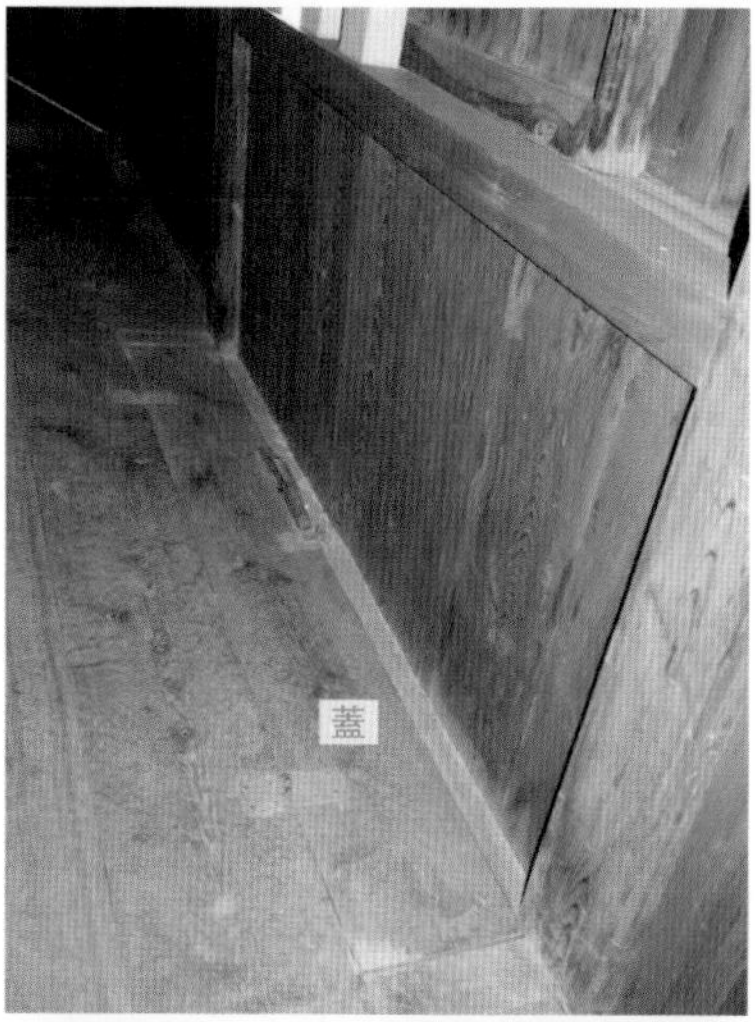

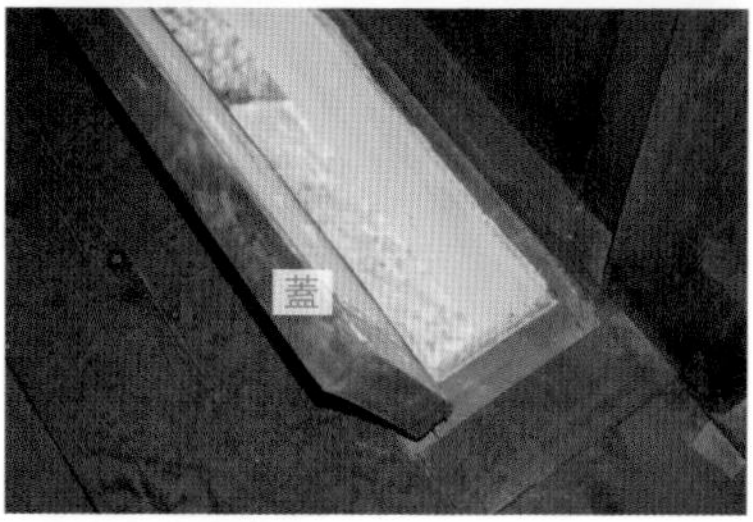

名古屋城東南隅櫓
▲石落の蓋を閉じた状態
▼蓋を開けた状態

石落の種類

石落の内側の造りには大差がないが、外側の形式には、袴腰《はかまごし》型・戸《と》袋《ぶくろ》型・出窓型の三種類があり、また外壁を塗籠とするものと下見板《したみいた》張りとするものがある。さらに、石落の外壁に小窓や鉄砲狭間を設ける例もある。出窓型の場合では、出窓上に被せて張り出す屋根の形式に切妻破風《きりづまはふ》・入母屋破風《いりもやはふ》・唐破風《からはふ》の違いがあり、また出窓に屋根を張り出さずに出窓の外壁を本体の屋根まで上に伸ばしただけのものや、その屋根上に千鳥破風《ちどりはふ》を載せたものがある。そうした意匠の相違により、石落から生み出される造形は多種多様であって、城郭建築の城ごとの個性を豊かにしている。

　次に、石落の三種類の形式である袴腰型・戸袋型・出窓型について記しておく。

　袴腰型は、外壁を斜めに傾けて裾広がりにする形式で、最も広く用いられている。この形式の外壁は寺院の鐘楼の腰壁として鎌倉時代初期に出現した。法隆寺東院鐘楼《とういんしょうろう》（夢殿《ゆめどの》の近く）がその最古例で、

▲松山城二の門南櫓
戸袋型の石落

▲大洲城高欄櫓
袴腰型の石落

◀大坂城乾櫓
出窓型の石落

その建築年代は平安時代後期とされているが、どう見ても鎌倉時代以降の建築である。新薬師寺鐘楼（奈良市）や石山寺鐘楼（滋賀県）などが古例である。古代の鐘楼は二階造りで、屋根が二階にしかなかったので一階の柱に雨が懸かるため、雨避けとして腰（一階部分）に斜めの板壁を付加したものである。その腰壁の裾広がりの形が袴に似ているので袴腰と呼ばれる。鐘楼の袴腰は、板壁の表面に漆喰を塗ったもの、土壁の表面に雨避けの下見板を張ったもの、下見板壁だけで作ったものなどがある。城郭建築に応用された袴腰も漆喰の塗籠と下見板張りとがあり、前者には姫路城・高知城・高松城など、後者には松本城・松江城・備《びっ》中《ちゅう》松山城・大洲《おおず》城（愛媛県）などがある。大洲城の苧綿櫓《おわたやぐら》の石落には小窓がある。

戸袋型は、雨戸を収める戸袋のような長方形の出っ張りを取り付けたもので、その上には小さな屋根（瓦《かわら》葺《ぶき》・板葺《いたぶき》）を掛ける。袴腰型よりは作製が面倒である。下見板張りの戸袋型石落は松山城・熊本城に現存するが、この両城には下見板張りの袴腰型も現存しており、混用されている。松山城では櫓に戸袋型、土塀に袴腰型を用いており、熊本城では戸袋型は江戸時代中期以降に建て直された櫓に用いられたと考えられる。なお、塗籠の戸袋型は現存しないが、古写真によると松山城北郭《きたのくるわ》の多門櫓《たもんやぐら》に用いられていた。

姫路城大天守の東面やロの渡櫓には出窓全体が格子窓となった出格子窓《でごうしまど》があり、その床面が石落となっている。それが出窓型石落の原型と考えられ、出窓型石落の部類に加えてもよい。正規の出窓型の石落は、出格子窓と比べて出が大きく、また本体と同等の太い柱や厚い土壁で造られており、その壁に格子窓を開くも

▲二条城東南隅櫓
出窓型石落の千鳥破風。石落の外壁を本体の屋根まで立ち上げる新しい形式は徳川大坂城から始まった。千鳥破風や唐破風を飾る例が多い

のである。そうした正規の出窓型の石落は、袴腰型や戸袋型よりやや遅れて出現したと思われる。現存最古例は、慶長十七年（一六一二）頃の名古屋城の三棟の隅櫓《すみやぐら》である。間口《まぐち》二間から四間（約四〜八メートル）の出窓を外壁から半間ほど突き出し、その出窓の床面の先端に石落を連続して開く。名古屋城西北隅櫓では最長四間もの石落が連続している。

袴腰型や戸袋型の石落は、主に外壁の隅部に設けられるので装飾物としては扱いにくい。それに対して出窓型の石落は、外壁の中央に設けられるので威厳や品格を高められ、さらに出窓の上にさまざまな破風を飾ることができるので造形的な効果が大きい。徳川家康が築かせた名古屋城の隅櫓では、出窓上の屋根の意匠を入母屋破風・軒唐破風《のきからはふ》付き入母屋破風・切妻破風とわざわざ変えており、石落が櫓の意匠・装飾の中心となっている。出窓型石落が名古屋城に応用されて以来、幕府が築いた江戸城・大坂城・二条城・甲府城（山梨県）では通常の石落はほとんど用いられず、もっぱら出窓型が採用された。譜代大名らが築いた城でも幕府に倣って出窓型石落が使われることが多かった。それに対して出窓上に破風を設けない出窓型石落は、正保二年（一六四五）頃の丸亀城天守に見られる。破風がないので天守の中央部に石落を置く必要がなく、少し脇に寄せて石落を突き出しており、なかなか粋であるが、装飾効果がなかったせいか、類例は少ない。

▲姫路城ロの渡櫓
出格子窓の石落

▲姫路城大天守
内側から見た出格子窓の石落

▲丸亀城天守
出窓型石落

▲名古屋城東南隅櫓
切妻破風の出窓型石落

▲名古屋城西南隅櫓
軒唐破風付き入母屋破風の出窓型石落

▲名古屋城東南隅櫓
入母屋破風の出窓型石落

名古屋城西北隅櫓
▶外側から見た出窓型石落
◀内側

石落の用法

石落の用法としては、その名称から敵兵に対して石を落として撃退する仕掛けであると論じられてきた。敵兵が天守や櫓の石垣の直下まで近づいてしまうと、もはや狭間や格子窓からの死角に入ってしまい射撃を加えられなくなる。そこで、直下の敵兵に対しては、石落から石を落とし掛けて撃退するのだと江戸時代の軍学者らは説いた。石落からは石を落とすだけではなく、煮えたぎらせた糞尿や汚水（真水は籠城では貴重なので）を浴びせ掛けたり、近くまで登ってきた敵の頭を槍で突き刺したりせよという。石や煮えたぎった油を敵に浴びせるという発想は、南北朝時代に成立した軍記物の『太平記』に出てくる楠木正成《くすのきまさしげ》の戦法から得たものらしい。誇張に満ちた娯楽物語に出てくるような戦法が事実であったかどうかも怪しく、すなわち学術的には程度が低い論説である。

実例からすると、石落は二〇メートルから三〇メートル間隔にしか配置されていないが、石落の細長い隙間から石を遠くに投げることは不可能で、ただ真下に落とすだけしか術がない。したがって、敵からすると、石落から離れた場所で石垣を登れば安全であろう。そうしたことから、石落が石を落とす目的で作られたものでないことは明らかだ。

さて、石落という名称は、さほど古くからのものではなく、十七世紀後期頃に始まったと考えられる。元禄十年（一六九七）に改易《かいえき》になった森家から津山城を幕命により受け取りに赴いた広島藩家老が作成した津山城天守の姿図《すがたず》に袴腰型石落が描かれ、そこに「石落」と書き込まれているのが早例である。

石落には、袋狭間《ふくろざま》・足駄狭間《あしだざま》・塵落《ちりおとし》・武者返《むしゃがえし》といった別称がある。袋狭間は袴腰型や戸袋型など張り出した形状の狭間をいい、足駄狭間は足元すなわち床面に設けられた狭間、あるいは下駄の鼻緒《はなお》のような引手を付けておいて足で開ける狭間をいうらしい。塵落は床面に開けられた穴のことで、武者返は石垣を登る敵を撃退する装置を意味した。それらの名称は、「石落」の名称よりも古いものと考えられる。

袋狭間・足駄狭間といった名称からすると、石落は本来、下向きの狭間である。弓矢は下向きには使えないので、総て鉄砲用の狭間である。石落の隙間の幅が鉄砲狭間の横幅に近いのは、鉄砲を撃つという用法が同じだからだ。石垣面に沿って斜め下に石落から鉄砲を撃ち掛けると、天守や櫓の直下だけではなく、それに続く土塀の直下まで銃弾が届く。また、土塀にも石落が二〇メートルから三〇メートル間隔に設けられていたので、敵兵は石垣の裾に近寄ることができなかったはずだ。

　当時の火縄銃は、火薬と銃弾を筒先から入れる先込め式だったので下方へ向けての射撃はできない、と江戸時代の軍学者らは考えたようだ。銃弾は鉛の球体なので、銃口を下に向けると発射前に転げ落ちてしまいそうだからだ。しかし実際には、銃弾はカルカという棒で銃口から押し込められており、逆さに向けても落ちることはない。石落から下に向けて銃撃できたはずである。

櫓門の石落

二階建ての櫓門では、二階の床が下階の扉より前方へ少し迫《せ》り出しており、その床面に石落が設けてある。城門の扉の前に取り付いてしまった敵兵に対しては、敵兵の側面や背後から射撃を加えるしかない。敵に側面や背後から射撃を加えることを「横矢《よこや》を掛ける」といい、城門での横矢掛《よこやがか》りは城の設計上の基本中の基本である。城門手前の櫓や土塀の狭間から扉の前に横矢が掛かっていても、なお櫓門の二階から扉前の敵に直接に攻撃を加えるために石落が設けられた。

　櫓門の石落は、一般的な石落と同じ構造で、板の蓋を上に開いて細長い石落の隙間を開口するものである。石落の直下は石垣ではなくて扉の直前であること、石落から下方の敵兵までの距離がかなり短いことが天守や櫓の場合とは相違するが、銃撃は有効である。距離が短いので銃撃のほかに槍で突き刺すことにも使えるというが、槍を繰り出せる長さ（せいぜい一メート

▲丸亀城大手門
内側から見た櫓門の石落

ル）からすると全く実用的ではなく、そのような用法は定かでないとしかいえない。
櫓門の石落の始まりも、慶長の築城盛況期だったと考えられる。慶長五年（一六〇〇）の関ヶ原の戦い以前の櫓門を移築したとされる、姫路城「と」の一門や彦根城太鼓門《たいこもん》・天秤櫓などには石落がない。また、姫路城「は」の門も関ヶ原以前の櫓門と考えられるが、やはり石落がない。特に、「と」の一門については、詳しくは後述するが、床の構造からして絶対に石落は設置できない。

隠石落

石落の存在を隠しておいて、不用意に天守の下に近づいた敵兵に不意打ちを加えるという「隠石落《かくしいしおとし》」が名古屋城天守にあった。松江城天守の石落も隠石落といわれることがある。両者の石落は、通常の一階ではなく、二階の床に設けられており、石落の開口部は一階外壁の上に被さる一重目屋根の軒裏に隠されている。意表をついて軒裏に石落があるので、敵に見つからないというのである。

戦災焼失した名古屋城天守では、二階の各面に二カ所ずつ、一重目屋根上に出窓が設けられており、その床面に石落があった。しかし、二階の出窓は遠くから見ても目立ち、さらには出窓上に千鳥破風や唐破風を付けて飾っており、出窓の存在が強調されている。名古屋城本丸の隅櫓三棟（うち二棟が現存）には、二階に派手な意匠の出窓型石落が設けられており、それを見て学習した敵兵が天守二階の出窓型石落を見過ごすことはなかろう。天守の石落は、実際に敵を撃退するためというよりも、敵を天守に近づけさせない抑止効果のほうが期待される。したがって、石落の存在を隠していたのでは逆効果であって、むしろ石落の存在を破風で強調したものと考えられる。石落は一階に設けるよりも二階に設けたほうが下方の敵を狙いやすく、また石落の開口部に敵（忍びの者）が近寄りにくい。
松江城天守では、二階の四隅と中央に袴腰型石落を設けている。遠くから眺めると袴腰が目立ち、石落が一重目の軒裏に開口しているのは丸分かりである。したがって、隠石落ではない。松江城の天守台はやや低く、一階に石落を開口した場合、忍びの者が石垣を登って石落から侵入する恐れがあったためと考えられる。

しかし、袴腰型石落を二階に設けたため、一重目屋根を支える垂木《たるき》が石落の中を斜めに貫いており、垂木が邪魔になって石落を使うのはかなり困難である。なお、松江城天守の二階の側柱《がわばしら》には、創建当初は比翼《ひよく》千鳥破風があったとも思える痕跡があり、その場合はその千鳥破風の床面が石落だったことになろう。

注目されたことはないが、上記二例のほかに、姫路城大天守の南正面二階にある幅五間の長大な出格子窓の床面にも隠石落が設けられている。幅五間にわたっているので、史上最大の隠石落である。この出格子窓の石落は、その開口部から下方約七〇センチメートルのところに一重目屋根の太い垂木が並んでいるので、それが邪魔となって、真下にしか攻撃を加えられない。松江城天守の石落と同様な難点がある。鉄砲を使うとすれば、通常の火縄銃より銃身が長い狭《さ》間銃《まじゅう》しか対応できず、有効性には疑問がある。しかし、慶長十三年（一六〇八）の建造なので、現存最古の隠石落ということになる。

▲松江城天守
二階に設けられた石落

▲名古屋城天守（戦災前）
二階の出窓。二階の出窓の床には石落が設けられており、出窓下の一重目屋根の軒裏に石落を開口していた。これを隠石落と言うのは誤り

▲姫路城大天守
二階南正面の長大な出格子窓

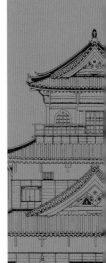

格子窓から左側を射る

窓の縦格子《たてごうし》の間から弓矢を射る場合は、左側へ向けては射やすいが、右側へは射にくい。射手は左手で弓を握り、左肩を前に右肩を後ろにした半身の姿勢で、右手で目いっぱい矢を引く。左腕は真っすぐ伸ばして格子の右角に左手を添え、右眼で格子の右の隙間から窓外の敵兵を狙う。実際に射る動作をしてみないと、左だ右だといわれても分かりにくいが、右側へ向けて射ようとすると、隙間の右にある格子が右目の視角に入ってしまい、外を狙いにくいのである。そうした差異は、左肩を突き出して右を向いた半身の姿勢に起因する。左に射る場合は矢を差し出した格子の隙間の正面近くに顔が位置するが、右に射る場合はその左隣の格子の辺りに顔が位置してしまい、隙間に対して浅い

▲福山城本丸筋鉄《すじがね》御門《ごもん》
内側から見た二階正面の格子窓。弓矢で敵を迎え討つため櫓門の二階正面には連続して格子窓が並ぶ。格子の内側には板戸を一列に並べて引くが、写真はそのうちの２本だけを開けたところ。右端が戸溜りで、開けた戸を重ねて溜めておく

角度で臨むことになるからだ。

したがって、格子窓から弓矢を射掛ける場合は、左側へ向けるほうが有利である。櫓門《やぐらもん》の二階では、門前に侵攻してくる無数の敵兵を迎え撃つため、再射撃までの準備に時間が掛かる火縄銃では埒《らち》が明かず、矢継ぎ早に射られる弓矢が主力兵器とされた。櫓門の二階に格子窓が連続して設けられているのには、そうした理由があった。そして、敵兵を迎え撃つ櫓門の二階窓から見て、敵が左方から侵攻してくるように櫓門の向きは決められた。

敵の勢いを止め、城門内を見通されないようにし、また横矢《よこや》が掛かるように、城門前で通路を右や左に折り曲げるのが築城の定石であるが、城外から見て右へ曲がって櫓門に達するように建てるのが正しいとされた。その場合は、櫓門の二階窓から見ると敵兵は左側から侵攻してくることになるからだ。多くの櫓門はそうした位置に建てられている。例えば、江戸城では大手門・外桜田門・田安門・清水門など、また金沢城石川門、丸亀城大手門、姫路城菱の門など代表的な櫓門が挙げられる。

また、天守や櫓の壁に狭間《さま》を切る場合は、一般的には柱間《はしらま》の中央に一カ所の狭間を設ける。二カ所以上に狭間を設ける場合には、柱に寄せて狭間を切ることがあるが、その場合では矢狭間《やざま》は室内側から見て左側の柱に寄せて設ける。格子窓の場合と同じ理由で、太い柱が右にあると邪魔になるからだ。

閂を右へ引いて門扉を閉める

城門の扉は左右二枚の両開きで、それを内開きにする。扉の戸締りは、閂《かんぬき》（貫木《かんのき》）という太い木棒を、二枚の扉の裏側に差し渡して開かないように固定する。閂は城門の大小によって太さが相違するが、大手門や本丸正門級の大型の櫓門では、今日の木造住宅の柱より太い大材で、鉄板を張って補強されている。したがって大変に重く、閂を左右に動かして城門の開閉を行うには、わずかではあるが数秒の時間が掛かる。

詳しくは城門の章（本書続巻「櫓・城門編」）で述べるが、閂はコの字形の閂鎹《かんぬきかすがい》という鉄製の金具で扉の裏側に支えられている。裏側から見て左扉に閂鎹を二本、右扉に一本取り付け、扉を開いている間は、閂は左扉の裏側に引き込み、その閂鎹二本で支えておく。

扉を閉める時には、両扉を閉め合わせ、閂を左から右へ引いて、右扉にある一本の閂鎹へ閂の先端を差し込む。

城門では閂は左扉に収めておき、閂を左から右へ引いて扉を閉ざすのが一般的である。左右逆になっている例は極めて少数派である。それには二つの理由がある。

その一つは、閂を左右に引き動かす場合、右利きの人なら左から右へ引くほうが、その逆向きよりも素早くできるからだ。敵兵が城門に迫ってきた際には、扉を閉めて素早く閂を掛けることが肝要で、寸時の遅れが命取りになりかねない。そうした理由で城門では閂の取り付け方に定めがあったのだ。城門において左右逆に閂が取り付けられている例も多少あるが、緊急性のない城門であったり、閂を左側に収めると何らかの都合で邪魔になったりする場合である。その一方、社寺や屋敷などでは、扉を閉める際に慌てる必要がないので、閂の取り付け方に左右の別がない。

もう一つの理由は重要である。当時の侍は左腰に刀を差していたからである。右扉に閂を収めておくと、左腰の刀の柄《つか》が右扉の左側にある扉の召合《めしあ》わせに絡《から》まってしまう危険がある。特に籠城時に慌てて閉扉する際には、重大な事態を招く。左扉では、召合わせが右側になるため、その心配はない。

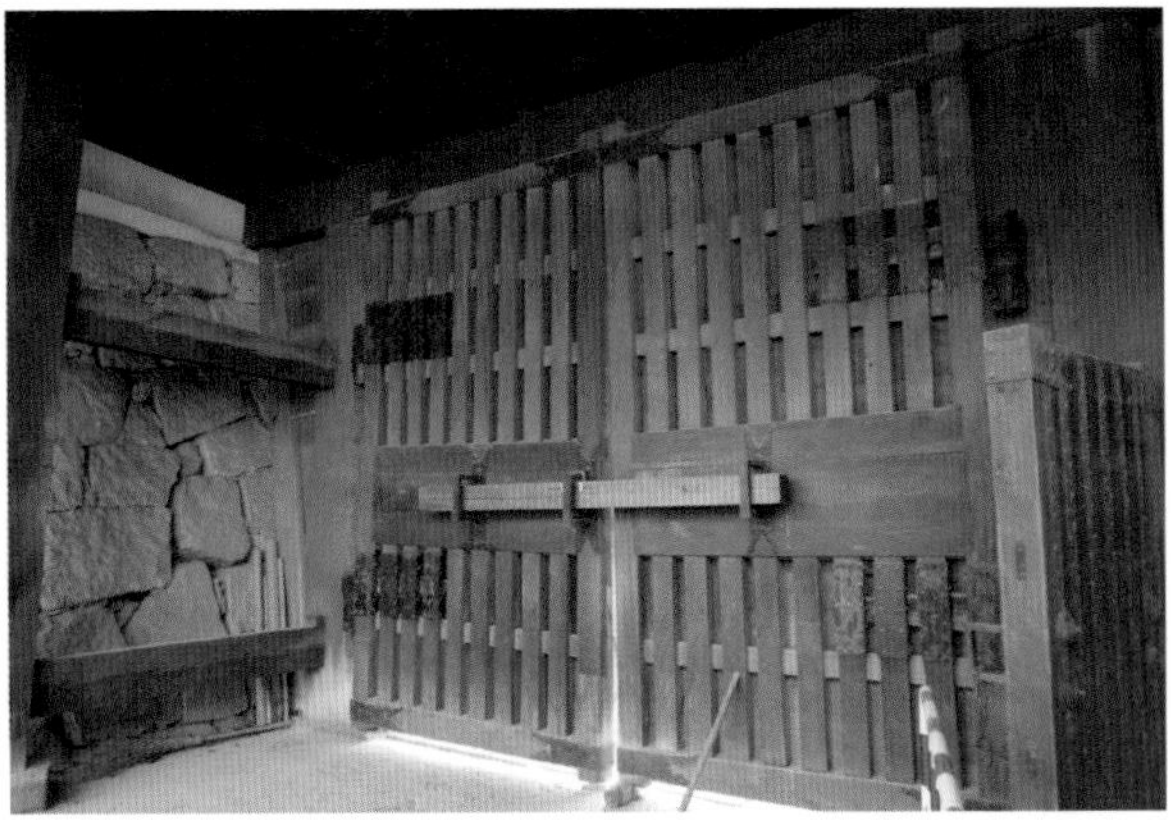

▲福山城本丸筋鉄御門
背面から見た扉と閂。左右の扉の中ほどに横に渡されている太い棒が閂。左の扉に２本、右の扉に１本の閂鎹という鉄金物を打ち付け、それで閂を支持する。城門では、軍学と建築の都合で左右の扉の召し合わせに少し隙間が設けてあるが、この召し合わせに城兵の帯刀の柄が挟まると扉が閉まらない

第二章

天守の基本的構造

第一節　天守の基本
第二節　天守の平面
第三節　天守の構造

第一節　天守の基本

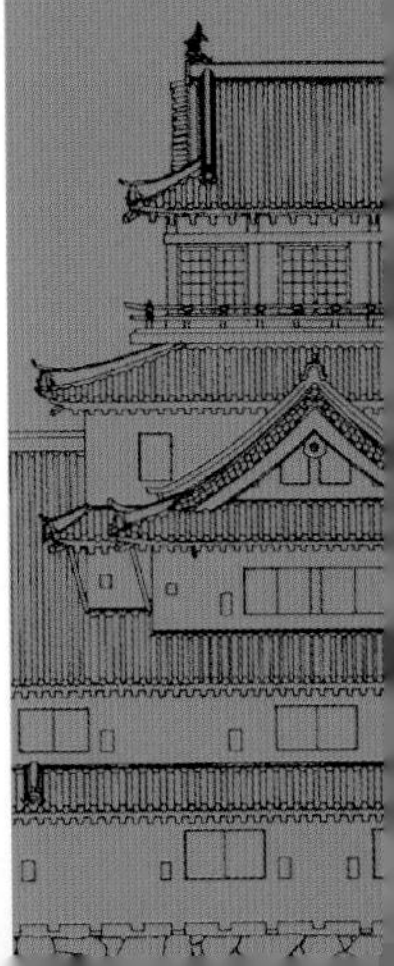

天守という名称

天守は近世城郭の中心となる建築であるが、総ての城郭に存在していたわけではない。近世城郭はおよそ四百城あったが、天守はその半数ほどの城にしかなく、しかも東海・中部地方から西に集中していて、関東・東北地方には少なかった。その天守にも、江戸幕府が公認した正規の天守と、江戸幕府が天守とは認めず、「御三階《ごさんがい》」「三階櫓《さんがいやぐら》」「三重櫓」などと呼ばれていた代用天守（天守代用櫓ともいう）とがあった。後述するように、現存する明治維新以前の天守は全国で十二棟あるが、そのうち弘前《ひろさき》城と丸亀城の二棟は、明治維新以前では公式には三重櫓で、代用天守であった。なお、笠間《かさま》城（茨城県）天守は二階を撤去され、神社拝殿に転用されて原位置に現存するが、現存天守には含まれていない。

さて、今日の学術用語や文化財としての正式名称には「天守」の語が使われるが、明治維新以前では幕府や藩の公式文書には天守のほかに、「天主」「殿守」「殿主」とも記されており、総て「てんしゅ」と読まれた。天守（天のまもり）と天主（天のあるじ）はともにありがたい名称であり、「殿」は平安時代以来、貴人の邸宅を表す語であったので、そうした同音異義の当て字が行われていても不思議ではない。

そうした四種の表記のうち「天主」が本来の書き方だったとされる。織田信長は天正七年（一五七九）、安土城に史上初の五重天守を完成させており、その天守の拝見記である「安土山御天主之次第」（『信長公《しんちょうこう》記《き》』などに所収）に「天主」と書かれているからだ。

それより先の元亀三年（一五七二）十二月には、信長配下だった明智光秀を見舞いに近江坂本城を訪れた吉田兼見《よしだかねみ》が、「城中天主作事」以下をことごとく見せてもらって目を驚かせたと、『兼見卿記《きょうき》』に書いている。その時まさに光秀の坂本城天主が建築工事中だったのである。それと同じ時期、信長が将軍足利義昭のために築いた京都の二条城（二条御所、現在の二条城とは別城）にもすでに「天主」があった。したがって、「天主」は信長の命名だったと考えられる。

そして、「天主」という名称の創案者については、慶長十三年（一六〇八）に江戸幕府大棟梁、平内政信《へいのうちまさのぶ》が著した大工技術書『匠明《しょうめい》』に記されている。それによると、信長が安土城に七重（ここでは七階のこと）の亭を建て、嵯峨の策彦《さくげん》に命じて名を付けさせたところ、「殿守」と名づけたとある。策彦（策彦周良《しゅうりょう》）は京都五山の第一位天龍寺の禅僧であった。『匠明』が記された江戸時代初期にはすでに天守の表記が混乱していたので、策彦が選んだのは「殿守」ではなく「天主」だったはずであり、また安土城以前に信長関係の城に「天主」が存在していたことからすると、その天主という名称は、織田信長が岐阜城の山麓に設けた館の御殿《ごてん》に初めて付けられたものと宮上茂隆博士は推定した。

ルイス・フロイスの『日本史』によると、彼は永禄十二年（一五六九）に岐阜城を訪れて信長に歓待されているが、その山麓には新築されたばかりの四階建ての御殿があった。その一階は廻縁《まわりえん》があり（すなわち天守台はない）、金碧障壁画《きんぺきしょうへきが》で飾られた二十ほどの座敷が連なっており、信長の宮殿であった。二階は廻縁のある婦人部屋で、一階より優れており、おそらく信長の夫人や侍女が住んでいた。三階には茶室があったという。四階は後世の天守と同様に物見の階であったらしく、三階と四階の廻縁から岐阜の全市が展望できたという。この岐阜城の御殿こそが、初めて天主と名づけられた建築だったというのである。これについては、多少の疑問もある。

ところで、『日本史』には「天下」という語が散見されるが、それによると、「この頃、日本のモナルキア（君主国）すなわちテンカ（天下）を三人の異教徒の殿たちが統治していた」としており、当時、天下とは君主である室町幕府将軍の実効的支配地のことであり、三好《みよし》三人衆がその実権を握っていた地域やその周辺であったと解釈できる。せいぜい、京と摂津、大和、近江、河内近辺の範囲になろう。天皇については、「全日本の国王なるオウ（皇）」としていて、天下よりはるかに広い日本の国王という。そして、永禄十二年（一五六九）、信長が義昭のために二条城を築いていた工事現場にフロイスは信長を訪ねているが、信長は「予がこの宮殿と城の中で、天下の君のために造営した総ての建物」を伴天連《ばてれん》たちに見物させよと家臣に命じている。

それらのことからすると、「天主」という名称は、信長が天下の君である義昭のために築いた二条城において初めて付けられたものと推定される。すなわち将軍の権威を示す高層建築である。二条城天主の建築形態は、それよりやや先行して信長が岐阜城山麓に建てた四階建ての宮殿が嚆矢《こうし》であるとしてよいであろう。それから三年ほど後、光秀が元亀三年（一五七二）に坂本城天主を築いていた時期には、信長と義昭の不仲は決定的になっていた。信長は家臣にすぎない光秀の城に天主を建てさせることによって、義昭の権威の失墜を天下に示したことになろう。天主という建築には、その発祥時から政略が絡んでいたといえる。

そして、史上初の五重天守は天正七年（一五七九）に信長が建てた安土城天主であり、豊臣秀吉が天正十三年に建てた大坂城天守に継承されていったが、天守の表記はその頃からすでに乱れ始めていたのである。

その一方、「天守閣」という語が現れるのは明治になってからで、初めは俗語だったが、昭和以降になると天守閣（「天主閣」や「殿主閣」なども使われた）という呼称が一般化していった。今日では、昭和六年（一九三一）に復興された「大阪城天守閣」をはじめ、天守閣と呼ばれることのほうが多い。しかし本書では、正式に天守と記すことにする。なお、安土城や坂本城のみ天主と表記する。

天守の柱間の寸法

天守（天守代用櫓を含む）の一階平面は、宇和島城《うわじま》天守のように正方形のものもあるが、一般的には長方形であって、その長辺側を「平《ひら》」、短辺側を「妻《つま》」と呼ぶ。宇和島城天守のような正方形平面の天守では、最上重の屋根の方向を基準にして、屋根の頂部にある大棟《おおむね》（その両端に鯱《しゃち》が載る）と平行する側を平（桁行《けたゆき》と同義）、大棟と直交する側（三角形の妻壁のある側）を妻（梁《はり》間《ま》と同義）という。多くの天守では、平より妻が一、二間《けん》程度短かった。

さて、天守の規模は、一階平面の大きさによって表される。天守の側柱《がわばしら》（最も外側の柱）は通常は一間という間隔で立てられているので、その平と妻の間数で表される。大多数の天守では、一間の長さは京間《きょうま》と呼ばれる六尺五寸（約一・九七メートル）が使われている。

京間は十四世紀頃に住宅建築の柱間《はしらま》の寸法として定着したものだが、十六世紀後期になると一間を六尺三寸や六尺などと短くする地方も現れた。そこで、現代に至るまで京都で守り通されてきた六尺五寸を京間として区別している。多くの天守では、一間の長さとして正式な寸法である京間が使われたが、安土城・大坂城・名古屋城・駿府《すんぷ》城・江戸城といった天下人の天守には特大の七尺（大京間《おおきょうま》）が使われた。その一方、松江城では六尺四寸、丸岡城では六尺三寸、犬山城では六尺二寸、松本城乾《いぬい》小天守《こてんしゅ》では六尺が使われている。しかし、天守の規模を表す場合には、そうした柱間寸法の多少の相違にはこだわらず、とりあえず総て一間と数えておけばよいであろう。

天下人の天守に七尺間が使われたのは、安土城天主からであろう。史上初の五重天守だったため、特別に太い柱が使われたことに起因すると考えられる。その当時、平屋で軽量な柿葺《こけらぶき》の書院造《しょいんづくり》殿舎では柱は太さ四、五寸であったが、五重で重い瓦葺《かわらぶき》の天守には一尺程度の柱が選択されたからである。柱が太くなった分、柱間の内法寸法が短くなってしまうので、それを補うために柱間に五寸が加えられて、七尺間が誕生したと思われる。

なお、十七世紀中期以降になると、京間の二間を三等分して柱を密に立てたり、一間半を二等分したりする天守や櫓も現れるが、そうした場合では、等分割する前の間数で見ていただきたい。例を挙げると、延享四年（一七四七）再建の高知城天守では、一階の平（長辺）は七間（六尺五寸×七間）余りを八等分した約五尺八寸で、六階は約二間半を三つ割りした五尺五寸余りにしている。慶長十八年（一六一三）以降に再建されたといわれる丸岡城天守では、三階（最上階）の妻（短辺）は三間（六尺三寸×三間）を四つ割りした四尺七寸余りになっており、その点からすると丸岡城天守の再建年代は元和・寛永（一六一五〜四四）まで下がる可能性が高い。古写真からすると、寛永十六年（一六三九）の会津若松城天守や寛文十年（一六七〇）の高松城天守も、側柱が五尺程度の間隔で密に立てられていたと考えられる。

天守の平面規模

史上最大の天守の平面規模は、江戸城天守の平十八間に妻十六間（長辺十八間、短辺十六間）で、名古屋城天守と徳川大坂城天守の平十七間に妻十五間が次ぐ。小倉《こくら》城天守と、その指図《さしず》（当時の建築図面）を参考にして建てられた佐賀城天守は、ともに四重天守ではあるが、四重目の屋根を省略した唐造《からづくり》（南蛮造）という特殊な構造であって、実質的には五重天守である。平面規模も幕府が建てた江戸・名古屋・大坂の三城の天守に次いで巨大で、平十五間に妻十三間余りもあった。一般的な五重天守は平九間から十三間程度、三重天守で平六間から九間程度である。天守代用の三重櫓は、概ね平六間であって、正規の三重天守より一般的に小振りであった。

次に、代表的な天守の規模を一覧として示しておく。

なお、この一覧では、望楼《ぼうろう》型天守と層塔《そうとう》型天守に分けておいたが、これは天守の構造上の形式区分であって、とりあえず旧式が望楼型、新式が層塔型と思っていただきたい。それについては、第三章で詳しく述べることにする。なお、島原城（長崎県）天守は現在の復興天守（十二間四方）と規模が相違しているが、この一覧表が正しい。

▲島原城天守復元立面図

望楼型天守	平	妻	重階	建築年代　※備考
安土城	十三間か	十二間か	五重六階、地下一階	天正七年（一五七九）
福知山城	九間半	四間	三重四階	天正八年（一五八〇）頃
豊臣大坂城	十二間	十一間	五重六階、地下二階か	天正十三年（一五八五）
熊本城宇土櫓	九間	八間	三重五階、地下一階	天正十八年（一五九〇）頃 ※旧隈本城天守、移築改造、当初は地階なし
広島城	十二間	九間	五重五階	天正二十年（一五九二）頃
松本城乾小天守	五間	四間半	三重四階	文禄元年（一五九二）頃 ※旧松本城天守、望楼型を改造し、現在は層塔型
犬山城	八間半	八間	三重四階、地下二階	慶長元年（一五九六）頃
米子城四階櫓	六（七）間	六間	三重四階	慶長元年（一五九六）頃 ※旧米子城天守、平は歪みのため六～七間
岡山城	十三間	八間	五重六階	慶長二年（一五九七）以前
熊本城	十三間	十一間	五重六階、地下一階	慶長六年（一六〇一）頃
彦根城	十一間	七間	三重三階	慶長十一年（一六〇六） ※大津城天守を移築改造
福井城	十二間	十間	四重五階	慶長十一年（一六〇六）頃
姫路城	十三間	十間	五重六階、地下一階	慶長十三年（一六〇八）
岩国城	八間半	六間	四重六階	慶長十三年（一六〇八）
萩城	十一間半	九間	五重五階	慶長十三年（一六〇八）頃
米子城	十間	八間	四重五階	慶長十四年（一六〇九）頃
松江城	十二間	十間	四重五階、地下一階	慶長十六年（一六一一）以前
高島城	七間	七間	三重四階	慶長
鳥羽城	六間	五間	三重三階	慶長
岡崎城	八間半	七間	三重三階、地下一階	元和三年（一六一七）
村上城	七間	五間	三重三階か	元和八年（一六二二）頃
西尾城	九間	七間	三重四階	元和頃
丸岡城	七間	六間	二重三階	元和・寛永頃
淀城	八間半	七間半	五重五階、地下一階	寛永二年（一六二五）頃 ※大和郡山城天守を移築した伏見城天守を再移築改造
高知城	七間	六間	四重六階	延享四年（一七四七）

層塔型天守

	平	妻	重階	建築年代 ※備考
今治城	九間半	九間半	五重五階	慶長九年（一六〇四）頃
駿府城	十二間	十間	六重七階	慶長十三年（一六〇八）
小倉城	十五間半	十三間半	四重五階	慶長十四年（一六〇九）頃
丹波亀山城	九間半	九間半	五重五階	慶長十五年（一六一〇） ※今治城天守を移築
佐賀城	十五間	十三間半	四重五階	慶長十六年（一六一一）
名古屋城	十七間	十五間	五重五階、地下一階	慶長十七年（一六一二）
松本城	九間	八間	五重六階	慶長二十年（一六一五）頃
津山城	十一間	十間	五重五階、地下一階	慶長二十年（一六一五）頃
大洲城	七間	六間	四重四階	慶長二十年（一六一五）頃
柳川城	十間	八間	五重五階か	慶長
大垣城	五間	五間	四重四階	元和六年（一六二〇）
福山城	九間	八間	五重五階、地下一階	元和八年（一六二二）
八代城	十一間	十間	四重四階、地下一階	元和八年（一六二二）
二条城	十間	九間	五重五階、地下一階か	寛永元年（一六二四）頃 ※伏見城天守を移築改造
島原城	十間	十間	五重五階、地下一階	寛永二年（一六二五） ※一重目の腰屋根を数えなければ四重五階
徳川大坂城	十七間	十五間	五重五階、地下一階	寛永三年（一六二六）
白河小峰城＊	六間	六間	三重三階	寛永九年（一六三二）頃
江戸城	十八間	十六間	五重五階、地下一階	寛永十五年（一六三八）
小浜城	八間	七間	三重三階か	寛永十五年（一六三八）
会津若松城	十一間半	十一間半	五重五階、地下二階	寛永十六年（一六三九）
丸亀城＊	六間	五間	三重三階	正保二年（一六四五）頃
宇和島城	六間	六間	三重三階	寛文五年（一六六五）
高松城	十三間	十二間	三重四階、地下一階	寛文十年（一六七〇）
米沢城＊	七間	六間	三重三階	延宝元年（一六七三）
盛岡城（＊）	五間半	五間半	三重三階	延宝四年（一六七六） ※当初は三階櫓、天保十三年改修後は天守
新発田城＊	六間	五間半	三重三階	延宝七年（一六七九）

層塔型天守	平	妻	重階	建築年代 ※備考
備中松山城	七間	五間	二重二階	天和三年（一六八三）
小田原城	十一間	九間	三重四階	宝永三年（一七〇六）
苗木城	四間	四間	一重一階、地下二階	享保三年（一七一八）頃
水戸城＊	六間	六間	三重五階	明和六年（一七六九）
弘前城＊	六間	五間	三重三階	文化七年（一八一〇）
白石城＊	九間	六間	三重三階	文政六年（一八二三）
和歌山城	十間半	十間	三重三階	嘉永三年（一八五〇）
松山城	九間	七間半	三重三階、地下一階	嘉永五年（一八五二）
松前城＊	七間	六間	三重三階	安政元年（一八五四）

＊印は天守代用の三重櫓
青字は現存遺構

天守の重・階・層

高層建築である天守は、外観の屋根の「重数」と内部の「階数」によって上下方向の規模が表される。寺院の五重塔や三重塔という表記は、外観の屋根の数を示したもので、天守もそれに準じて五重天守や三重天守と呼ぶ。その一方、五重塔や三重塔はいずれも内部は一階しか造られておらず、二階以上には床も天井もない。したがって一階建てである。正しく表記すれば、五重一階塔婆《とうば》（塔婆は塔の正式名）や三重一階塔婆となる。江戸時代後期になると、少数派ではあるが三重三階塔婆が出現する。塔婆に限らず、法隆寺金堂《こんどう》も二重一階である。外観と内部が相違するのは日本建築では珍しくない。天守や櫓においても重数と階数が不一致の例は珍しくなく、例えば姫路城大天守は外観が五重で、内部は地上六階、地下一階である。

ところで、実は江戸時代には重・階が混同して使用されていた。例えば、戦災焼失した水戸城天守は三重五階であったが、江戸時代の指図に「御三階」と記されているので、この場合の「階」は重の意味である。三階に「一重」、四階に「二重」、五階に「三重」と記入されているので、外側に屋根がない一階と二階は床下として無視されたようだ。また、多くの三重三階の天守代用櫓は「三階櫓」や「三重櫓」と記されているが、その場合はいずれも三重の意味である。

五重六階であった岡山城天守については、岡山藩から幕府へ提出した文書に「天守三重作り、五重」とあり、このうち「三重作り」は入母屋《いりもや》造《づくり》の建物を三つ積み重ねたような外観的特徴を示したらしい。『信長公記』では、安土城天主を石垣の上が「六重」と記しているが、そのうちには屋根裏階も計上しているので、明らかに六階を意味している。江戸時代の表記を概観すると、当時の「階」は今日の重、当時の「重」は今日の階を表すことが多く、すなわち逆転していることが多いので、注意が必要である。

重・階のほかに、「層」も使われることがある。寺

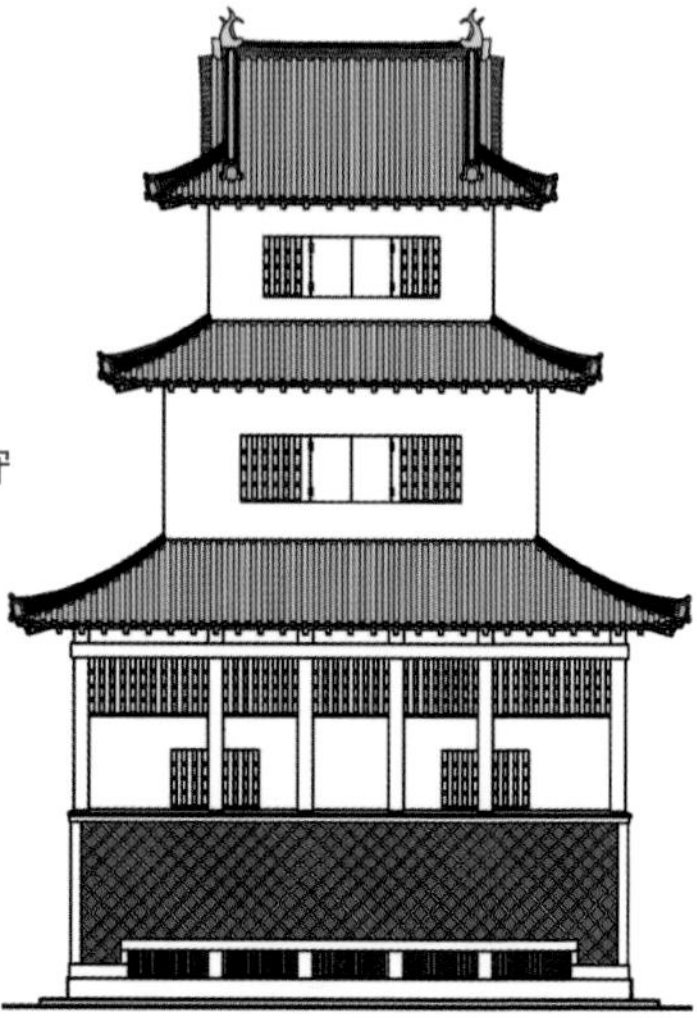

▶水戸城天守
復元立面図

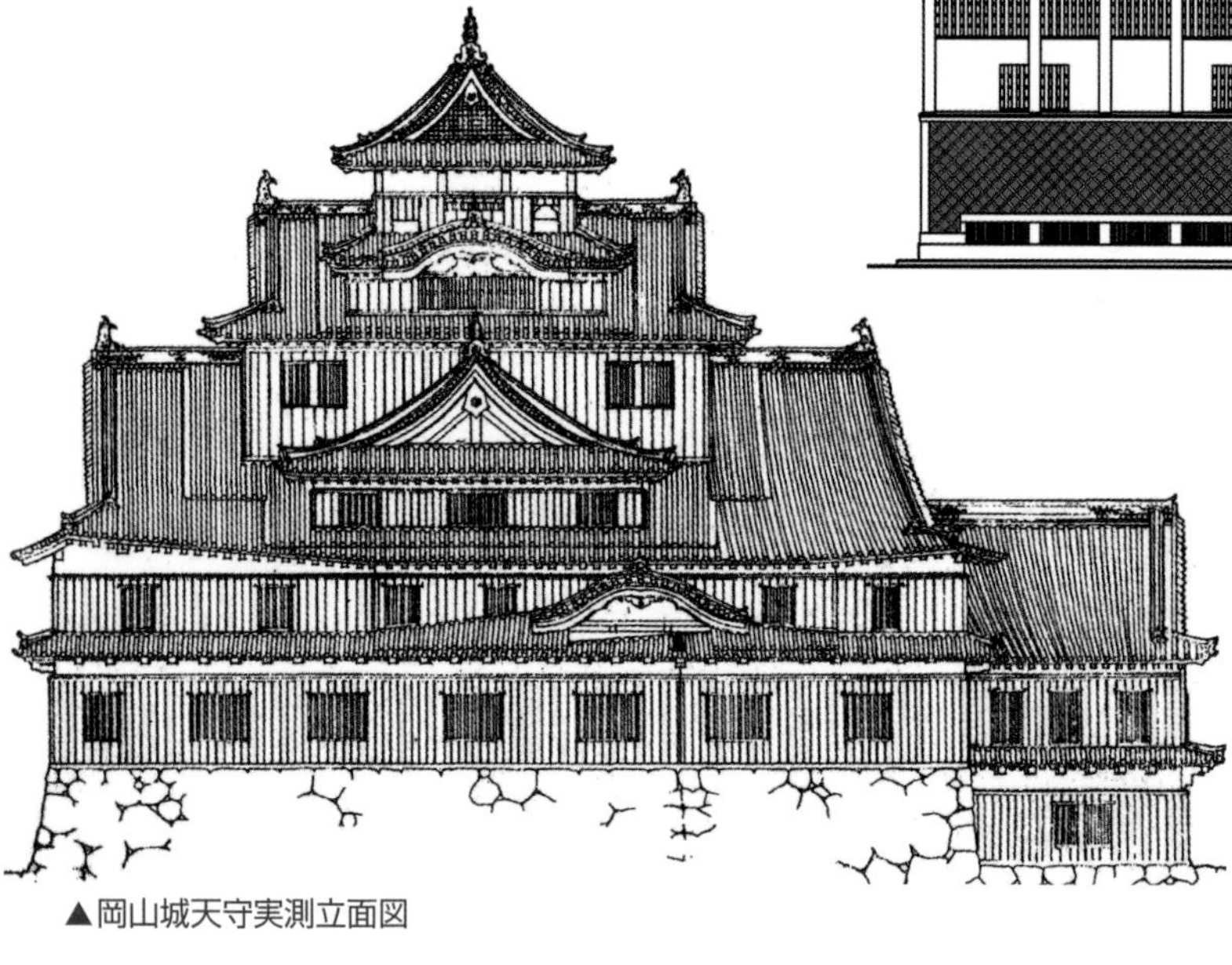

▲岡山城天守実測立面図

院の五重塔についても五層塔と記した文献は少なくない。「層」の使われ方は曖昧《あいまい》で、現在でも人によって、重あるいは階の意味に使われる。現在では、外観の屋根の数を「重」、内部の床の数を「階」と表記するのが正式（学術表記および文化財指定の規模表記）とされ、「層」は文芸的な表現はともかく、正式な表記には使わない。

天守の重数

創建当初の会津若松城天守を「七重」と記した文献があるが、先述したような事例からこれは七階と解釈すべきで、五重七階（この階数には地階が含まれている）であろう。七重天守を描いたといわれる会津若松城絵図もあるが、そのうちの一重目は半地下階の腰屋《こしや》根《ね》（壁面に付けられた短い屋根）で、四重目は誤って描き加えられたものであり、七重天守実在の証拠とはならない。

史上最多重の天守は、徳川家康が慶長十三年（一六〇八）に建てた駿府城天守で、六重七階と推定される。この天守は特殊な構造だった。巨大な天守台内の平地に一回り小さく天守が建てられており、天守周囲の余地には天守を取り巻いて多門櫓《たもんやぐら》があった。天守の一階と二階は廻縁付きの書院造の御殿であって、その上に五重五階の天守を載せたような構造になっていた。天守の下部を御殿とするのは異例であったが、周囲の多門櫓に隠されて外側からは見えなかった。

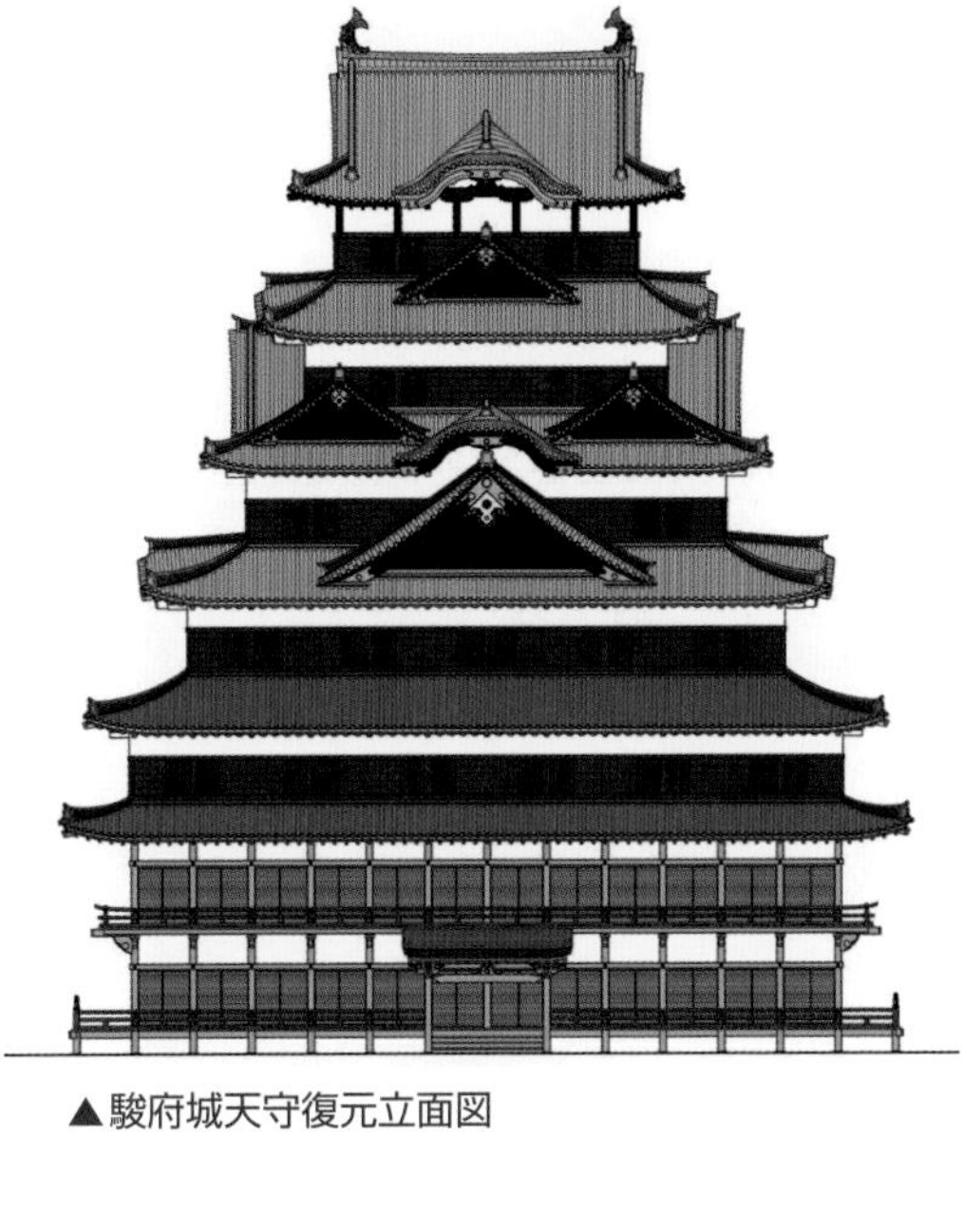
▲駿府城天守復元立面図

史上初の本格的天守であった織田信長の安土城天主

は五重六階、地下一階であり、豊臣秀吉の大坂城天守は五重六階、地下二階と推定される。駿府城天守の六重（ただし、その初重は階下の御殿を覆う腰屋根）を除き、天守は五重が最大であり、五重は格式が最も高かった。

慶長五年（一六〇〇）の関ヶ原の戦い以前では、聚《じゅ》楽第《らくてい》・広島城・岡山城・肥前《ひぜん》名護屋《なごや》城（佐賀県唐津市）が五重天守で、秀吉の伏見城も五重だったと推定される。柴田勝家の北《きた》の庄《しょう》城（福井市）天守については、秀吉が発給した同時代の文書に、「五重」と「九重」と記す二種類があり、地階を含めて五重九階だった可能性がある。

関ヶ原以後では、熊本城・島原城・柳川《やながわ》城（福岡県）・今治《いまばり》城・萩《はぎ》城（山口県）・福山城・津山城・姫路城・岸和田《きしわだ》城（大阪府）・徳川大坂城・徳川伏見城・二条城（伏見城天守を移築）・丹波《たんば》亀山城（今治城天守を移築）・名古屋城・松本城・江戸城・沼田城（群馬県）・会津若松城などが五重天守であった。

以上のうち、安土城・大坂（豊臣・徳川）城・駿府城・岸和田城・二条城・江戸城は明治以前に焼失して再建されず（近代の鉄筋コンクリート造を除く）、聚楽第・肥前名護屋城・沼田城は早々に取り壊された。島原城・萩城・津山城・丹波亀山城・会津若松城が明治初期に取り壊され、柳川城は焼失した。熊本城が明治十年（一八七七）の西南戦争で焼失し、広島城・岡山城・福山城・名古屋城は旧国宝に指定されていたが昭和二十年（一九四五）に戦災により失われた。結局、姫路城と松本城だけが現存する。

五重に次ぐ四重天守は、「四」と「死」の音が通じるので嫌われたため実例は稀だといわれてきたが、それを示す明白な証拠はなく、逆に四重天守の実例は少なくない。寺院に四重塔がないことから四重天守は珍しいと、誤って推断されたのであろう。四重天守の例としては、八代《やつしろ》城（熊本県）・佐賀城・府内《ふない》城（大分市）・小倉城・高知城・大洲《おおず》城（愛媛県）・岩国城（山口県）・松江城・米子《よなご》城（鳥取県）・尼崎《あまがさき》城（兵庫県）・大垣城（岐阜県）・福井城など多くがあり、五重天守に次ぐ格式の高さが認められる。以上のうち、高知城・松江城が現存する。

三重天守は例が多く、標準的な天守の重数だったといえる。また、天守代用櫓は総て三重櫓であった。寺院の塔に大層な五重塔が少なく、三重塔が多かったことに似る。現存天守十二棟のうちでも松山城・宇和島城・丸亀城・彦根城・犬山城・弘前城の六棟が三重天守である。慶長元年（一五九六）頃に建てられた現存最古の天守である犬山城天守は、三重四階、地下二階である。

二重天守は例が少なく、かつては鳥取城の山頂本丸に二重天守があったが、現存例では二重三階の丸岡城と二重二階の備中松山城《びっちゅうまつやまじょう》だけである。一重天守はさらに稀で、現存例はなく、苗木城《なえぎじょう》（岐阜県中津川市）天守のみであった。二重天守・一重天守の多くは険しい山城《やまじろ》の山頂の本丸にあり、高層にする必要がなかったといえる。

天守の定義

五重および四重のものは、総て公式に天守として扱われた。したがって、五重櫓や四重櫓というものはない。熊本城に五棟あった五階櫓は総て三重櫓である。

三重のものについては、江戸時代の文書や絵図に天守と明記された例と、三階櫓や三重櫓などと記されて公式には天守として扱われなかった例とがあった。しかし、この両者に明確な差異はない。

公式な三重天守の現存最小例は、一階が六間四方で三重三階の宇和島城天守である。それに対して米沢城《よねざわじょう》（山形県）本丸東北隅櫓《とうほくすみやぐら》は「御三階」と呼ばれた天守代用櫓であったが、七間に六間の三重三階で、宇和島城天守より少し大きかった。白石城《しろいしじょう》（宮城県）大櫓《おおやぐら》（三階御櫓《さんがいおやぐら》とも称した天守代用櫓）に至っては九間に六間もある三重櫓で、明らかに宇和島城天守より大きかった。よって、平面規模の大小で天守と天守代用櫓が区別されていたわけではない。

また、水戸城の「御三階」は六間四方の三重五階櫓であって、宇和島城天守よりも高層建築であったが、天守とは認められず、天守代用櫓だった。江戸時代では天守や櫓に対して、内部の階数の差はさほど重視されず、外観の重数のほうが注目された。三重三階櫓も三重五階櫓も特に区別せずに、「御三階」（この場合の「階」は「重」の意）、すなわち単に三重櫓と認識された。それでは、天守と三重櫓の相違は何であったのだろうか。

ところで、大坂城が落城して豊臣氏が滅亡した元和元年（一六一五）、幕府は諸大名を統制する武家諸法《ぶけしょはっ》度《と》を公布した。大名に厳命したこの法度（禁令）の中に新規築城の禁止令があった。「諸国居城修補《しゅうぶ》を為《な》すと雖《いえど》も必ず言上《ごんじょう》すべし、況《いわ》んや新儀の構営堅く停止《ちょうじ》せしむる事」というものである。大名の居城（本拠の城）を修理する場合であっても幕府に届け出て将軍の裁許を得ねばならず、ましてや「新儀の構営」（新たな造営）は堅く禁止された。この「新儀の構営」には、新たな城を築くことはもちろんのこと、既存の城に新たな石垣・土塁・堀や城郭建築（天守・櫓・城門・土塀・木柵《もくさく》）を増築することも含まれていた。寛永九年（一六三二）に高知城内に「駒寄《こまよ》せ」（転落防止の木柵）を新造したところ、城普請《しろぶしん》をしたという風説が流れ、藩主が幕府に申し開きをしたほどであった。外様《とざま》大名に対しては法度の適用が特に厳格だったようだ。

　武家諸法度の公布により天守の創建が禁じられてしまったが、法度自体に欠陥があることに幕府は気づいていた。まず、元和元年（一六一五）以降に転封《てんぽう》や新たな取り立てによって城持《しろもち》大名が城のない（あるいは旧式な山城や小規模な陣屋しかない）領地をあてがわれた際、新規の築城を許可している。寛永六年（一六二九）の丹羽《にわ》家による白河《しらかわ》小峰《こみね》城（福島県）、寛永十九年の山崎家による丸亀城、慶安元年（一六四八）の浅野家による赤穂《あこう》城（兵庫県）などの築城がその典型例である。同様に天守をもつことが許されるべき禄《ろく》高《だか》（例外は少なくないが十万石以上）であっても天守をもっていない大名が天守の建設（または再建）を希望した場合には、それを認めざるを得ない。水戸徳川家の水戸城や上杉家の米沢城、津軽家の弘前城がそうした例であった。そうした場合に、新規に建てられた実質的な天守を「天守」と称することを幕府は認めない（大名側が自主規制した例もあろう）のが一般的で、三階櫓や三重櫓と称させていた。実質上は天守建設を許可するが名目上は不許可という、幕府の御都合主義が窺える。

　したがって、三重天守であるか天守代用三重櫓であるかの区別は、法度公布時の元和元年（一六一五）に天守がすでに存在していたか、あるいは存在していなかったかによるとしても大過はない。元和元年に天守が存在していれば、それは大名にとっては既得権益であって、その天守が災害や老朽化によって失われた場合には、公式な天守として再建できたのである。寛文五年（一六六五）再建の宇和島城天守、延享四年

（一七四七）再建の高知城天守、嘉永五年（一八五二）再建の松山城天守はそうした再建天守である。したがって、備中松山城の二重天守も天守として天和三年（一六八三）に再建された。苗木城天守も享保三年（一七一八）の地震で破損して再建されたもので、四間四方の一重という極小規模であっても天守と称された。

それとは対照的に、四重天守を焼失してしまい三重櫓（本丸巽櫓《たつみやぐら》）を再建した越前松平家（六十七万石）の福井城、五重天守を建てられる家格《かかく》なのに三重櫓で済ませた伊達《だて》家（五十八万石）の仙台城や前田家（百二十万石）の金沢城などは特例である。そうした大身の大名家にとっては、他城の正規の天守を超えるような規模の三重櫓を建てたとしても、三重の規模ではそもそも天守でなかった。

同じく五重天守を建てられた家格の藤堂《とうどう》家では、慶長十七年（一六一二）、伊賀上野城（三重県）に建造中の五重天守が大風で倒壊し、天守建設を中止した（天守台は現存）。また、藤堂家の本城であった津城（三重県）では公式天守の建造を諦め、前城主の富田氏が築いた天守台（現存）上に三重櫓を建てて代用天守と

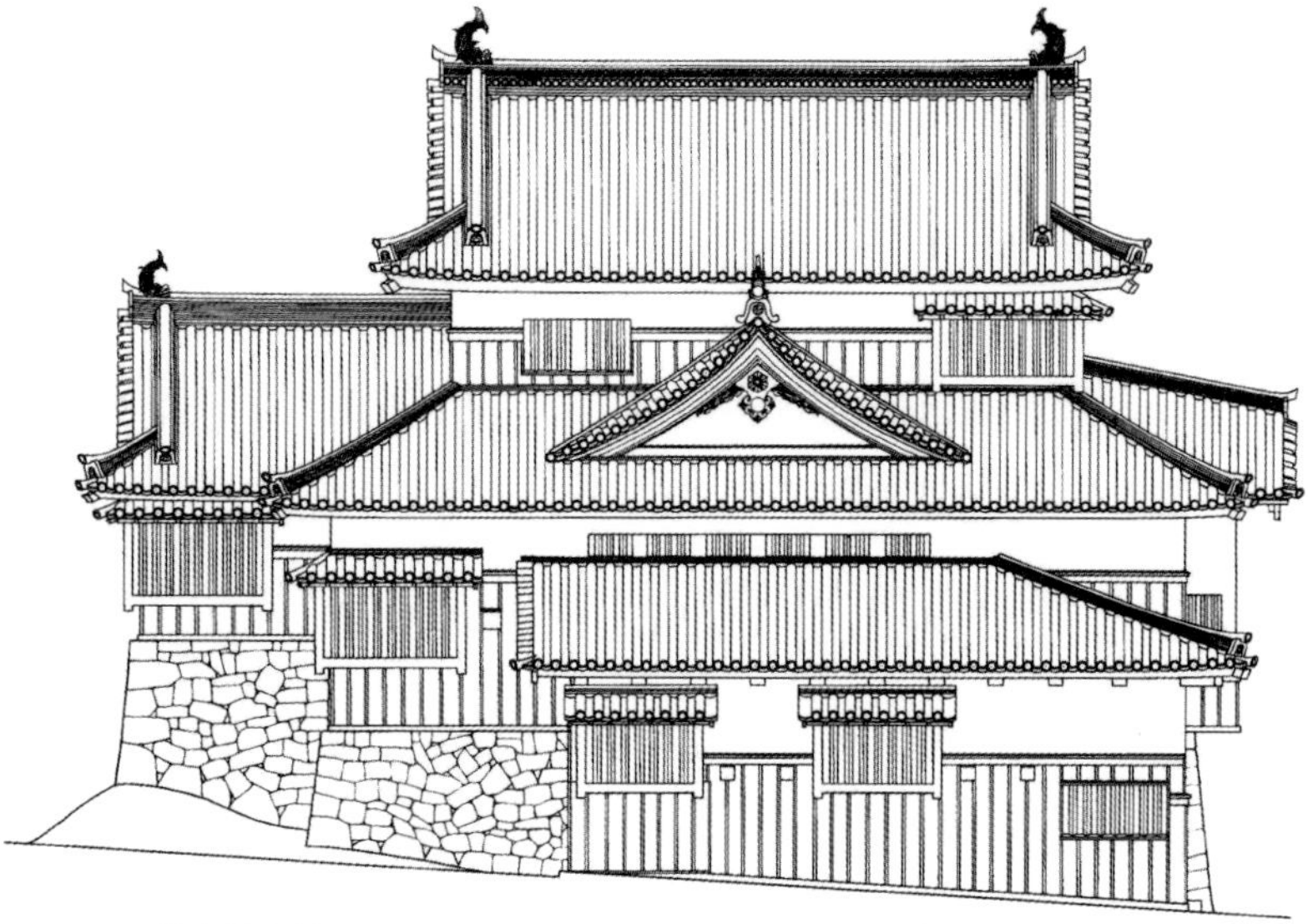

▲備中松山城天守側面図

していた、あるいは富田氏が建てた三重天守を温存していた。それが寛文二年（一六六二）の城内大火で焼失した際、「天守」が焼失したと家臣が藩主に報告している。三重なので公式には天守と称さず、藩内だけで「天守」と呼んでいたものかもしれない。また、津城の本丸丑寅櫓《うしとらやぐら》および戌亥《いぬい》櫓《やぐら》は、五間四方の層塔型三重櫓であって、公式天守がなかった津城における天守代用櫓としてもよかろうが、五重でなければ藤堂家の天守の格式ではなく、屋根に鯱すら上げていなかった。

明治維新以降になって幕府の統制がなくなり、実質的に天守の格式（詳しくは後述）をもつ三重櫓は天守と呼ばれるようになった。弘前城天守・水戸城天守（戦災焼失）・丸亀城天守がそうした例である。したがって、近年に木造で再建された白石城大櫓・白河小峰城三重櫓・新発田《しばた》城（新潟県）御三階櫓などは、実質的に天守の格式があるので「天守」と呼んでも構わない。

天守の役割

江戸城天守が明暦三年（一六五七）の江戸大火で焼失した後、天守台の石垣は前田家に命じて再築させた

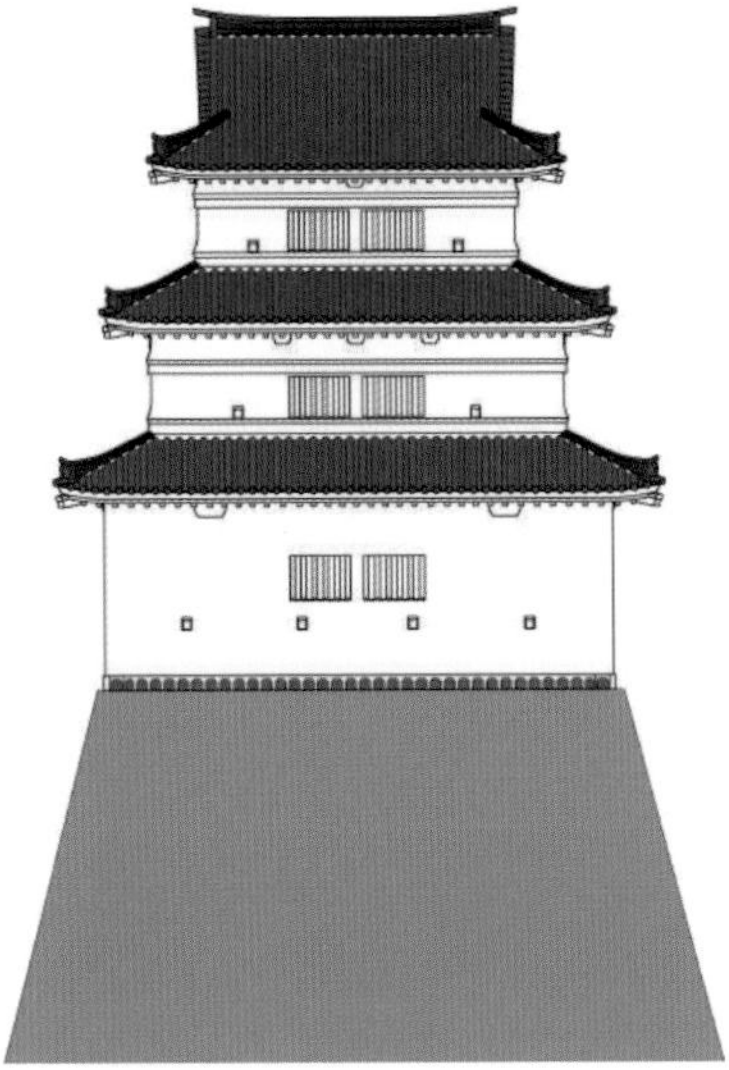
▲津城丑寅櫓復元立面図

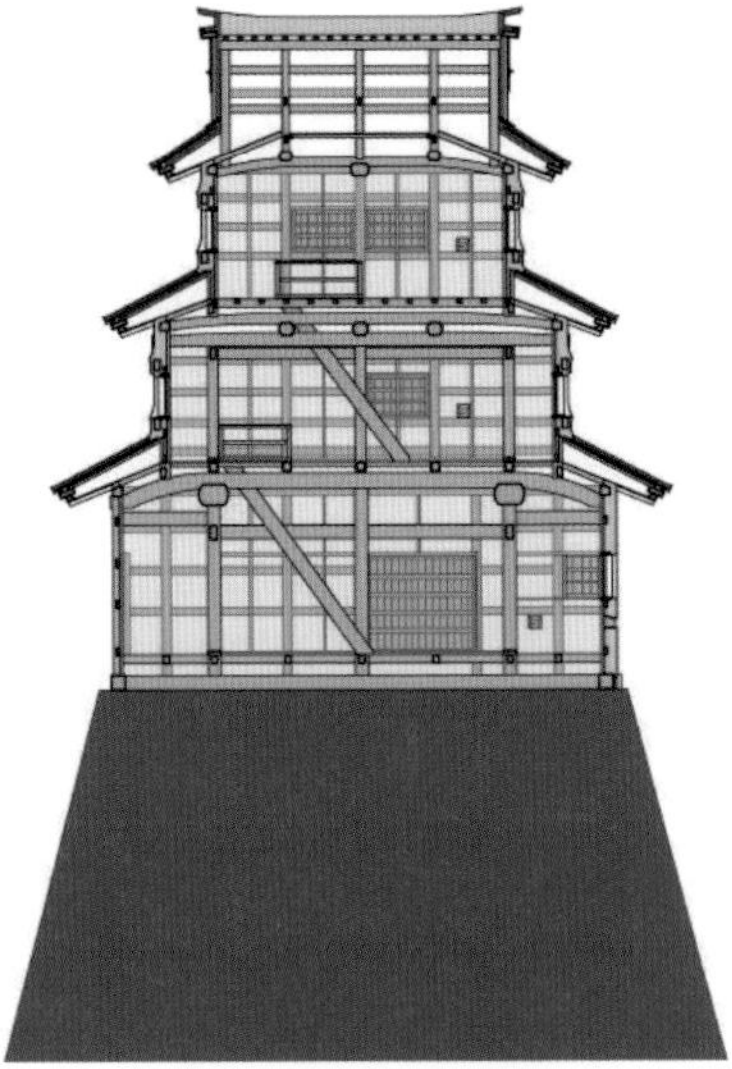
▲津城丑寅櫓復元断面図

が、天守本体の再建は三代将軍徳川家光の異母弟の保科正之《ほしなまさゆき》の建言によって見送られた。幕府財政の悪化により天守再建の経費が捻出できなかったためであるが、彼の主張によると、天守は近代織田右府《うふ》（右大臣信長）以来の事で、ただ遠くを観望するだけのものだからという。

　ところで、研究者のうちでは常識となっていることだが、江戸時代には城主は天守に住んでいなかった。それどころか通常、天守はただの空き家であって、平時における実用的な役割は全くなかった。鉄砲・弓矢などの倉庫になっていた例もあるが、せいぜいその程度の低利用度であった。したがって、天守を使うにしても籠城時に遠くへの物見の用にしかならないという保科正之の主張は当を得ている。

　尾張《おわり》藩の種々の記録によると、名古屋城天守は常に空き家であって、月に二度の掃除と警備のための巡回が行われていただけである。地階が古くは金蔵《かなぐら》や朱蔵《しゅくら》などの貴重品および火薬を収める土蔵に使われ、また一階の三十畳敷きの一室（水帳《みずちょう》の間《ま》）に尾張藩の検地帳という重要文書が収められていたが、そのほかの部屋はただの空き部屋であった。

▲萩城天守復元立面図

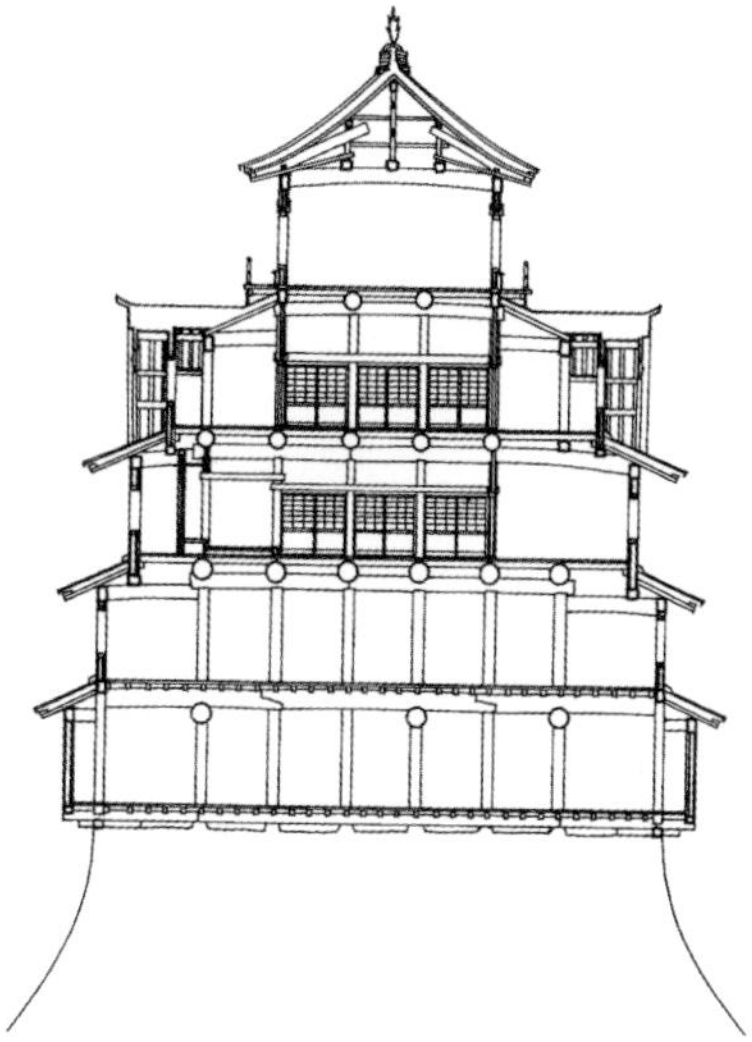

▲萩城天守復元断面図

萩城天守では、新藩主が江戸から初《はつ》お国入《くにい》りした際に三階にあった座敷（十二畳間と床《とこ》付きの四畳の上段の間）で重臣らと対面して登陟《とうちょく》（登ること）の儀式が行われたが、このように天守内で儀式が行われることは、むしろ例外的であった。なお、その際に藩主は四階以上には登らなかったようだ。いずれにしても城主が天守に登ることは一般的に稀だった。広島藩の公式記録『事跡緒鑑《じせきしょかん》』によると、元文二年（一七三七）七月二十三日条に五代藩主浅野吉長が天守に登りたいと言い出したことがわざわざ書き留めてあるほどである。江戸で生まれ育った大名の嫡子が家督を継いで初めて国許へ帰る初お国入りの時に、一度だけ登閣が認められたらしい。

ところで時代を遡って最初期の安土城天主では、内部は障壁画で飾られた書院造の御殿であって、一階と二階に信長の御座所《ござしょ》まで設けられていた。しかし、安土城本丸には天主とは別に、御座敷（表御殿、「御幸《みゆき》の間《ま》」が付属）、南殿（常御所《つねのごしょ》、後の中奥《なかおく》・奥御殿に相当）、江雲寺《こううんじ》御殿（会所《かいしょ》）があり、信長が天主に常時居住していたとは全く考えられない。

信長の後継者となった豊臣秀吉の大坂城天守も同様に、豪華な書院造であったと考えられる。信長と秀吉に共通するのは、伴天連の巡察師（ヴァリニャーノ）・日本イエズス会副管区長（コエリョ）一行や大友宗麟《おおともそうりん》といった賓客の来訪を受けた際には、自ら天守の内部を案内して見物させていることである。天守は外観の威光だけではなく、内部の豪華さを来訪者に誇示する

▲広島城天守（戦災前）
三階内部。手前側２本の柱は近代の後補で、同時に補加された筋交が見える。上方に白い小壁があるところが本来の部屋境で、小壁下には長押も見える。天井はなく、左上には部屋境に通された牛梁が少し見えている

ことで心服させる政略の道具だった。秀吉が伴天連一行（フロイスは通訳）を迎えた際には、自ら天守入り口の扉の鍵を開けさせて案内しており、秀吉の頃からすでに天守には誰も居住していないことが明らかである。またその折に、秀吉が伴天連らを伴って天守最上階の廻縁に出て遠くを眺望したことが記されているが、地上で城の普請をしていた人々がその姿を見て驚嘆したというので、城主が天守廻縁に出ることは、むしろ異例であったようだ。

徳川家康は名古屋城天守の作事を幕府御大工頭《おだいくがしら》の中井正清《まさきよ》に命じており、正清が提出した指図に対して「内すまいは無用」と意見したと記録されている。天守内部の造りを住まいである書院造にする必要はないということで、慶長十七年（一六一二）に完成した名古屋城天守以降、天下人が天守に日常的に立ち入ることは完全になくなったことが分かる。戦災焼失した名古屋城天守の内部の造りは、用材（無節の木曽檜）の高級さ、長押《なげし》や板壁で仕上げられた室内、最上階の小組格《こぐみごう》天井《てんじょう》など、現存天守のどれよりも高級であったが、座敷飾り（床《とこ》・棚・付書院《つけしょいん》・帳台構《ちょうだいがまえ》）や障壁画がなく、書院造の御殿ではなかった。また、家康が正清に与えたこの指示からすると、正清が名古屋城天守以前に建てた江戸城慶長度天守や駿府城天守の内部は逆に書院造だったことが分かる。

しかし、秀吉の生前に建てられた毛利輝元《もうりてるもと》（豊臣五大老の一人）の広島城天守はすでに書院造ではなく、櫓とあまり差がない、極めて質素な造りだった。宇喜《うき》多秀家《たひでいえ》（同五大老）の岡山城天守では、二階にあった「城

▲岡山城天守（戦災前）
二階内部。二階にあった24畳敷きの城主の間で、写真左より床（押板）・棚（違棚）・帳台構を一列に並べた座敷飾りがある。現存天守にはない高級な書院造であったが、天井はなく、丸太の牛梁や梁が剝き出しであった

主の間」に質素な床・棚・帳台構があったが、天井はなく丸太の梁が剝《む》き出しで、当時の豪華な書院造とはほど遠いものだった。すなわち両城の天守は大大名の城主が住めるような建物ではなかった。すでに秀吉時代から配下の大名衆が建てた天守は、その外観の威容だけで城主の権威を象徴するものになっており、内部の造りには豪華さが全くなかったのである。

天守の実戦化と象徴化

慶長五年（一六〇〇）の関ヶ原の戦い以降の築城盛況期になると、鉄砲狭間《てっぽうざま》と石落《いしおとし》を数多く並べ、防弾・防火壁を完備した実戦的な天守が一般化した。その代表例が、姫路城・松江城・松本城などの天守である。姫路城では籠城に備えて台所や便所まで備えているが、城主が居住するような建物ではない。この時期の天守は、平時における城主権威の象徴としての政治的目的を保持しつつ、籠城時において敵に対する物見と指令所、さらには落城寸前の最終抵抗拠点という軍事的目的が高まったといえる。

その当時、実戦的な天守が一般化した要因の一つに、秀吉による文禄・慶長の役《えき》（一五九二年・一五九六年）が挙げられる。秀吉の命令で日本軍は朝鮮半島南岸に三十ほどの城を築いたが、そうした日本城（韓国名は蔑視の意を込めた「倭城《ウェソン》」）には三重級の天守まで備わっていた。朝鮮・明国という外国との戦時下に急ごしらえで天守を建てた実績と、落城寸前まで戦った辛

▲姫路城大天守
狭間が並んだ天守

い体験から生まれたのが、朝鮮半島での実戦経験をもつ豊臣系外様大名らが建てた実戦的な天守の形態だった。

そしてもう一つの要因として、大坂城の豊臣秀頼《ひでより》と徳川将軍家との最終決戦、すなわち日本全土を巻き込む大争乱の気配を外様大名らが感じていたからであろう。そしてこの慶長の築城盛況期に、全国の天守の大多数が創建されたのである。信長や秀吉の御殿のような天守が早くに失われたため、実戦的な攻撃装置を備え、内部が質素で武骨な天守ばかりが今日知られているのである。

豊臣家が滅亡し、元和元年（一六一五）に幕府が武家諸法度を公布すると、慶長の築城盛況期は終わり、いわゆる泰平の世となった。元和以降に建てられた天守や天守代用櫓は、内部の質素で武骨な状況こそ変わらないが、狭間の数が減り、鉄砲射撃の陣地となる破《は》風《ふ》の間《ま》（詳しくは第二章第二節）もなくなり、破風がただの装飾となった。天守はあまり実戦的ではなくなり、城主の権威の象徴としての役割だけが残されたといえる。

▲宇和島城天守
狭間のない天守

第二節　天守の平面

一階平面

天守の一階は、小さなものでも平《ひら》六間《けん》に妻《つま》五間以上あり、最大の江戸城天守では十八間に十六間もあった。平が三間から五間程度の櫓《やぐら》と比べてはるかに広い。その広さによって、天守は櫓とは異なる独特な平面形式を採ることができた。

天守の一階では、中央部を身舎《もや》(母屋《もや》)として数室(最少は一室)の部屋に間仕切り、身舎の周囲に廊下状の入側《いりがわ》を設ける。身舎と入側に分かれていることが、天守一階の特徴である。天守以外の櫓では、熊本城宇土《うと》櫓《やぐら》や名古屋城西北隅櫓《せいほくすみやぐら》、大坂城千貫櫓《せんがんやぐら》などに身舎・入側の別が見られるが、前二者は旧天守を櫓として移築改造したもので、後者は通常の三重天守の平面規模を超える巨大櫓である。

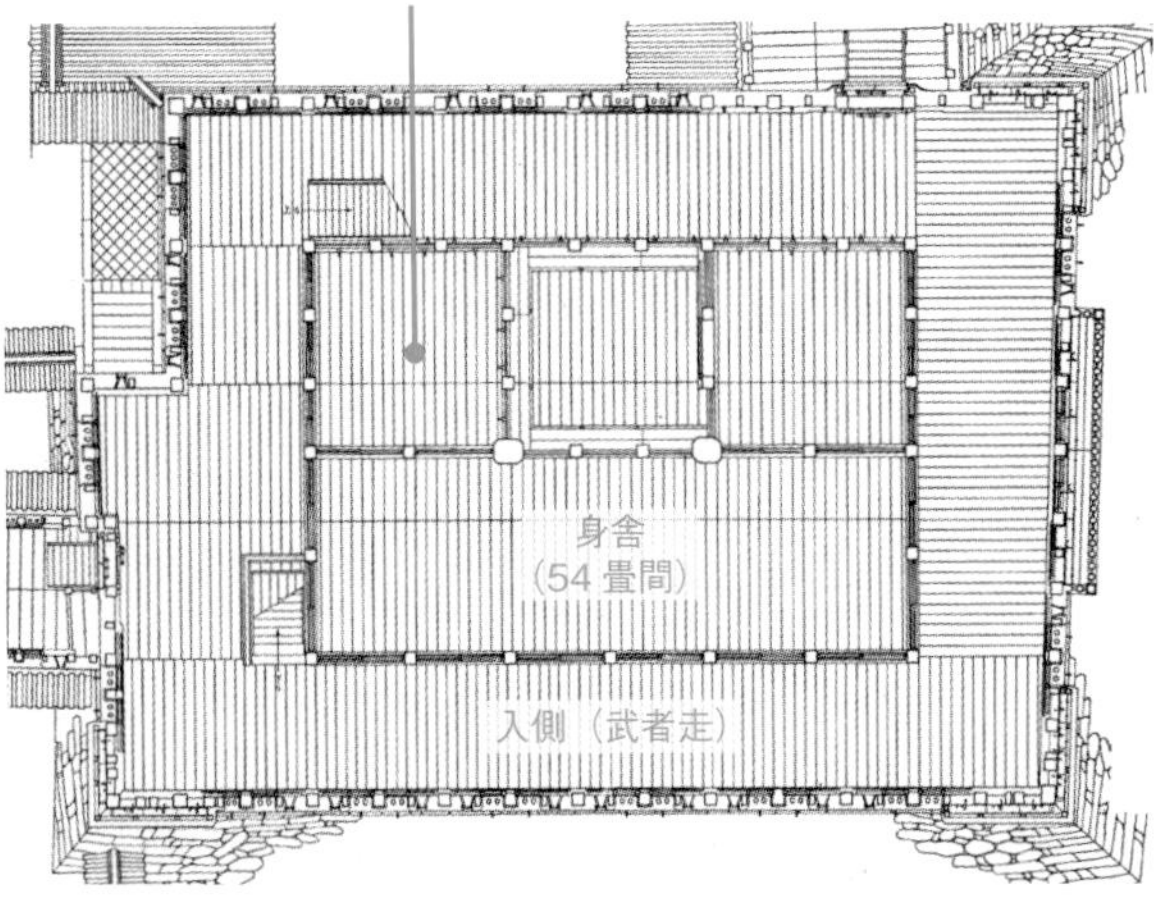

▲姫路城大天守一階平面図

身舎に並べられる部屋は、大型の天守では三間四方の十八畳間が基本で、二十四畳間（三間に四間）、十二畳間（三間に二間）などである。小型天守では八畳間や六畳間も見られた。現存天守で最大の部屋は姫路城の五十四畳間（三間に九間）、失われた天守では名古屋城の四十二畳間（三間に七間）が特に大きかった。

ところで、天守身舎の部屋に使われている短辺の三間（あるいは二間）という長さは、部屋の上に渡される梁《はり》の長さに制約されたものである。天守のような多階の大重量を支えるためには、梁は二間ごとに下から支えておくのが望ましく、三間がほぼ限界だった。

梁に荷重が掛かると、梁の長さの三乗に比例してたわむ。同じ太さの梁で比べた場合では、長さ二間の梁に対して三間の梁は約三・四倍、四間の梁は八倍もたわんでしまう。それに対抗するためには、例えば長さ四間の丸《まる》太梁《たばり》では、二間の丸太梁の約一・六八倍の直径が必要になる。したがって、四間以上の梁間《はりま》にすると梁を著しく太くせねばならず、用材の確保が困難になってしまう。記録によると、小倉《こくら》城天守の一階には八十畳余り（八間に五間余り）の超絶的な部屋があったというが、梁間が五間余りでは一般的な構造で上階を支えることは不可能である。その室内には、長い梁の途中を支えるために柱の列が並んでいたはずである。戦災焼失した名古屋城天守の一階にあった梁間五間の部屋（三十八畳）では、途中に太い柱を一本立てて上に太い牛梁《うしばり》（第二章第三節に詳述）を渡し、牛梁でそれに直交する梁を受けているので、五間の梁間は三間と二間に分割されていた。

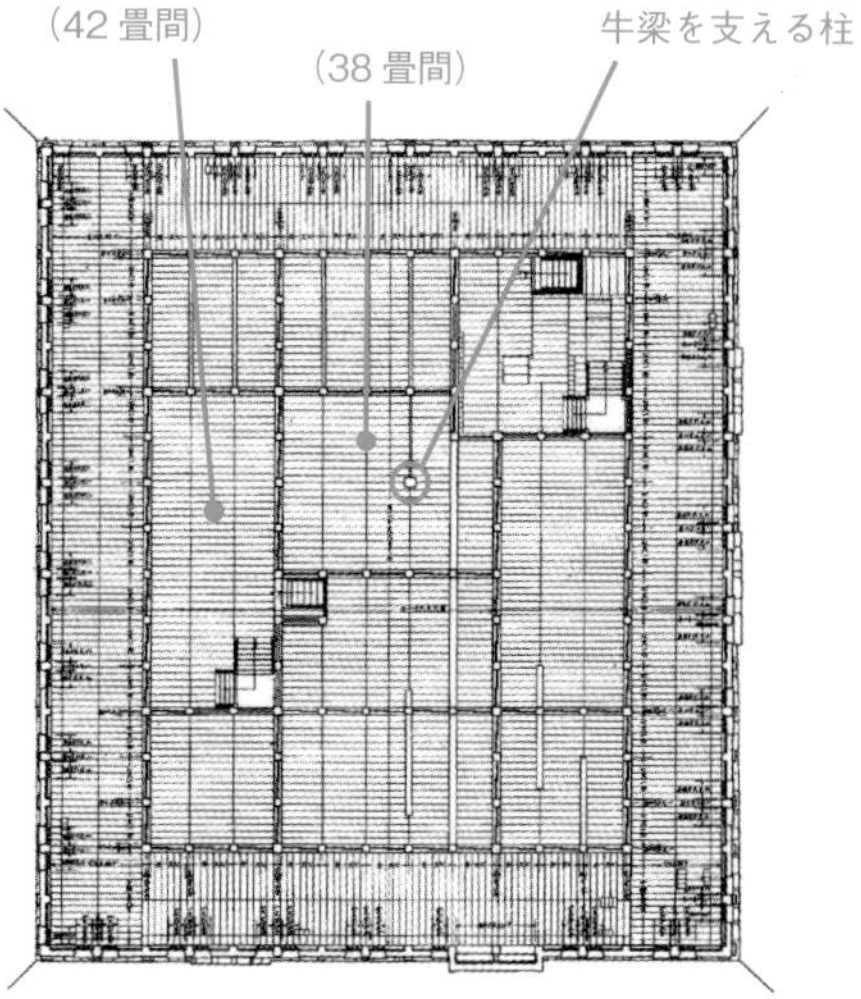

▲名古屋城天守実測一階平面図（戦災前）

入側は、五重天守では二間幅、三重天守では一間や一間半幅が多い。五重の松本城天守は例外的に一間幅しかない。入側は外壁に面しているので、窓や狭間《さま》や石落《いしおとし》が設けられており、籠城時には戦闘の場となって籠城兵が駆け回るので、武者走《むしゃばしり》とも呼ばれる。建築用語からすれば、外壁に並ぶ柱を側柱《がわばしら》、一列内側に並ぶ柱を入側柱といい、側柱と入側柱の間を入側という。また、武者走は外壁や土塀などの内側の通路をいい、石塁や土塁の上に設けられた幅二間ほどの露天の通路も武者走である。

なお、現存天守の内部には畳は敷かれていないが、往時は畳敷きが一般的であった。身舎の部屋境の敷居が板敷き面より高くなっているのは、かつて畳敷きだった名残である。畳を敷き詰めると、敷居と畳面が同じ高さになる。現存天守では、犬山城・彦根城・姫路城・宇和島《うわじま》城・松山城が畳敷きであった。長期間の籠城の際には、城兵が天守内で快適に起居するために、畳は不可欠であった。しかし、泰平の世が続くと、空き家状態だった天守の畳を維持しておくのは経費の無駄であって、次第に畳が失われ、明治維新以降になると天守から畳が消え失せてしまった。

建築年代が新しい天守では、最初から畳を敷かない例が多く、正保二年（一六四五）頃の丸亀城天守（三重櫓）や延享四年（一七四七）再建の高知城天守がその代表であって、部屋境の敷居もない。丸亀城天守の場合では、十二畳大の部屋二室を身舎としているが、その室内に二本ずつの柱を補強として立てており、部屋としての機能はもはやない。また、松本城天守一階も、現状では身舎に柱が林立して総柱《そうばしら》状態になっているが、後世に間仕切りが総て撤去され、補強のために室内に柱を補加されたからである。

▲彦根城天守
部屋境の敷居。柱を挟む両側の敷居が板敷き面より上に突き出ているのは、もと畳敷きだった名残。手前側が入側で、奥側が身舎の畳敷きだった部屋。敷居の上面に溝が３筋見えるが、板戸２本と障子１本（部屋側の細い溝）を建てるもの

一階平面の歪み

慶長十五年（一六一〇）以前に建てられた天守では、天守台の上面が正確な長方形や正方形ではなく、台形に歪んでいることが多い。数学では長方形のなかに正方形も含まれるが、城郭建築の研究では正方形と長方形は区別したほうがよく、両者を合わせたものは矩形《くけい》と呼ぶ。さて、天守台の上面が矩形でないのは、石垣の築造技術が未熟だったからにほかならない。台形に歪んだ一階平面の場合、天守の身舎に並ぶ部屋は矩形に造り、歪みは入側の幅の広狭で調整する。したがって、犬山城や姫路城の天守では、東側の入側が歪んで細長い台形平面になっている。原爆で倒壊した広島城天守一階（二階も同じ）は不等辺四角形だったので、南側と東側の入側で調整していた。

慶長十五年より後れる天守であっても、松本城天守では天守台平面が平行四辺形に歪んでいる。同天守では、入側の幅を一間に揃えていて、歪みの調整がなされていないので、その結果、身舎全体が矩形にはならず、平行四辺形に歪んでいる。これは、天守としては例外的な造りである。

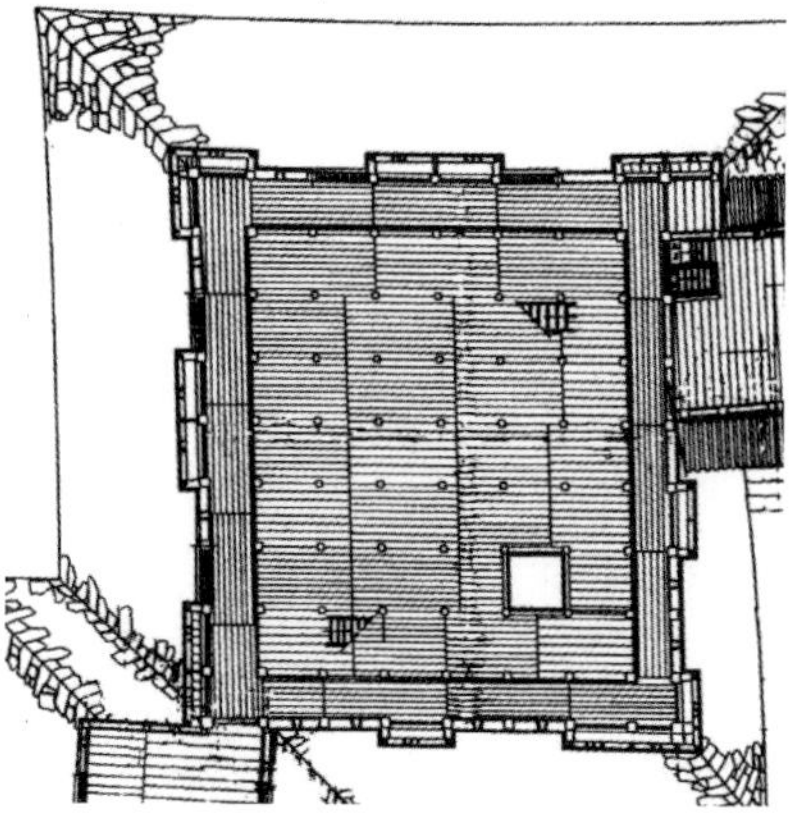

▲松本城天守一階平面図

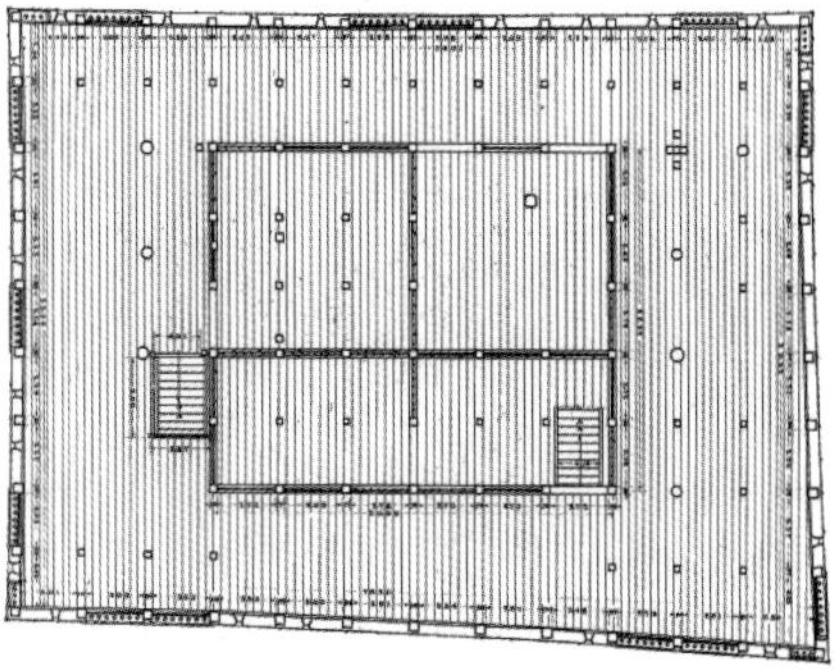

▲広島城天守実測二階平面図（戦災前）

また、幕末の再建だった和歌山城天守（戦災焼失）では、創建当初の天守台を再利用したため一階平面が平行四辺形になってしまい、その中に矩形の身舎を収めていた。それにより、南面と北面の入側が著しく歪んで細長い三角形に近く、その身舎に合わせて矩形の二階が設けられていたので、一階の上に二階をねじって載せたような形になっていた。そのねじりによって、南正面の二階外壁の下端が右上がりに斜めになり、それを隠すために二階に大きな入母屋造《いりもやづくり》の出窓を設けている。一重目屋根の東西面にある比翼入母屋破風《ひよくいりもやはふ》も、ねじれた屋根の隅部をごまかすための工夫であった。

二階以上の平面

五重の姫路城、四重の松江城、三重の犬山城天守では、一階と二階が同大の平面となるが、そうした例は望楼《ぼうろう》型の大型天守（ほかに岡山城・広島城・米子《よなご》城〈鳥取県〉など）に多い。層塔《そうとう》型では、五重の名古屋城天守が一階と二階を同大とする。

それに対して、層塔型のほぼ総ての天守と望楼型の三重天守では、一般的に二階以上は順次に平面が縮小

▲姫路城大天守　入側の区別がない四階

する。順次に平面が縮小することを逓減《ていげん》という。天守平面の逓減は、入側の幅を二間・一間半・一間・半間といった具合に順次に縮小することや、身舎の部屋を縮小したり部屋数を減じたりすることで行われる。

詳しくは後述するが、望楼型天守では、基部となる入母屋造の屋根の中に屋根裏階ができてしまうが、その階には入側を設けないのが通例であって、その代わりに破風《はふ》の間《ま》という突出部を身舎に付ける。五重や四重の望楼型天守では三階、三重や二重天守では二階がそうした屋根裏階である。また、四階や五階で逓減によって平面が小さくなった場合には、入側を間仕切らずに身舎と一体化させた一室の階とし、その室内に構造上で必要な柱を数本立てる。

旧式の望楼型天守に対して新式の層塔型天守では、基部となる入母屋造の屋根がないので不必要な屋根裏階が生じず、各重ともに身舎の周囲に入側が廻っている。したがって、各重の平面や構造は規格化でき、設計、用材の準備、材木の加工・組立てが迅速に行え、また各重に入側が廻るので籠城時の射撃や物見に有利であった。

最上階

天守の最上階は、慶長五年（一六〇〇）の関ヶ原の戦い以前では、三間四方の一室であった。安土城天主や豊臣大坂城天守は記録や屏風絵などから三間四方と確認され、戦災で失われた広島城天守や岡山城天守も三間四方の一室だった。岡山城天守には廻縁がなかったが、ほかの例では室外に半間幅の廻縁が飾りに設

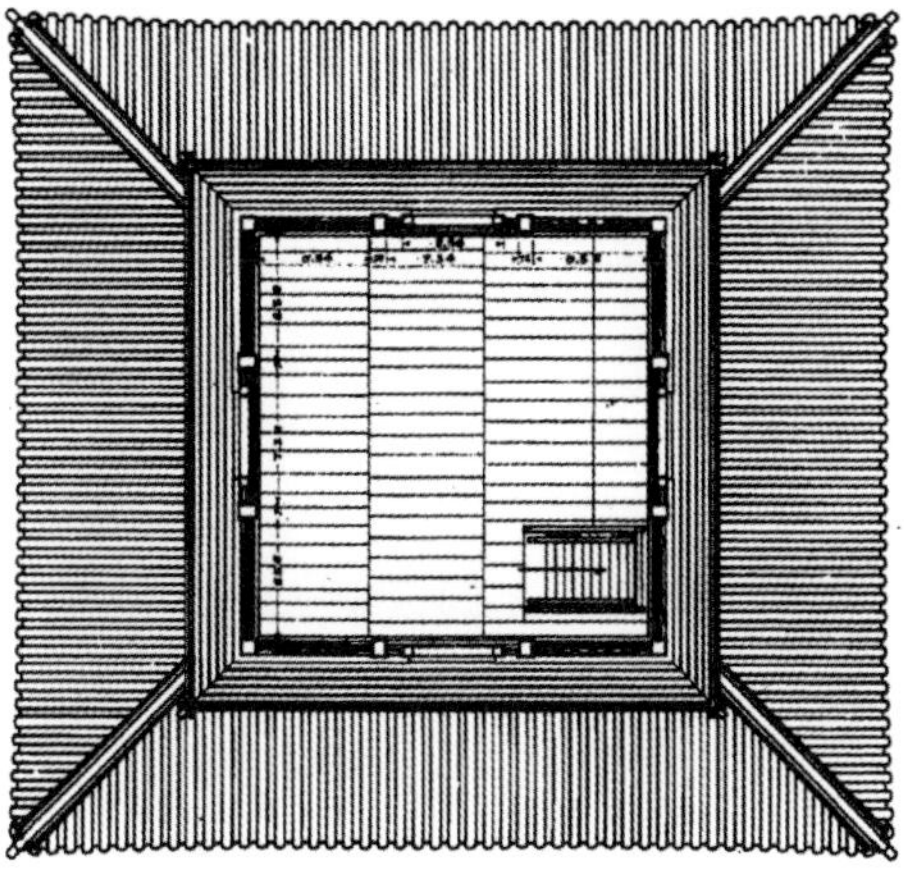

▲広島城天守実測五階平面図

けられており、人が廻縁に出ることも物理的に可能であった。

それに対して関ヶ原以降になると、天守最上階は拡大する。慶長元年（一五九六）頃に創建された犬山城天守では、関ヶ原以降に最上階の四階が改築拡張されて、三間に四間となった。丸岡城天守の最上階・三階も三間に四間であって、慶長十八年以降の建築と考えられる。この両天守は三間に四間の最上階を一室とし、室外に廻縁を設けており、その点は格調高く古式を守っている。宇和島城天守の最上階・三階はさらに大きく、四間四方の一室であるが、廻縁はない。

最上階の廻縁は、風雨に晒《さら》されて傷みやすいので、関ヶ原以降の天守では、廻縁を室内に取り込んで入側とするのが一般的で、姫路城・松江城・松本城の現存例がある。彦根城と松山城では、室内に入側を取り込み、室外に見せ掛けの廻縁をさらに設ける。

ただし、松江城天守では、最上階の入側が本来は廻縁であることを示すために、最上重の軒《のき》の出《で》を下重より意図的に短くしている。最上階の外壁は廻縁の外側に雨避けのために仮に付加したもので、その仮の壁の付加によって軒の出が短くなったと示しているのだ。

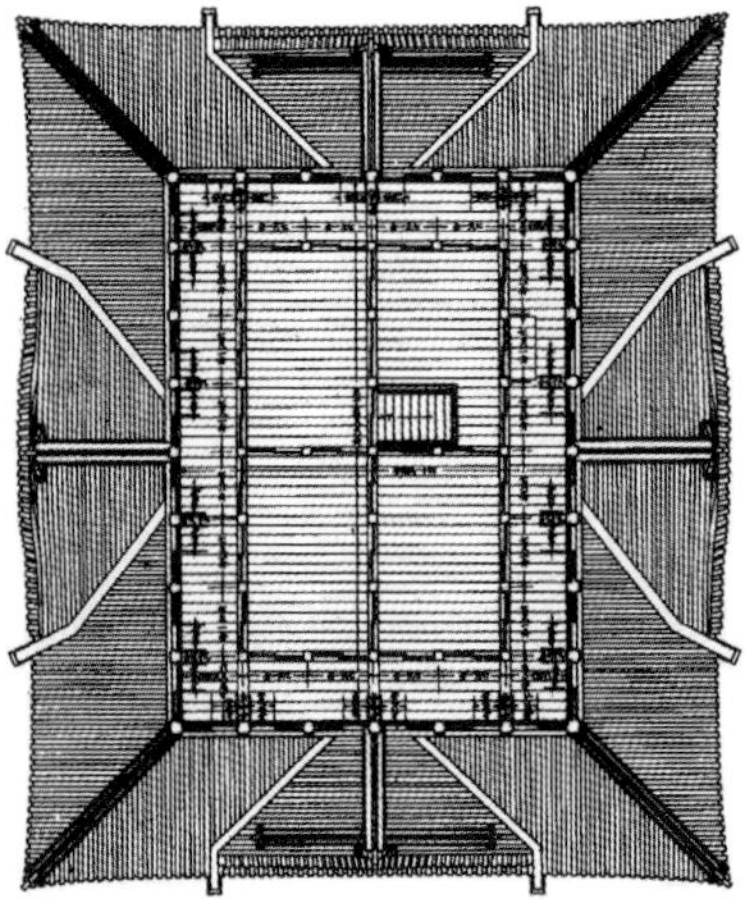

▲名古屋城天守実測五階平面図

▲松江城天守
最上階の入側

その場合、側柱は縁先の仮設物で、入側柱のところが本来の外壁に相当するので、入側柱からの長い軒が最上重の本来の軒の出なのである。西南戦争で焼失した熊本城の大小天守もそうした意匠を見せていた。

さらに最上階の拡大は、廻縁を取り込んだ入側の付加だけに留まらず、その身舎を二室や四室に増加させた。彦根城・松江城は二室、名古屋城・江戸城は四室である。最上階の面積は、名古屋城と江戸城の天守が史上最大で、四室の十二畳間に一間幅の入側が取り巻いており、合わせて八間に六間もあり、他城の三重天守の一階よりも大きかった。

そうした天守最上階の変遷に逆行したのが、高知城天守である。江戸時代中期の延享四年（一七四七）に再建された高知城天守は、最上階が廻縁付きの三間四方という、初期天守のような古式になっている。それは、初代土佐藩主山内一豊《やまうちかずとよ》が慶長六年（一六〇一）に築城した時の初代天守の再現を意図したからである。

▲高知城天守
最上階

破風の間

天守の二階以上では、多くの例で本体から外側に突出した小部屋が見られる。屋根上に設けられた破風（第三章第一節参照）の内部に造られた部屋で、破風の間と呼ばれる。入母屋破風や千鳥破風《ちどりはふ》の内部、すなわち屋根裏を有効利用して小部屋を設けたもので、そこに物見や採光用の窓と鉄砲狭間を開く。破風の間は狭いので弓矢には不向きであって、主に鉄砲を撃つ陣地とされた。本体の外壁よりも軒先へ迫り出すので、軒先が邪魔にならず、下方を狙いやすくなる。

千鳥破風に設けられた破風の間は一般的に小さく、二、三畳大ぐらいの小部屋である。しかも屋根裏なので三角形のテントの中のようで、立ち上がると頭を打つほどしか空間がない。しかし、巨大な名古屋城天守にあった千鳥破風の間は史上最大で、三階には十五畳敷き、四階には十三畳敷きの破風の間が二つずつあった。

望楼型天守では、基部の入母屋破風が大変に大きく、そこには広い破風の間が設けられた。姫路城大天守の三階妻側では六畳大の破風の間がある。松江城天守では三階妻側に十五畳大の破風の間（現存最大）があり、その入母屋破風はさらに上方の四階まで立ち上がって五畳大の破風の間がある。要するに、破風の間が二階建てになっている。

建築年代が下降した天守では、千鳥破風は単なる飾りとなっており、破風の間は設けられていない。寛文五年（一六六五）の宇和島城天守がその典型例で、寛永十五年（一六三八）再建の江戸城天守が破風の間を設けない早例だった。

なお、唐破風《からはふ》においては、犬山城天守のような向唐《むかいから》破風《はふ》では破風の間が設けられる。その一方、軒唐破風《のきからはふ》

▲松本城天守
千鳥破風の間

▲姫路城大天守
望楼型天守の入母屋破風の間

の場合では、その形状から破風の間は決して設けられないが、例外的に姫路城大天守の三階南面に九畳大の唐破風の間が設けられている。南面二重目に設けられた史上最大の、幅七間という軒唐破風の屋根裏部屋である。広い割に天井が著しく低く（低いところで〇・五メートルほど）、腹ばいにならないと進めないぐらいであるが、物見の格子窓《こうしまど》と鉄砲狭間が切られている。

▲犬山城天守
唐破風の間

第三節　天守の構造

柱

天守を構成する主要部材は、柱・梁《はり》・桁《けた》・垂木《たるき》といった他の伝統的木造建築にも使われるものと、土台や柱盤《ちゅうばん》という特殊なものとである。

柱は、外壁を支える側柱《がわばしら》、身舎《もや》の部屋の周囲を廻る入側柱《いりがわばしら》、部屋を間仕切る柱などに分かれるが、古くはいずれも一間《けん》間隔で立てられた。なお、側柱筋（側柱が並ぶ列）では、重たい土壁を支えるため、一間の中間に、やや細い間柱《まばしら》を加えることも多い。

慶長十三年（一六〇八）の姫路城大天守では、一階・二階南側の五十四畳間で入側柱が一間半間隔となっているが、これは特大の部屋の気分に合わせておおらかに太い柱を立てたためで、当時の大型の書院造《しょいんづくり》殿舎の技法を採用したものであって、天守建築としてはもちろん例外であった。それとは逆に、十七世紀中期以降になると、耐震強度を高めるために一間半を二つ割りや二間半を三つ割り、あるいは五尺など短い柱間《はしらま》寸法を採用して、柱を密に並べる工夫が始まった。これは天守以外の櫓《やぐら》でも見られる工夫である。

柱は正方形断面の角柱《かくちゅう》で、その隅部は四五度に削り取る面取《めんとり》が施される。面取は書院造の住宅や社寺建築に見られる工法であって、格式が高いが、年代が下降するにつれて面取の幅が小さくなる傾向があり、幕末になると一分《ぶ》（三ミリ）ほどの極細となることが多い。簡略な造りの天守では、古くから面取がない例もあった。

なお、松江城天守では、比較的に細い角柱の回りに分厚い板材を巻き付け、鎹《かすがい》と金輪《かなわ》（鉄の帯）で留めた接柱《はぎばしら》が多数使われている。もちろん面取はなされてい

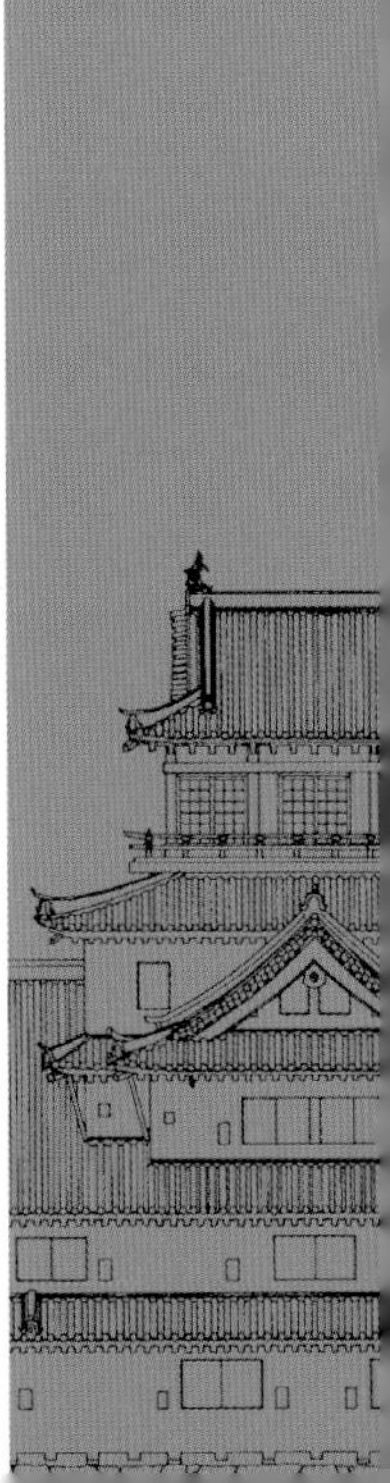

ない。接柱は、今日でいう集成材であって、いわば最新工法であるが、当時の材木不足によって天守に使うような太い柱材が入手できなかったことが原因だった。

さて、天守に使われる柱材は、側柱が七寸から九寸（約二一～二七センチ）角、入側柱がやや太く、八寸から一尺（約二四～三〇センチ）角ほどもある。五重天守の一階や二階の柱はさらに太く、姫路城大天守では側柱・入側柱が一尺二寸（約三六センチ）角、戦災焼失した名古屋城天守の一階入側柱ともなると、部屋境の隅柱《すみばしら》が一尺三寸六分（約四一・二センチ）角、そのほかは側柱・入側柱ともに一尺二寸二分（約三七センチ）角もあって、正確な寸法が知られている天守の柱としては史上最大であった。現代の木造住宅の柱は一〇センチメートル角が普通であるが、名古屋城天守の太い柱は断面積でその約十七倍もあり、折り曲げられる力に対抗する強度は、二百八十八倍にも達した。しかも、材種は最高級の尾州檜《びしゅうひのき》（木曽檜）であって、強度はさらに高くなる。

なお、天守の柱材は、名古屋城天守のような最高級

▲名古屋城天守（戦災前）
一階に並んだ太い入側柱。平側17間の長大な入側を見たところで、右側に入側柱と間仕切りの板戸が並ぶ。右方の入側隅柱は、3本の太い梁を支えるため特に太く、現存天守には見られない超絶的な巨柱だった。柱材は最高級の木曽檜で、ほぼ無節であり、全国一の高級建築だった

▲松江城天守
接柱

の檜は少数派であった。姫路城大天守は日本栂《つが》（六階は檜）を用いており、檜に次ぐ良材であるが、多くの天守では杉・松・栗といった低級木を混用していた。例えば、備中《びっちゅう》松山城天守では、現状では多くの材種が混在しているが、創建当初、土台が栗で、柱は総て松であった。松本城天守では、さすがに森林資源の多様な地域だけあって、調査報告書によると、松・檜・栂・アスヒ（明日《あす》は檜《ひのき》、別名は翌檜《あすなろ》）・ネズコ（別名は黒《くろ》檜《べ》）・ヒメコの柱材が混在しているという。このうち檜・アスヒ・ネズコは「木曽五木《きそごぼく》」として江戸時代に保護された高級樹種だった。なお、戦災焼失した福山城天守は、檜に近いアスナロが使われていたといわれるが、実際はイヌマキだったと考えられる。

以下に、主な天守の柱の太さを示しておく。

【望楼型天守の一階の柱の太さ】　①入側柱　②側柱　③重階　④建築年代

◆広島城
①八寸六分～八寸九分　②八寸五分～九寸八分
③五重五階　④天正二十年（一五九二）頃

◆彦根城
①九寸　②七寸　③三重三階　④慶長十一年（一六〇六）

◆姫路城
①一尺二寸　②一尺二寸　③五重六階、地下一階
④慶長十三年（一六〇八）

◆丸岡城
①六寸三分～七寸二分　②五寸八分　③二重三階
④元和・寛永（一六一五～四四）頃

【層塔型天守の一階の柱の太さ】　①入側柱　②側柱　③重階　④建築年代

◆名古屋城
①一尺二寸二分（部屋隅柱は一尺三寸六分）
②一尺二寸二分　③五重五階、地下一階　④慶長十七年（一六一二）

◆福山城
①一尺二寸　②八寸～一尺　③五重五階、地下一階　④元和八年（一六二二）

◆宇和島《うわじま》城
①九寸　②九寸　③三重三階　④寛文五年（一六六五）

❖弘前《ひろさき》城
①七寸五分　②九寸　③三重三階　④文化七年（一八一〇）

建築年代が早い天正二十年（一五九二）頃の広島城天守では、柱の太さがまちまちで揃っていない。太さが不揃いな原木からそれぞれ最大限の角柱を削り出したもので、太さを揃えるための調整（細い柱に合わせること）をせずに使用していたとみられる。大材の不足が窺える。五重五階天守でありながら、後世の三重天守並みの細い柱を使い、しかも側柱のほうが入側柱より太いという逆転現象も見られた。天守が書院造建築から発生したことからすれば、本来は座敷だった身舎に細い柱を使うのは原初的な特徴が残っているとしてもよかろうが、広島城天守には後述するような毛利家独特の技法が多々見られるので（第四章第四節参照）、即断はできない。弘前城天守においても、側柱と入側柱の太さの逆転現象が見られるが、これも特殊例である。

土台

天守一階の側柱は、総て土台の上に立てられる。石垣最上部に並ぶ天端石《てんばいし》の上面には、かなりの凹凸や高低差や傾斜が残り、石どうしの隙間も大きい。そこに側柱を一間間隔に立て並べると、柱が立つ高さが不揃いになったり傾いたりし、また柱が天端石どうしの間にきてしまうことも起こる。そこで、天端石の上に木製の太い土台を敷き渡して、上面を平滑かつ水平にすることが不可欠である。天端石の上面の凹凸や傾斜などは、土台の下面を石に合わせて削り取ったり、隙間に詰め石をしたりして調整する。

石垣の上に敷かれた土台の現存最古例は、天正十五年（一五八七）の厳島《いつくしま》神社末社豊国《ほうこく》神社本殿（旧称は大経堂《だいきょうどう》）の正面側の入側柱筋であるが、この巨大建築は豊臣秀吉の寄進と命令によって造営されたものである。したがって、ほぼ同時期に建てられた大坂城天守にも土台が使われていたことは確実である。

今日の木造住宅には土台を使うことが法令で義務づけられているが、その土台は細い材木であって、下部のコンクリート製の布基礎《ぬのきそ》とアンカーボルトで緊結されている。地震時に柱が基礎からずれ落ちないように留めておくのが現代の土台の役割であって、天守の太い土台とは全く役割が相違している。

一般的に天守においては、石垣の上に立つ側柱だけではなく、内部の入側柱や部屋境の柱も総て土台の上に立てられている。これは現代木造住宅と同様であるが、櫓の骨組《ほねぐみ》とは全く異なる。櫓には入側がないのが一般的で、したがって土台は側柱の下にしかない（櫓についてては本書続巻「櫓・城門編」に詳述）。

柱の貫

側柱どうしは、柱の側面に貫穴《ぬきあな》という縦長の穴を掘って、そこに貫を差し渡して連結する。外壁では、外側は大壁なので貫は壁の中に塗り込められてしまうが、室内側は、太鼓壁《たいこかべ》や化粧板張りでなければ、貫の側面だけが見えている。

貫は貫穴に合わせた縦長断面の部材であるが、貫穴が上（下の場合もある）に少し大きく掘られ、貫の上（または下）には少し隙間ができる。そこに細長い三角形をした堅い木製の楔《くさび》を柱の両側面から打ち込んで、貫を柱に強力に締め付ける。貫は窓の上下やその上方に合わせて三段以上入れられ、貫によって側柱どうしが強く固定されて、地震や台風で生じる水平力に対抗する強度が生まれる。また、貫には厚い土壁を支え、固定する役割もある。入側柱や部屋境の柱では、戸口上とその上方の土壁の中に貫が渡されている。

▲姫路城帯の櫓
室内から見た貫。天守や櫓の柱は、貫を水平に数段に渡して締め付けてある。外部は大壁であっても室内側は真壁なので柱と貫がよく見える。写真では右方の壁（外壁）に貫が５段、左方の壁（間仕切り壁）に４段通っている

桁

側柱の頂部には、梁や桁が渡される。梁と桁はよく混同されるが、役割も太さも全く相違した部材である。

桁は、やや長方形断面の部材で、柱とほぼ同じ太さである。側柱によって必ず一間の間隔（間柱があると半間）で支えられ、大原則として水平に渡される。例外は、特に強い軒反《のきぞ》りをつけたり、建物の隅部が少し欠けたりした場合だけである。建築の設計や組立てに果たす桁の役割は、高さ方向の基準点（桁の上端の中心線が基準）となることである。太さが相違したり曲がったりした梁を柱に正確に架け渡すために、また、垂木《たるき》を屋根内で支える母屋桁《もやげた》や棟木《むなぎ》の高さを決定するために、上階の床の高さや窓の高さを算定するために、基準となる重要な部材である。桁が傾斜して渡されると、当時の大工技術では建築不能となる。桁が水平に渡されず傾いたような天守の復元案を見かけるが、それは実存しない空想建築である。

さて、桁の建築構造上の役割は、屋根面を構成する垂木を支えることである。垂木は桁に釘付けされ、桁から外へ伸び出して深い軒を形成する。天守は各重で四面に軒を出すので、桁は天守各重の四面を廻っており、したがって側柱の上には原則として桁が渡されている。太い梁とは違って、桁が柱とあまり変わらない細身の角材であるのは、一間ごとに立つ側柱によって支えられているからだ。

梁・牛梁と柱盤

それに対して梁は、原則として垂木を支えることはなく、通常は二間以上の長さを持ち放す。そのため桁と比べて極めて太い断面積が必要となる。角材に成形すると断面が小さくなるので、皮を剝《む》いただけの丸太材や、瓜《うり》を剝くように筋状に表面を削った瓜剝き材、もしくは十六角形・十二角形・八角形などに大まかに成形したものが多い。ただ、太ければ少々曲がっていて丸太に近い材木でも梁として使えるので、柱には不向きな松材が主に梁として使われた。松は成長が早いので、森林資源が枯渇していた十六世紀から十七世紀においても大材を得やすかったからだ。

梁の太さは直径一尺（約三〇㌢）を超えるものが一般的で、三間を渡るような特に太い梁では二尺を超えることがある。角材に成形された太い梁は少ないが、彦根城天守（大津城天守を移築改造）のように関ヶ原の戦い以前の古い天守にはむしろ多い。

梁は一般的に柱の頂部に架けられ、その先端は側柱を越えて外部まで突き出す。外壁の上部（軒下）には、漆喰で塗り込められた梁の先端が浮き出て見えることが多い。梁の先端に注目すれば、天守外観の古写真からも内部の梁の架かり方が、ある程度は判明する。

梁が持ち放す距離が長くなると、梁の断面積を著しく大きくしなければならないので、原則として梁は建物の短辺方向（妻《つま》、梁間《はりま》）に渡される。したがって、長辺方向（平《ひら》、桁行《けたゆき》）の側柱上に梁を架ける。側柱は一間間隔で立てられるので、梁は一間間隔に並んで渡されることになる。これは、社寺建築を含めて伝統的木造建築の大原則である。

梁は四間や五間の長さのものも使われるが、そうした長大な梁では途中に柱を立てて下から支えておかないと構造的に強度が足りない。また、巨大な天守では、そもそも一本の梁で短辺方向の全長に渡すことは不可能なので、途中にある柱（部屋境の柱列など）の上で梁を継ぐ。梁を途中で支えたり継いだりする部位では、柱を立てて直に梁を受けるが、厳重な例では、その柱の上に太い牛梁《うしばり》（中引《なかびき》）を梁に直交させて渡し、牛梁の背で梁を受ける。牛梁と梁が交差して頑丈な梁組《はりぐみ》ができるので、天守の強度はすこぶる大きくなる。

なお、最上重の梁組では、梁の中央部の上に直交して束踏《つかぶみ》（場合によっては中引や地棟《じむね》ともいう）という梁状の部材が渡されている例が多い。梁の下側を支え

▲松山城天守
外壁に突き出した梁の端部。軒下に並ぶ四角い出っ張りが梁の端部（梁尻という）である。１間間隔に立つ側柱の各頂部に梁が載るため、梁尻も１間ごとに並ぶ。丸太梁の場合は円形の出っ張りとなる

ている太い部材は牛梁であるが、最上重の短辺が三間の天守では梁は一本もので十分なので、牛梁は必要でない。逆に梁の上側に渡される束踏はその自重が梁に掛かってしまうので、軽くするために梁より細い部材が使われる。束踏は、屋根の最頂部に渡る棟木《むなぎ》の直下に平行して通っており、両者の間には棟束《むなづか》という短い柱のような部材が立っている。断面や形状が不揃いな梁の上に棟束を正確に立てるのには手間が掛かるので、束踏にはその省力化という効果もあるが、小屋組《こやぐみ》（屋根裏の骨組）が暴風や地震で歪まないように、梁どうしを横に繋いで安定させる重要な役目がある。仕事を楽にするために、束踏は古くは角材であった。

　梁の上には、側柱上では桁が直交して載るが、望楼型天守に多く見られるような上下階が同じ大きさの場合では、桁の代わりに太い胴差《どうざし》（胴差は垂木を支えない）を挟んで上階の側柱が立つ。

　そのほかの部位では、梁の上には直に上階の柱が立つ。しかし、層塔型五重天守の場合では、下階の梁と上階の柱の位置が合わないことが起こりがちで、戦災焼失した名古屋城天守の二階から三階間や明治初期に

▲熊本城監物櫓
梁を受ける太い牛梁

▲松山城三の門南櫓
梁の上に渡る束踏

取り壊された津山城天守の一階から三階間などでは、総ての柱が下階の梁の位置から半間ずつずれていた（詳しくは後述）。その場合は、梁上に柱盤という横材を直交させて載せ、上階の柱を柱盤の上に立てる。柱盤の働きは土台と似ており、二階以上にある土台と考えても構わない。また、層塔型・望楼型を問わず、入側においては、梁の上に上階の側柱が載る場合が多く、上階外壁の下端や上階入側の床の端部を支えるために上階の側柱筋の足元に柱盤を加える。

柱盤は、天守や櫓に用いられる特殊な部材ではあるが、その発祥は古く、飛鳥時代の法隆寺五重塔において、二重目以上の各重の側柱は総て下重の垂木の上に置かれた柱盤（土居桁《どいげた》ともいう）に立てられている。柱盤を用いる構造は、それ以後、総ての塔に踏襲された。

天守の梁組は、梁・牛梁・柱盤・束踏が交差して渡されている。太い材木が無秩序に組み上げられているようにも見えるが、それぞれの部材の役割に着目して観察してみると、極めて合理的な構造になっていることが分かる。特にそうした構造が分かりやすい入側で観察していただきたい。

▲宇和島城天守
二階の入側に見られる柱盤

通柱と管柱

二階分以上を通して立ち上がる柱を通柱《とおしばしら》、各階で止まる柱を管柱《くだばしら》という。天守の柱は、上下階を通さずに各階で別々に立てる管柱が基本である。特に層塔型五重天守では、各重の平面の大きさを四方から均等幅（一間半から半間）ずつ逓減させるのが基本であり、そのうちの半間は入側の幅の逓減であることが多い。そのため、一階から三階までは柱の位置が総てずれてしまうのが一般的であって、通柱はなくて当然である。津山城天守がその代表例であって、多くの層塔型五重・

四重天守では、柱の大多数が管柱であった。

戦災焼失した巨大な名古屋城天守は層塔型天守の早例の一つであるが、一階と二階は同大平面のため望楼型と同様に通柱が用いられていた。しかし、二階・三階間では柱位置が総て半間ずつずれており、二階から上階への通柱は一本もなかった。なお、十八世紀中期の天守修理時の図面「御天守地割図」には、三階入側隅柱四本が二階からの通柱とするが、これは三階床より低い位置にある二階入側梁上から立ち上がる柱であって、現代の定義に従えば通柱ではない。

そして、名古屋城天守の木造再建計画で調査研究された結果、地階の柱一一一本のうち一八本が一階の身舎の部屋境までの通柱であり、同大平面であった一階・二階間では各階一五八本のうち六九本が通柱であった。一階・二階間の通柱は、入側柱四八本中の四七本（四間梁を受ける一本が管柱）および身舎の部屋境の柱四五本中の二二本であった。さらに一階では地階からの通柱が一八本あるので、一階での通柱は合計八七本に達し、部屋境の管柱はわずか四本しかなかった。したがって一階においては、側柱を除くほぼ総ての柱が通柱だったことになり、天守における史上最多の通柱の使用例であった。

しかし、三階以上には一本も通柱がなかったことには注目すべきで、天守の二階以下の基部だけを通柱で頑丈に固めて上階の大重量に耐えさせ、また地震に対する備えとする構造計画だったと推察される。三階の階高が特に大きかったため、二階・三階間に通柱を立

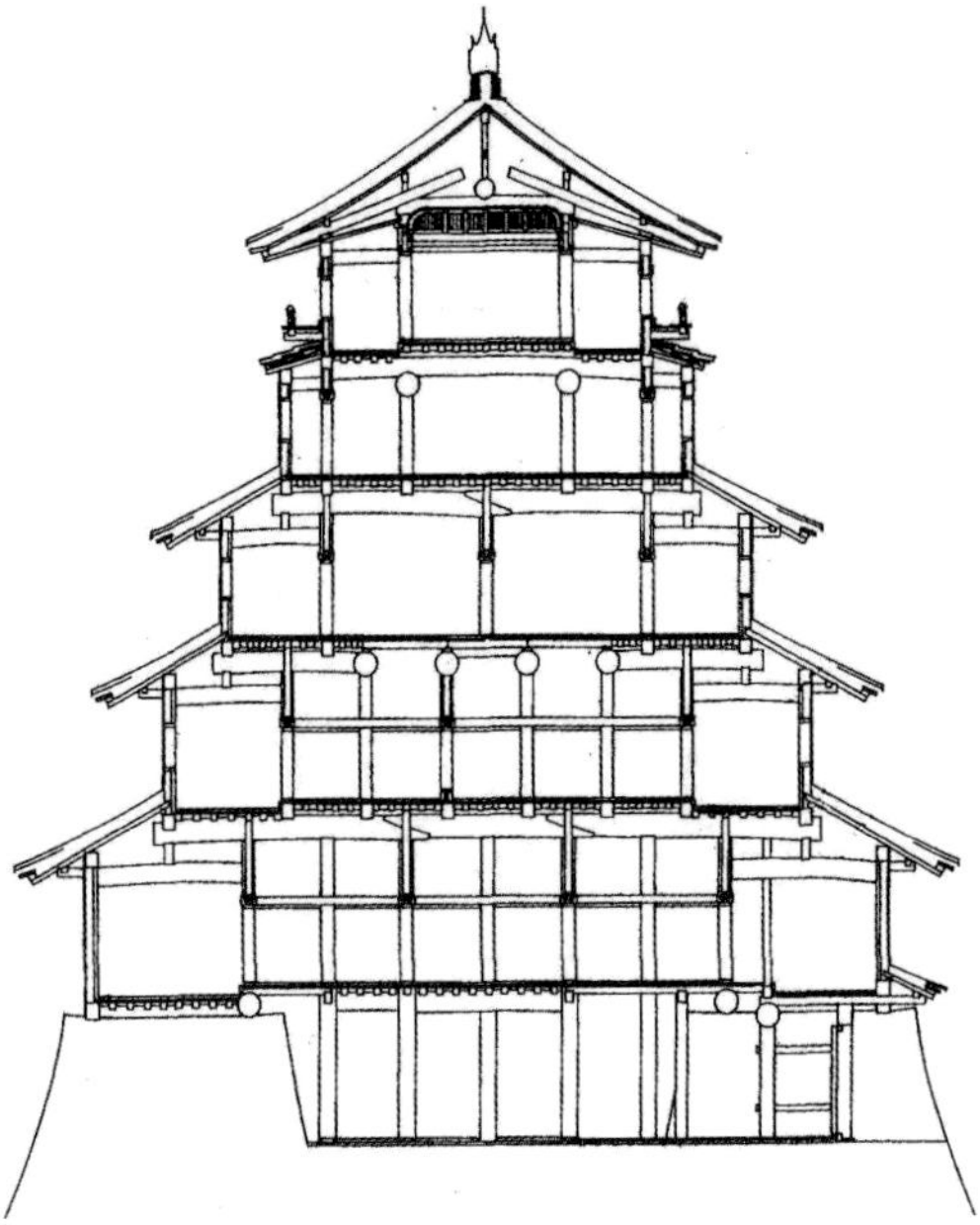

▲津山城天守復元断面図

てるとあまりにも長大な柱になってしまうので、そこに通柱を入れないのは合理的である。なお、層塔型二重二階、地下一階の名古屋城小天守《こてんしゅ》では、通柱は全く使われていなかった。

それとは対照的に、史上最大であった江戸城天守は新型の層塔型五重天守であったが、一階が十八間に十六間と超巨大であったため、整然と上階を逓減させていっても上下階で柱筋がずれることがなく、例外的に上下階で柱位置が揃った層塔型五重天守であった。そのため、通柱の入れ方は独特であった。二階・三階間では、身舎中心部の部屋境に一三本の通柱を十文字に配置し、三階・四階間では、その部位を避けて三階の入側柱（隅柱を除く）三二本を立ち上げて四階の側柱とし、四階・五階間では、再び身舎中心部の部屋境に九本の通柱を十文字に配置していた。すなわち、二階から五階までは、通柱で交互に緊結されており、しかも身舎中心部十文字と入側柱・側柱という二種類の配置方法を組み合わせているので、通柱の配置に偏りがなく、四方に対して均等に配置されていた。城郭史上で最も進化した通柱の用法であった。ところが、地階・一階には通柱が全くなかったことが注目される。

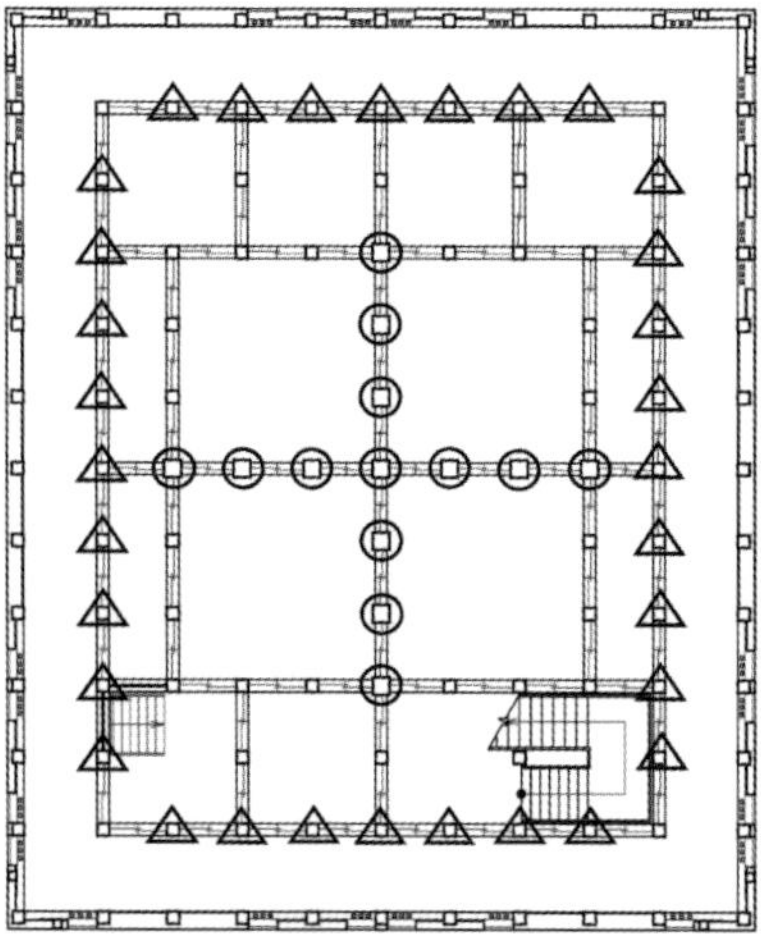

▲江戸城天守復元三階平面図
○＝二階・三階間の通柱
△＝三階・四階間の通柱

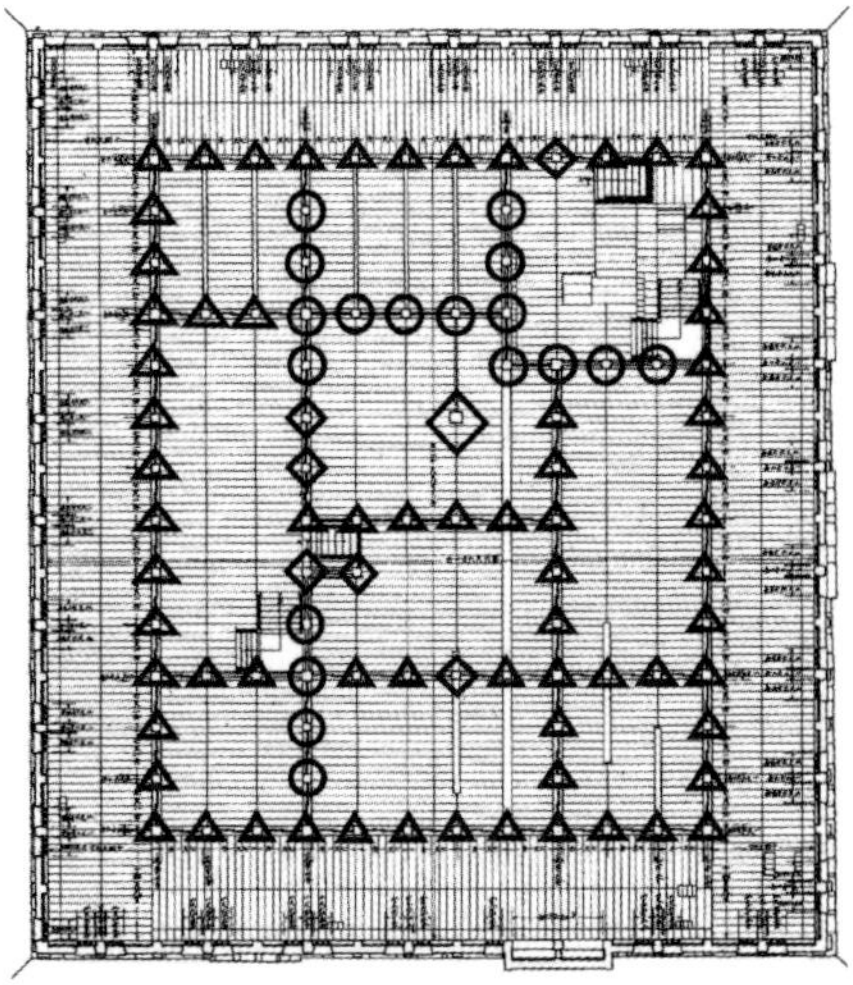

▲名古屋城天守実測一階平面図
○＝地階・一階間の通柱　◇＝管柱
△＝一階・二階間の通柱

それは名古屋城天守とは全く逆の通柱の配置であって、高層の天守の上階だけを通柱で固めるものであった。天守基部は平面積が広く、柱数が圧倒的に多いので、地震対策は特に重視する必要がなく、高層建築における強大な風圧に対する配慮のほうが重要だったと考えられる。

通柱の配置

巨大な名古屋城天守と江戸城天守は例外として、通柱は意外にも新式の層塔型天守よりも旧式の望楼型天守に多かった。その理由は、層塔型五重・四重天守では平面の逓減により上下階で柱位置がずれてしまうが、望楼型天守では柱位置が一致していることが多いからである。特に一階と二階の平面を同大に造った望楼型天守では、その側柱を通柱とすることが少なくない（犬山城天守・姫路城大天守・松江城天守・高知城天守など）。側柱が二階分の高さを途中で継ぐ管柱であっては、その継ぎ目で外壁が折れ曲がって崩れてしまうかもしれない、と当時の大工は心配したようで、それを通柱として強固にしたものと考えられる。

しかし、その点においては、一階・二階が同大であった層塔型名古屋城天守では、逆に側柱を総て管柱としており、設計理念が根本的に相違する。一階・二階の側柱を通柱とすると、その途中に取り付く一重目の屋根を支える腕木《うでぎ》の根元を納めるために、通柱に大きな仕口《しぐち》（接合部の切り欠き）の穴を開けることになり、その部位が折れやすくなるという深刻な構造欠陥が生じるからである。名古屋城天守は、一階・二階の側柱を管柱とする代わりに、入側柱から内側の柱のほとんど全部を通柱として、身舎を完全に固めて一体化させていた。それによって二階分の側柱の脆弱問題を解決したことになり、極めて合理的な構造設計がなされていたのである。

また、大型の五重・四重の層塔型天守よりも小型の層塔型三重天守に通柱が多く使われている。三重天守では入側の幅だけで上階を逓減させ、身舎平面は上下階で同じにすることが可能だったので、入側柱の位置が上下階で一致し、それにより入側柱を通柱にできたからである。宇和島城天守では、一階・二階間の妻側の入側柱にそうした技法が見られる。しかし、平側の入側柱は、一階身舎に渡される三間の大梁を柱頭で受けるので、通柱にはならない。また、一階から三階までの入側柱が同じ位置にあるため、三階分の長大な通柱はありえないので、一階・二階間を通柱とすると、二階・三階間は通柱にできない。

　なお、層塔型五重天守では、福山城天守のみが入側幅だけの逓減の例であったが、五階が巨大で一階が五重にしては小さいという極限的な設計だったから実現できたものである。この天守では、妻側の中央の入側柱を二階分ずつの通柱(大柱《おおばしら》)としていた。これについては次項に記す。

　一方、層塔型五重天守の場合は柱位置がずれるので不可能なことであるが、三重程度の天守では、一重目の入側柱を通柱として二重目の側柱とする例が存在しそうである。それは江戸城天守の三階・四階間の通柱の使い方である。類例としては、二重二階の備中松山

▲宇和島城天守
一階身舎の通柱(妻側の２本)と管柱(平側の２本)

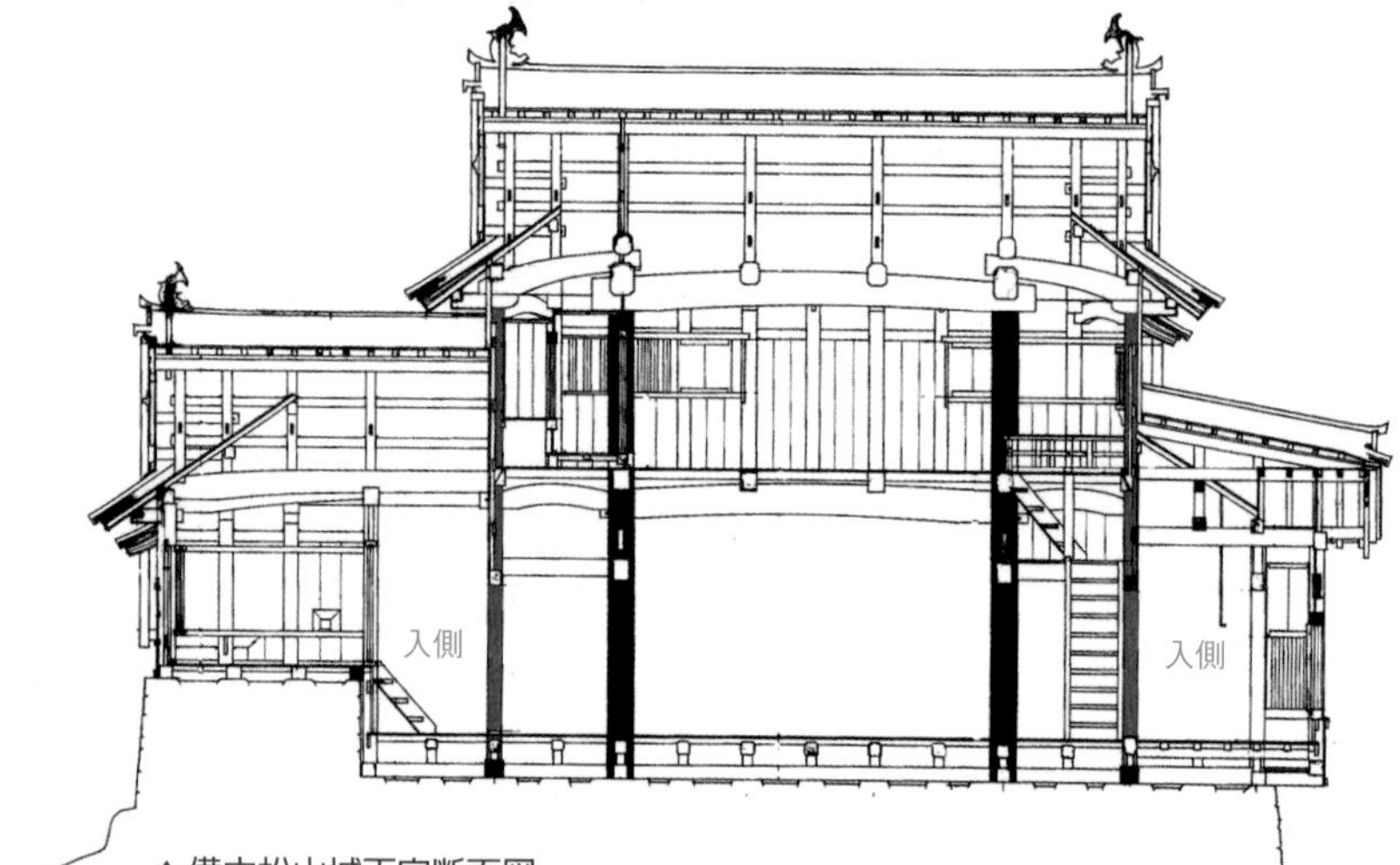

▲備中松山城天守断面図
赤色は一階入側柱の通柱、黒色は身舎中心部の通柱（大柱）

城天守や四重四階の大垣城（岐阜県）天守の三階・四階間がそのようになっている。しかし、三重天守の一階・二階間に応用する場合では、一階入側の幅は通常一間なので、二階が周囲から一間ずつ縮小するものだけ該当する。白河小峰城《しらかわこみねじょう》（福島県）の天守（三階櫓）の実例（二階・三階間には不適用）があったが、上重が逓減しすぎである。

そのような構法を拡張適用させると、下重の入側柱をその上重の側柱への通柱とすることを基本として、一・二重間、二・三重間というように、それを順次に繰り返す通柱の構法が想像される。その構法を内藤昌博士は「互入式通柱構法」と命名し、実例として名古屋城天守を挙げているが、前記したように実際は根本的に相違した通柱の使い方がなされていた。もちろん、そのような実例はない。

通柱の必要性

話変って、現代の木造二階建ての住宅では、二階の四隅の柱は原則として通柱とすることが義務づけられており、通柱は木造建築の構造補強（耐震・耐風）の基本と考えられている。上下階が地震や暴風でずれないように緊結する効果が通柱にあるが、上下階の間の床の位置に必ず渡される梁や胴差が通柱に突き刺さるので、それらとの仕口によって柱に大きく断面欠損が生じてしまう。断面欠損部には、柱を折り曲げようとする力が集中（応力集中という）するので、そこで折損しやすい。例えば、割り箸を折り曲げようとすると、ある程度は力がいるが、割り箸の中ほどに爪で小さな引《ひ》っ掻《か》き傷をつけておくと、その部位で簡単に折れてしまう。応力集中は、木造建築では重大案件なのである。

ところで、天守が地震で完全倒壊した事例は、昭和二十三年（一九四八）に起こった福井大地震による丸岡城天守のみであるが、震源を丸岡城の辺りとする内陸直下型マグニチュード七・一の大地震で、付近の住宅の倒壊率が一〇〇パーセントというものであった。その際に天守台石垣が崩壊してしまったので、天守が崩れ落ちたのであるが、もし天守台が無事であったなら倒壊は免れた可能性もある。

そのほかの事例では、幕末の安政地震で掛川城《かけがわ》（静岡県）天守が破損、明治二十四年（一八九一）の濃尾《のうび》大地震で犬山城天守が破損しているが、いずれも超巨大地震による天守台石垣の崩壊に伴う破損であって、天守本体の強度不足が原因ではなく、天守本体も倒壊には至っていない。

か細い現代の木造住宅とは違って、天守のような特別に太い柱・梁を用いる木構造では、地震等で部材が折損することもなければ、部材の接合部がずれることもほとんど生じない。したがって、通柱よりも管柱にしたほうが応力集中を避けられるので強度的に優れており、それは現代の構造計算でも実証されている。江戸時代の人々は、超高層建築であった天守が百年に一度の大地震で倒壊することよりも、ずっと高い頻度で起こる暴風によって吹き倒されることの方を恐れていたようで、実際に慶長十七年（一六一二）に建造中であった伊賀上野城（三重県）の五重天守が暴風で吹き倒されるという事故が起こっている。

通柱の使用の実情

次に、現存天守や実測図・指図《さしず》などで構造が分かる天守での、通柱の使用状況を示しておく。

【望楼型天守】

①重階　②通柱の本数　③建築年代

◆熊本城宇土櫓《うとやぐら》
①三重五階、地下一階
②二階・三階間に三一本（側柱・部屋境柱）／四階・五階間に一二本（側柱）と八本（間柱）
③天正十八年（一五九〇）頃

◆犬山城
①三重四階、地下二階
②一階・二階間に二五本（側柱）／三階・四階間に一四本（側柱）
③慶長元年（一五九六）頃、三階・四階は元和四年（一六一八）頃

◆彦根城
①三重三階
②なし
③慶長十一年（一六〇六）

◆姫路城
①五重六階、地下一階
②地階・一階間に一六本（側柱）／一階・二階間に四一本（側柱）／四階・五階間に二六本（側柱）

／地階から五階間に二本（身舎の大柱）
③慶長十三年（一六〇八）
◆丸岡城
①二重三階
②なし
③元和・寛永（一六一五〜四四）頃

【層塔型天守】
①重階　②通柱の本数　③建築年代

◆名古屋城
①五重五階、地下一階
②地階・一階間に一八本（部屋境柱）／一階・二階間に六九本（入側柱・部屋境柱）
③慶長十七年（一六一二）
◆松本城
①五重六階
②一階・二階間に六〇本（側柱・入側柱）／三階・四階間に四六本（側柱・入側柱）／五階・六階間に四本（入側隅柱）
③慶長二十年（一六一五）頃

◆津山城
①五重五階、地下一階
②なし（四階・五階間に一六本の可能性は残る）
③慶長二十年（一六一五）頃
◆大洲《おおず》城
①四重四階
②一階・二階間、三階・四階間に各一本（大柱）
③慶長二十年（一六一五）頃
◆江戸城
①五重五階、地下一階
②二階・三階間に一三本（部屋境柱）／三階・四階間に三二本（入側柱）／四階・五階間に九本（部屋境柱）
③寛永十五年（一六三八）
◆宇和島城
①三重三階
②一階・二階間に四本（妻側の入側柱）
③寛文五年（一六六五）
◆備中松山城
①二重二階
②一階・二階間に二四本（入側柱・大柱）
③天和三年（一六八三）

◆弘前城
①三重三階
②なし
③文化七年（一八一〇）

以上からすると、建築年代と通柱の本数は、特には関連がなさそうである。

ここで注目されるのは、熊本城宇土櫓、犬山城、松本城、姫路城大天守であって、通柱は多用されてはいるが、各階を総て相互に緊結するものではないことだ。熊本城宇土櫓では、二階・三階間、四階・五階間は緊結されているが、一階・二階間や三階・四階間には通柱がない。犬山城天守では、一階・二階間、三階・四階間を緊結し、二階・三階間には通柱がない。松本城天守では、一階・二階間、三階・四階間、五階・六階間を緊結し、二階・三階間、四階・五階間には通柱がない。姫路城大天守でも、地階から五階までを通す大柱を別とすれば、一階・二階間と四階・五階間を緊結するが、三階と六階は無視されている。これは、逓減が均等でない望楼型天守に、より多く見られる現象である。上下階が同大平面のところでは側柱を通柱とし、同大平面ではないところ、すなわち側柱の位置が上下階で一致しないところには通柱を使わないというのが原則である。

なお、松本城天守は一応、新式の層塔型に分類されるが、各階の逓減が不均等で、側柱を通柱とする点からすれば、旧式の望楼型天守に近い構造をもっているといえる。また、松本城天守は、一階・二階間と三階・四階間で側柱と入側柱の両方を通柱とする、変則的な例でもある。

大柱（心柱）

通柱のうちで特に太くて長大なものは、大柱《おおばしら》あるいは心柱《しんばしら》と呼ばれる。現存例では姫路城大天守にある東西の大柱で、地階から最上階である六階の床下まで六階分の二四メートルを通している。ただし、実際に全長を一木としているのは東柱で、西柱は三階の床下で継いである。地階での太さは、長辺九〇センチメートルほどで、上にいくにつれて次第に細くなっていく。慶長十三年（一六〇八）の創建当初の時期にはそのような大材の入手が困難だったため、成長は早いが強度と耐久性が足らなくて建材には不向きな樅《もみ》が使われていた。その結果、江戸時代にはすでに腐朽してしまい、継《つ》ぎ接《は》ぎだらけになっていた。昭和三十八年(一九六三)の解体修理で檜材に取り替えられている。

姫路城大天守の大柱に類するものとして、天守の中央部に一本だけの大柱を立てる例があった。明治二十一年(一八八八)に取り壊された大洲城(愛媛県)天守は、慶長二十年(一六一五)頃建造の四重四階の層塔型天守だったが、天守の雛形《ひながた》(骨組の模型)が残っているので、それを参考に木造で再建されている。この天守の通柱は、ほぼ中央に立つ太い大柱一本だけである。一階・二階と三階・四階とを通すもので、二階の梁上で継がれている。

元和三年(一六一七)に再建された岡崎城天守では、穴蔵《あなぐら》(地階)のほぼ中央に巨大な礎石が一個残っているが、これは大柱の礎石と考えられる。また、宝永三年(一七〇六)に再建された小田原城(神奈川県)天守は、指図によると三重四階の層塔型天守で、中央に一階から四階までを貫き通す大柱があった。その大柱は四階の床下で継がれており、その上の四階内部では差し渡し一尺五寸(約四五チセン)の八角柱となっており、

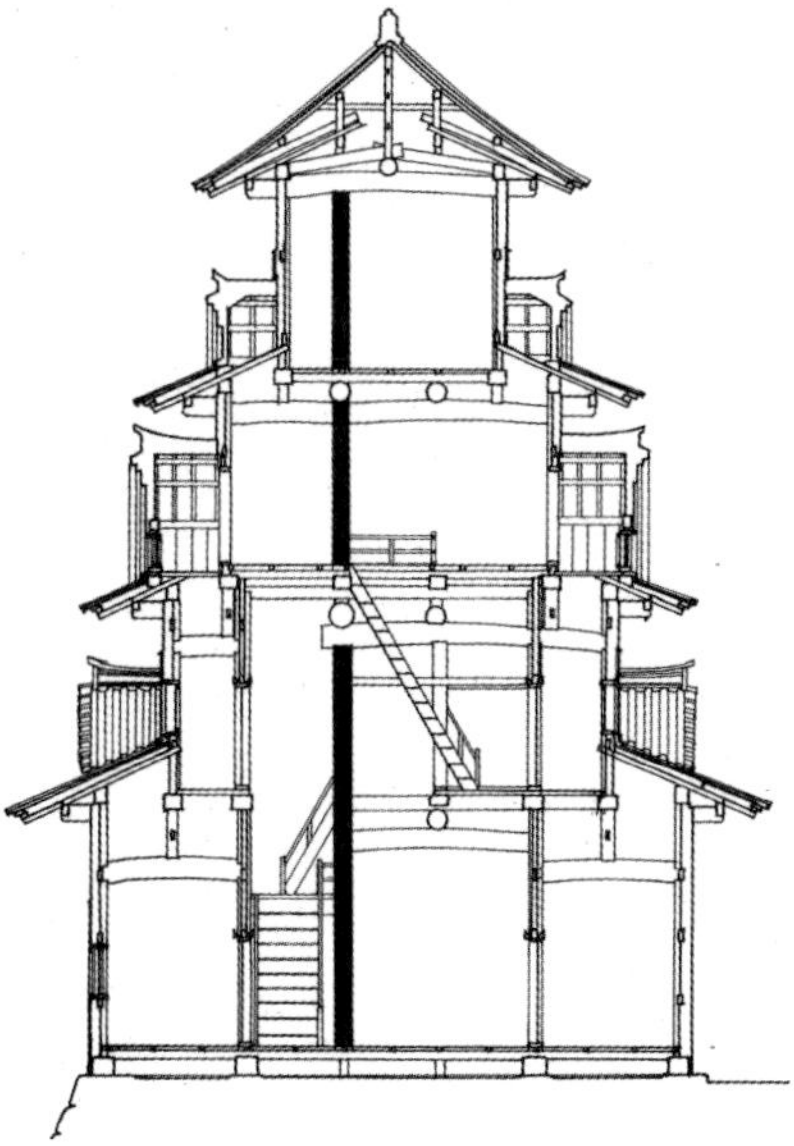
▲大洲城天守復元断面図(黒色は大柱)

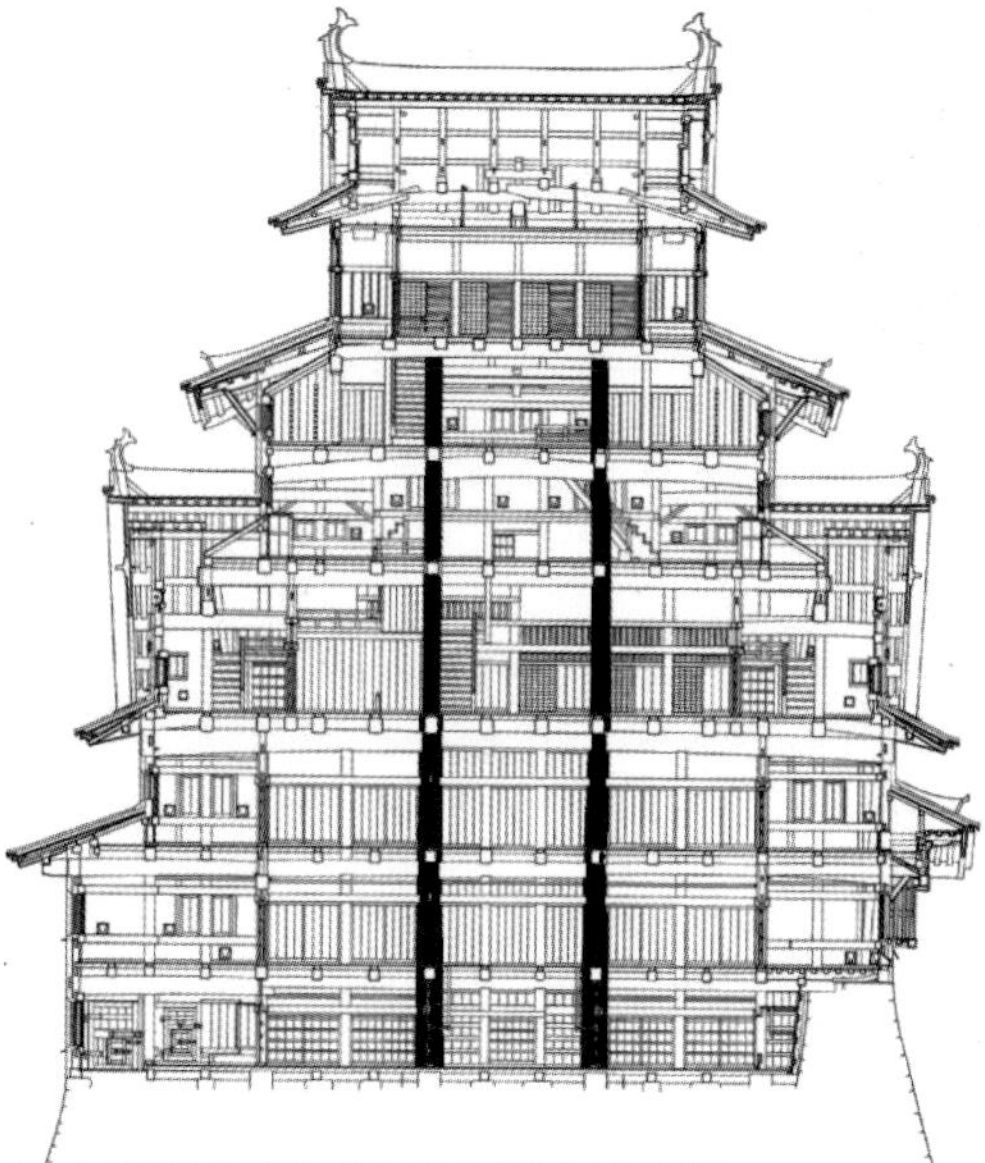
▲姫路城大天守断面図(黒色は大柱)

「将軍柱」と呼ばれていた。

さらに、指図によると寛永十年（一六三三）の古河《こが》城（茨城県）天守（三階櫓）は三重四階の層塔型天守で、一階・二階を同大平面とし、二階に一重目屋根を架け、三階を二重目、四階を三重目として逓減させていた。それについては小田原城天守と同じ形式である。古河城天守は各階の身舎を一室とし、一階の身舎の棟《むね》通《どお》り（桁行方向）に二本の太い大柱を立て、入側柱と大柱を同大平面の一階・二階の通柱とする。そして、二本の大柱は三階の床位置で継がれて、四階の床下まで達した。それとは別に、三階の中央には別に一本の大柱を立てて、四階までの通柱とし、三重目屋根内の大梁で止まっていた。

したがって、大柱を交互に入れて三重四階の各階を総て緊結しており、大柱の進化の最終形だったといえる。

元和八年（一六二二）の福山城天守では、地階・一階、二階・三階、四階・五階のそれぞれ二階分を貫く太い大柱を身舎の棟通りに三本ずつ立てていた。地階・一階間の通柱は特に太く、直径一尺八寸（約五五センチ）の丸太材になっていた。この三本の大柱は桁行方向に渡る太い牛梁を受け、牛梁で梁間方向に架かる梁の中央部を支えていた。五階には入側がなく身舎だけだったので、この太い大柱は妻側の外壁の中央に露出しており、他の側柱よりも太かったため塗り込められず、戦災焼失前には外部（古写真）からもはっきりと視認できた。

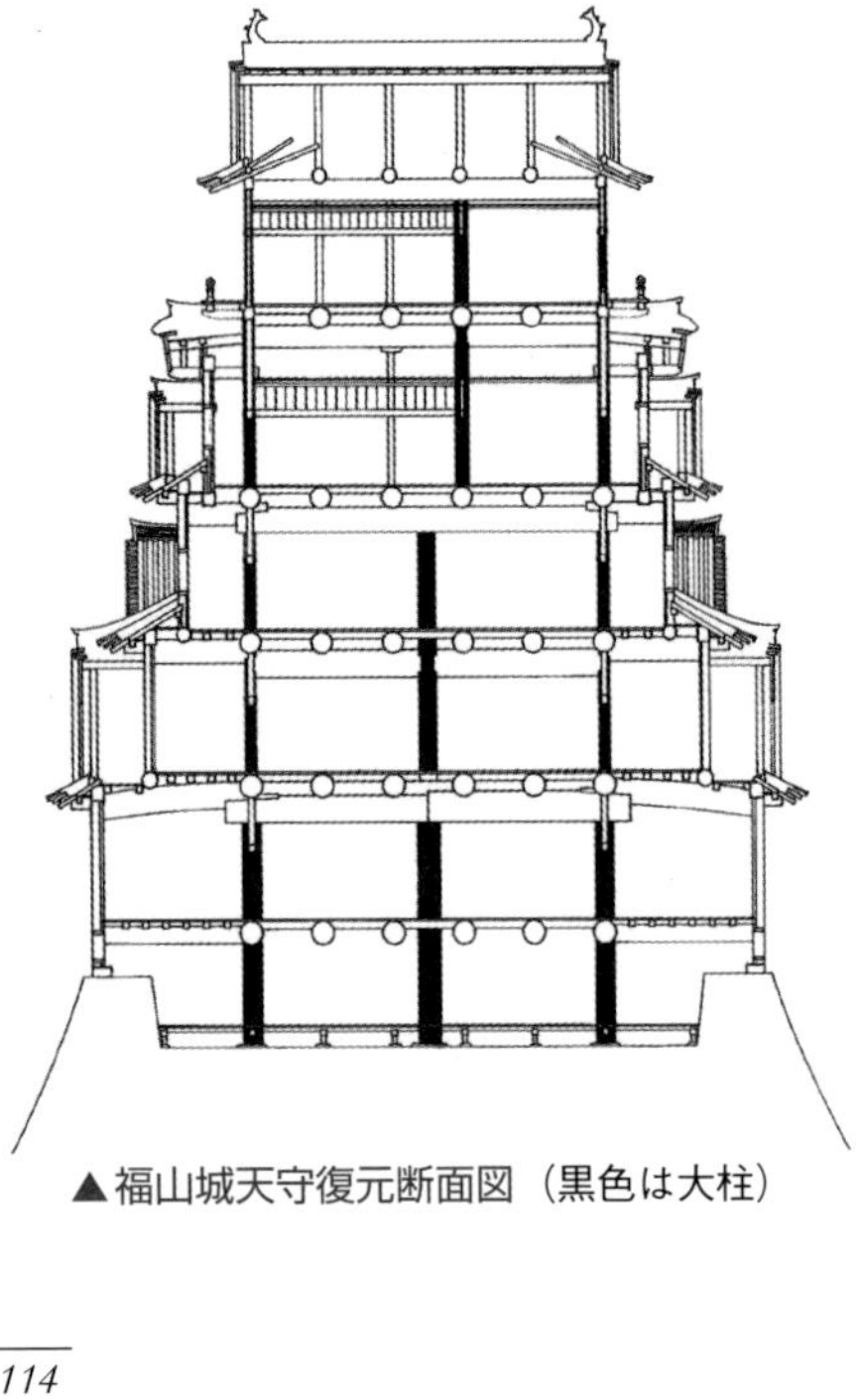

▲福山城天守復元断面図（黒色は大柱）

大柱の早例は安土城天主であって、『信長公記《しんちょうこうき》』に「本柱長さ八間」と記されている柱である。地階から三階までの通柱であったと考えられる。それについては、次項で詳しく述べる。

穴蔵と土台の役割

周囲を石垣（稀に土塁《どるい》）で囲われた地階を穴蔵という。天守は一般的に天守台石垣の上に建てられているが、その天守台には穴蔵を設ける例が少なくない。日本初の五重天守であった安土城天主も天守台に穴蔵を備えており、礎石の並んだ大きな穴蔵が現存している。

なお、『信長公記』では、安土城の天守台を「石くら」と記しているが、この「石くら」は穴蔵のことではなく、石座《いしくら》、すなわち石でできた台座という意味であり、その内部が穴蔵であって、そこは土蔵だったという。

時期が近い『家忠日記《いえただにっき》』天正十七年（一五八九）二月十九日条に、駿府《すんぷ》城小天守について「石くら根石《ねいし》すへ候」とあるが、この「石くら」も石座のことであって、小天守台石垣の最下部の根石を据えたことを示すと解釈される。

安土城以前の例では、鎌刃《かまは》城（滋賀県米原市）に土塁で囲われた方形の小区画があり、発掘調査によって礎石が総柱《そうばしら》（碁盤目の交点に総て柱を立てた構造）に並んでいることが分かった。これを筆者は大型の櫓の跡と考え、現在知られている天守穴蔵の起源となるものとした。鎌刃城は信長との攻防があった城で、この穴蔵の技法が安土城天主に応用されたと考えられる。

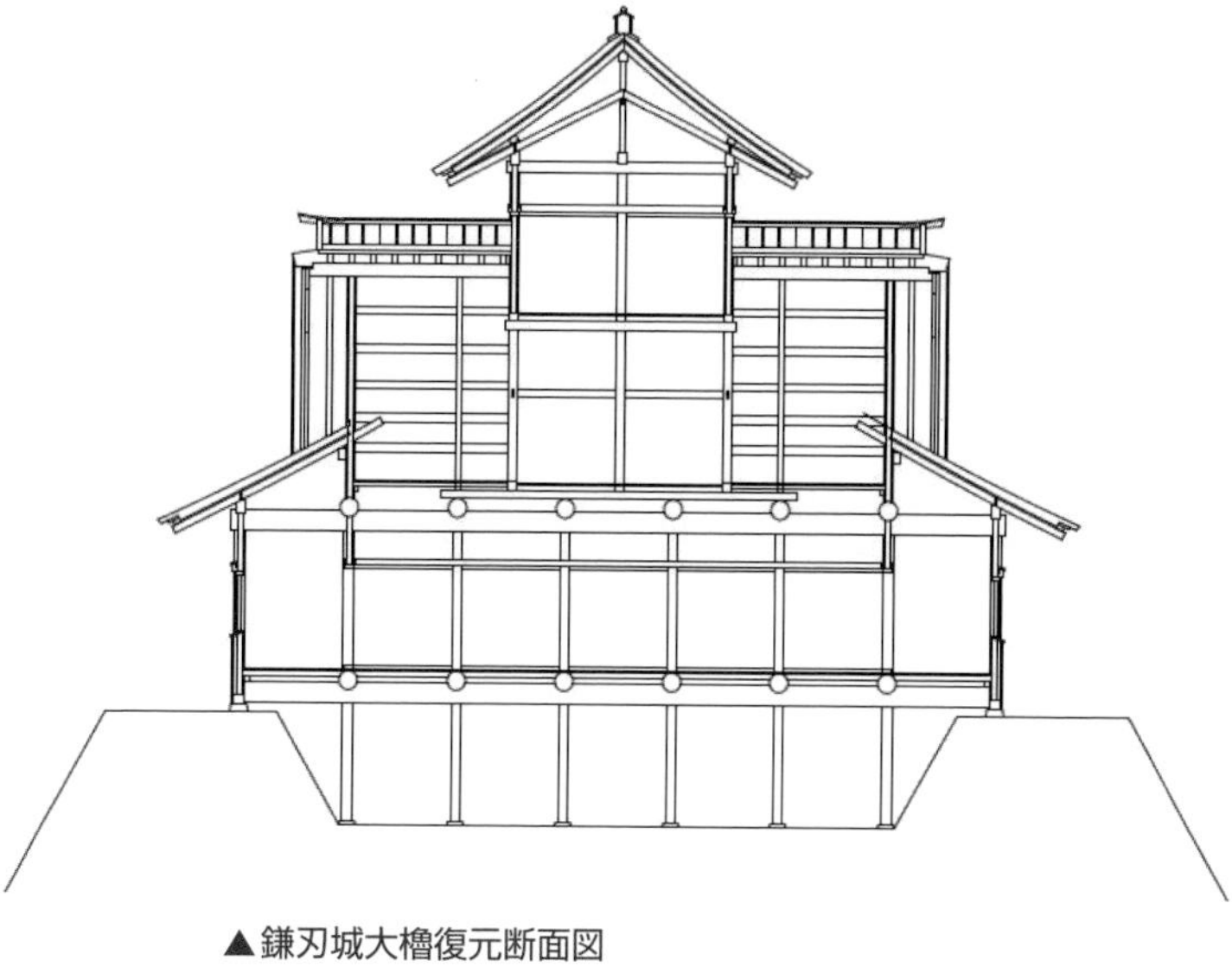
▲鎌刃城大櫓復元断面図

穴蔵の上に立つ高層の城郭建築は、安土城以降はほぼ天守に限られる。唯一の例外は熊本城宇土櫓であるが、後述するように宇土櫓は熊本城の古天守の移築改造と考えられるので、必ずしも例外ではない。

安土城以降で穴蔵をもつ主な天守は、年代順に豊臣大坂城・甲府城（山梨県）・熊本城・姫路城・松江城・名古屋城・津山城・岡崎城・福山城・八代《やつしろ》城（熊本県）・淀城・徳川大坂城・江戸城・会津若松城・松山城などで、実例は少数派ではあるが、大型の天守に多い傾向がある。広島城・岡山城（現在の地下入り口は戦後の新設）・萩《はぎ》城（山口県）・松本城・丸岡城・備中松山城・高知城・弘前城などには穴蔵がなく、犬山城・彦根城では登閣のための狭い地下通路があるだけだ。

穴蔵の役割は、高層建築を支えることであって、そのため穴蔵には土台を敷き並べる。穴蔵の底には、縦横ともに一間間隔で大きな礎石を並べ、その上に土台を一方向に敷き並べる。土台が通るところでは、大きい礎石の間にさらに礎石を加えて、半間間隔の礎石で土台を支えるように補強することも少なくない。穴蔵内の土台は、石垣の天端、すなわち側柱下に敷く土台とは違って、梁と同等の特に太い材が使われ、角材の

▲名古屋城天守
旧礎石。戦災焼失した天守を鉄骨鉄筋コンクリート造で再建する際に、焼損した礎石を移設展示。穴蔵に１間間隔に敷かれた土台を支えた礎石で、巨大な礎石が１間の中間にも置かれていた

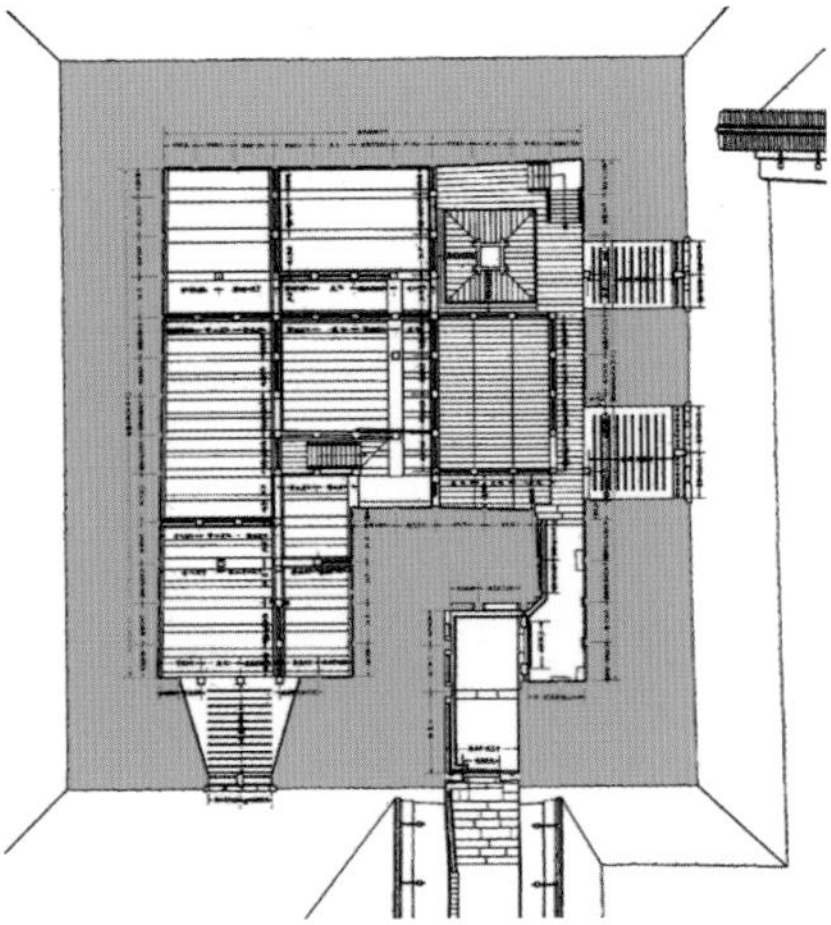

▲名古屋城天守地階実測平面図（戦災前）

ほかに、梁と同様に丸太に近いものも用いられる。したがって、柱の上に渡される梁と形状や配置が似ており、梁と同じような部材を柱の下にも並べたものともいえる。二階以上の柱が階下の梁の上に立つのと状況が似ているのだ。それゆえ、部屋境は別として、総ての土台の上に柱が一間間隔で立つわけではない。戦災焼失した名古屋城天守の穴蔵には、実測図によると、そのような平行に並ぶ太い土台があったことが分かる。現存天守では姫路城大天守が同様の構造になっており、江戸城天守も建地割図《たてじわりず》（当時の立面・断面図）からすると同様であった。

　松江城天守の穴蔵では、一階の梁間（平面の短辺方向にまず土台を敷き、その土台に直交させて桁行（長辺）方向の土台を重ねており、したがって縦横の碁盤目状に土台が敷き並べてある。土台の使い方としては、最も進化した構造である。その土台の上には、上階と同じように根太《ねだ》（床板を支える棒状の部材）を渡して床板が張られるが、松江城天守の穴蔵では、床板が張られていない部位があるので、土台の様子を見ることができる。柱は、縦横の土台の交点のうち、部屋境に相当する部位（松江城天守の現状では最上階を除いて部屋境の柱間は開放されている）だけを選んで立てられている。穴蔵がなかった佐賀城天守や大和郡山《やまとこおりやま》城天守でも、発掘調査によって縦列と横列で礎石に高低差があることが分かっており、碁盤目状に土台が敷き並べてあったと考えられる。

▲松江城天守

穴蔵の土台。土台を縦横（桁行方向と梁間方向）1間間隔に渡した堅牢な構造で、土台の進化発展の到達点といえる。土台上には通常は床板が張られており、松江城以外では土台を見ることができない

　天守穴蔵に敷き並べられた土台は、梁組や屋根などの大重量を支える柱からの集中荷重を受ける。大きな集中荷重は土台によって分散されて多数の礎石に伝え

られ、穴蔵の底の地盤全体で天守の大重量を支えることになる。土台により一個あたりの礎石に掛かる重量は二、三割（半間の位置に礎石を加えると五割）ほど減少し、さらに礎石どうしの不同沈下（沈下量が相違すること）を防止できる。礎石の不同沈下は、天守が傾く最大の要因である。

また、天守は上重にいくにつれて次第に平面が縮小するので、天守の大重量の大部分（高層部）は穴蔵の上方だけにあって、その重量は総て穴蔵に立つ柱に掛かっているのである。穴蔵の土台が果たす強度上の役割は大きく、極めて合理的な構造である。現代建築では、軟弱地盤にはベタ基礎というコンクリート版を地面に敷き、建築の重量を分散させる構法が行われるが、それと天守土台は同じ原理であって、土台がその先駆けである。なお、近年の天守や櫓の木造再建では、土台の代わりにコンクリート造のベタ基礎を用いることが多い。

したがって、土台は天守という高層建築には不可欠のものであって、土台の発明によって初めて高層天守の建造が可能となったのである。安土城天主台の穴蔵に残る礎石は、中央の一カ所を除いて、大きな礎石が一間間隔で碁盤の目の交点の位置にびっしりと配置されているが、これは土台を受けるための礎石であって、その上に直に柱が立っていたわけではない。なお、中央の礎石がない場所には、焼損した太い掘立柱《ほったてばしら》の跡が発掘調査で確認されており、そこには大柱（心柱）が立てられていたものと考えられる。この大柱は、『信長公記』に記されている「本柱長さ八間」と考えられ、

▲安土城天主
穴蔵に並んだ礎石。焼失後も礎石が失われることなく、ほぼ原位置を保って残っている。縦横１間間隔に礎石が並んでおり、礎石上に土台を渡して天守の大荷重を支える構造だったことが分かる。１階の身舎はこれらの礎石上方に位置していたと考えられる

その長さからすると、地階から三階までの通柱だったと考えられる。太さは「一尺五寸六寸」と記録されているので、約四五～四八センチメートル角の大材だった。天主本体が暴風で移動しないように掘立柱として設けられたものであろう。安土城天主に大柱を加えることは、この天主の作事《さくじ》を担当した熱田《あつた》神宮の宮大工岡部又右衛門《おかべまたえもん》の考案らしく、五重塔に心柱があることからの発想だったかもしれない。

なお、土台を敷き並べることは、穴蔵のない天守でも当然、一般的に行われており、戦災で失われた広島城天守・岡山城天守がその古例である。例外は犬山城天守・丸岡城天守など少数だったと考えられる。丸岡城天守は穴蔵がなく、創建当初は入側柱と身舎柱の総てが地下一メートルほどに据えられた礎石に載る掘立柱（当初は深い床下であって、後世になってそれが埋められた可能性がある）だったので、現状では土台は全くない。

逆に穴蔵があっても土台を設けていない天守には、松山城天守と熊本城宇土櫓（熊本城の初代天守を移築）がある。前者は三重三階と規模が小さく、また穴蔵は地下岩盤の上と考えられるので土台は不要であった。後者は、当初は土台を有したと思われるが、近代の陸軍が管理していた時期にコンクリート基礎に改変された。なお、宇土櫓は地階の梁が一階床から、かなり下方に架けられていることからすると、現位置に移築される以前は穴蔵をもっていなかったと考えられる。

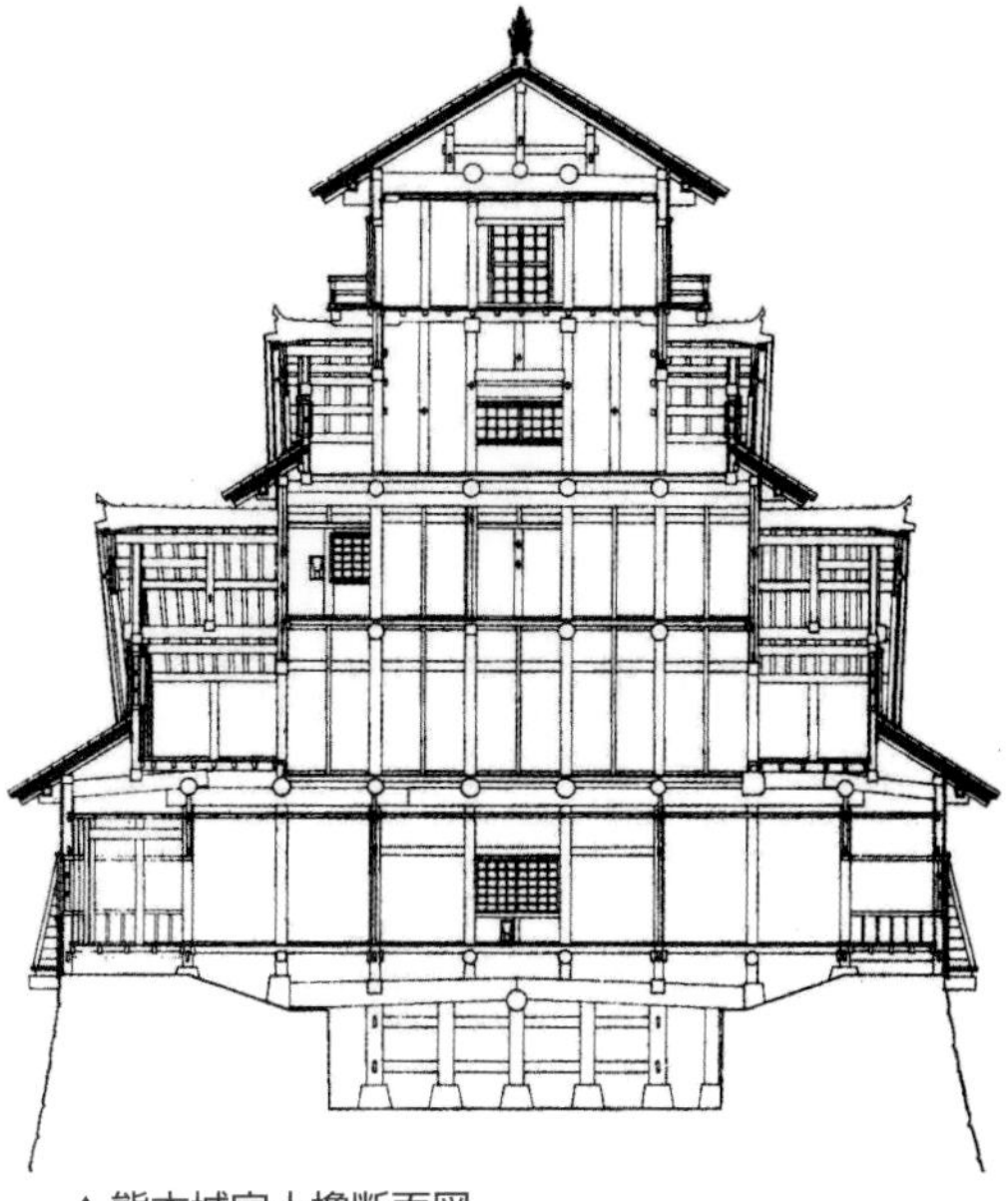
▲熊本城宇土櫓断面図

屋根の形式

日本の伝統的な屋根形式には、入母屋造《いりもやづくり》・寄棟造《よせむねづくり》・切妻造《きりづまづくり》・方形造《ほうぎょうづくり》（宝形造《ほうぎょうづくり》）・唐破風造《からはふづくり》がある。寺院本堂や権力者の邸宅といった大型の長方形平面（正方形平面を含む）の建築には、入母屋造・寄棟造が用いられる。

切妻造・唐破風造は、屋根の妻側（端部）が切り落された形なので、妻側の下方には軒先がなく、大きな屋根に用いると妻側の壁面に雨が降り懸かる。したがって小規模な建築にしか応用できず、切妻造は平屋建ての門・鐘突《かねつ》き堂・手水屋《ちょうずや》・井戸屋形《いどやかた》（井戸の覆《おお》屋《や》）や神社本殿（切妻造に庇《ひさし》を付加した流造《ながれづくり》や春日造《かすがづくり》が多い）に、唐破風造は唐門《からもん》（唐破風の向きにより平《ひら》唐門《からもん》・向唐門《むかいからもん》に区別される）に使われた。

方形造は正方形平面にしか応用できず、寺院の塔や小堂・経蔵《きょうぞう》などに応用された。なお、方形造は宝形造とも書くが、六角形や八角形平面の場合は宝形造と記す。

寄棟造は、中国では古くから最高格式の屋根形式であった。そのため当初は、飛鳥時代に中国から伝来した仏教建築に応用され、古代の金堂《こんどう》（唐招提寺《とうしょうだいじ》金堂や東大寺大仏殿）に使われた。それに対して入母屋造は日本古来の上流住宅（すなわち世俗の建築）に使われてきたものだったが、寺院においては寄棟造に次ぐ屋根形式とされ、古代寺院の講堂・中門《ちゅうもん》などに用いられた。時代が下って鎌倉時代後期以降になると、寺院

▲小松城天守代用櫓復元正面図

建築と世俗建築を問わず、入母屋造が最高格式の屋根形式とされ、室町時代後期に成立した書院造の邸宅の屋根も入母屋造となった。その一方、寄棟造の地位は次第に低下し、寺院では格式が高くない堂に使われ、また当時の在地領主の家屋（近世の農家に近い）の屋根は寄棟造の茅葺《かやぶき》が多かったようだ。

天守は室町時代末期に創始されたので、もちろんその最上重の屋根形式には当時の最高格式の入母屋造が採用された。その唯一の例外は小松城（石川県）の天守代用櫓で、二重三階の寄棟造だった。この櫓は、十間四方の巨大な天守台上に建てられていたが、正式な天守の建造が許されなかったため、天守代用櫓ともいいがたい数寄屋《すきや》造《づくり》風の楼閣《ろうかく》として建てられたものだった。したがってこの例を除外して、天守は入母屋造であると断定できる。

なお、近世城郭では、天守に次ぐ格式をもつ櫓門や三重櫓・二重櫓の屋根にも原則的（例外はわずか）に入母屋造が用いられた。格式の低い寄棟造は、特殊な土蔵や江戸中期以降の倹約令によって簡略化した城内の御殿などに使われたにすぎない。

▲犬山城天守
入母屋造の屋根から生まれる天守の造形

第三章

天守の容姿

第一節　天守の形式

破風

破風《はふ》は城郭建築を飾る上での重要部位であり、特に天守の格式を高める最重要部位である。また、天守の二つの基本形式である、望楼《ぼうろう》型と層塔《そうとう》型を区別するための指標でもある。

さて、破風は本来、屋根の端部に取り付けられる化粧の板材のことで、並んだ垂木《たるき》列の最も端に位置する。しかし、城郭建築では、屋根の端部にできた山形の妻《つま》壁《かべ》やその妻壁の上に突き出す屋根端の出《で》（螻羽《けらば》）を含め、屋根端部の全体をいうのが慣例になっており、本来の板材の破風は区別のために破風板という。そうした城郭建築の破風には、入母屋破風《いりもやはふ》・千鳥破風《ちどりはふ》・唐破風《からはふ》・切妻破風《きりづまはふ》がある。

入母屋造《いりもやづくり》屋根の端にある三角形の部分を入母屋破風、切妻造屋根の端部を切妻破風という。この両者は屋根自体の端部であるので、構造上で必然的にできてしまう。もちろんその位置は、屋根の妻側の中心に固定される。切妻破風の大きさは屋根の妻の大きさと同じであるが、入母屋破風については、破風の三角形

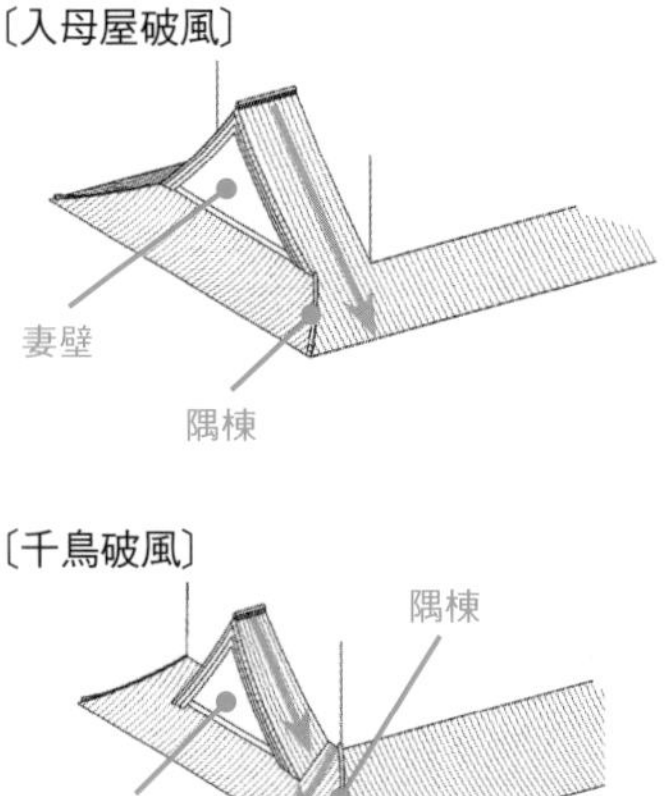

▲入母屋破風と千鳥破風の見分け方
隅棟が破風の屋根に当たって止まるのが入母屋破風、隅棟と分離しているのが千鳥破風

の妻壁を軒先側に近づけると大きくなり、逆に奥の方へ寄せると小さくなる。一般的に、年代が古いものほど奥の方へ寄って小さく、新しいものは逆に軒先側に寄って大きくなる。破風は大きいほど立派に見えるので、時代とともに進化発展したからだ。

それに対して千鳥破風は、三角形の屋根形状こそ入母屋破風と全く変わりがないが、屋根の斜面にその三角形部分を載せただけの構造なので、大きさや位置は自由に決められる。なお、江戸時代の大工技術書によると、上重にある破風（入母屋破風も含めて）は小さく見えるので、下重に比べて大きめに造るのがよいと記されているが、その実例は見当たらない。

千鳥破風の起源は、正面に切妻破風を向け、その下方に庇《ひさし》を葺《ふ》き下《お》ろした春日《かすが》造《づくり》の神社本殿を複数棟、横に連結したものといわれる。平野神社（京都市）では二棟の春日造を連結した比翼《ひよく》春日造本殿の創建が平安時代後期に遡るので、千鳥破風の発祥は平安時代後期といえる。室町時代後期になると、神社本殿の正面中央に一つの千鳥破風を飾る形式が広まり、安土桃山時代の神社本殿に多用された。天守に使われている千鳥破風は神社本殿由来の屋根飾りであった。

入母屋破風と千鳥破風の区別は天守の二形式を区別

▲住吉神社本殿（山口県下関市）
本殿正面に並んだ千鳥破風

▲熊本城宇土櫓
千鳥破風（左）と入母屋破風（右）

する際に重要だが、その見分け方は簡単である。破風の上の屋根面がそのまま両脇の軒先まで達していれば入母屋破風、破風の上の屋根面が途中で本体の屋根と交差するのが千鳥破風である。したがって千鳥破風の屋根の裾には、必ず屋根面に谷ができる。

千鳥破風を左右に二つ並べたものを比翼千鳥破風という。広島城・名古屋城・江戸城・徳川再建大坂城といった大型の五重天守に用いられたが、現存例は極限的に小さな千鳥破風を並べた三重の宇和島《うわじま》城天守だけである。千鳥破風が二つ並んだ姿は華やかである。

壁面の長さに比べて大きな千鳥破風を二つ並べると、破風が左右の端に近づき、破風の片端が本体の屋根の流れに合わさって、入母屋破風と同じ構造になってしまう。すなわち片端が入母屋破風で、もう片端が千鳥破風といった折衷式の破風になる。そうしたものを比翼入母屋破風と呼んでいるが、構造的な見方からすれば比翼千鳥破風としても間違いではない。名古屋城天守では、二重目の屋根が比翼千鳥破風で、逓減《ていげん》した三重目では比翼入母屋破風となっている。姫路城大天守でも三重目に比翼入母屋破風がある。高松城天守・福山城天守では、一重目と二重目に比翼入母屋破風が

▲宇和島城天守
軒唐破風。本体の屋根の軒先を上に円く迫り上げた唐破風であって、唐破風の両側には本体の屋根の垂木が並ぶ

▲宇和島城天守
比翼千鳥破風。本体の隅棟が破風の屋根と分離している

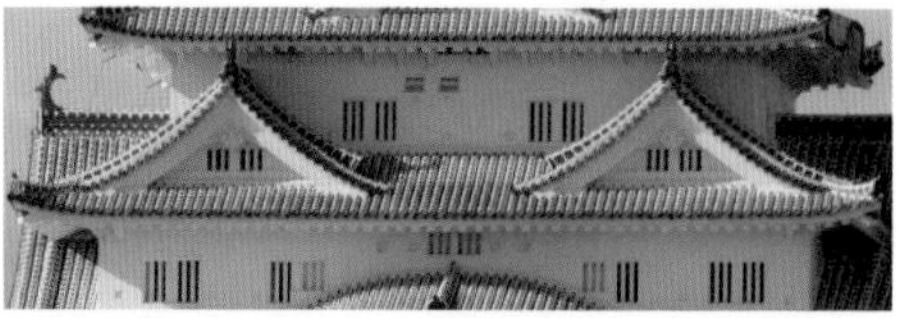

▲姫路城大天守
比翼入母屋破風。本体の隅棟が破風の片側の屋根に当たっている

あった。

唐破風には構造が全く相違した二種類のものがあり、区別する時は軒唐破風《のきからはふ》と向唐破風《むかいからはふ》という。軒唐破風は軒先だけを円《まる》く迫り上げたもので、他の破風とは構造が根本的に相違する。軒先から垂れる雨水を破風の左右に振り分けられるので、建物の入り口の上方に設置すると都合が良く、形状も華やかだったので、古く鎌倉時代には寝殿造《しんでんづくり》邸宅の正面に設けられ、車寄《くるまよせ》の表示とされた。安土桃山時代になると、神社本殿の屋根正面に多用されるようになった。

向唐破風は、軒先だけではなく、屋根全体を円く造ったもので、その円い妻面を正面に向けたものである。軒唐破風では破風の左右に本体の屋根の軒先が続いているが、向唐破風は独立していて左右に軒先が続かない。向唐破風は千鳥破風と全く同様に本体の屋根面に載せただけのものと、本体から突き出した出窓の屋根として造られたものとがある。前者は屋根面に据えてあるので据唐破風《すえからはふ》ともいい、後者では出窓の上に入母屋屋根や切妻屋根を設けたものと同じ構造である。

▲松本城天守
出窓上の向唐破風。破風の間をもつ場合は、破風の妻壁の下に壁面が立ち上がり、窓や狭間を開く。千鳥破風より格調が高い

▲丸亀城天守
向唐破風（据唐破風）。本体の屋根上に据えられた唐破風で、本体の屋根から少し離れている。破風の間がない飾りだけの場合は、妻壁だけの破風で、窓や狭間を設けない

望楼型と層塔型

天守という建築形態の発想は、書院造《しょいんづくり》の御殿《ごてん》の屋根上に物見《ものみ》（望楼）を載せることだった。織田信長が永禄十一年（一五六八）頃に岐阜城山麓に創建した四階建ての御殿は、まさにそうした構造の高層建築で、天守の原型であった。日本で初めて「天主」と呼ばれた建築だった可能性も指摘されている。この信長の岐阜城の四階建て御殿とほぼ同じ頃に存在した、松永久秀の多聞《たもん》城（奈良市）や近江地方の鎌刃《かまは》城（滋賀県米原市）に存在した高層の大櫓《おおやぐら》は、下階が御殿でないとしても大きな建物の屋根上に物見を載せたものと想像されるので、構造自体は同様だったであろう。

『遺老物語《いろうものがたり》』巻八所収の「永禄以来出来始之事」によると、永禄元年（一五五八）、尾張楽田《おわりがくでん》城（愛知県犬山市）において高さ二間《けん》余りの壇上に五間七間の矢倉《やぐら》（櫓）を造り、八畳敷きの二階を拵《こしら》えて「殿守」と名付けたのが殿守（天守）の濫觴《らんしょう》という。後世の編纂物なのでその真偽は定かではないが、大きな屋根上に小さな建物を上げるという構造は、岐阜城の御殿と同じである。

天守の形式には、そうした草創期の構造を継承した

▲松江城天守側面図

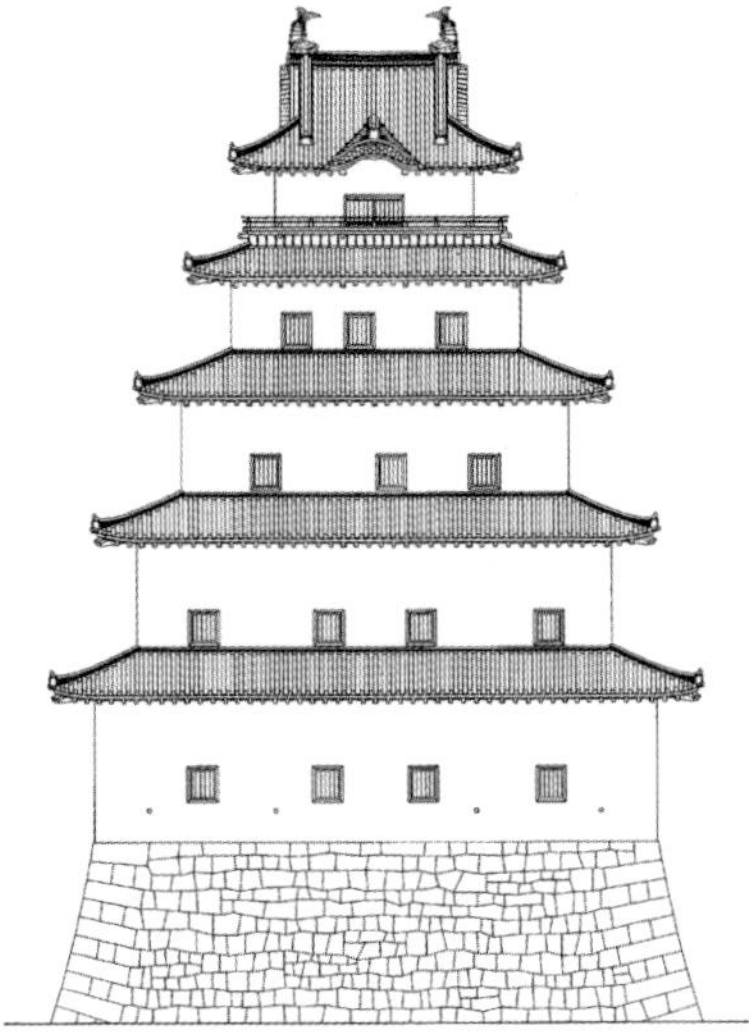

▲丹波亀山城天守復元側面図

望楼型天守と、それとは全く別の構造のものとして新たに開発された層塔型天守との二種類がある。

記録や絵画資料などから、信長の安土城天主、秀吉の大坂城天守・聚楽第《じゅらくてい》天守・肥前《ひぜん》名護屋《なごや》城（佐賀県唐津市）天守は望楼型五重天守だったことが確認できる。秀吉に服属した毛利輝元《もうりてるもと》の広島城天守や宇喜多秀家《うきたひでいえ》の岡山城天守は昭和二十年（一九四五）の戦災までは残っており、典型的な望楼型五重天守だった。加藤清正が熊本城（当時は隈本《くまもと》城）に最初に建てた天守は現存する宇土《うと》櫓《やぐら》で、望楼型三重天守である。現存天守では、犬山城・姫路城・松江城といった建築年代が早いものは総て望楼型天守である。

層塔型天守の初例は、藤堂高虎《とうどうたかとら》が居城として築いた今治《いまばり》城天守（五重五階）と推定される。今治城は慶長七年（一六〇二）から十三年に当代一の築城家と称えられた高虎が築いた最新鋭の海城《うみじろ》で、天守は慶長九年頃には完成したと考えられる。慶長十三年に高虎の伊賀・伊勢転封《てんぽう》により今治城天守は解体され、慶長十五年の丹波《たんば》亀山城の天下普請《てんかぶしん》の際に徳川家康に献上されて、亀山城天守（明治初期の写真が現存）として移築された。初期の層塔型天守の例としては、慶長十四年頃に建てられた細川忠興《ただおき》の小倉《こくら》城天守（四重五階）があり、慶長十三年に徳川家康が建てた駿府《すんぷ》城天守（六重七階）も層塔型の一種だった。

徳川家康が慶長十七年（一六一二）に建てた名古屋

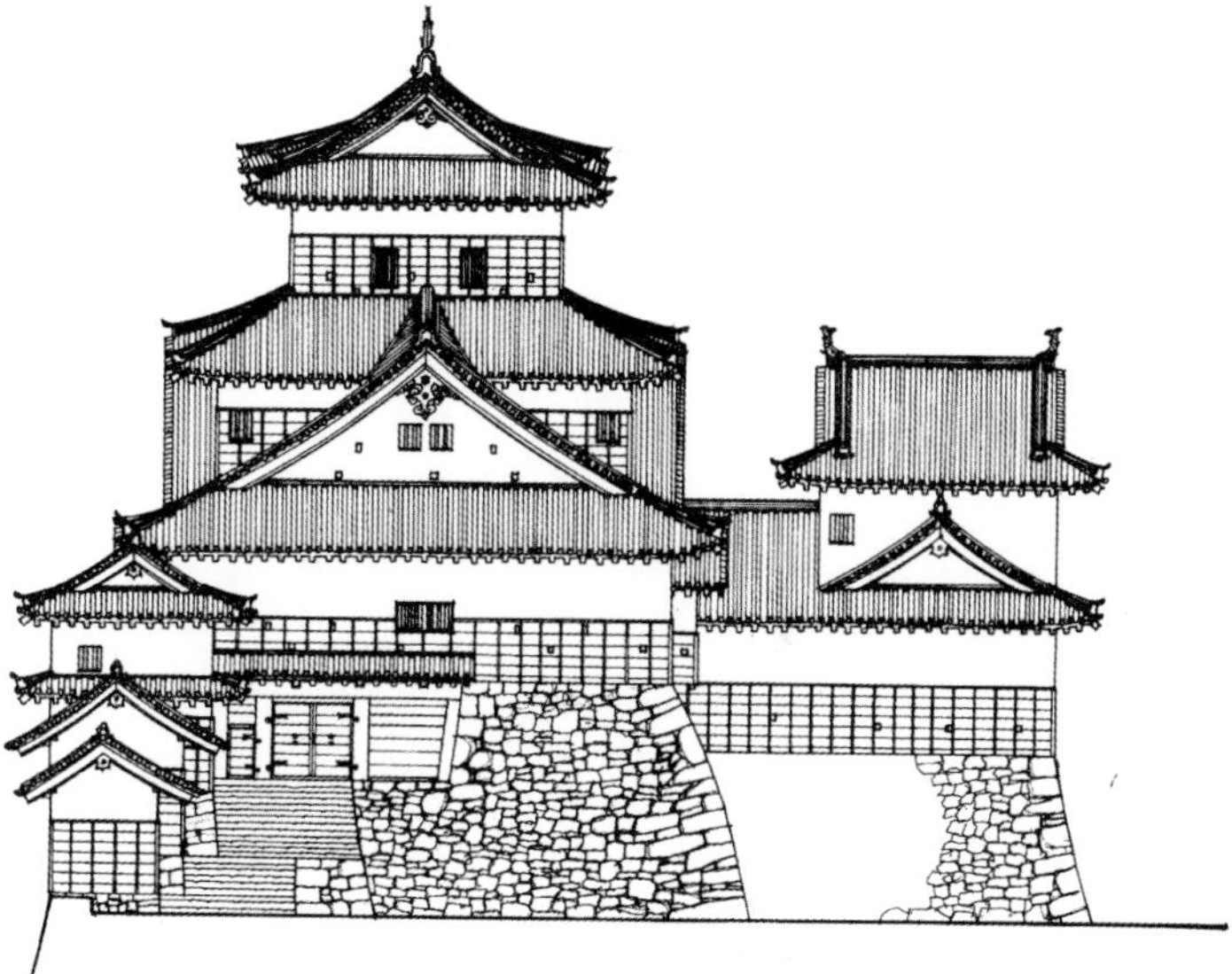

▲岡崎城天守復元正面図

城天守は巨大な層塔型五重天守であり、その後、江戸幕府が建てた二条城・大坂城・江戸城の巨大な五重天守、譜代《ふだい》大名の水野勝成《かつなり》に建てさせた福山城の斬新な五重天守も層塔型だった。また、小倉城天守を参考にして建てたと伝えられる佐賀城・津山城・高松城の天守は特殊な層塔型であった。層塔型天守が出現すると、その性能の良さ、すなわち用材の規格化ができること、屋根裏階がないので籠城の際の射撃に有利なことなどから天守の基本形式となり、旧式の望楼型はほとんど建てられなくなった。

なお、層塔型の出現より年代が少し下がる元和三年（一六一七）に再建された岡崎城天守は、三重三階の望楼型天守だった。しかし、古写真で見ると、層塔型天守に設ける千鳥破風を目いっぱい大きくしたため入母屋破風になってしまい、結果的に外観が望楼型になっただけで、実質的には層塔型天守といえよう。また、火災で焼失した高知城天守が延享四年（一七四七）に時代後れの望楼型で再建されたが、土佐藩の藩祖、山内一豊《かずとよ》が創建した初代天守の再現が目的だったからと想像される。

望楼型と層塔型の見分け方

望楼型天守は、一重一階や二重二階の大きな入母屋造の建物を基部として設け、その屋根の上に一重一階から三重三階・四階の望楼部（最上階を物見という）を載せた形式である。したがって、一重目か二重目に

▲松江城天守

望楼型。四つの入母屋破風のうち左が望楼型基部、上は最上重、中央は出窓上、右下は付櫓の入母屋破風

大きな入母屋破風をもつ。ただし、出窓の上に被さる入母屋破風は本体の屋根ではないので、望楼型天守の基部の入母屋破風とは区別しなければならない。そうした入母屋造の出窓は、望楼型天守の岡山城・松江城・萩《はぎ》城（山口県）、層塔型天守の会津若松城・和歌山城などにある。また、比翼入母屋破風は千鳥破風の一種とみなされるので、それが存していても望楼型天守とはいえない。

　層塔型天守は基部の入母屋造の建物がなく、一重ずつ順次に積み上げた形式である。層塔とは、寺院の五重塔や三重塔のことで、寺院の層塔に類似する形式から命名された。層塔型天守の最上重は望楼型と同様に入母屋造になるが、下重には入母屋破風が全くない形式である。下重に入母屋破風があれば望楼型、それがなければ層塔型である、と簡単に分類することができる。なお先に述べたように、比翼入母屋破風と出窓屋根の入母屋破風は、両形式の区別には無関係である。

　なお、城郭の研究者でも、最上階に廻縁《まわりえん》があるものを望楼型、それがないものを層塔型と誤解することがあるが、周囲を見渡す廻縁が望楼型の特徴ではない。さらに付言しておくなら、層塔型天守の最上階も物見（望楼）と呼ばれるので、「望楼型天守」という命名も正しくはないが、学術用語の安易な変更は混乱を招くため、用語自体はこのままにしておきたい。

▲宇和島城天守
層塔型。三つの千鳥破風が見えるが、基部の入母屋破風がない

天守台の平面と天守の形式

慶長十五年（一六一〇）以前の古い天守の一階平面は、正確な矩形とはならず、台形や不等辺四角形になることが多い。また、一般的に妻側が平側より随分と短い、細長い平面であった。それらは総て望楼型天守である。

平面が矩形にならないのは、天守台の石垣築造技術が未発達だったからだ。特に本丸の端部に天守台が位置する場合では、郭外では石垣が高く、郭内でははるかに低いため、正確に積み上げるのは技術的に困難だった。例えば、本丸の西北隅に突出して築かれた広島城の天守台では、郭外側が高さ約一二メートル、郭内側がその半分の約六メートルと高低差が大きい。上面の西辺約一七・六メートルは東辺約一九・五メートルより一・九メートルも短く、北辺約二三・八メートルは南辺二四・五メートルより〇・七メートル短い。全体として郭外側が短く、郭内側が長く、ひどく歪んだ不等辺四角形である。犬山城天守台や姫路城大天守台も台形平面となっている。それに対して慶長十五年（一六一〇）に築造された名古屋城天守台（天守本体は慶長十七年完成）では、ほとんど歪みがない。

次に、細長い長方形平面は日本の伝統建築の常識であって、社寺建築の多くは正面（桁行《けたゆき》）が長く、側面（梁間《はりま》）が短い。それに準じて古い時期の天守では、正面を大きく造り、それに比して側面は小さく造って建築面積を節約するものが少なくなかった。城の正面、あるいは本丸の正面から見られることを意識したもので、細長い平面は経済的に効率が良かった。平面の細長さでは、岡山城天守が平十三間に妻八間と史上一位で、彦根城天守の平十一間に妻七間、姫路城大天守の平十三間（南正面は十四間）に妻十間が次ぐ。こ

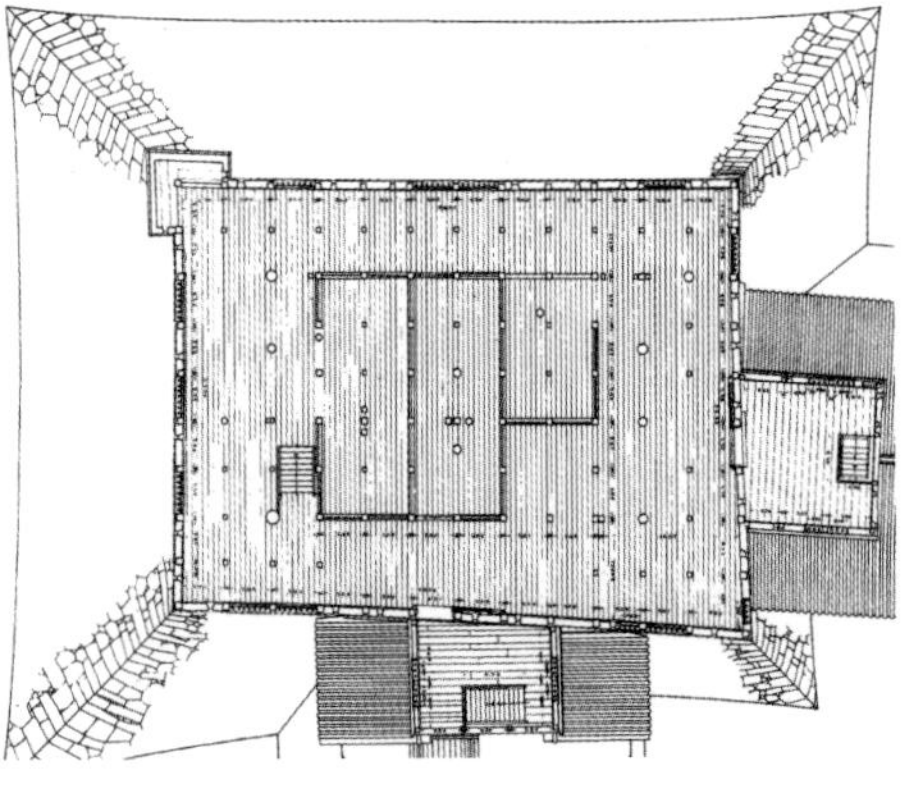

▲広島城天守実測一階平面図（戦災前）

れらの天守では、平と妻の差が五間から三間とかなり大きい。それらは総て望楼型天守である。慶長十三年（一六〇八）建築の姫路城大天守以降では、平と妻の差は、おおむね二間か一間で、正方形平面の天守も少なくなかった。新しい時期の層塔型天守は四方から見られること、あるいは四方に対して攻撃を加えることを意識していたともいえる。

さて、望楼型天守の特性は、天守台の平面が台形や不等辺四角形に歪んでいようと、いかに細長い平面であろうと、最上階をきれいな正方形（または正方形に近い矩形）平面にすることができることだ。一般的に天守は、天守台平面に合わせて一階平面を造るので、天守台の歪みや細長さはそのまま天守本体に伝達されるが、望楼型の基部の入母屋屋根のところで見切りをつけられ、その屋根上に載る望楼部は基部の形状とは無関係に正方形平面に修正できる。

層塔型天守では基部の入母屋屋根がないので、一階平面の歪みや細長さに見切りをつけられず、それが最上階まで伝達してしまう。少なくても一辺が一二メートル以上ある一階平面では、一メートルぐらいの歪みは大して目立たないが、六メートルほどに逓減した最上階が一メートルほども歪んでいては、城下から見られるとみっともない。また、細長さも全く修正されないので、一階平面の長短差はそのまま最上階の長短差となる。したがって、平と妻の差が三間以上になると、最上階が細長くなりすぎて天守の造形が破綻する。例えば、望楼型の彦根城天守を層塔型にすると、最上階の三階は七間に三間、あるいは六間に二間となってしまい、まるで長屋のような形態となる。層塔型天守を

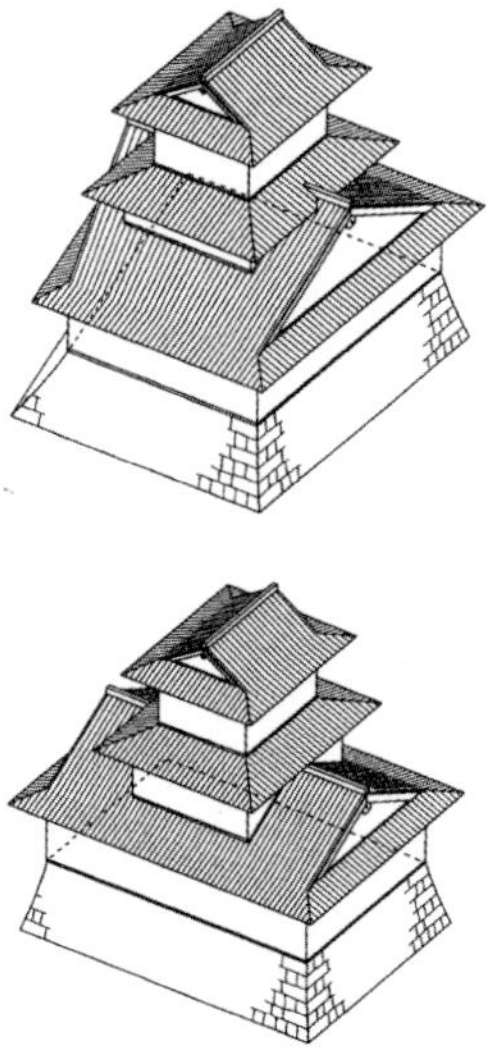

▲望楼型における天守台の歪み（上）と細長さ（下）

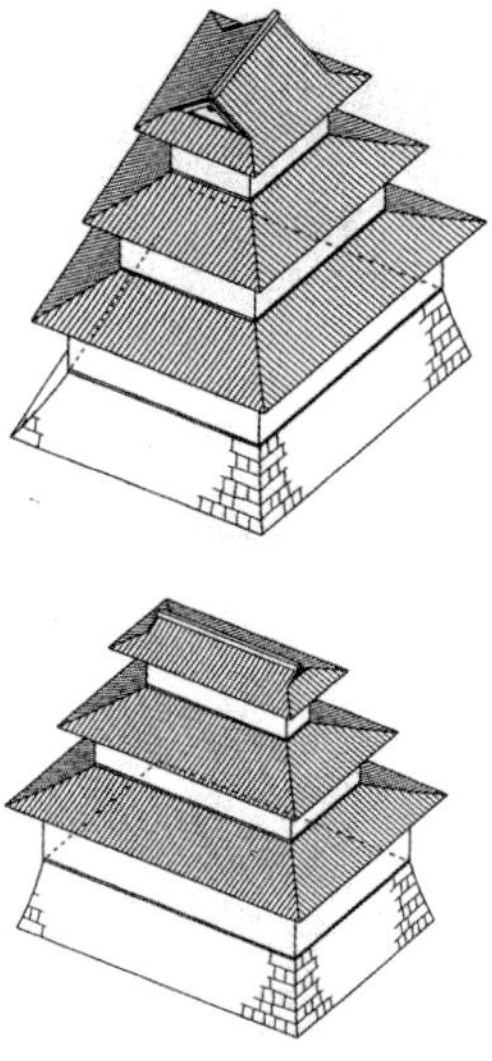

▲層塔型における天守台の歪み（上）と細長さ（下）

建てるには、正確な矩形平面の天守台石垣の築造技術と、長短差が二間以下という、正方形に近い一階平面が必須であった。

最初期の層塔型である慶長九年（一六〇四）頃の今治城天守と同十三年の駿府城天守は、まだ石垣技術が発達していなかった。そこで今治城では高い天守台を築かず、本丸内の平地に天守を建てていたらしい。現在の復興模擬天守は、本丸北二重櫓の台座を改変して建てられた望楼型天守であって、史実とは無関係である。駿府城天守では、天守本体よりもはるかに大きな天守台を築き、その中央に独立して建てられていたので、天守台の歪みに影響を受けずに層塔型天守を建築できたのである。

望楼型の梁組と破風の間

望楼型の姫路城大天守の三階と四階では、窓の位置が高すぎて、床面に立った人は窓に手が届かない。望楼型天守の欠陥の一つである。そのような現象が生じるのは、望楼型天守、すなわち古い時代の天守の梁の架け方に起因する。

さて、伝統的建築における梁は、先述したように架け渡される距離が大きくなると非常に不利になるので、平面の短辺方向に架け渡すのが大原則であった。一本の梁では届かない、梁間の大きな書院造建物では、その途中で支えて梁を継げばよく、その場合でも平面の短辺方向すなわち梁間方向へ梁を架ける。その際に、平の側柱《がわばしら》の頂部どうしを結んで架け渡すのが基本であった。平が正面を向く建物の場合では、建物の正面と背面の側柱どうしを梁で連結するのであり、それによって側柱の転倒を止める働きがある。

書院造の梁組《はりぐみ》を継承した初期の天守では、同様に平の側柱の頂部に梁の端部を載せ、建物を貫いて反対側の側柱の頂部まで架け渡す。天守の梁間は最小でも五間、大きいものになると十間を超えるので、梁は途中の部屋境などの柱上で継がれる。ここで注目していただきたいのは、梁を途中で継いでも、梁が通る高さはどこでも同じ（多少の湾曲はある）で、梁を継いだ箇所で大きく段違いになることはない。このような梁組が初期の天守の構造であって、慶長十三年（一六〇八）の姫路城大天守の各重の梁は総てそのように架けられている。

姫路城大天守では、平面が同大の一階と二階は問題がないが、一間（六尺五寸、約二メートル）ずつ逓減する三階と四階では、その下重の屋根の垂木が六寸勾配《こうばい》（一次関数グラフにおける傾き〇・六のこと）で、逓減した上階の外壁部分まで伸び上がってくる。したがって上階の床上約一・二メートル（二×〇・六）まで垂木が上り、瓦上面では一・五メートル以上にもなる。それより上方が外壁となるので、上階の外壁面に設けられた窓には手が届かなくなるのだ。

　その対策として望楼型天守は、妻側では基部となる入母屋破風の壁面に窓を設け、それに加えて、平側の屋根面に出窓や千鳥破風を突き出して造り、そこにも窓を設けている。姫路城大天守では、三階は妻側にある入母屋破風に窓を四つずつ並べ、四階は平側に比翼入母屋破風（比翼千鳥破風）を設けて合計八つの窓を開く。望楼型の松江城天守では、三階の平側に大きな出窓を設け、妻側は入母屋破風に窓を多数設けている。望楼型天守では、入母屋破風や千鳥破風の中に設けられた破風《はふ》の間《ま》は、射撃の陣地になるだけではなく、明《あ》かり採《と》りや物見のための窓を確保するための大切な装置でもある。

層塔型の梁組

望楼型天守の梁の架け方は、強度的には理に適っていたが、先に述べたように、平面が逓減した場合に不都合が生じた。これを解決したのが、層塔型天守の梁組である。正確にいえば、層塔型天守の出現時期と新たな梁組の開発時期が、ほぼ重なったのである。

　層塔型天守では、入側《いりがわ》と身舎《もや》(母屋《もや》)で梁を別材とし、身舎の梁は入側の梁より一段高い位置に架けた。入側の梁は従来通り側柱の頂部に載り、側柱の転倒を止める働きをもった。そして身舎の梁に上階の床を張った

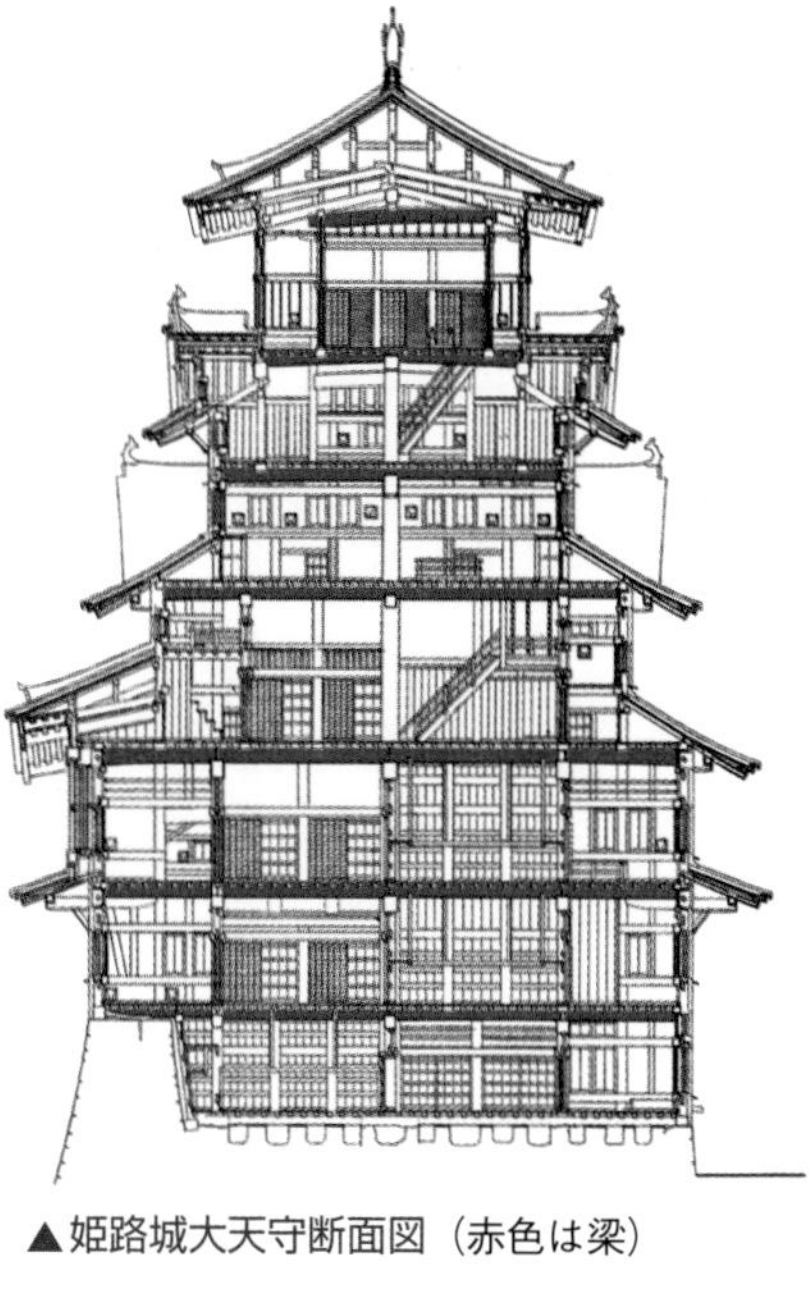

▲姫路城大天守断面図（赤色は梁）

ので、上階の床面が高い位置に持ち上げられ、それによって上階の窓に手が届くようになったのである。

　慶長十七年（一六一二）に建てられ、戦災焼失した名古屋城天守が新式梁組の典型例であった。現存の層塔型天守では、宇和島城天守・備中《びっちゅう》松山城などがある。そして、慶長二十年頃の建築と考えられる層塔型の松本城天守では、二重目（二階）に旧式梁組、三重目（四階）・四重目（五階）に新式梁組が見られ、混用されている。慶長十六年以前に建てられた、望楼型天守の末期の例である松江城天守では、二階にすでに新式梁組が使われている。慶長末期が旧式梁組と新式梁組との交代時期であった。

　変則的な例では、元和・寛永（一六一五〜四四）頃の建築と推定される望楼型の丸岡城天守がある。一階の身舎梁の高さは新式梁組であるが、側柱の頂部に架けられるべき入側梁がない。また、慶長元年頃の創建と考えられる望楼型の犬山城天守では、二階に新式梁組が使われているが、これは三階・四階を元和四年（一六一八）に造り替えられたのと同時に改造された可能性がある。

　なお、層塔型天守であっても逓減の少ない場合では、入側梁と身舎梁を段違いに架けなくても下重の屋根があまり上方まで上ってこないので、旧式の梁組で対応できる。元和八年（一六二二）の福山城天守では、各重の逓減が半間程度だったので、旧式梁組が用いられていた。新式梁組では、入側柱の側面に入側梁が突き刺さるので、そこで柱が折損する恐れがあった。構造的には旧式梁組のほうが勝っているといえ、旧式梁組が完全に駆逐されてしまったわけではない。望楼型天守の例ではあるが、高知城天守は延享四年（一七四七）と建築年代が新しいにもかかわらず、旧式梁組が用いられているのである。

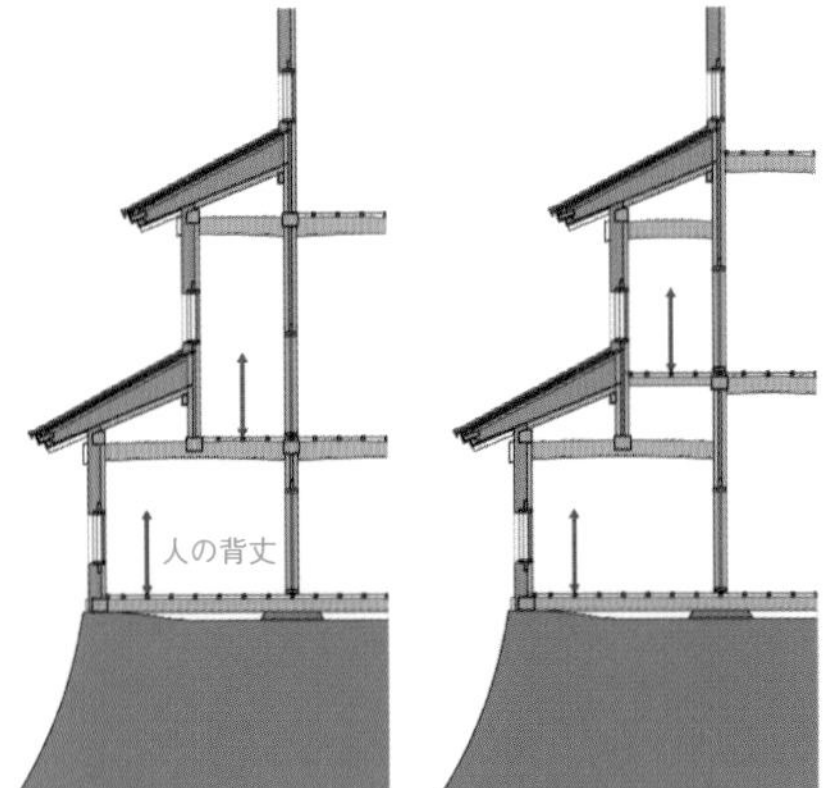

▲旧式梁組（左）と新式梁組（右）の模式図
望楼型に多い旧式梁組では、上階の床が屋根の中に埋没し窓に人の背が届かない。層塔型に多い新式梁組では、上階の床が高いので窓に背が届く

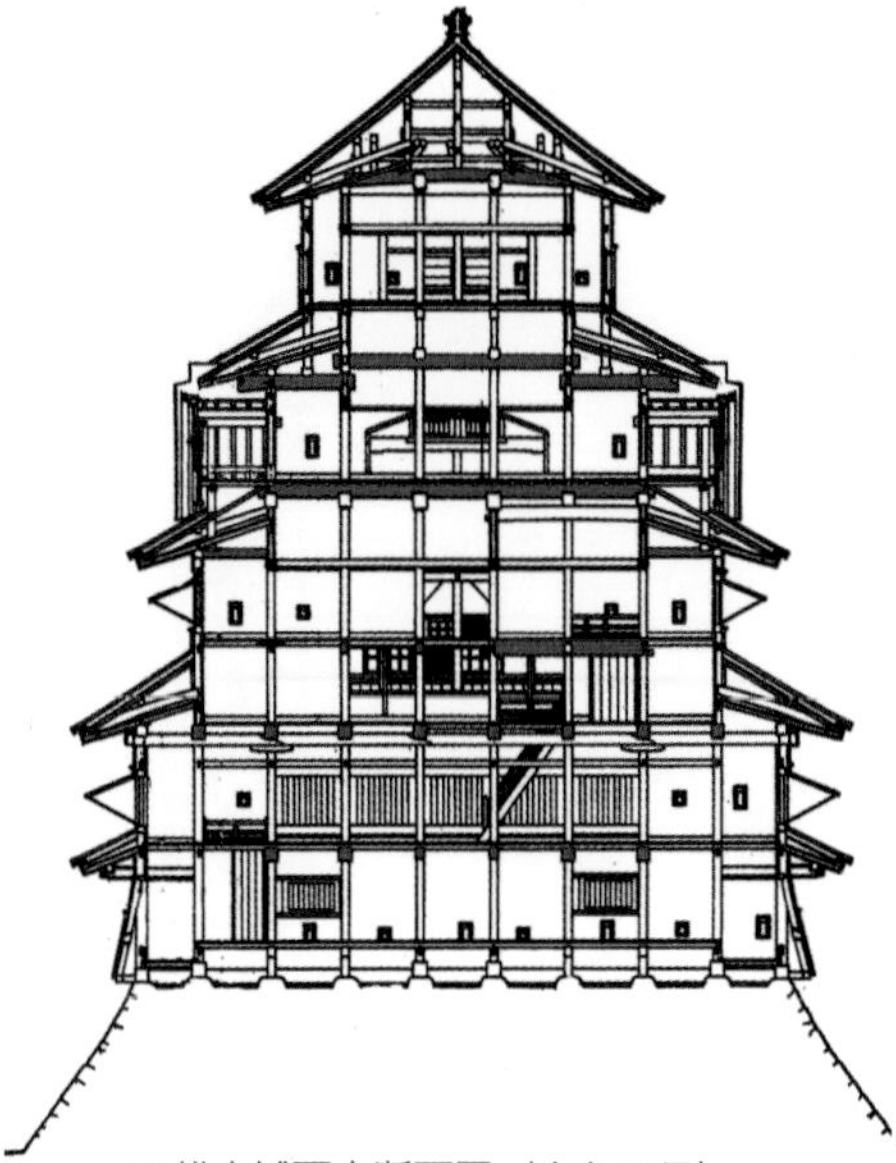

▲松本城天守断面図（赤色は梁）

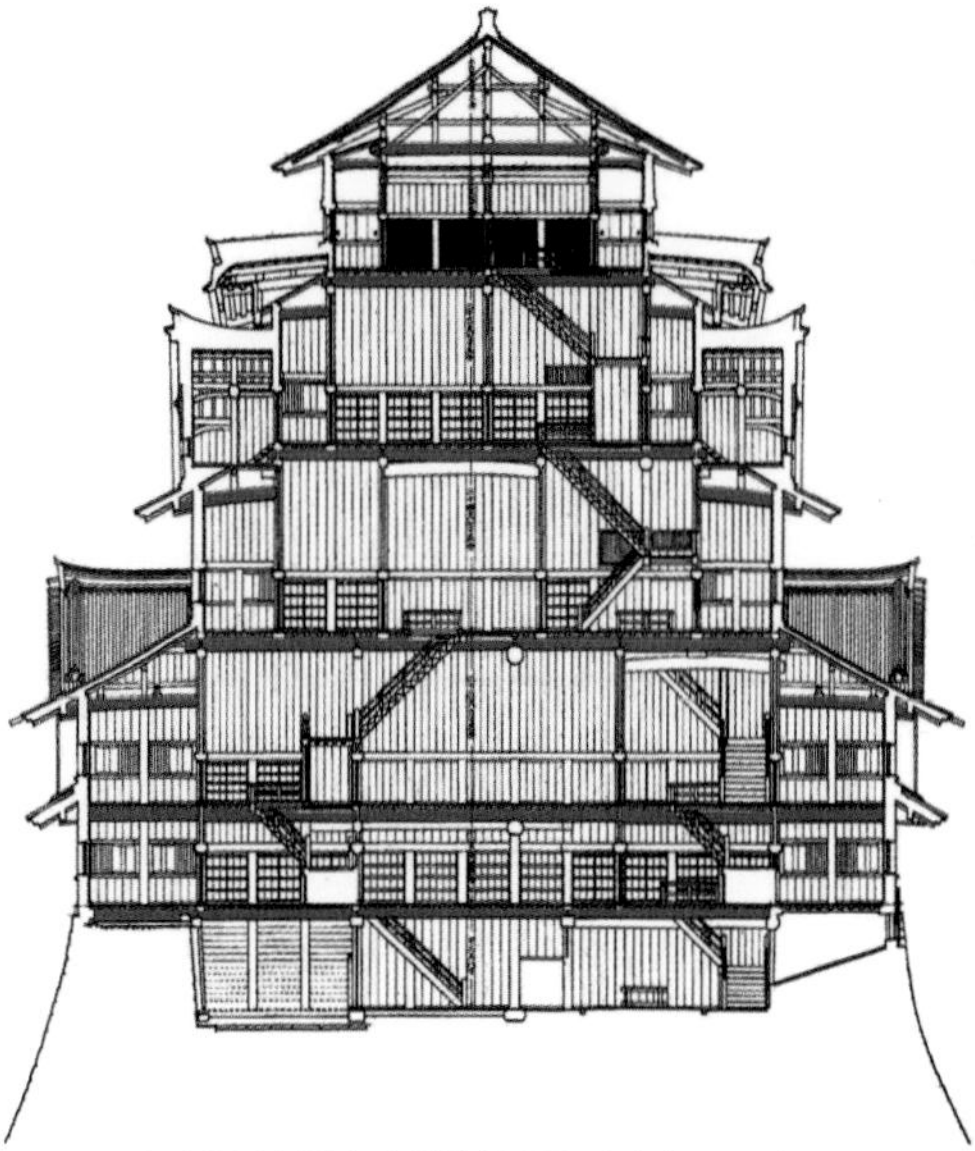

▲名古屋城天守実測断面図（赤色は梁）

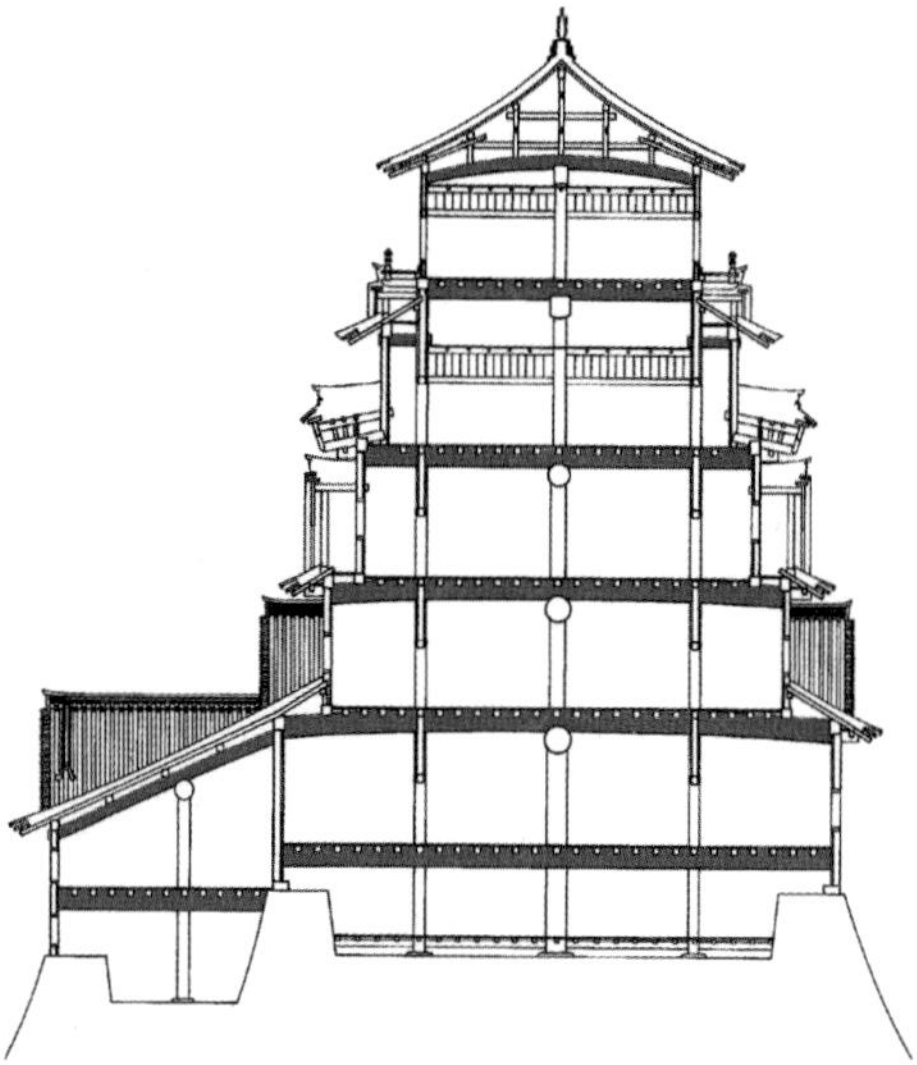

▲福山城天守復元断面図（赤色は梁）

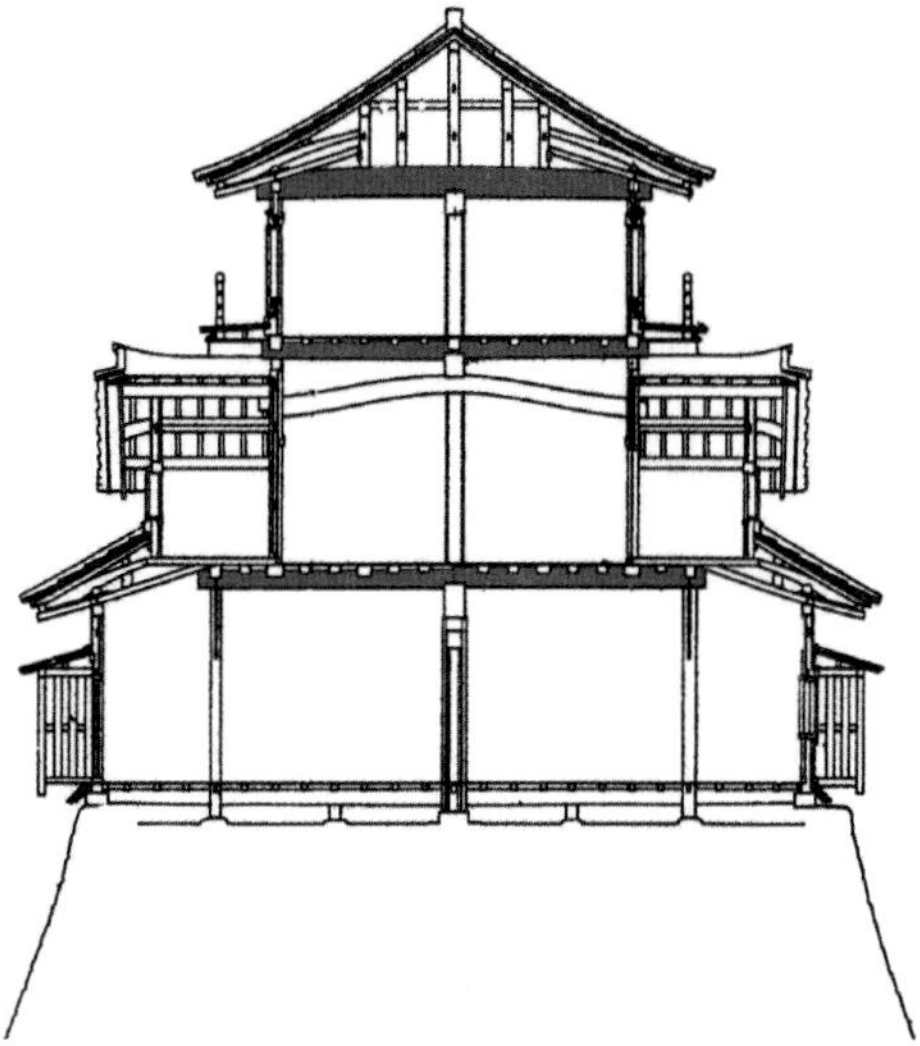

▲丸岡城天守断面図（赤色は梁）

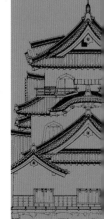

第二節　天守の構成

付櫓と小天守

天守には、単独で建つものと、櫓《やぐら》・櫓門・廊下などの建物が接続するものとがある。天守に付属する櫓は、特に付櫓《つけやぐら》と呼ばれる。大型の櫓や櫓門に付属する櫓は、天守の付櫓とは区別して続櫓《つづきやぐら》と呼ばれる。

付櫓には一重のものが多いが、二重の場合もある。現存天守では、松本城に二重二階の辰巳《たつみ》付櫓、松江城に一重一階、地下一階の付櫓、彦根城に一重一階の付櫓がある。備中《びっちゅう》松山城には一重一階の付櫓が三つもあるが、そのうち天守台下にあるものは、当初は長大な多門櫓《たもんやぐら》であって、その一部が残ったものである。犬山城天守の付櫓（一重一階）は、明治二十四年（一八九一）の濃尾《のうび》大地震で崩れ、昭和戦後の修理の際に復元されたものである。

天守に付属する櫓のうちでも、二重や三重で、最上

彦根城付櫓
▲外部から見た付櫓
▼付櫓内部から見た天守入り口

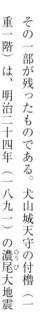

重が天守本体とは独立している場合は、一般的に小天《こてん》守《しゅ》と称する。現存する小天守は、姫路城の西小天守（三重三階、地下二階）・東小天守（三重三階、地下一階）・乾《いぬい》小天守（三重四階、地下一階）の三基、松本城の乾小天守（三重四階、旧天守を改造）である。伊予松山城の小天守（二重二階）は火災で焼失していたが、昭和戦後に復元されたものである。

なお、『兼見卿記《かねみきょうき》』には天正十年（一五八二）に明智光秀の坂本城の「小天主」で茶の湯（茶会）があったことが記されており、また『家忠日記《いえただにっき》』には天正十七年に駿府《すんぷ》城の「小伝主」（小天守）の石垣を主君家康の命を受けて手伝い普請していたことが記されている。すなわち小天守は、信長・秀吉時代という極めて早い時期から存在していたことが分かる。しかしながら、丹波《たんば》亀山城の小天守は、幕末の本丸指図《さしず》によると、天守から突き出した小天守台（三間半に三間の「天守上り壇」）に載る二階建てで、その二階から天守へ入った。したがって、二階建ての付櫓であって、今日の定義による小天守ではない。小倉《こくら》城の小天守も天守に上がるための一階建て付櫓だったと考えられる。そうした例からすると、坂本城や駿府城の小天守も付櫓の形式だった可能性が否定できない。歴史的に見ると、小天守と付櫓の区別は曖昧《あいまい》だったのである。

付櫓は天守から突出して建てられているので、天守に近づく敵に対して横矢《よこや》を掛けられた。また、高い天守台に建つ天守に上るための入り口とされることも多い。付櫓を天守台下に建てて、その内部に木造階段を

▲姫路城乾小天守・西小天守
三重の小天守２棟を二重の短い渡櫓で連結している。右後方が天守（姫路城では大天守と呼んでいる）

設け、それを使って天守に上る。その場合は、付櫓の二階が天守の一階に通じていることが多い。小天守も同様な役割とされるが、付櫓より独立性が高いので、副天守として物見の役目も果たす。

付櫓や小天守などを天守と接続する場合には、天守への延焼を防止するために外壁と同等の防火性能をもつ厚い土壁を設けて区画する。別の見方をすれば、天守の外壁に設けられた扉口の外側に付櫓などの建物を添えただけといえる。また、付櫓などへ侵攻した敵兵に対して最後の抵抗を見せるため、天守に通じる扉口には城門と同等の厳重な門扉を構え、さらに天守から門扉の前の敵を狙撃する鉄砲狭間《てっぽうざま》を設けることもある。松江城天守は、そうした厳重な例である。

天守の構成

天守と付櫓や小天守との構成に対して、分類がなされている。独立式・複合式・連結式・連立式の四種類である。ここで注意すべきは、現状の形式で判断しないことだ。付櫓や小天守を明治以降に失った例が少なくないからである。

独立式は、付櫓や小天守を従えず、天守が単独で立つ形式である。現存天守では、丸岡城・宇和島《うわじま》城・高知城である。弘前《ひろさき》城・丸亀城の天守も現状では独立式であるが、明治維新以前には多門櫓が接続していたので、本来は独立式ではなかった。江戸城や徳川再建大坂城の天守では、天守台に小天守台が付属しているが、小天守は建てられていなかったので、独立式だったといえる。明治初期に取り壊された津山城天守も同様の小天守台をもった独立式天守だった。戦災焼失した天守では、水戸城天守がある。独立式には、建築年代が新しい慶長末期以降の天守が多い。

複合式は、天守に付櫓や小天守を直接に接続させた形式で、最も例が多かった。現存天守では、付櫓を従えた犬山城・彦根城・松江城といった慶長期の天守がある。天正十三年（一五八五）の豊臣大坂城天守も付櫓を従えた複合式だったことが、大坂城本丸指図から判明する。それに次ぐ早例には、二重二階の付櫓をもった岡山城天守、一重一階の付櫓をもった萩《はぎ》城（山口県）天守、三重四階・地下二階の小天守を接続した熊本城天守があった。熊本城の小天守は、慶長六年（一六〇一）頃の天守の完成より数年後、おそらく慶長十四年頃に増築されたものであった。複合式には建築年代の早い天守が多く含まれる。なお、元亀三年（一五七二）に建てられた坂本城天主では、小天主が付属していたことが天正十年には確認される。その小天守が元亀に遡るかどうかは不明であるが、おそらく複合式だったと思われる。

複合式の付櫓を天守の上り口としたものは、岡山城・彦根城・松江城などであり、秀吉の大坂城天守では秀吉が天守に出入りする特別の入り口が付櫓にあったと考えられる。特殊な例では、戦災焼失した福山城天守がある。天守正面に庇《ひさし》を葺《ふ》き下《お》ろしたような付櫓（一重一階、地下一階）を設け、さらにその端に二重二階、地下一階の小天守を従えていた。なお、この付櫓は付《つけ》庇《びさし》、小天守は付櫓と呼ばれることが多い。また、松本城では、辰巳付櫓（二重二階）と月見櫓（一重一階、地下一階）を増築して複合式が形成されている。

連結式は、天守と小天守を少し離して建て、両者を渡櫓《わたりやぐら》という廊下状の櫓で連結した形式である。渡櫓を介さずに直接に天守と小天守を連結した、熊本城のような形式は複合式に分類される。現存例は、三重四階の乾小天守を二重二階の渡櫓で連結した松本城だけである。この例では、乾小天守が創建当初の天守であって、慶長二十年（一六一五）頃に五重六階の天守が増築されて連結式になった。松本城天守にはさらに辰巳付櫓・月見櫓を複合式で増築されており、複合式かつ

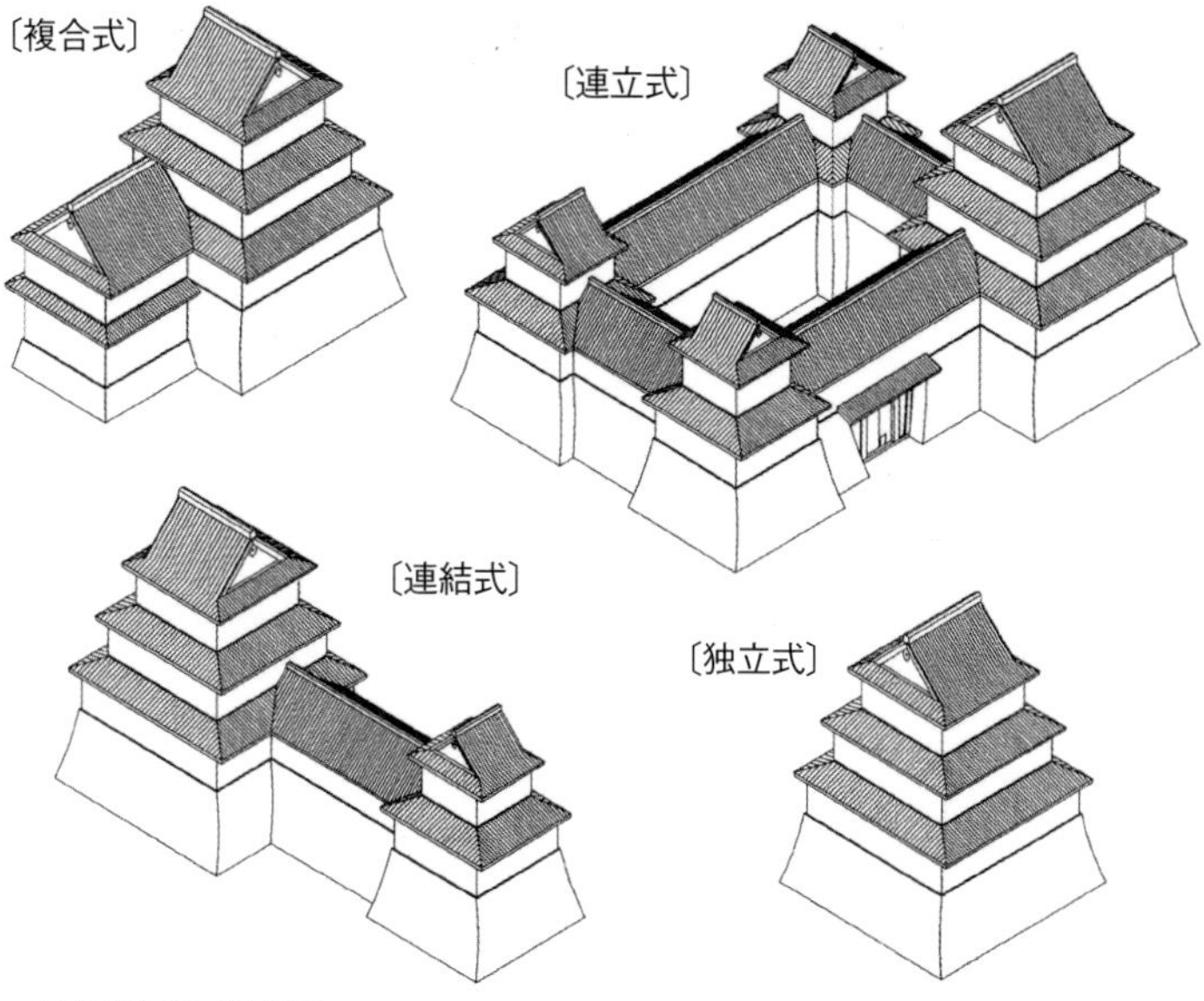

▲天守構成の模式図

連結式（複合連結式と命名されている）となっている。

連結式の早例は、天正二十年（一五九二）頃に建てられた広島城天守であった。五重五階の天守に、東小天守と南小天守という三重三階の二棟の小天守を、一重一階（一部二重二階）の渡櫓（廊下と称した）で連結していた。二棟の小天守を従えていたので、特に複連結式と命名されている。なお、明治初期にこの二棟の小天守が取り壊され、渡櫓の一部が残されていたため、原爆で喪失する前には複合式天守のように見えた。連結式も複合式と並んで早くに成立した形式と考えられる。

慶長十七年（一六一二）に完成した名古屋城天守（五重五階、地下一階）では、他城の天守よりも巨大な小天守（二重二階、地下一階）を従えていたが、渡櫓は建てず、土塀で両側を挟まれた橋台《はしだい》（一種の廊下橋）で連結していた。連結式の渡櫓を土塀に変えたのは、超絶した巨大天守が小天守の火災で類焼しないように防火帯としたもので、連結式の改良型である。

連立式は、天守と複数の小天守や櫓を渡櫓で連結し、それらの建築群で小さな中庭を取り囲むように配置し

▲松本城天守・乾小天守（右）・辰巳付櫓（左）

▲名古屋城小天守・橋台（戦災前）

た形式である。慶長十三年（一六〇八）から十四年にかけて建てられた姫路城天守群がその代表例で、五重大天守と三棟の三重小天守を四棟の二重二階の渡櫓で連結する壮大な天守群を形成している。渡櫓のうちの一棟が櫓門（水《みず》の五門《ごもん》）になっていて、それが天守群への出入り口である。中庭には別に台所が設けられている。幕末に再建された伊予松山城天守群では、三重天守と二重小天守と二棟の二重隅櫓《すみやぐら》を一重一階の渡櫓で連結し、渡櫓に二つの櫓門（筋鉄門《すじがねもん》・内門《うちもん》）を設けている。昭和戦前の火災で天守と櫓門二棟の城門部を残して焼失したが、戦後に総て木造で復元されている。中庭には、天守への正式な入り口である玄関が隅櫓から突き出している。

　連立式の天守群が囲む中庭が拡大すると一つの小さな曲輪《くるわ》となり、天守曲輪ともいう。戦災焼失した和歌山城や明治期に取り壊された高松城がその例であった。そうした例では渡櫓は長大になるので、多門櫓と称したほうがよい。和歌山城では三重天守・二重小天守・二重隅櫓二棟・櫓門で、高松城では三重天守・二重櫓・平櫓《ひらやぐら》・櫓門で構成され、それらを多門櫓で連結して天守曲輪（本丸と呼ぶこともある）を形成していた。なお、大洲《おおず》城では、台所櫓と高欄櫓《こうらんやぐら》という幕末再建の二重櫓二棟が残っており、慶長末の建築だった四重天守が木造再建され、渡櫓で連結された姿が見られる。現状では連結式（複連結式）天守であるが、明治維新以前はさらに櫓門と多門櫓が連なって本丸を一周していたのであって、これも連立式天守の拡大型だったといえる。

▲大洲城天守・高欄櫓
高欄櫓と再建された天守。天守と右方の高欄櫓を渡櫓で連結している。天守の左方にわずかに見える台所櫓も渡櫓で連結。この２棟の櫓を小天守とみなすことも可能で、小天守と櫓の区別は明確ではない

天守の構成の発展

以上に述べた天守構成の四種類の形式は、単純なものから複雑で壮大な形式へ、すなわち独立式・複合式・連結式・連立式の順に発展したと思われがちである。しかし、先に年代を示しておいたように、複合式に古い例が多く、連結式と連立式が順に続く。独立式は古例もあるが、やや遅れて泰平の世になってから流行したようである。

複合式が先行するのは、付櫓がもつ天守への入り口という機能にある。天守の多くは高い天守台上に建つので、天守に入るには特別な工夫が必要となる。それには三つの方法がある。

その一つ目は、天守台の穴蔵《あなぐら》を活用する方法で、穴蔵の入り口から天守の地階に入り、そこから内部の木造階段で登閣する。現存例は犬山城だけであるが、甲府城（山梨県）・岡崎城・津山城・徳川大坂城・江戸城などがあった。ただし、犬山城を除き、いずれも穴蔵入り口まで上る露天の石段や坂道がある。

二つ目は、付櫓や小天守や渡櫓の内部の木造階段を上り、天守台上の天守一階へ直接に入る方法である。この例は多く、現存例では松本城・備中松山城があり、広島城・岡山城（現在の地下入り口は戦後再建時の新設）・萩城・丹波亀山城・小倉城・佐賀城などがあった。

三つ目は、天守台の外部に露天の石階段を設け、直接に天守一階へ入る方法だ。現存例では、丸岡城・宇和島城がある。本丸から見ると平地に建っている高知城も類例である。

二つの方法を組み合わせた例もある。松江城では付櫓の地階から入り、付櫓の内部階段を上がって天守の穴蔵へ入る。彦根城の例では、直接に天守台地階から上る入り口（後世になって地階入り口の前に土蔵が建てられたので、現状では土蔵の戸口から入る）と付櫓内部から上る入り口をもつ。なお、伊予松山城の天守台穴蔵は中庭から直接に入れるが、穴蔵からは当初は天守一階へ上がる階段がなく、天守へは中庭から玄関の階段を上り、渡櫓を通って入る。安土城天主の場合では、天主台穴蔵から入る道筋とは別に、本丸御殿から昇り廊下で直接に天主台上に入る道筋があったと考えられる。豊臣大坂城では、穴蔵から直接に入る道筋と付櫓から入る道筋があった。なお、名古屋城では、小天守を従えた連結式であるが、渡櫓では連結せず、橋台で連結していたので、天守へは穴蔵から入る形式である。

　複合式天守の付櫓がもつ天守への入り口という基本的な機能からすると、この形式が最も単純な独立式とともに天守の草創期から存在したことは容易に想像できる。それに対して複合式天守でも付櫓を天守入り口とはせず、横矢掛《よこやがか》りのためだけに設けた犬山城天守のような例は、やや遅れて出現したと思われる。そうしたことからすると、付櫓を天守入り口とはしない形式は、複合式とはせず、機能上で独立式の一種としたほうがよいかもしれない。

　連結式・連立式が流行したのは、文禄・慶長期であって、近世の大城郭が次々に築かれていく一方で、天守から書院造《しょいんづくり》の性格が薄れて軍事建築化していった時期でもあった。連結式・連立式は、天守だけになっても最後の抵抗を試みようとする軍事意識の現れであって、天守構成上では最強の形式だった。

　慶長二十年（一六一五）の大坂城落城によって天下泰平の世になると、天守は軍事的な実用性よりも城主の権威の象徴としての機能が重視され、四方から天守を遠望された時に効果的な独立式が再び流行したものであろう。小天守や付櫓からの延焼の恐れからしても、泰平の世には独立式は理想的であった。

▲彦根城天守　地階入り口の土蔵

▲松山城天守　穴蔵入り口

第三節　天守の意匠

破風の役割と配置

破風《はふ》の役割には、構造上で不可欠なもの、採光や物見の窓を開くためのもの、攻撃（銃撃）の陣地となるもの、外観の飾りとなるものがある。破風が設けられる部位は、役割や天守形式と関連する。

天守最上重と望楼《ぼうろう》型天守の基部となる入母屋破風《いりもやはふ》は構造上のもので、後者は一重目（彦根城・丸岡城）か二重目（犬山城・姫路城・松江城・高知城）の妻《つま》側に設けられる。

望楼型天守では、その構造上、基部の大屋根に上階が埋没して屋根裏階となることが多く、採光や物見の窓を開くために大きな千鳥破風《ちどりはふ》（熊本城宇土櫓《うとやぐら》、高知城ではそれが退化して窓を失う）・切妻破風《きりづまはふ》（丸岡城）を設けたり、入母屋破風を載せた大きな出窓（岡山城・松江城・萩城《はぎ》〈山口県〉）を付けたりする。また、古式な天守では、最上階のすぐ下の階を屋根裏階（姫路城・高知城）とすることが少なくなく、その採光のために千鳥破風（姫路城大天守四重目）を設ける。また望楼型でも姫路城大天守のように大型のものとなると、強く逓減《ていげん》した階が下重の屋根に埋没するので、その平《ひら》側の三重目に比翼入母屋破風《ひよくいりもやはふ》（比翼千鳥破風）を設けて採光や物見の窓を開く。

千鳥破風は自由に配置できるので、天守本体から軒先の方へ迫《せ》り出して設け、その内部に破風《はふ》の間《ま》を造り、鉄砲を撃つ陣地とする。層塔《そうとう》型天守では、小型の千鳥破風を多数設ける。その多数の千鳥破風は外観の装飾としても効果を発揮するので、その配置には注意が払われている。

装飾だけの目的で設けられた破風は、破風の間の

▲高知城天守
屋根裏階の千鳥破風

▲高知城天守
望楼型の基部の入母屋破風

◀丸岡城天守
屋根裏階の切妻破風

▲破風の間の見取り図

◀松江城天守
屋根裏階の出窓上の入母屋破風

ない千鳥破風である。元和元年（一六一五）以降の泰平の世に建てられた天守では、そうした装飾だけの破風をもつ例が少なくないが、年代的にそれらは層塔型天守（江戸城・宇和島《うわじま》城など）である。なお、破風の間のない千鳥破風の初例は、とび抜けて早い天正二十年（一五九二）頃の広島城天守（望楼型）であったが、この例は城主の毛利輝元《もうりてるもと》が秀吉の大坂城・聚楽《じゅらく》第《てい》の天守を模倣して建てたもので、それらの天守にあった入母屋破風や千鳥破風（採光用）を誤認して、破風の間のない千鳥破風を設けたらしい。

　唐破風《からはふ》は装飾的効果が大きく、しかも格式が高いので、望楼型・層塔型の両者に広く応用された。唐破風のうち向唐破風《むかいからはふ》では、出窓の上に被せたもの（名古屋城・犬山城・江戸城）は実用と装飾を兼ねており、唐破風屋根（据唐破風《すえからはふ》）だけのもの（宇和島城・丸亀城）は破風の間のない千鳥破風と同じ装飾だけの効用であ

▲姫路城大天守
最上重の軒唐破風

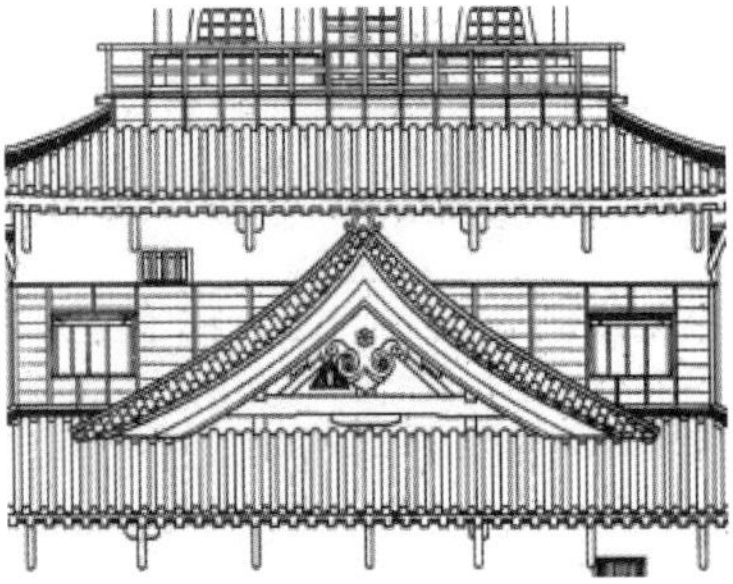
▲広島城天守立面図
破風の間のない千鳥破風

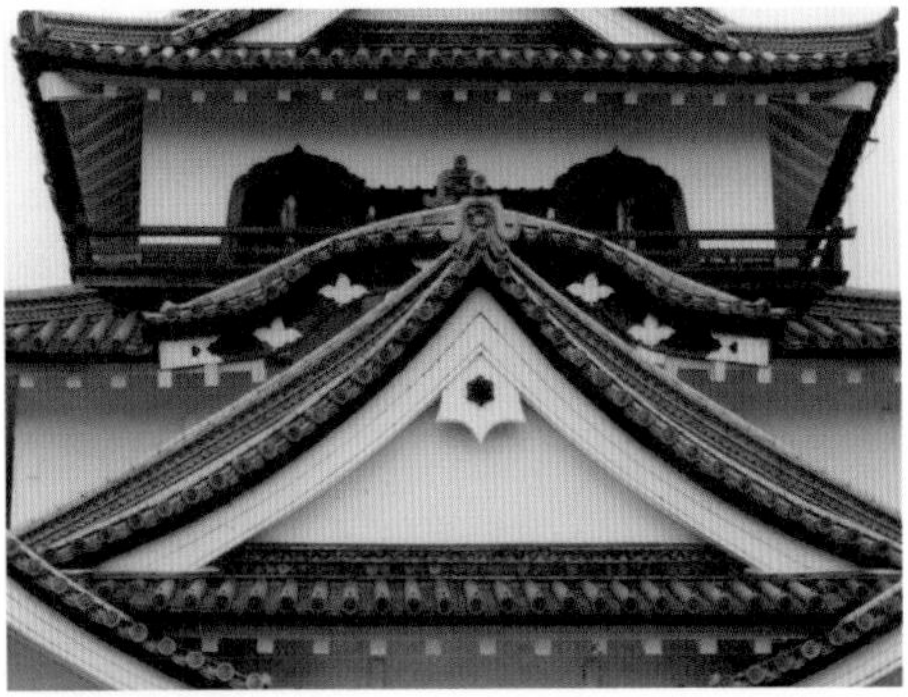
▲彦根城天守
下重の破風頂部を避ける軒唐破風

る。

　軒唐破風は、一般的に装飾だけのもので、その効果が高い天守最上重の平側（彦根城・姫路城・岡崎城・宇和島城）やその下の重（岡山城）の軒先に設けられている。また、入母屋破風や大きな千鳥破風を設けた場合、その上重の屋根の軒先に破風の頂が少しだけ突き当たる時には、それを避けるために軒先を上に持ち上げて軒唐破風（彦根城二重目妻側・名古屋城四重目平側・高知城三重目妻側）とする。もちろん破風の頂が少し突き当たっても軒唐破風を設けていない例（岡崎城）や破風の頂が大きく突き当たる例（松江城）も多い。

　なお、姫路城大天守の二重目平側や一重目妻側の特大の軒唐破風は、その下の特大の出格子窓《でごうしまど》に合わせて設けられた意匠上の創意であって、特例である。さらに姫路城大天守の四重目妻側の軒唐破風は、屋根裏階の五階の採光窓を開くために軒先を持ち上げたもの

▲姫路城大天守東面
出格子窓上の軒唐破風

▲姫路城大天守西面
四重目妻側の採光のための軒唐破風

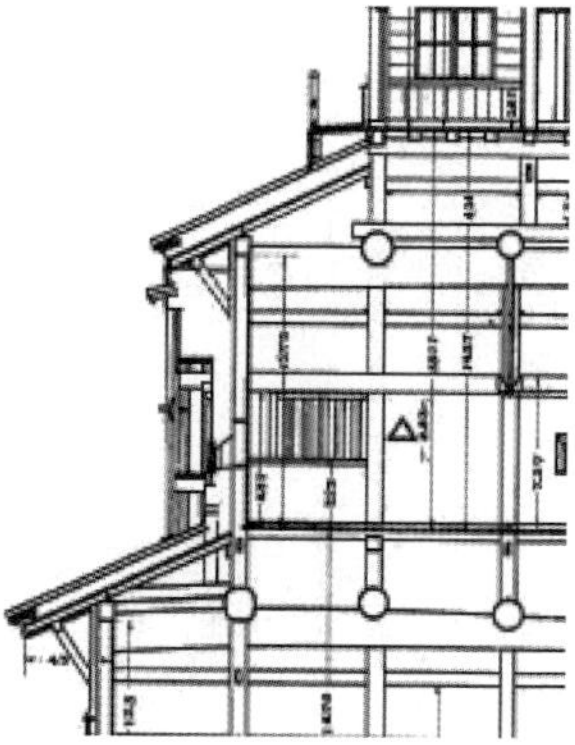

▲広島城天守断面図
破風の間のない千鳥破風

で、極めて特殊な使い方である。

層塔型天守の千鳥破風の配置

層塔型天守では、千鳥破風の配置に意匠上の創意が窺える。丹波《たんば》亀山城・小倉《こくら》城・佐賀城などの最初期の層塔型天守は、最上重の入母屋破風以外に入母屋破風や千鳥破風が一切見られず、各重の屋根の軒先が並ぶだけの簡素で質実な外観を呈していた。しかし、下重に入母屋破風のある望楼型天守の華やかな外観は捨て去れず、間もなく新式の層塔型天守にも破風が設けられるようになった。層塔型天守では、入母屋破風は出窓の上に用いられ（会津若松城・和歌山城）、ほかの部位では千鳥破風と向唐破風（据唐破風）が用いられた。

千鳥破風を多用した層塔型天守の早例は、慶長十七年（一六一二）の名古屋城天守であった。名古屋城天守は望楼型の姫路城・松江城の天守と同様に一重目と二重目が同じ大きさで、三重目から逓減する。名古屋城天守では、一重目と二重目が同大なので、一重目屋根には千鳥破風が付けられず、二重目以上に集中して

▲宇和島城天守
三重天守の破風の交互配置。三重天守では平側の一重目に二つ、二重目に一つ、妻側は各重で一つずつの配置が定型化

▲名古屋城天守（戦災前）
五重天守の千鳥破風の交互配置。破風の数を平側と妻側で重ごとに互い違いに変化させて律動感を醸し出す

千鳥破風が設けられている。そのうち、二重目妻側と三重目平側にある千鳥破風はひと際大きい。これらの千鳥破風は、望楼型五重天守の二重目妻側にある基部の入母屋破風と、三階平側の出窓の上に被る入母屋破風（破風は三重目屋根の位置になる）と位置が一致するので、層塔型に望楼型の破風の配置を取り入れた意匠と考えられる。そして、これらの大きな千鳥破風を破風配置の基準点として、妻側では二重目に一つ、三重目に二つ、四重目に一つの千鳥破風を配し、平側は二重目に二つ、三重目に一つというように、妻と平とで破風数の一、二を互い違いに並べている。千鳥破風が二つ並ぶものは比翼千鳥破風（妻側の三重目では、狭いので両側に寄って比翼入母屋破風になっている）である。

このような互い違い式の千鳥破風の配置方式は、単調になりがちな層塔型五重天守の外観を華やかにして、天守の品格を高めて櫓との差別化を図る効果が絶大であった。名古屋城天守以外の層塔型天守では、二重目から逓減するので一重目屋根から千鳥破風を配置でき、互い違い式は特に有効であった。福山城・徳川大坂城・江戸城の五重天守で、互い違い式が用いられた。屋根が小さい三重天守では、完全な互い違い式は無理であるが、平側の一重目に二つ、二重目に一つ、妻側の一重目に一つの千鳥破風を並べる宇和島城や高崎城のような方式が定型化した。

窓の配置

天守をはじめ高層の櫓では、上下階で窓と壁の位置を交互に変える。すなわち、窓を市松模様に並べるのが理想であった。高知城天守や姫路城大天守では、多

▲姫路城大天守
南正面東半分の市松模様の窓配置。三階から四階まで窓と壁が市松模様のように交互に並ぶ理想的な窓配りである

少の乱れはあるが、ほぼそのような並べ方になっている。天守からの四方への視界を均等にし、また外観意匠に変化と調和をもたらした。

さて、天守の格子窓には、先述したように、突上戸《つきあげど》を吊る一間《けん》幅のものと、土戸を片引きにする半間幅のものとがある。前者は古式な形式で、後者が新式である。後者では、側柱《がわばしら》を挟んで半間窓を一対にして設けるのが標準的で、したがって側柱は、その両側が窓であるものと両側が壁であるものとが交互に並ぶ。姫路城大天守はその早例で、名古屋城・江戸城といった大型の天守では半間窓の対が壁面に整然と並んでいた。

ところで、半間窓の対を左右対称に配置するには、数学的な制約がある。壁面が偶数間数なら左右対称となるが、奇数間数では非対称になってしまうのである。実際に作図をしてみれば容易に理解できることだ。偶数間数では外壁面の中央に側柱が立つので、その中央の柱の両脇を窓にしようと壁にしようと、左右対称になる。ところが、奇数間数では外壁面中央に側柱が立たないので、窓は壁面中央から左右に半間ずれた位置に立つ側柱のどちらか一方を選んで開くことになる。すなわち左右非対称になる。

一階が偶数間数の姫路城大天守（十四間に十間）や江戸城天守（十八間に十六間）は左右対称に窓を配置できたが、奇数間数の名古屋城天守（十七間に十五間）では壁面の片方に割余りができて対にならない半間窓ができていた。徳川大坂城天守(十七間に十五間)では、

▲姫路城大天守
側柱を挟んだ一対の半間窓

▲名古屋城天守側面図（戦災前）
一階・二階の左右非対称の窓配置。一階では右端、二階では二つの出窓の間で非対称となっている

対にならない半間窓を複雑に並べて辛うじて左右対称にしていたが、美しい配置とはいえない。姫路城大天守の二階南面は十三間なので左右対称にはならず、壁面中央に五間もの長大な出格子窓を設けて非対称を紛らかしている。

　層塔型天守に多用される千鳥破風も左右非対称を紛らすには有効で、外壁が奇数間数であっても中央に千鳥破風を置くと、その左右に対称に窓を開けられる。

華頭窓

　窓枠を尖頭形に作った窓を華頭窓《かとうまど》（花頭窓・火灯窓・瓦灯窓とも書き、櫛形窓《くしがたまど》ともいう）と呼ぶ。曲線を四つか六つ組み合わせて窓枠の頂部が作られており、華やかである。室内側は、両脇へ引き分ける四角い板戸を建てる。したがって外側からだけ、華頭窓に見える。華頭窓の窓枠は塗り込めず、白木《しらき》か黒漆《くろうるし》塗《ぬ》りで格式が高く、天守の品格を高める細部意匠といえる。

　華頭窓は唐様《からよう》建築の窓で、鎌倉時代後期に中国から原型が伝来した。当初は、禅宗寺院の仏殿《ぶつでん》など仏教建築に限って使われたが、住宅風仏殿建築である足利義満の金閣、義政の銀閣の最上階に使われ、楼閣《ろうかく》建築の最上階を飾る窓としても使われるようになった。

▲姫路城乾小天守

華頭窓。二つの華頭窓が並ぶ最上階。壁は塗籠の大壁で単調であるが、華頭窓の窓枠は黒漆塗りで金色の飾り金具を打って華麗である

　天守への応用は、織田信長の安土城天主の最上階が確認できる初例で、信長がローマ法王に送った屏風絵を模写した図からその使用が認められる。天守の華頭窓は仏教建築からの影響といわれるが、金閣などの楼閣の窓に用いられた高級な中国風の窓だったので、天守最上階にも応用されたと見るべきであろう。

　なお、姫路城大天守には華頭窓がないが、小天守《こてんしゅ》の最上階には華頭窓が見られる。その華頭窓の枠は羽柴《はしば》

（豊臣）秀吉が創建した当時の姫路城天守に使われていた古材を再利用したもので、安土城天主と同時期の華頭窓の実例として価値が高い。

華頭窓を最上階に飾る場合は、関ヶ原の戦い以前の古い天守では最上階が三間四方だったので、三間のうち中央間を戸口とし、その両脇間を華頭窓とするのが通例であった。初期の天守では、安土城をはじめ、広島城・岡山城天守の最上階にそのような華頭窓が見られた。関ヶ原以降の天守では最上階が三間四方より大きくなったので、最上階の三面に一つずつ華頭窓を開く福山城天守、最上階中央に巨大な華頭窓を一つだけ開く高松城天守など、変化が生じた。

また、関ヶ原以降になると最上階以外にも華頭窓を設けるようになり、彦根城天守では最上階の三階だけではなく、二階にも華頭窓を多数並べており、都合一八もの華頭窓を設けている。史上最多の華頭窓の例である。松江城天守では三階の出窓の中央、大洲《おおず》城（愛媛県）天守では二階に設けられている。

松本城では、天守ではなく小天守と付櫓《つけやぐら》の最上階に華頭窓が設けられた。しかし、華頭窓は格式が高かったので、天守以外の櫓や櫓門には滅多に使われず、姫路城菱《ひし》の門《もん》・仙台城（宮城県）大手門（戦災焼失）・宇和島城本丸櫛形門（明治初期に取り壊し）など、実例は少なかった。それらの櫓門に華頭窓が使われたのは、大手門や本丸正門《せいもん》などの櫓門が天守に次ぐ格式をもっていたからである。

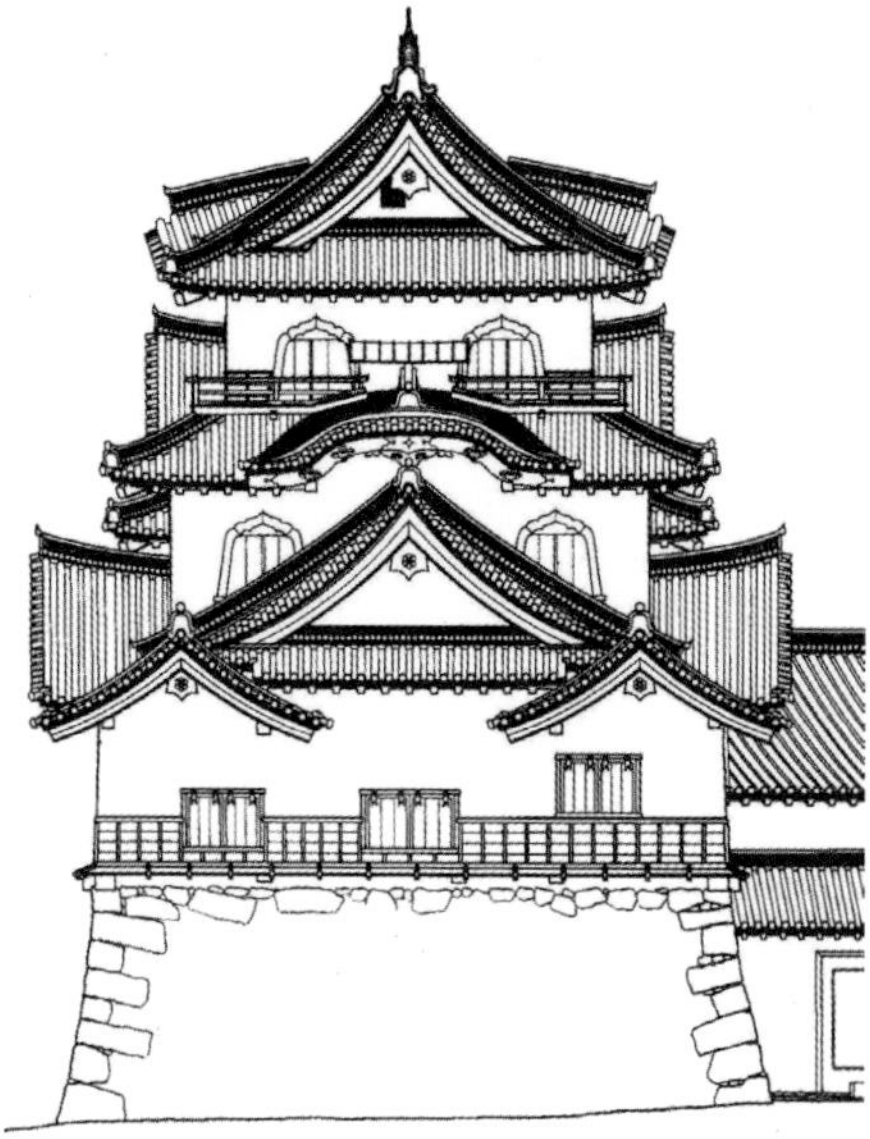

▲彦根城天守正面図

長押・長押形

外壁を塗籠《ぬりごめ》にしようと下見板《したみいた》張りにしようと、どちらも大壁造《おおかべづくり》という点においては、格式は書院造《しょいんづくり》に比べて相当に低い。そこで天守の最上階だけは、防弾・防火の性能を犠牲にしてでも格式の高い真壁造《しんかべづくり》が選ばれることが少なくなかった。

真壁造でも、柱や長押《なげし》（窓や戸口の上方の位置で柱の外面に打つ横材）などを白木のままに見せるのが書院造の基本であって、それゆえに古式で格式が高い。白木の長押は、天正二十年（一五九二）頃の広島城天守の最上階に見られ、現存例では犬山城天守・丸岡城天守がある。松江城天守では、窓部分で柱を白木としている。古写真によれば、会津若松城天守も柱や長押を見せていた。

塗籠にした場合でも、大壁造にはせずに柱や長押の形の凹凸を壁面に見せた真壁にすることで、格式の高さを示すことができる。それらは、柱形《はしらがた》・長押形と呼ぶ。屏風絵に描かれた姿が正しければ、秀吉の聚楽第天守は最上階の柱・長押を黒漆塗りとし、下階では柱形や長押形を見せた塗籠としていた。続いて岡山城天守では最上階で柱形を見せていた。その後、関ヶ原の戦い以降の天守最上階の形式として真壁造の塗籠は流行し、姫路城大天守がその代表例である。戦災焼失した大垣城天守・福山城天守、明治に取り壊された萩城

▲宇和島城天守
長押形。窓の上下に帯を付けて長押を表現。壁の水切りも兼ねる

▲姫路城大天守
最上階の柱形・長押形・舟肘木。最上階だけは格式の低い大壁を避け、柱や長押の形を見せた真壁である。柱の頂部に舟肘木、その上に桁および蟇股も見える

天守などの例があった。

柱形と長押形を見せる真壁造では、壁厚が薄く、防弾・防火性能が劣るので、分厚い大壁造にして、窓の上部や下部に長押形だけを付ける形式が登場した。慶長十七年（一六一二）の名古屋城天守の最上階がその早例であった。その後間もなく、最上階だけではなく全階に長押形を付ける宇和島城天守・弘前《ひろさき》城天守などのような形式に発展した。長押形は、江戸時代を通じて、天守の格式を高める意匠として定着した。

舟肘木・虹梁・蟇股

姫路城大天守では、最上階の柱の頂部に、船のような形状の短い横材を載せて軒下の桁《けた》を受けている。舟《ふな》肘木《ひじき》と呼ばれる部材で、古くは神社本殿や簡略な仏堂《ぶつどう》に用いられた。構造的な役割としては、柱と桁の接合部を補強する部材であるが、世俗の住宅系の建築に用いられると、極めて高い格式を示す装飾部材となる。書院造の邸宅に使われる外観の意匠では、舟肘木は最高格式である。したがって、天守に書院造の格式を与えるために舟肘木が用いられた。現存天守で舟肘木を

▲姫路城大天守
六階内部の舟肘木。柱の頂部に載せて上方の桁を受けるのが舟肘木。船のような形状から命名された。城郭建築では、舟肘木は室内側が白木で、室外側は塗籠にするのが一般的。隅柱上では二つの舟肘木が交差する

▲丸亀城天守
唐破風の虹梁・蟇股。唐破風の妻壁に横に渡るのが虹梁。その端部は曲線で斜めに削った袖切、それに接して渦巻き、下辺に眉をつけて飾る。虹梁上には板から曲線形に削り出した蟇股が載る。それらは社寺建築に使われる装飾部材であるが、それを塗籠にした点は城郭建築の特徴

もつのは姫路城大天守だけであるが、広島城天守の最上階に使われており、信長の安土城天主や秀吉の大坂城天守にも当然に用いられていたと考えられる。

虹梁《こうりょう》は、社寺建築に広く用いられる装飾的な梁《はり》であるが、名古屋城と江戸城天守の最上階の入側《いりがわ》に用いられた虹梁は特例として、一般的な天守では破風の中だけに用いられる。その簡単な例では、姫路城大天守のように虹梁形を見せただけのものや、広島城天守のように梁の両端近くの下端を少し削り上げた（捨眉《すてまゆ》）だけのものがある。宇和島城天守の向唐破風のように両端を斜めに削り込んだり（袖切《そできり》）、丸亀城天守の向唐破風のように渦巻きを彫ったり（絵様《えよう》）した本格的な虹梁も見られる。

破風に虹梁を用いた例では、社寺建築の装飾部材である蟇股《かえるまた》を虹梁上に見せる。姫路城大天守・宇和島城天守・丸亀城天守の現存例のほか、岡山城天守にも見られた。蟇股は社寺建築特有の装飾部材であって、世俗建築では御殿《ごてん》玄関の正面破風の虹梁上にも用いられるが、城郭建築では天守以外に用いられることは稀である。

廻縁

天守の最上階の周囲には、廻縁《まわりえん》が設けられた例が少なくない。確認できる初例は、信長の安土城天主であった。

安土城天主では、最上階の六階（五重目）だけではなく、その下の五階（四重目）の周囲にも廻縁があったことが知られるが、他の天守に類例がない。信長が安土城に先行して永禄十一年（一五六八）頃に建てた岐阜城山麓の四階建ての宮殿は、ルイス・フロイスの『日本史』に登場するが、それによると、各階に前廊、すなわち廻縁があった。それは書院造の御殿だったからである。その宮殿は天守の原型と考えられ、安土城天主の廻縁は岐阜城からの継承ということになる。

廻縁は、神社本殿や寺院本堂の外側に設けられる開放された一種の縁側である。建物の四周を廻るので廻縁（近年は回縁とも書く）と呼ばれる。縁の幅は通常、半間程度である。機能的には高床《たかゆか》式の建物への出入りの便となるもので、高床式の日本建築ならではの設備である。そうした機能とは別に、寺院の塔婆《とうば》（三重塔・五重塔・多宝塔《たほうとう》など）や二重門（外観が二重二階の門）

や楼門《ろうもん》（外観が一重二階の門）といった二重以上、あるいは二階以上の建物では、上重や上階の周囲に廻縁を設け、転落防止のために高欄《こうらん》（手摺り）を造る。しかし、社寺建築では二階は人が入れず、見せ掛けの造りであるため、その廻縁と高欄は装飾効果しかなく、すなわち建物の格式を高める装置であった。人が上がれる構造の楼閣建築である金閣・銀閣では、廻縁は実用的なものであるが、それは日本建築では例外的な構造であった。

安土城天主や豊臣大坂城天守といった最初期の天守では、楼閣建築（岐阜城の宮殿も楼閣）の廻縁を継承し、実際に人が出られる構造であった。大坂城を訪ねたルイス・フロイスによると、天守廻縁に秀吉が出て城内を見下ろしている。しかし、城内で普請をしていた者たちからその姿を見られるという不都合があった。その話からすれば、天守最上階に廻縁を設けたとしても、実際に城主が廻縁に出ることは憚《はばか》られるようになったと想像される。それに続く古例では、天正十八年（一五九〇）頃に創建された熊本城宇土櫓（熊本城の最初の天守を移築、改造）や天正二十年頃の広島城天守に実用的な廻縁が見られるが、実際に使われたかどうかは疑わしい。年代が下るが、現存天守では、犬山城天守（廻縁は十七世紀の改築）と延享四年（一七四七）再建の高知城天守（慶長創建天守の形式を踏襲）の例がある。

室外の廻縁は格式が高いが、城主が廻縁へ出たとは思われず、しかも廻縁は風雨に晒《さら》されて傷みやすいので、関ヶ原の戦い以降の天守では、室内に廻縁を取り込んで入側（縁側）とする例が一般化した。姫路城大天守・松江城天守・名古屋城天守・松本城天守・徳川再建大坂城天守・江戸城天守などがそうした例である。名古屋城・徳川大坂城・江戸城といった幕府の天守で

▲高知城天守　人が出られる廻縁

は、最上階の入側の幅は一間もあり、廻縁を取り込んだというより、下階の入側と同じ扱いにしたものといえる。姫路城大天守では、南正面側の縁幅を一間より大きくし、逆に北背面側を半間とする工夫が見られる。

その一方、岡山城天守や大垣城（岐阜県）天守のように、最上階を三間四方の一室としながら廻縁を設けない例もあり、それらは非実用的な廻縁を省略（あるいは途中で喪失）したものといえる。現存天守では、宇和島城・備中《びっちゅう》松山城、および天守代用の三重櫓であった丸亀城・弘前城の例がある。

また、彦根城天守と伊予松山城天守では、廻縁を室内に取り込みながら、室外に見せ掛けだけの廻縁を別に設けている。そうした廻縁は、室内の床面よりもかなり高い位置に張られているので外に出にくく、縁幅は極端に狭く、高欄も低くて手摺りとしての機能は全くない。その廻縁は、城外から見られるだけの装飾と分かる。

望楼型天守に後れて登場した層塔型天守では、見せ掛けだけの廻縁の例が多く、丹波亀山城・津山城・福山城などがあった。丹波亀山城や津山城のような破風のない典型的層塔型天守では、廻縁は天守の格式を示

▲松山城天守　見せ掛けの廻縁

▲松本城天守　室内に取り込まれた廻縁

すのに必要な飾りだったからであろう。なお、津山城・福山城・米子《よなご》城（鳥取県）では、江戸時代後期になると、風雨から廻縁を守るために縁先に板壁（板囲い）を新設しており、古写真にはそうした改造後の姿が写されている。

ところで、西南戦争で焼失した熊本城の大小天守では、古写真によると、廻縁の外側に側柱が立ち、その外側に雨戸があり、両端には雨戸を収めるための戸袋が取り付けてあった。廻縁には高欄があり、しかもその高欄の外側に側柱が立っている。高欄の外側に柱が立つのは建築史上でも極めて変則的であり、さらに柱の外側に雨戸を引き通す形式は、熊本城天守が建てられた慶長六年（一六〇一）頃や小天守が増築された慶長十四年頃にはまだ存在しない。早くとも十七世紀中期以降である。したがって、加藤清正が創建した当初の熊本城の大小天守は、外側に実用的な廻縁を設けた古式な形式であり、その後、細川氏の時代になって、廻縁を風雨から守るために雨戸を外側に新設したものと考えられる。細川忠興《ただおき》が建てた小倉城天守の最上階でも、廻縁の外側に板戸を設けていたことが知られており、小倉城天守に似た形式に改造されたのであ

▲松江城天守
廻縁先の雨戸

▲福山城天守（戦災前）
板囲いされた廻縁。風雨に晒される廻縁は、江戸時代後期になると腐朽防止のために板で仮設的に囲われることが多かった。福山城天守では、高欄に沿って板を張ったので、途中で板壁が折れ曲がっている

ろう。なお、現存する松江城天守は、当初から廻縁を室内へ取り込んでいるが、廻縁先の窓に雨戸を引いており、後世の改造を受けている可能性もある。

屋根葺き材

伝統的な屋根の葺《ふ》き方《かた》には、瓦葺《かわらぶき》のほかに、檜《ひのき》の樹皮を丁寧に重ねた檜皮葺《ひわだぶき》、檜や椹《さわら》の角材から削《そ》いで作った薄い（三ミリメートル以下の）柿板《こけらいた》を厚く重ねた柿葺《こけらぶき》、柿板より少し厚い（一センチメートルほどの）板を重ねた栃葺《とちぶき》、縦あるいは横に厚い板を並べた板葺《いたぶき》、草の茎（ヨシ・ススキ・チガヤ・麦藁・稲藁・苧殻《おがら》など）を束ねて並べ重ねた茅葺《かやぶき》（草葺《くさぶき》）がある。十七世紀以降になると、銅や鉛を厚い板の表面に張った銅瓦葺《どうがわらぶき》や鉛瓦葺《なまりがわらぶき》、石で作った瓦を用いた石瓦葺《いしがわらぶき》も現れた。城郭建築には、これら総ての屋根の葺き方が見られた。

瓦葺には、本瓦葺《ほんがわらぶき》と桟瓦葺《さんがわらぶき》の二種類の形式がある。本瓦葺が正式で、桟瓦葺が略式であり、今日では一般的に寺院建築に本瓦葺、住宅建築に桟瓦葺が使われる。桟瓦は十七世紀後期の発明なので、天守には本来使用されるものではない。

本瓦葺には、正方形の平板を少し湾曲させた平瓦《ひらがわら》と、円筒を縦に半割りにした半円筒形の丸瓦《まるがわら》を用いる。屋根面に葺土《ふきつち》と呼ばれる練った粘土を厚く塗り、葺土が柔らかいうちに平瓦を張り付ける。葺土は瓦を接着させる役割をもつ。平瓦は軒先から棟《むね》まで一列ずつ重ねながら並べるが、丁寧な場合では一枚の平瓦の長さの三分の二ずつを重ね合わせ、すなわち三分の一ずつず

▲宇和島城天守

本瓦葺。重なり合った平瓦の列が並び、その列どうしの間に丸瓦の列が覆い被さる。丸瓦と平瓦の列によって屋根面に重厚さと格調が生まれる。軒先の丸瓦には円盤状の瓦当が付き、巴文や家紋などの装飾が彫り込まれている

らしながら並べる。したがって、どの部位でも三枚ずつの平瓦が重なった状態になっているので、たとえ一枚が割れたとしても雨漏りする恐れは全くない。手を抜く場合は、二分の一ずつの重ねとする。次に平瓦の列どうしの隙間に葺土を筋状に盛り上げ、軒先から棟まで順に丸瓦を被せていく。丸瓦の端部には薄い突起があり、その部分に次の丸瓦が覆い被さる。葺土と何枚も重ね合わせた瓦によって、本瓦葺は屋根重量が膨大となり、耐風効果は十分であるが地震に対しては極めて不利であった。

軒先の平瓦・丸瓦には、瓦当《がとう》という飾りのある軒《のき》瓦《がわら》を用い、軒平瓦・軒丸瓦と呼ばれる。軒平瓦の瓦当には唐草文を入れるので唐草瓦、軒丸瓦には巴文《ともえもん》を入れるので巴瓦《ともえがわら》ともいうが、城郭建築の軒丸瓦には城主の家紋を入れることも多く、家紋瓦と呼んでいる。

姫路城では、滴水瓦《てきすいがわら》という特殊な軒瓦が使われている。通常の軒瓦の瓦当は屋根面に直角になっており、すなわち瓦当が手前にやや傾いて倒れかかる。それに対して滴水瓦の瓦当は屋根面から一二〇度ほどの角度になっており、その瓦当はほぼ鉛直に垂れた形となる。さらに軒平瓦の瓦当は中央部が大きく下に垂れ下がっており、その下縁は曲線を連続させて装飾的である。軒先から滴下する雨水をその特殊な瓦当で遠くへ飛ばし、壁面に雨水が懸かるのを防ぐ効果がある。

滴水瓦は中国で発明された新式の瓦で、十六世紀後期には曖昧《あいまい》に意匠が伝来していたようであるが、豊臣秀吉による文禄・慶長の役（一五九二年・一五九六年）に際して朝鮮を通じて日本へ本格的に伝来した新技術であった。出陣大名の一人だった小西行長《ゆきなが》の居城、麦《むぎ》島《しま》城跡（熊本県八代市）から出土した滴水瓦に中国・

▲姫路城「ろ」の門
滴水瓦。本瓦の一種であって、軒先の瓦だけが普通の本瓦と相違する。瓦当が下を向かずに鉛直になるのが特色で、平側の瓦当が下方に大きく伸びて水滴を鉛直に落とす。装飾性も高い

明朝の年号があったので、朝鮮半島から持ち帰った瓦だったことが判明している。滴水瓦は姫路城以外に熊本城や高松城の天守台をはじめ多数の城跡でも発掘されているので、十七世紀初期にはある程度は広まったようであるが、日本では好まれず流行はしなかった。なお、熊本城出土の滴水瓦には、「慶長四年」(一五九九)の銘があり、第二次熊本城普請(天守台および本丸)の際に早くも導入されたことが分かる。

桟瓦葺は、延宝年間(一六七三~八一)頃に江戸で発明(一説に延宝二年に近江の西村半兵衛によって発明)された新型の瓦葺である。平瓦と丸瓦を一体化させて「へ」の字形の断面にした瓦である。簡略瓦とも呼ばれ、重ね合わせが少ないため瓦数が半減して経費が低くなり、また屋根を軽量化できた。本瓦葺に比べて見劣りがするが、十八世紀以降になると江戸や京都の町家に広まった。城郭では、天守や城門・櫓などにはほとんど使われなかったが、番所や御殿の付属建築などには普及し、江戸時代後期になると、御殿の中心的な殿舎も倹約令によって正式な柿葺から桟瓦葺に変更されるようになった。

ところで、古くは日本では瓦葺は、もっぱら寺院建築に用いられ、神社本殿と住宅建築には瓦以外のものが用いられた。城門や櫓は住宅建築ではないので、防火的見地から瓦葺が戦国時代末より使われ始めたが、城主の住まいには決して瓦葺は用いられることがなかった。織田信長が建てた安土城天主は書院造の御殿を積み上げた住宅建築であったが、飛鳥時代以来の住宅の伝統を無視して本瓦葺とされており、その後の天守は本瓦葺(桟瓦葺は使われない)が基本となった。そもそも天守は発祥当初から型破りな建築であったと

▲水戸城弘道館
桟瓦葺。丸瓦と平瓦を一体成型した新型の瓦で、瓦の使用枚数を大幅に減らすことができた。丸瓦の列がないので重厚さに欠け、瓦当も小さくなって装飾性でも劣る

いえる。なお、近世城郭内の御殿の主要殿舎は、徳川吉宗の享保の改革による倹約令で瓦葺（主に桟瓦葺）にされるまでは高級な柿葺が基本であったが、江戸城本丸御殿の主要殿舎だけは、高級な銅瓦葺になっていた。

燻瓦以外の屋根葺き材

伝統的な日本瓦は素焼きの表面に炭素を浸み込ませた燻瓦《いぶしがわら》（焼成の仕上げに松を加えて発生する煤で浸炭《しんたん》させる）である。浸炭によって防水効果が出るが、それでも雨水が多少滲み込むので、寒冷地ではその水分が凍って膨張し、瓦の表面が剥《は》がれたり割れたりする。そこで寒冷地の天守等では燻瓦を避けて、鉛瓦葺（金沢城）・銅瓦葺（弘前城）・石瓦葺（丸岡城）・柿葺（高島城〈長野県諏訪市〉）・栃葺（厚い柿板を使用、弘前城隅櫓）が用いられた。柿葺は格式が高いが、防火性能に劣り、天守には不向きである。

鉛瓦葺と銅瓦葺は、木材で本瓦の形に屋根葺き材を作り、その表面に薄い鉛板や銅板を張ったものである。燻瓦に比べて豪華であり、しかも屋根重量が大幅に軽

▲津和野城馬場先櫓
赤瓦。凍害に強い赤瓦を使ったもので、本瓦と桟瓦がある。北陸地方では黒色の釉薬を使った黒瓦もある

▲金沢城石川門
鉛瓦葺。厚い木板と半円筒形の木棒で下地を作り、その表面に薄い鉛板を張ったもの。形状は本瓦葺を模す。銅板を使うと銅瓦葺になる

減し、耐久年数も長かった。そのため、駿府城《すんぷ》（三重目から五重目が鉛瓦、六重目が銅瓦）・名古屋城（五重目が銅瓦、後に二重目以上を総て銅瓦に改修）・徳川再建大坂城（五重目が銅瓦）・江戸城（初代は鉛瓦、三代目は銅瓦）といった慶長から寛永の幕府の大型天守に応用されたのが始まりだった。続いて日光東照宮の本殿や陽明門《ようめいもん》なども銅瓦葺に改められ、江戸城本丸の表御殿にも銅瓦葺が応用された。江戸時代中期以降になると銅瓦葺の社寺建築が江戸内外で広まり、明和六年（一七六九）再建の水戸城天守にも使われた。文化七年（一八一〇）再建の弘前城天守が銅瓦葺とされたのは、寒冷地対策とともに銅瓦の豪華さとその流行が背景にあった。

十八世紀以降になると、雨水が滲み込まない赤瓦《あかがわら》（油瓦《あぶらがわら》・塩焼瓦《しおやきがわら》）が発明された。赤瓦は高温で焼成されるため、表面の釉薬《ゆうやく》が融解して隙間がなくなり、ほとんど水分を通さないので凍害を受けない。萩城・会津若松城の天守や盛岡城（岩手県）・津和野城（島根県）の櫓など、寒冷地の城で燻瓦から赤瓦に葺き替えられた。

鯱（鯱鉾）の始まり

「鯱」と書いて、シャチあるいはシャチホコと読む。シャチホコの場合は「鯱鉾」と書くこともある。屋根上で尾を天に向けて逆立《さかだ》てているので、鉾《ほこ》に見立ててシャチホコという。

鯱は中国で考え出された想像上の霊獣で、頭部は龍、体は魚である。クジラの親類のシャチは、鯱を彷彿とさせる獰猛な魚（実際は哺乳類）なのでシャチと命名されたもので、鯱のほうが元祖である。鯱は建物を火災から守る火伏《ひぶせ》の霊力があるとされ、城郭建築では、天守・櫓・櫓門などの大棟《おおむね》の両端に上げられる。

鯱の日本への伝来は古く、正平二十三年（一三六八）の法道寺《ほうどうじ》多宝塔（大阪府堺市）の組物《くみもの》に施された装飾彫刻が現存最古の例で、同時期の大法寺《だいほうじ》観音堂厨子《ずし》（堂内の宮殿《くうでん》、長野県青木村）の大棟両端の鯱が屋根に上げられた最古例である。そして、寺院本堂内の宮殿（厨子）の大棟の両端に飾られた鯱は、室町時代後期になると作例が多くなる。それらの鯱は総て木造で、後の城の鯱に比べて剽軽《ひょうきん》な面貌で、猿のようにも見える。

なお、琉球王国へも中国の明から鯱が伝来しており、園比屋武御嶽石門《そのひゃんうたきいしもん》（明・正徳十四年〈一五一九〉）の大棟に石造の鯱（太平洋戦争で破損、現在の鯱は復元）が上げられている。露天の屋根上に用いられた、本邦初の鯱であった。

しかるに鯱の本家たる中国ではその頃、宮殿の屋根上には龍吻《りゅうふん》と呼ばれる龍瓦を一対上げていた。その龍は、尾（鯱のような尾鰭《おびれ》ではない）を短くして頭の上に逆立たせており、素人目には鯱と区別できない。中国では隋・唐代以来、鴟尾《しび》が屋根に上げられており、日本の唐招提寺金堂《とうしょうだいじこんどう》の鴟尾も同時代の作例である。下って遼・金代（十一～十三世紀）になると鴟尾が変化発展して魚の形の龍、すなわち鯱が登場し、間もなく龍吻に進化した。明代（一三六八年～）には、北京・故宮《こきゅう》に見られるような龍吻に定型化している。すなわち日本の城の鯱は、著しい時代後れだった。

さて、城郭建築での使用が確認される初例は信長の安土城であって、櫓門あるいは隅櫓《すみやぐら》に使われていた瓦製の鯱の破片（鰭などに金箔押《きんぱくお》し）が出土している。「安土山御天主之次第」（『信長公記』などに所収）によれば、安土城天主の五階（四重目）は「御縁輪のはた板には、しやちほこ、ひれうかかせられ、かうらんきほうし有」と記されている。廻縁の高欄には擬宝珠《ぎぼし》柱があり、その間または下方に端板《はたいた》（盾板の意）、すなわち板が嵌《は》めてあり、そこに鯱と飛龍《ひりゅう》の絵が描いてあったという。鯱が水中に棲む霊獣なので、ともに描かれていた「ひれう」（飛龍、翼をもつ龍）は大きな鰭をもち、水中に棲む蛟龍《こうりゅう》と混同しているかもしれない。いずれにしても、安土城天主の大棟の上にも鯱が上げられていたと考えられる。

▲園比屋武御嶽石門（沖縄県那覇市）
大棟の上に載る石造の鯱。首里城の正面に位置する斎場である御嶽の石造門で、鯱も石造

鯱の構造と種類

天守に上げられる鯱は、一般的に瓦製であって、焼き物の特性から内部は空洞に作られている。高さが一メートルを超えるものでも、胎土《たいど》の厚みは二センチメートルから三センチメートルほどと薄く、いわば鯱の皮のようなものである。中空にしないで粘土の塊として作るとすこぶる重く、また焼成前の乾燥時にひび割れてしまい、さらに焼成時に内部が生焼けになって固まらないからだ。

大型の瓦製の鯱の胴体は上下二つの部分に分けて作られており、針金などで上下を縛り合わせる。天守や櫓の棟木《むなぎ》（大棟の下方にある部材）の上に木棒を差し込み、その木棒に鯱の中空の胴体を被せて固定する。木棒が鯱の心棒になっており、心棒にしっかりと鯱を固定するには、胴体が途中で上下に分かれていると仕事が楽である。また、尾鰭のほかに鰭は左右に二つずつ付けるのが定型であるが、左右の鰭も別の部品として作り、胴体に開けた穴に、ほぞ差しするのが通例である。

鯱の鱗《うろこ》は手彫りで一枚ずつ丁寧に作り出されたものが古式であるが、U字形の型を押し付けて鱗を表現するのが一般的である。要するに大量生産方式である。鯱瓦は風雨に晒されるので耐用年数は短く、百年ほどで割れたり欠けたりする。したがって完形の古い鯱の現存例は珍しく、十六世紀末に遡る古例は、発掘で出土した広島城や上田城（長野県）の鯱ぐらいしかない。それらの古例は胴体が中空ではあるが胎土が分厚く、

▲姫路城
上下に分かれる鯱の胴体。鯱の胴体の上部（尾の部分）を取り外したところで、内部は中空である。上下の合わせ目の近くにある円形の小さな穴には鰭を取り付ける。胴体の表面には型押しの鱗が見える

また上下には分かれていない。広島城出土の鯱は左右の下顎が別材になっており、鰭は金箔押し、口は鮮やかな朱塗りであって、後世の鯱とは趣が全く相違する。

瓦製以外の鯱には、銅製の鋳造のもの、木芯《もくしん》の表面に金属板を張ったものがある。鋳造の銅鯱は、宇和島城天守・高知城天守・高松城天守をはじめ、江戸城や駿府城の櫓や櫓門で使われている。江戸城大手門枡形《ますがた》に置かれている銅鯱には、「明暦三丁酉初冬」（一六五七）の刻銘がある。もちろん中空である。金属板張りの鯱は、松江城天守、丸岡城天守（鯱は復元）があり、木材で作った鯱の表面を薄い銅板で包んでいる。なお、丸岡城天守では、近代に一時的に石造の鯱が用いられていたが、取り付け方に難があって、不適切であった。

名古屋城天守の金鯱は、寄木造《よせぎづくり》の鯱の表面に黄金の板で作った鱗や鰭などを張ったもので、『逢左遷府記《ほうさせんぷき》稿《こう》』によると、慶長十七年（一六一二）の創建時には一対で黄金（慶長大判金）一九四〇枚（純金換算で約二一五・三キログラム）を使って作られていたという。名古屋城天守に先行して慶長十三年に再建された駿府城天守の鯱は、『当代記』に「鴟吻《しふん》黄金」とあるので、

〔上顎〕

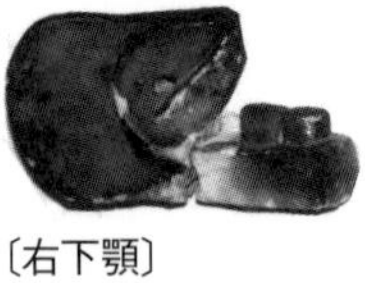
〔右下顎〕

〔腹鰭〕

〔修復前の姿〕

▲広島城出土の鯱　現存最古の完形の鯱

金鯱だったと考えられる。また、寛永十五年（一六三八）造替《ぞうたい》の江戸城天守も、指図に「金子《きんす》にて包む」とあるので、名古屋城と同じ金鯱であった。

鯱は天守の象徴なので、天守最上重の大棟の両端に一対を上げるのが通例である。高知城天守のような望楼型天守では、望楼の基部となる大きな入母屋破風の上にも鯱を飾ることがある。姫路城大天守では下重の総ての入母屋破風・千鳥破風にも鯱を上げており、全部で一一体も飾ってあり、もちろん史上最多である。なお、天守には鯱を上げるのが原則であったが、明治初期の古写真によると、福知山城（京都府）天守には鯱が上がっていなかった。

天守以外では、二重櫓や三重櫓および櫓門には鯱を上げるが、平櫓《ひらやぐら》や一階建ての城門は格式が低いため一般的に鯱を上げない。それどころか、津城（三重県）・彦根城などでは、三重櫓ですら鯱

▲宇和島城天守の鋳造の銅鯱

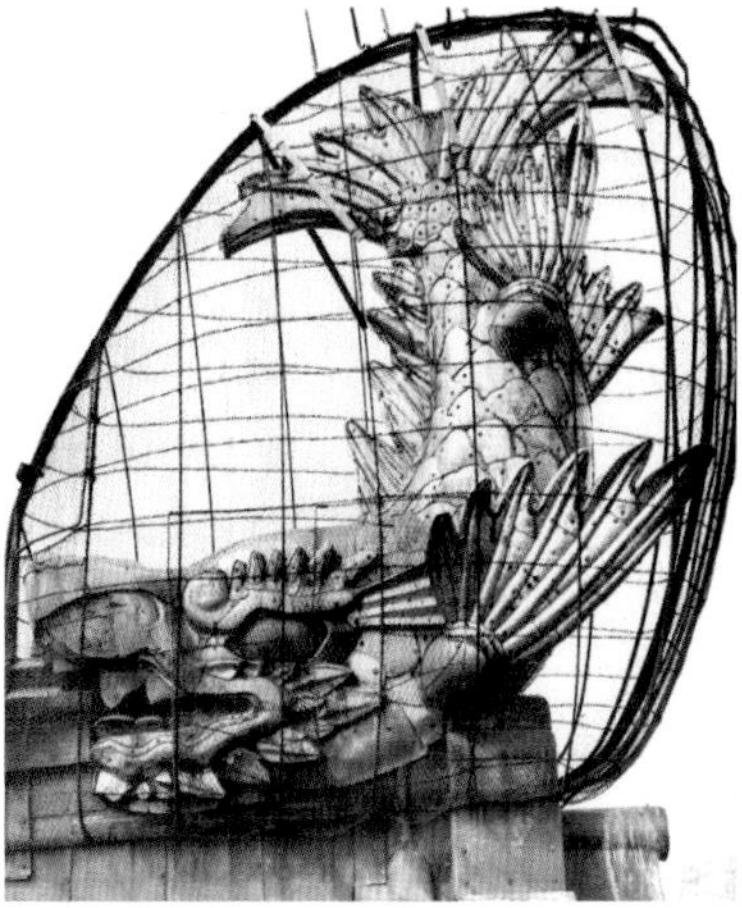

▲名古屋城天守の金鯱（戦災前）

▲松江城天守の銅板張りの旧鯱

を上げていない。一方、姫路城では平櫓にまで鯱を上げており、鯱の多寡には城主だった大名家の好みや思想が反映されている。

最上重の入母屋破風の向き

天守の最上重は、屋根形式のなかで最も格式が高い入母屋造とされ、格下の切妻造や寄棟造《よせむねづくり》は用いられない。二重櫓や櫓門も一般的に入母屋造とされ、それらに切妻造を多用したのは福岡城など、ごく少数派であった。なお、小松城（石川県）天守（本丸櫓）は異端的に寄棟造であったが、一国一城令の特例として築城が認められた城だったので、本来、天守の建造が許可されるはずはなく、天守台（本丸櫓台）上に建てられた数寄屋《すきや》風の天守代用建築だったからである。

望楼型天守の場合では、その一階平面は、やや細長い長方形であって、その長辺（平）を正面側に向けることによって、天守を大きく見せ掛けている。その基部となる入母屋造の屋根上に載る望楼部は、棟の方向を直交させたほうが造形的に優れているので、豊臣大坂城天守をはじめ、広島城天守・岡山城天守・熊本城

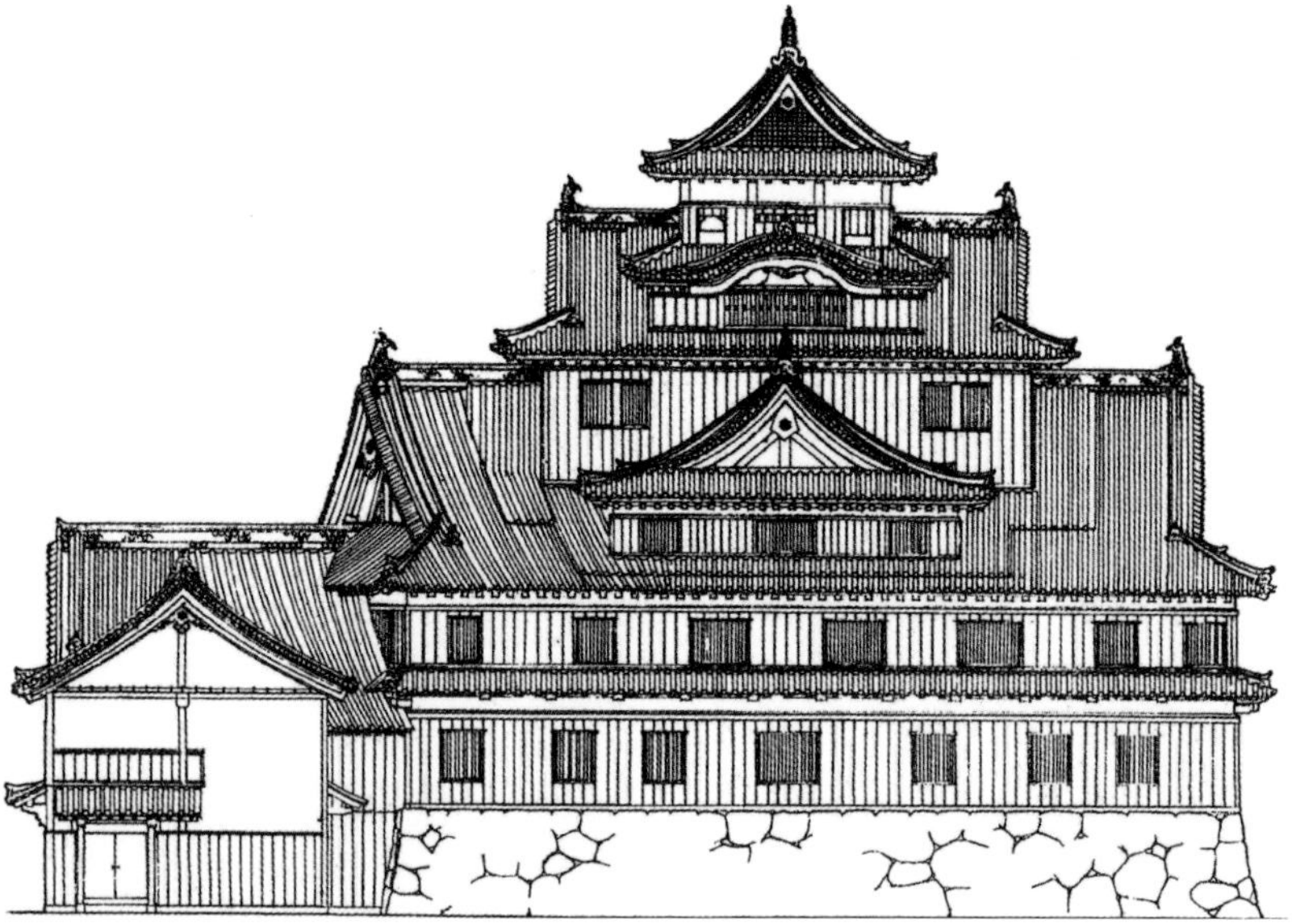

▲岡山城天守実測正面図（戦災前）

宇土櫓（熊本城の古城《ふるしろ》天守を移築）・犬山城天守（最上階は後世の造替）といった関ヶ原の戦い以前の初期の天守では、基部の入母屋造と最上重の入母屋造は棟が直交している。すなわち、最上重の屋根は正面側に向くことになる。信長の安土城天主も同様だったと推定される。

層塔型天守の場合では、一階の短辺（妻）は最上階の短辺と必ず一致するので、最上重の入母屋破風は一階の短辺側に向くことになる。短辺を正面に向けると、天守が小さく見えて相当に不利となるので、一般的に層塔型天守も一階の長辺を正面に向け、その結果として最上重の入母屋破風は側面を向く。現存の弘前城、現存しない津山城・福山城がそうした例である。

それとは対照的に、史上最大の寛永度江戸城天守、それに次いで巨大な名古屋城と徳川再建大坂城の天守は、短辺を正面に向けている。それらは総て将軍家が建てた層塔型の超巨大天守であって、最上重の入母屋破風を正面側に向けることに重要な意義があったものと考えられる。正面側に入母屋破風を向けた層塔型天守では、ほかに松山城天守の例がある。

特に注目されるのは、丸亀城天守（天守代用の三重

▲名古屋城天守正面（戦災前）

▲丸亀城天守正面

櫓）であって、一階は長辺を正面に向けながら、最上階の三階は構造的に無理をしてまで長辺側に入母屋破風を設けている。そのことからしても、正面側に入母屋破風を向ける意義があったことが分かる。

さて、最上重の入母屋破風を正面側に向けることは、室町時代末期の将軍邸の玄関である遠侍《とおざむらい》の特色を受け継いだものと考えられる。将軍邸は総て一階建ての建築で、遠侍は大きな入母屋破風を正面に向けていた。その格式は、徳川将軍家が造営した名古屋城本丸御殿玄関（当初名は遠侍）や二条城二の丸御殿遠侍にも引き継がれている。特に名古屋城本丸御殿玄関では、正面側に長辺を向けながら、入母屋破風は短辺の側面ではなく、長辺に設けている。建築技法からすれば、短辺の側面に破風を向けるべきであって、相当に無理をした構造になっている。したがって、入母屋破風を正面に向けるのは、室町時代以来の武家殿舎の品格として捉えるべきであろう。

以上のように考えると、将軍家の層塔型天守を除外した一般論からすれば、最上重の入母屋破風は、初期の望楼型天守では正面に向き、層塔型天守では側面に向くことになる。そこで気が付くであろうが、関ヶ原

▲二条城二の丸御殿
遠侍の正面。大きな入母屋破風が正面を向く。右下の小さな入母屋は車寄

以降の代表的な望楼型天守である彦根城天守・姫路城大天守・松江城天守・丸岡城天守や萩城天守は、基部の入母屋破風と最上重の入母屋破風が同じ向きであって、層塔型天守の形式に類似している。関ヶ原の戦い後、すでに天守の形式が変化していく過渡期になっていたといえよう。

▲丸岡城天守
基部の入母屋破風と上重の入母屋破風が同じ向きとなるのは、関ヶ原以降の望楼型天守の特色

第四章

代表的な天守

第一節　現存の望楼型天守
第二節　現存の層塔型天守
第三節　失われた天下人の天守
第四節　失われた諸大名の天守（文禄・慶長期）
第五節　失われた諸大名の天守（泰平期）

第一節　現存の望楼型天守

犬山城天守

愛知県犬山市

慶長元年（一五九六）頃に豊臣系大名だった石川光《みつ》吉《よし》によって創築された。あるいは慶長六年に徳川家康の子松平忠吉《ただよし》が尾張国主となり、その付家老《つけがろう》、小笠原吉次《よしつぐ》が犬山城主となって創築されたとも考えられる。いずれにしても現存最古の天守である。

三重四階、地下二階の望楼《ぼうろう》型天守で、付櫓《つけやぐら》を従えた複合式である。元和四年（一六一八）に尾張徳川家の付家老の成瀬正成《なるせまさなり》が犬山城主となり、その頃に三階以上を造替《ぞうたい》している。二重二階の大きな入母屋造《いりもやづくり》の屋根の上に望楼を載せた望楼型天守の代表例である。現存天守で唯一の地下二階であるが、地階の面積は極めて小さく、階段と通路で占められており、穴蔵《あなぐら》とはいえない。

一階（一重目）平面は、ひどく歪んだ台形で、まだ石垣築造技術が発展途上であったことを物語る。平《ひら》（長辺）約九間《けん》（六尺二寸間）に妻《つま》（短辺）八間と、現存天守では第四位の大きさである。一階には、城主が籠城時に居住する上段の間と閉鎖的な納戸《なんど》（寝室）があり、その周囲の二間幅の入側《いりがわ》には、身分の違う者の通行を制限するために仕切りとして杉戸《すぎと》を建てた敷居が残る。また、六畳大（二間に一間半）の小部屋が見られ、関ヶ原以降の天守と比べて古式である。それらは書院造《しょいんづくり》の御殿《ごてん》形式の平面を残したもので、安土城・豊臣大坂城の天守に近い。二カ所の付櫓（明治二十四年〈一八九一〉の濃尾《のうび》大地震で崩壊し、昭和戦後に復元）を設け、天守に近づく敵に横矢《よこや》を掛《か》ける。

二階（二重目）は一階とほぼ同大の平面で、四重（松江城など）や五重（姫路城など）の大型望楼型天守の

▲犬山城天守正面図

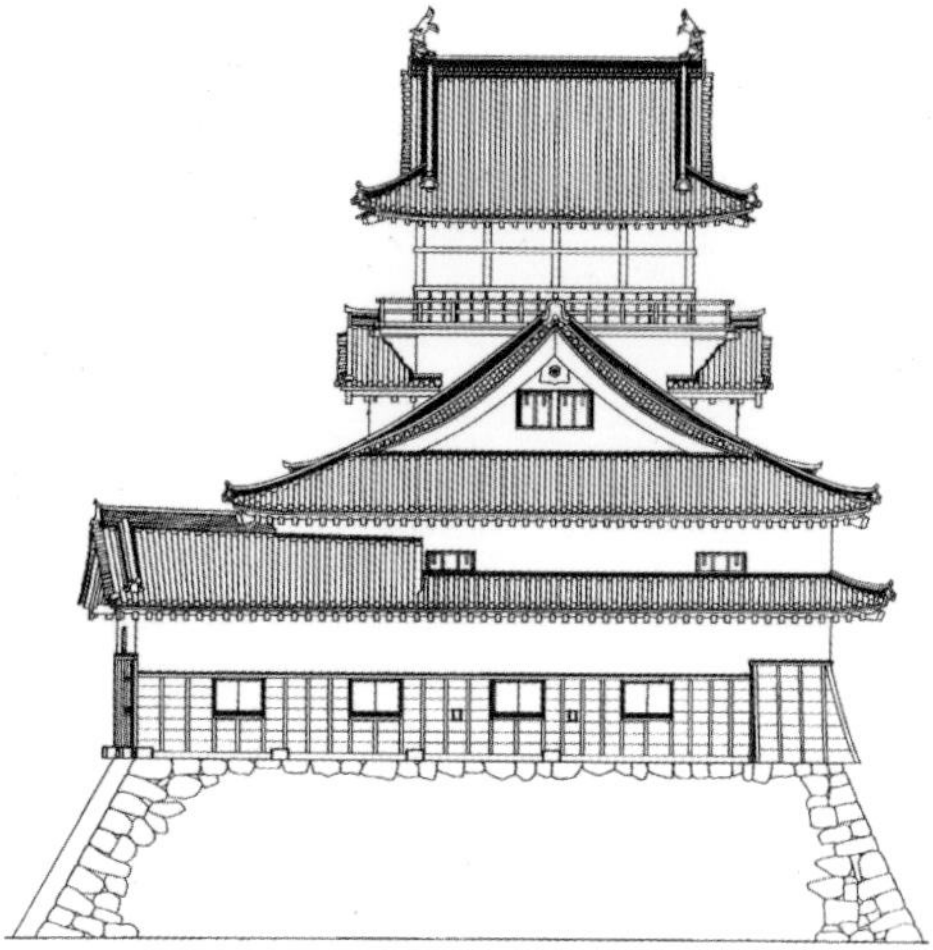

▲犬山城天守側面図

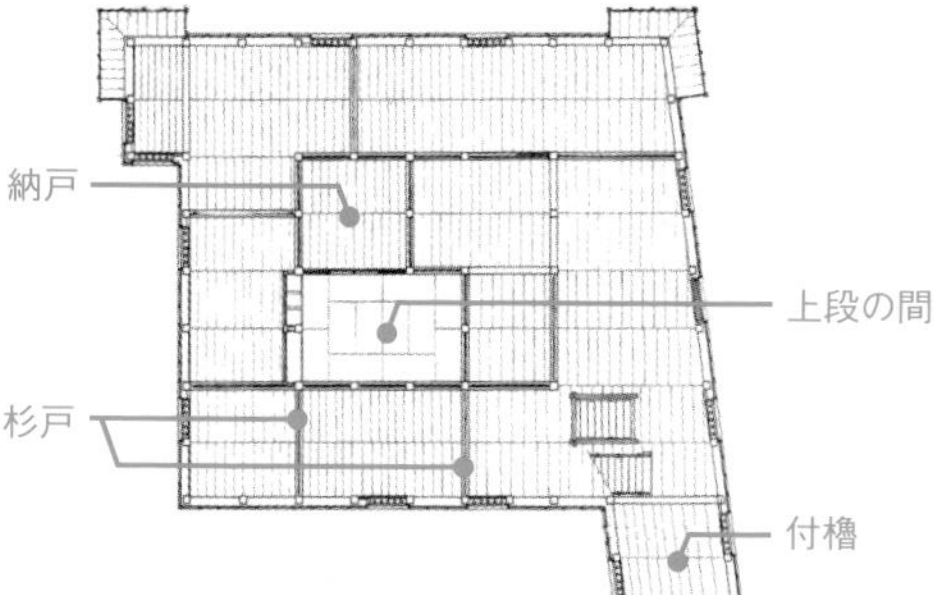

▲犬山城天守一階平面図

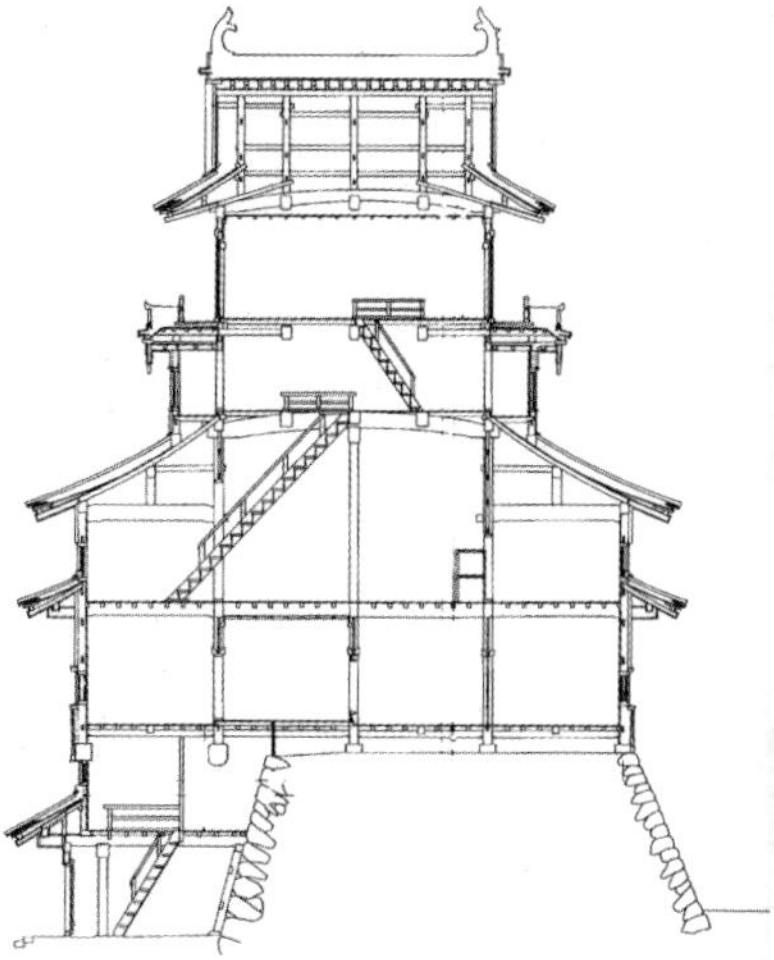

▲犬山城天守断面図

◀犬山城天守
一階上段の間。左より床《とこ》・棚・帳台《ちょうだい》構《がまえ》。天井の下方の周囲には蟻壁《ありかべ》という細長い白壁が廻る書院造である

風格を備える。一階平面の歪みは、望楼型の基部である二重目の入母屋屋根で修正するのではなく、腰屋根となっている一重目の屋根で修正する。その結果、二階は長方形に整形されており、望楼型としては変則的な手法であるが、層塔《そうとう》型の和歌山城や津和野城（島根県）天守における修正手法に近い。二階の梁組《はりぐみ》では、側柱《がわばしら》よりはるかに高い位置に身舎《もや》の梁を架けており、その点では層塔型の新式の梁組である。元和期に三階以上を造替しているので、それに合わせて改造されたものと考えられる。

　三階は最上階の四階を高く持ち上げるために造られた、いわば屋根裏階（類例は豊臣大坂城天守や高知城天守）で、その明《あ》かり採《と》りのために唐破風造《からはふづくり》の出窓を設ける。四階（三重目）は四間に三間半の広さがあり、関ヶ原以前の天守の三間四方より大きく、元和期に拡張されたものである。四階の周囲には廻縁《まわりえん》を設けているが、廻縁に人が出られる少数派の天守で、現存例はほかに高知城天守しかない。

　外観は一階を下見板《したみいた》張りとした武骨な趣で、二重目の入母屋破風（望楼型の基部）と三階出窓の向唐破《むかいからは》風《ふ》、そして最上重の入母屋破風しかなく、古式な望楼型天守の外観を示す。四階では、柱と長押《なげし》を白木《しらき》にしており、古式であり格式が高い。最上重の入母屋破風を正面側に向ける（基部の入母屋破風とは直交する）点は、天守の品格を高めている。

　ところで、犬山城天守には、美濃金山《かねやま》（兼山）城天守を移築したという「金山越え」の伝説（江戸中期の「犬山城主記」などに記載）がある。一階平面が極めて古式な点からすれば、その部分だけは金山城天守を移築改造したものである可能性は否定できない。金山城は岐阜県南部の可児《かに》市兼山《かねやま》に所在した城で、織田信長の家臣の森可成《よしなり》・長可《ながよし》・忠政《ただまさ》が城主だった時に改修され、石垣や天守を備えたと考えられる。「金山越え」が事実だったとすれば、その天守は十六世紀末の天正から慶長三年（一五九八）頃に金山城で創建され、関ヶ原の戦いの直前、慶長五年に石川光吉が犬山城天守の一階として移築改造したものとなる。あるいは金山城天守移築が関ヶ原の戦いに間に合わず、慶長六年になって小笠原吉次が移築改造した可能性も否定できない。

　なお、以前には犬山城天守の建築年代は室町時代後期とされていたが、それは金山城の創築年代から想定されたものなので天守の創建年代とは何ら関係がない。また、戦後の天守解体修理で二重目の桁《けた》に移築の痕跡（釘の打ち直し）が見当たらなかったので、金山城からの移築説が否定されたが、その根拠とされた部材が慶長移築時（あるいは元和改造時）の部材とすれば、移築説を否定することはできない。

彦根城天守

滋賀県彦根市

譜代《ふだい》大名の筆頭だった井伊《いい》家によって慶長十一年（一六〇六）に建てられた三重三階の望楼型天守である。一階平面は、平約十一間、正確には十・七間（六尺五寸間）、妻約六間半（柱間数では七間）、正確には六・三間と、現存天守で最も細長く、望楼型でなければ建築不能であった。ひどく歪んだ台形平面の付櫓とそれに続く多門櫓《たもんやぐら》を従えた複合式天守である。天守の出入りは、多門櫓を通って付櫓から天守一階に上がる道順と、天守台地階の階段で直接に一階へ上がる道順がある。地階からの入り口の扉の外側には、切妻造《きりづまづくり》の土蔵が後に付加されたため、その入り口としての機能は不明確になっている。

この天守は、慶長五年（一六〇〇）の関ヶ原の戦い以前、慶長元年頃に秀吉配下の京極高次《きょうごくたかつぐ》（六万石）が建てた大津城（滋賀県）天守（四重五階または三重五階）を、徳川家康の命令で井伊氏が移築改造したものである。『井伊家年譜』には、「天守は京極家の大津城の殿守（天守）也。此《この》殿守は遂《つい》に落申《おちもう》さず。目出度《めでたき》殿守の由《よし》、家康公上意に依て移され候由、棟梁浜野喜兵衛、恰好《かっこう》仕直候《そうらい》て建候《たてそうろう》由」とある。関ヶ原の戦いの前に西軍に攻められても落城しなかった（実際には降伏開城）大津城のめでたい天守なので移築したという。城郭建築の移築再利用は、慶長期には普通に見られたことで、築城経費や工期の節減だけではなく、旧城主（京極高次は近江国の守護職の末裔）から統治権力を継承したことを顕示する目的も強かったようだ。移築に際して、風当たりの強い琵琶湖畔の山上に建てるため、五階建てを三階建てに縮小したらしい。梁には移築に際して彫り込まれた番付《ばんづけ》（部材の位置を示す番号）が残る。

一階（一重目）は七間に三間を身舎とし、十八畳間（畳は欠失）二室を東西に並べ、その北・西・南の三方に幅一・六六間の入側を設ける。身舎の東端一間は床高が下がり、その東に二間余りの広い入側がある。北と

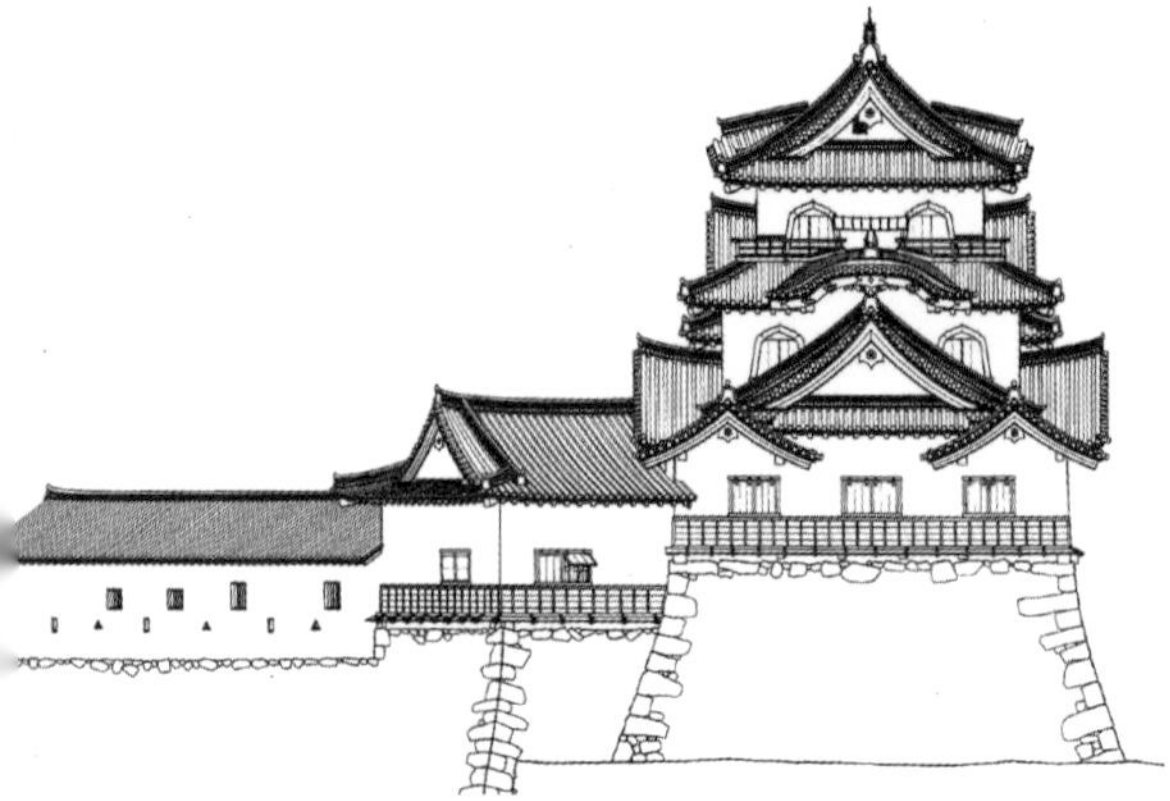

▲彦根城天守背面図

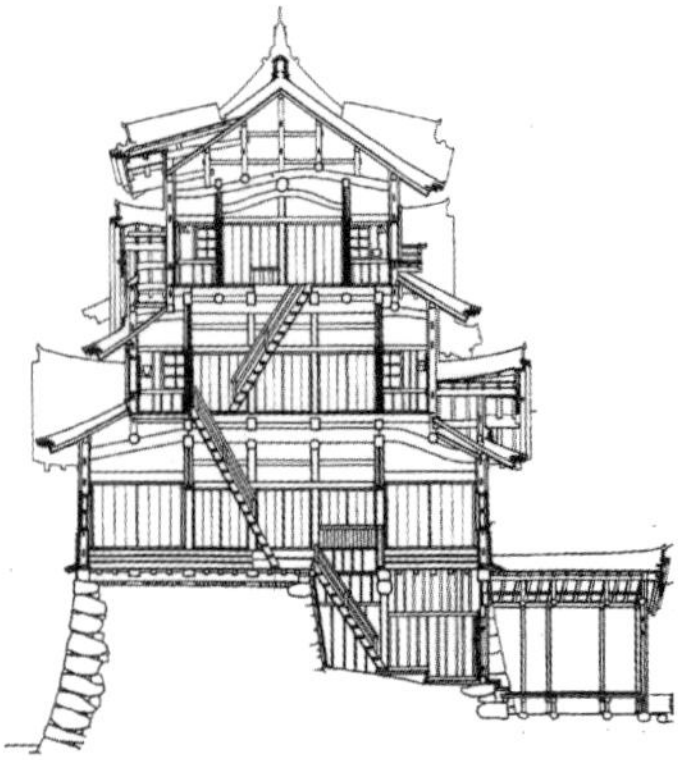

▲彦根城天守断面図

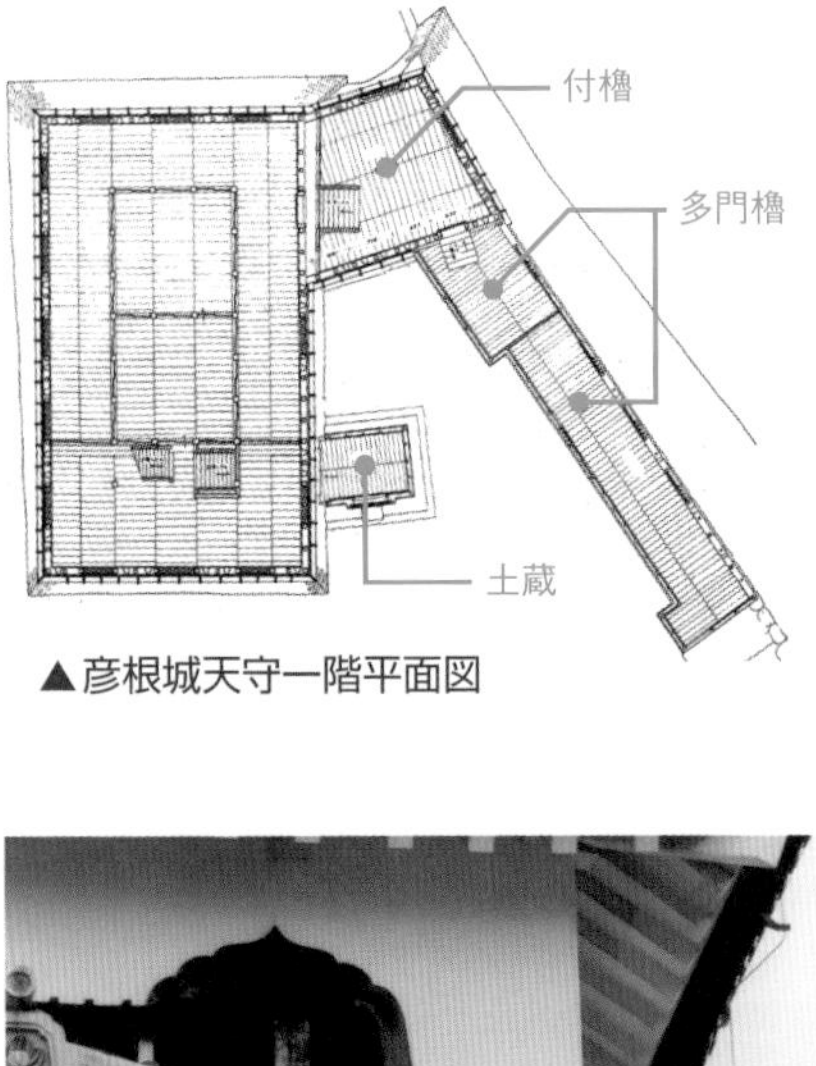

▲彦根城天守一階平面図

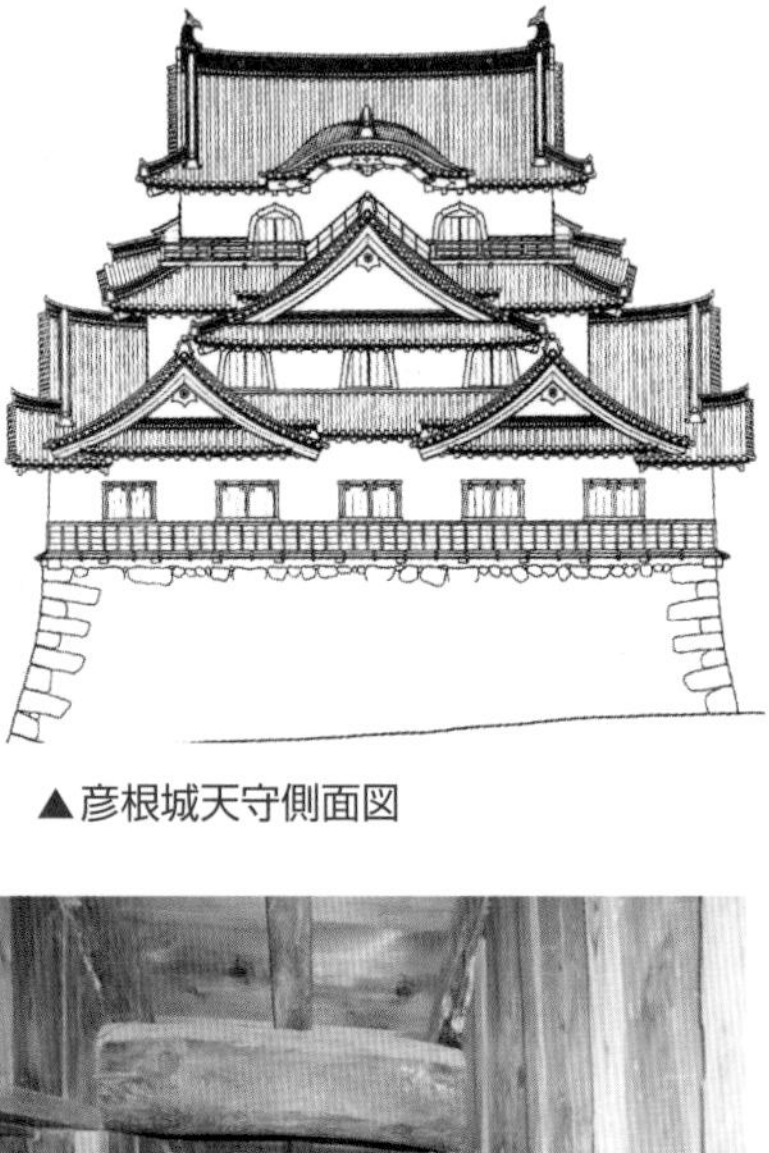

▲彦根城天守側面図

▲彦根城天守
三階の見せ掛けの廻縁。高欄が著しく低い

▲彦根城天守
三階平側の破風の間。右方は入母屋破風の妻壁で、隠狭間がある

南の入側も同じ位置で床高が下がり、杉戸で区画されている。一階入側の柱間《はしらま》寸法が中途半端なのは、天守台石垣の築造誤差を調整したものと考えられる。天守の一階内部で床高に段差があるのは異例で、東側を下座、西側を上座として区分したものらしい。二階・三階でも西側の部屋を上座とし、東側を階段口とする。

一重目を望楼型の基部となる入母屋屋根とし、それによって細長い一階に見切りをつけ、二階（二重目）は平七間、妻四・七間に修正する。西に十八畳間、東に十二畳間を置き、四周に入側を設け、半端な間数は入側の幅で調整する。東西に入母屋破風《いりもやはふ》の間《ま》を設ける。三階（三重目）は平五・八間、妻約三間半となり、現存天守では最も細長い平面である。西に十畳間、東に六畳間を並べ、入側を廻らす。平に極めて狭い入母屋破風の間を設ける。三階には外側に廻縁を設けるが、人が出られるものではない。

　この天守の外観の特徴は装飾性が極めて高いことで、破風と華頭窓《かとうまど》がともに一八ずつもあり、三重天守としては史上最多である。三階の廻縁は見せ掛けだけの構造となっており、単なる飾りである。見せ掛けの廻縁としては現存最古の例である。

▲彦根城天守
平側一重目の庇付き切妻破風

▲彦根城天守
特殊な二重目の入母屋破風の端部

　また、この天守の破風は特殊な形式で、特に平側において、一重目の切妻破風に庇《ひさし》を付けたもの、二重目の入母屋破風を壁面に貼り付けたものは類例が全くなく、独創性に満ちている。これらの破風は、通常なら千鳥破風《ちどりはふ》として三角形の小屋根を本体の屋根面に載せた形にするところを、破風下方を大きく伸ばして本体の屋根を突き抜いた形式である。それにより、破風を格段に大きくすることに成功した。遠く山下の城下町から見上げられた時に、破風がはっきりと見えるようにした工夫で、いわば歌舞伎役者の目の隈取《くまど》り化粧と同じ効果がある。これこそ天守の独創性の極みで、戦国大名の粋を感じさせられる。

また、妻側の一重目の両端に設けられた切妻破風は、他に類例がない。妻側一重目の屋根は望楼型の基部となる入母屋造であるが、切妻破風を両端に付けたために、入母屋屋根の隅木《すみぎ》（軒の隅部に四五度方向に出る部材で、隅の垂木《たるき》を受ける）が省略されている。

各階の鉄砲狭間《てっぽうざま》は総て隠狭間《かくしざま》で、外部は壁で塞がれていて外からは見えない。隠狭間の現存最古例で、武骨な狭間を隠して粋である。しかし、隠狭間とした最大の理由は、風当たりが強い琵琶湖畔の山上に高く天守が聳《そび》え立つので、雨水が狭間から室内へ吹き込むのを防ぐためだったと考えられる。

彦根城の櫓の外壁は総て塗籠《ぬりごめ》であったが、天守一階と付櫓の腰部分だけは黒い下見板張りである。その部位は城下からは全く見えないので、見栄えに劣るが雨避け効果は高い下見板を採用したものである。そうした配慮も凝らされた天守である。

▲彦根城天守
一重目隅の切妻破風。壁面から切妻破風が突き出す珍しい形状で、左上に見える入母屋破風の隅木が切妻破風によって省略されている

構造的に注目されるのは、一階の側柱が少し内転《うちころ》び（柱を内側に傾けること）に立てられていることである。内転びにすることによって、構造的な安定性が生まれ、大風や地震に対する強度が大きく増す。内転びの技法としては、寺院や邸宅の四足門《よつあしもん》（四脚門《しきゃくもん》）においてその正面と背面の控柱《ひかえばしら》（足という）を内側に倒すことが室町時代まで見られる。それをさらに進化させた技法としては、四本柱の鐘突《かねつ》き堂《どう》や手水舎《ちょうずや》におい

て、不安定な構造を補強するため柱を対角線方向に内側に傾けて立てる、四方転《しほうころ》びが採用されている。それらは十七世紀中期以降に流行したものであって、四方転びは大工技術的に高度な技法であった。それに比べて彦根城天守は飛躍的に早い時期に内転び（隅柱は四方転び）を採用した建築であった。しかも彦根城天守以外には、城郭建築に内転びは見られない。移築改造を手掛けた大工棟梁の浜野喜兵衛の技量の高さが窺われる。

姫路城大天守

兵庫県姫路市

姫路城は、織田信長の配下であった羽柴秀吉が天正八年（一五八〇）に播磨《はりま》経略のために近世城郭に改修し、その時に初代天守が創建された。現存の国宝天守は、関ヶ原の戦いの功績で播磨五十二万石を得た外様《とざま》大名、池田輝政が慶長十三年（一六〇八）に建て替えた五重六階、地下一階の望楼型天守である。天守（大天守）に小天守《こてんしゅ》三棟（東・乾・西小天守）を四棟の渡櫓《わたりやぐら》（イ・ロ・ハ・ニの渡櫓）で繋いで中庭を形成した連立式天守の代表例である。中庭には籠城時に使う台所が設けられている。小天守は三重、渡櫓は二重であって、その規模の壮大さは類を見ない。天守群が囲う中庭側には地階を囲う石垣がなく、明るい地階となっているが、豊臣大坂城天守の地階も本丸内側に石垣がなく、その構造を受け継いだ現存唯一の天守である。天守群の出入り口はニの渡櫓地階の水《みず》の五門《ごもん》であるが、ニの渡櫓自体は二重櫓を載せた櫓門と見るのが正しい。

▲姫路城天守群
中庭の台所。左方は大天守の地階・一階、右方はロの渡櫓、向こう側には乾小天守が見える。台所は二階建てであって、大天守の地階とロの渡櫓の一階を結ぶ

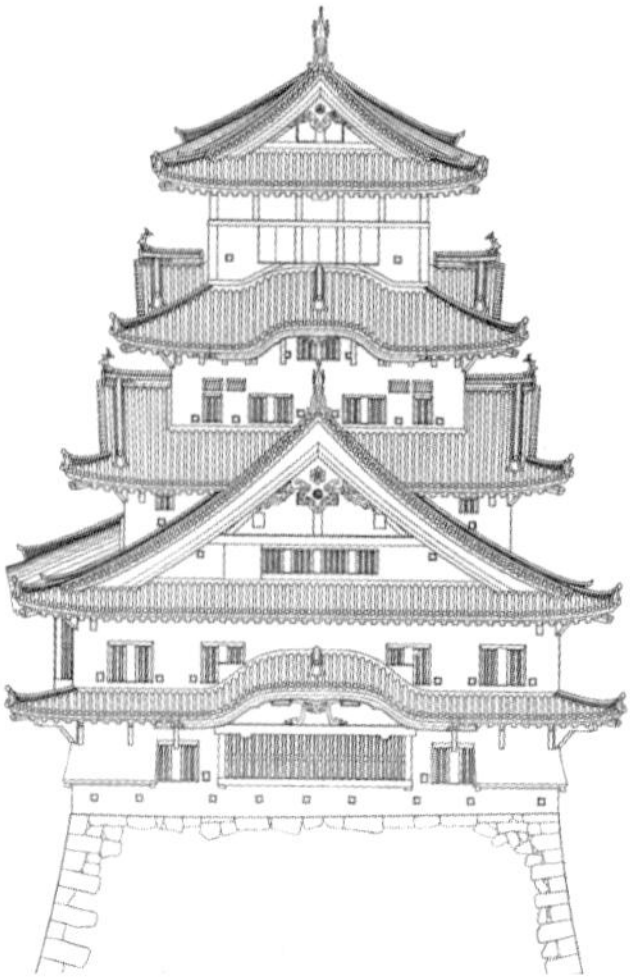

▲姫路城大天守側面図

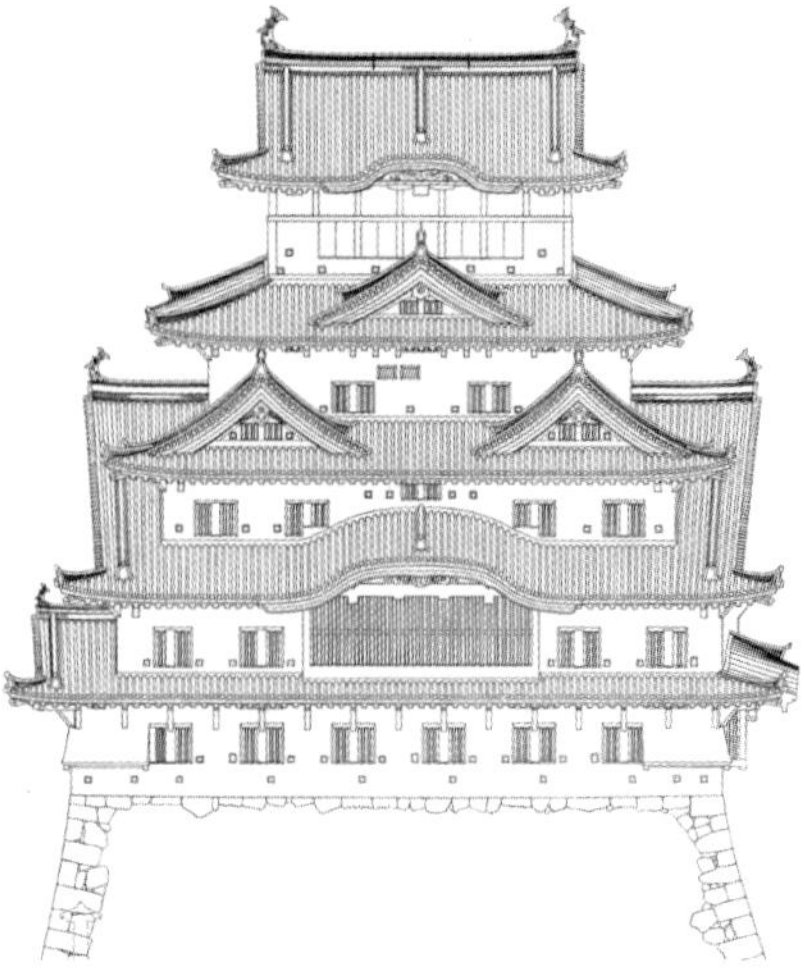

▲姫路城大天守正面図

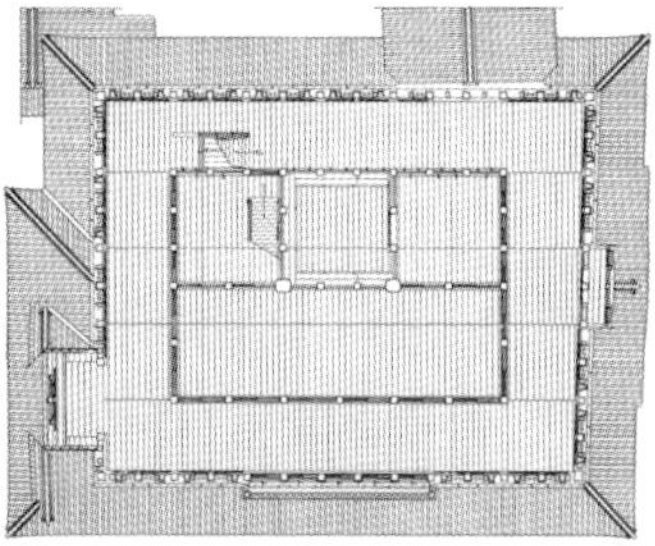

▲姫路城大天守二階平面図

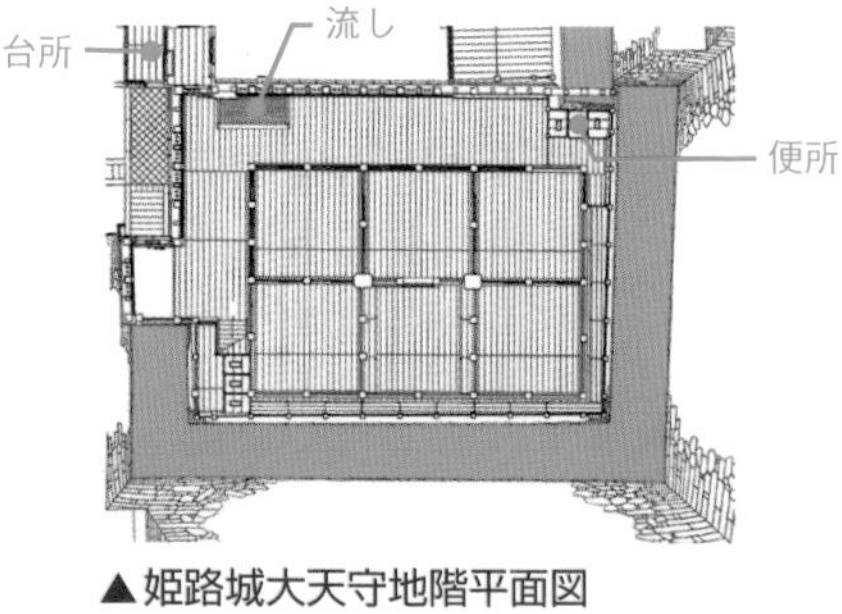

▲姫路城大天守地階平面図

▲姫路城大天守
二階の54畳間

▲姫路城大天守
一階南西の突出部

なお、秀吉が建てた初代天守は現在の大天守と同じ位置（大天守地下で旧礎石と石垣が発見されている）で、三重か四重であったと推定される。初代天守の側柱・隅木・破風板・華頭窓の枠などが小天守や渡櫓に転用されていた。

天守台石垣の築造技術がまだ完成期に達していなかったため、一階平面は東辺において南端より北端が七〇センチメートル突き出して少し台形となっている。現存最大の天守であって、一階の妻は十間（六尺五寸間）、平は南正面で十四間、北背面で十三間である。北西隅部において、一間に四間の大きさが欠けており、そこに地階への入り口の石段を設けている。そのため、一階は南西部において一間に六間が突出したような形状となり、その部位には本体とは別に一重の入母屋屋根を架けて付櫓のような扱いにしている。

南西の突出部を除いて、一階と二階の平面は同大とし、身舎は南側に五十四畳（現状では畳は撤去）、北側に十八畳三室を配し、その周囲を二間幅の入側で取り巻く。この五十四畳の部屋は現存天守では最大であり、通常は一間ごとに入側柱を立てるところを、広大な部屋に合わせて一間半の間隔にしている。このように一間より大きな柱間を用いる手法は、その当時の大型の御殿建築（名古屋城本丸御殿や二条城二の丸御殿）に見られるもので、天守が御殿建築であった名残を示す事例として重要である。姫路城大天守では、地階・三階・六階の入側柱でもそうした手法が見られる。

一階（一重目）と二階（二重目）を同大に造り、二重目は望楼型の基部となる入母屋屋根である。三階（三重目）は周囲から一間ずつ逓減《ていげん》して平十一間に妻八間とし、東西に入母屋破風の間を突き出す。一階平面の歪みは、基部の入母屋屋根で修正するので、三階からは矩形平面となる。また、南の入側の中央部と北入側を中二階とする。四階（四重目）はさらに周囲から一間ずつ逓減して九間に六間とし、内部は身舎と入側を区画せずに一室とし、南面と北面に比翼《ひよく》入母屋破風の間を突き出す。五階は四重目屋根の屋根裏階である。四隅に物入れを設けるが、内部は一室である。

最上階の六階（五重目）は、平を二間半、妻を一間半逓減し、六間半に四間半とする。平側と妻側で逓減率が相違するので、四重目屋根は、南面・北面が急勾配で、東面・西面が緩勾配《かんこうばい》になってしまい、屋根の四隅を下る隅棟《すみむね》が四五度方向から振れる振《ふ》れ隅《すみ》になって

▲姫路城大天守
地階の巨大な流し

▲姫路城大天守
四階の石打棚と破風の間の物見窓

▲姫路城大天守
五階の明かり採りの千鳥破風の間

▲姫路城大天守
六階の蟻壁付きの天井

▲姫路城大天守
地階の便所

いる。六階の身舎は一室とし、現存天守では最高格式となる蟻壁《ありかべ》（天井周囲に造られた高さの低い漆喰《しっくい》塗りの小壁《こかべ》）を廻した天井を張る。身舎の周囲の入側は、必要度の低い北側を狭くしており、他に類例がない。なお、地階には、大便所六カ所と巨大な流しが設置されており、現存天守中では最も籠城に対しての配慮が見られる。

旧式な望楼型天守ではよくあることだが、上階が下重の屋根の中に埋没してしまう構造欠陥が三階と四階に見られる。そこでは、床面よりはるか上方に窓が位置し、窓に手が届かなくなってしまった。そこで三階では、一間幅の北入側を中二階として、床を高い位置に別に設けている。三階南入側と四階には窓に沿って半間幅の棚状の狭い通路（当初は畳敷き）を設けて、窓から外側への射撃の座とする。それは武者走り《むしゃばし》の一種であるが、土塀の屋根越しに射撃を行うために仮設する石打棚《いしうちだな》の一種ともいえる。近代建築のギャラリーともいえる装置で、天守に類例はない。四階の比翼入母屋破風は、その武者走り上からではなく、四階床面から直接に外部を窺うために設けられた物見窓である。

最上階（六階）では棚状の武者走りでは不都合なため、床面全体を高く持ち上げている。その結果、その床下の四重目の屋根の中に無窓の屋根裏階ができてしまった。その明かり採りのために南・北面では千鳥破風を置き、東・西面では軒唐破風を設けて破風内に窓を開く。軒唐破風の窓も類例がなく、姫路城の独創性の高さが溢れている。

巨大な天守の外壁を総て白漆喰の塗籠としており、極めて華やかである。塗籠は風雨には弱く、維持費が大層に掛かったはずであるが、城主権威の象徴だったので、壁の塗り直し（往時は十年から二十年に一度）の費用は度外視し、美をひたすら追求した崇高な芸術的天守である。天守本体は南正面から眺めると富士山のような秀麗な外形になっており、富士山型天守（後の名古屋城・江戸城の天守）の始まりでもあった。さらに最上階では、外壁に柱形《はしらがた》や長押形を見せ、柱上に舟肘木《ふなひじき》を置くなど、現存天守では最高の格式を示している。

その一方で、この天守は最強の防備性能を併せもつ。壁面に開けられた狭間の数は天守史上最多であり、またその多数の鉄砲狭間から放たれる火縄銃が発する噴

姫路城大天守
▲二重目の軒唐破風の外観
▶軒唐破風の間

▲姫路城大天守
隅部の筋交い柱

▲姫路城乾小天守
一階の石落と鉄砲狭間

姫路城大天守
▲三階の内向き狭間
◀外側から見た内向き狭間

煙を排気するため、排煙窓を軒下に多く備える。排煙窓を設けた現存天守は、ほかに宇和島城《うわじま》があるだけだ。

また、天守の一階隅部に設けられた石落《いしおとし》は、全国で最も優秀な構造をもつ。床面より高い位置に石落の開口部を設け、その上に座った銃手は天守直下に取り付いた敵を石落の開口部から狙撃できた。石落の下部にできた腰壁には正面を狙う鉄砲狭間が切られており、正面と下方を同時に射撃できる最高性能の石落であった。

二階南正面の出格子窓《でごうしまど》の床面には、全国最古の隠石落《かくしいしおとし》まで装備されている。なお、最上階の狭間（現状では下階の狭間も同様）は、風雨の吹き込みを防ぐために漆喰で外側を塞いだ隠狭間《かくしざま》となっている。ただし、狭間の輪郭は外壁面に見えており、隠すのが目的ではなかったことは明白である。最上階の排煙窓も外側を漆喰で塗り塞いでいる。

そして、二階南正面の巨大な出格子窓は、二階の格子窓を左右対称に配置できないことを巧妙に隠す工夫である。一階は十四間の偶数なので問題ないが、二階は十三間と奇数なので、左右対称に窓を配置できない。一階と二階の窓の位置を比べてみると、向かって左側では上下階で窓の位置が一致しているが、右側では位置がずれており、その矛盾をごまかすために二階の中央に史上最大の五間幅もの出格子窓が生まれ、それを正当な意匠に見せるために史上最大の七間幅の軒唐破風が上に設けられた。

その超巨大な唐破風は、雨水の流れが極端に悪くなって雨漏りの原因となるので、破風上の屋根を軒先側に大きく傾け、瓦列の方向を通常の唐破風の葺《ふ》き方とは九〇度変え、軒先側へ直接に雨水を流している。その特殊な唐破風の構造が起因して、破風内には斜めの隙間が生じている。そこに全国唯一の軒唐破風の間が造られ、窓と鉄砲狭間を切っている。

また、三階の四隅にできた屋根裏には極小の部屋を設け、そこに日本史上唯一のゲリラ戦を想定した内向き狭間を切り、落城後に天守を接収しに登閣した敵将を狙撃する計画であった。三階と四階では、軒先の隙間に物入れを設けており、史上初のロフトである。そうした徹底した空間利用の工夫は、天守史上随一の試みである。

構造的にも優れており、他の天守よりも太い柱を用い、隅部には史上初の筋交《すじか》い柱《ばしら》が加えられている。唯一の失敗は、天守中央部に二本の大柱（地階から六階の床下まで貫く）を立てたことで、大材ではあっても材質的に強度や耐久性の低い樅《もみ》の木だったため、梁との接合部の切り欠きで痛めつけられ、腐朽甚大となって後に天守が傾く原因となった。

松江城天守

島根県松江市

豊臣系外様大名の堀尾吉晴《ほりおよしはる》が完成させた四重五階、地下一階の望楼型天守である。一階は平十二間（六尺四寸間）に妻十間もあり、姫路城大天守に次いで現存第二位の大きさである。正面側に一重一階、地下一階の入母屋造の付櫓を設けた複合式天守で、付櫓の地階が天守への入り口になっている。慶長十六年（一六一一）の祈禱札《きとうふだ》が残っているので、それ以前に完成していたことが分かる。

天守本体は、一階と二階を同大に造り、その二重二階の入母屋の大屋根の上に二重の望楼を載せる。大屋根の屋根裏階となる三階の明かり採りとして正面と背面に間口六間の大きな出窓を設け、その上に本体とは別に入母屋屋根を載せている。そうした構造・造形は、信長の安土城や秀吉の大坂城の基本的な特徴であって、宇喜多秀家《うきたひでいえ》の岡山城天守や毛利秀就《もうりひでなり》（輝元《てるもと》が後見）の萩《はぎ》城（山口県）天守にも受け継がれたが、それらが喪失した今では、現存唯一の正統派天守である。

この三階の正面・背面の大きな出窓上の入母屋屋根は、天守本体の重数には算入されていない。それは四階が大きすぎるため、出窓の屋根が四階の外壁に突き当たって止まっているからだ。途中で止まる屋根は本体の屋根とは認められないので、四重天守として扱われているが、五重五階だった萩城天守よりも大きく、実質的には五重五階天守といえよう。

一階（一重目）と二階（二重目）は同形同大平面で、身舎は十二畳大の部屋四室、二十四畳大二室ずつに分かれ、その周囲に二間幅の入側が廻るが、部屋境に敷居・鴨居《かもい》・壁などの間仕切りは現状では全くない（後世の修理で失われた可能性はある）。二階の周囲には二間幅（妻側の隅は一間半幅）の石落が各面三つずつ（正面は二つ）並び、外壁面の過半を石落が占める変則的な構成である。

三階は大屋根の屋根裏階である。二階の入側部分を減じた平八間、妻六間で、妻側に入母屋破風の間、平

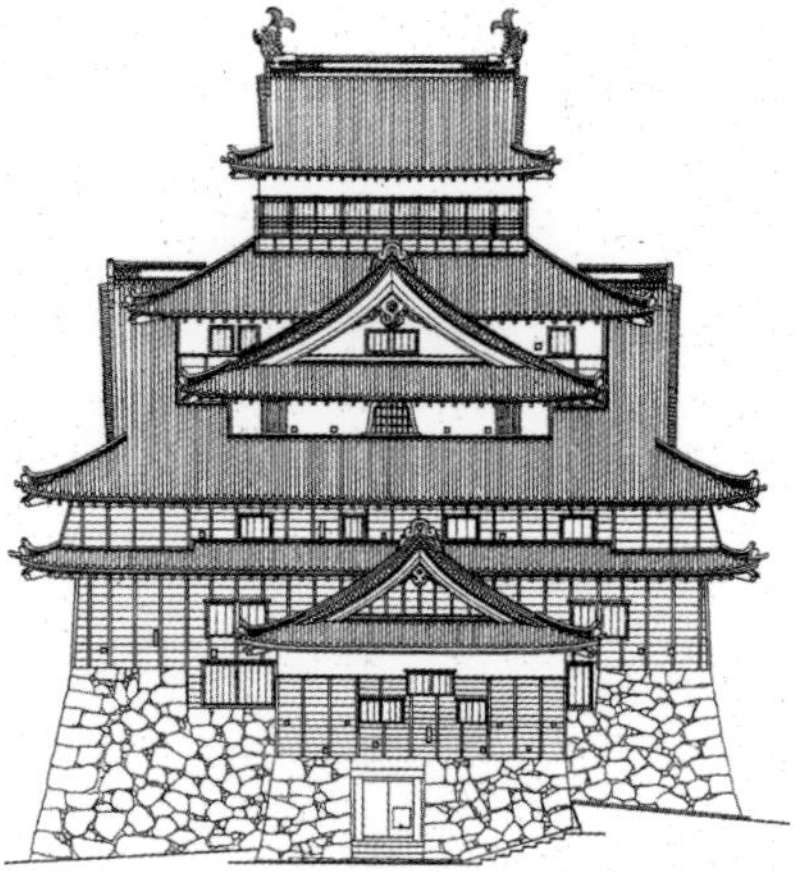

▲松江城天守正面図

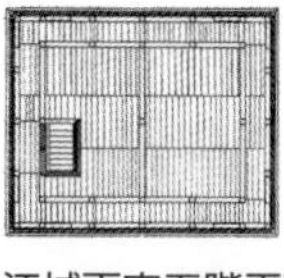

▲松江城天守五階平面図

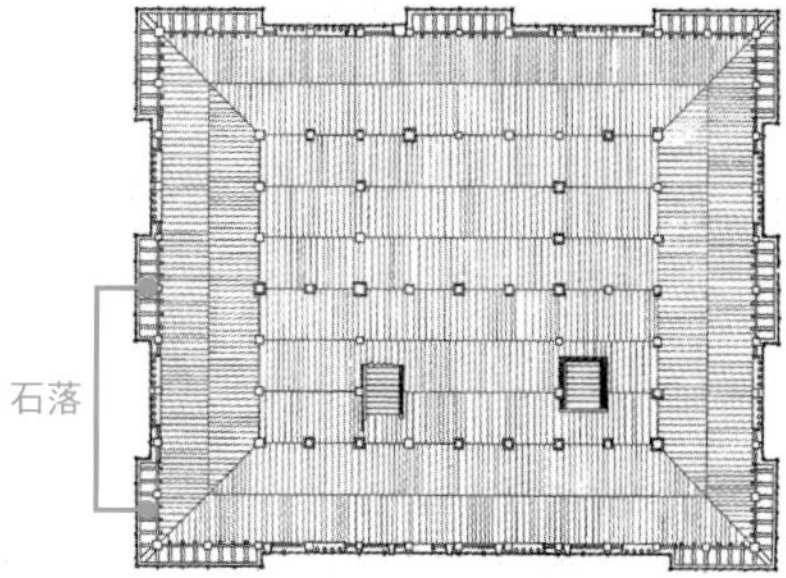

▲松江城天守二階平面図

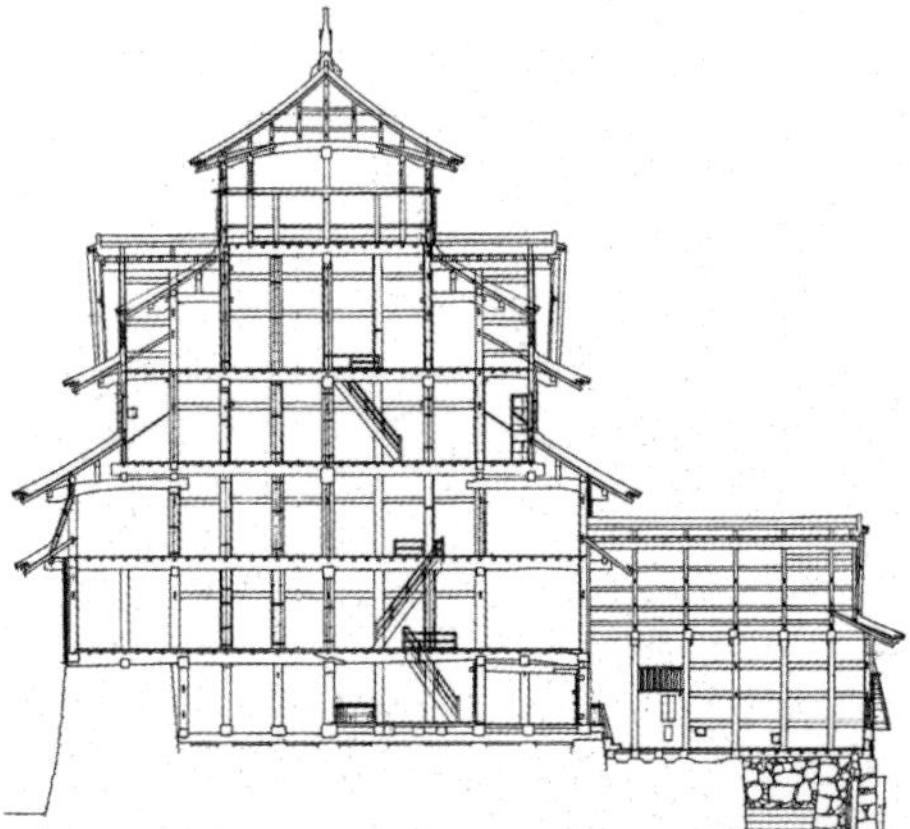

▲松江城天守断面図

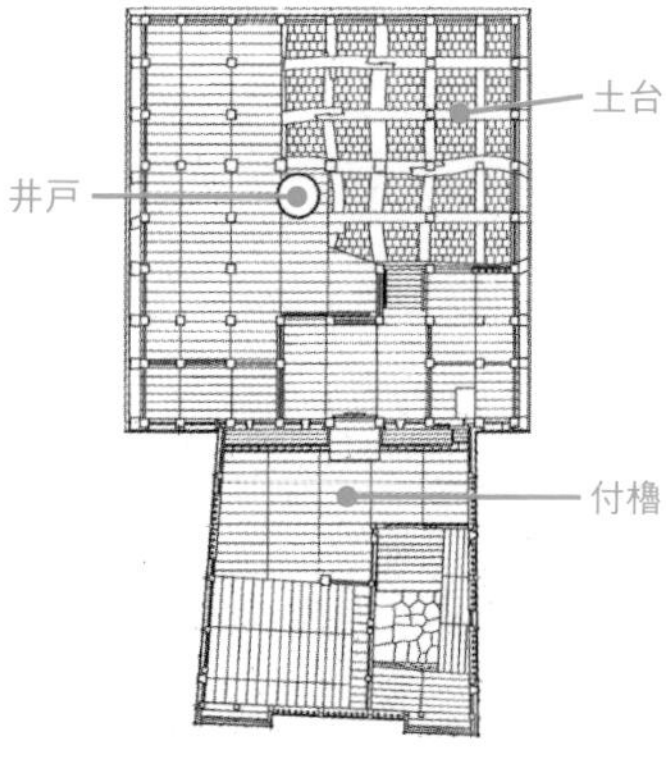

▲松江城天守地階平面図

◀松江城天守
三階の出窓の屋根の納まり。中央が四階の外壁の隅部で、右方の出窓の屋根の端が四階の壁面に当たって止まっている

側に出窓を設けて明かり採りとする。四階（三重目）は三階と同じ八間に六間で、四方に二間幅の破風の間が突出する。最上階の五階は、平四間に妻三間を身舎とし、それを十二畳間（畳は欠失）二室に間仕切る。その周囲の半間幅の入側は、廻縁を室内に取り込んだもので、姫路城大天守とともに関ヶ原以降の望楼型天守の典型である。

外観については、望楼型の基部、屋根裏階の明かり採り出窓、最上重にそれぞれ入母屋破風を設け、それ以外には全く破風を設けておらず、その点で古式である。また、漆喰塗りの白壁を極力減らして下見板張りの黒い板壁で覆った、耐久性を最優先した質実で武骨な天守である。それでいて三階の出窓だけは白壁として華頭窓を付けて飾っており、その一点豪華主義の意匠が大成功を収めている。

防備については、天守前方の付櫓の中に至った敵に対しても、天守本体の地階と一階から執拗に銃撃を加える狭間があり、天守内部における防備性能は史上最強である。また、地階には現存天守で唯一（ほかに浜松城〈静岡県〉・名古屋城）の井戸があり、最後まで籠城を貫徹する気概を見せている。付櫓の石落（袴腰《はかまごし》型）

▲松江城天守
付櫓から見た天守入り口と狭間
◀松江城天守
接柱が並ぶ二階

▲松江城天守
三階の出窓内。窓下の白壁に並ぶのは垂木の尻で、出窓がなければ垂木が斜めに上ってくる

は、姫路城と同様の二方向射撃が可能な新鋭であるが、天守本体の石落（袴腰型）は、天守台石垣が低いことを考慮して二階に開かれている。その石落は、初重屋根の垂木が石落を塞ぐように邪魔をしており、いわば失敗作である。これを隠石落と見るのは誤りで、石落の斜めの外壁はよく目立っている。なお、妻側の二階の側柱に千鳥破風の母屋桁が取り付いたような痕跡があり、「正保城絵図《しょうほうしろえず》」にも比翼千鳥破風が描かれているので、当初は石落ではなく千鳥破風があったという指摘もある。その場合は、破風の床面に石落が設けられていたかもしれない。

天守地階の柱は碁盤目に渡された太い土台に立ち、天守本体の大重量を土台で分散させて地盤に伝える構造がよく見える。安土城以来の高層建築特有の構造を忠実に守っている。

また、築城当時の森林資源枯渇によって太い柱材が十分に得られなかったことに対処して、細い柱（古材も混じる）を厚い板で包んで太い柱とする「接柱《はぎばしら》」の技法が用いられている。日本初の集成材の柱であった。同時期に堀尾吉晴が奉行を務めた豊臣秀頼の出雲大社本殿、また秀頼が建てた京都方広寺《ほうこうじ》大仏殿にも接柱が

▲松江城天守
地階の井戸

松江城天守
▶二階の石落
◀内側から見た石落

使われ、その後に方広寺大仏殿を参考にして再建された東大寺大仏殿にも接柱が使われた。日本の建築史上で燦然と輝く最先端技術であった。

丸岡城天守

福井県坂井市丸岡町

二重三階の望楼型天守であり、付櫓や小天守を従えない独立式天守である。望楼型の古風な外観から天正四年（一五七六）の丸岡城創築時に建てられた天守とする説があるが、築城開始年を天守の建築年代とする根拠は全くなく、正しくない。慶長十八年（一六一三）の古絵図に、天守台が描かれているにもかかわらず天守の姿が見えないので、それ以降に再建されたものである。最上階の三階を三間に四間としており、三間四方が基本であった関ヶ原の戦い以前の天守より進化していること、三階の妻側はその三間の長さを四等分して柱を密に立てる新型であること、一階内部に部屋の間仕切りがないことなどから、元和・寛永期（一六一五～四四）に城主の本多成重《ほんだなりしげ》が再建した可能性が高い。成重は慶長十八年に親藩の福井城主松平忠直《ただなお》の付家老・丸岡城主となり、忠直改易《かいえき》後、寛永元年（一六二四）

▲丸岡城天守側面図

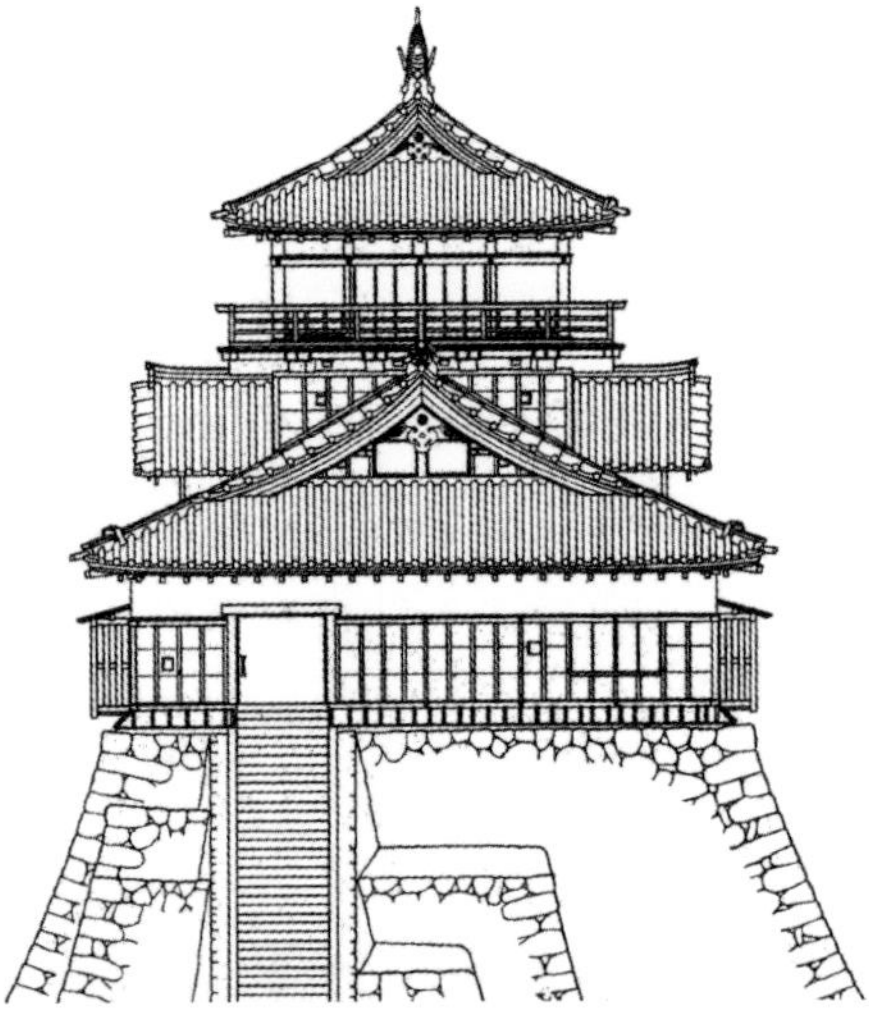
▲丸岡城天守正面図

に四万六千石の譜代大名として丸岡城主となっている。丸岡城天守に見られる強い地方色（後述）は、古くから家康の家臣だった本多家の天守だからであろう。

一階の側柱は天守台石垣の天端石《てんばいし》上には立てられず、その内側に大きく引いて据えられた礎石上に立てられており、類例がない。また、長辺方向の中央の柱列は、昭和十二年（一九三七）の修理までは掘立柱《ほったてばしら》であった。地下約一メートルの深さに礎石を据え、その上に立つ柱の地中部は防腐のため厚い板で巻き、さらに漆喰が塗ってあった。当初は総ての入側柱も掘立柱であったことが発掘調査によって判明している。

ただし、そのような構造は変則的であるので、天守台天端から深さ一メートルほどのごく浅い掘り込みを床下に設けた、中途半端な穴蔵（地階ではない）であって、天守荷重を天守台内部のなるべく低位置に掛けるための工夫だったと考えられる。その場合は、貞享五年（一六八八）の改修時にその浅い穴蔵を埋め、中央列の柱だけを掘立柱として当初の深さに礎石を残したものとなろう。なお、姫路城大天守地下で発見された秀吉時代の天守は、深さ二メートルほどの浅い穴蔵（正

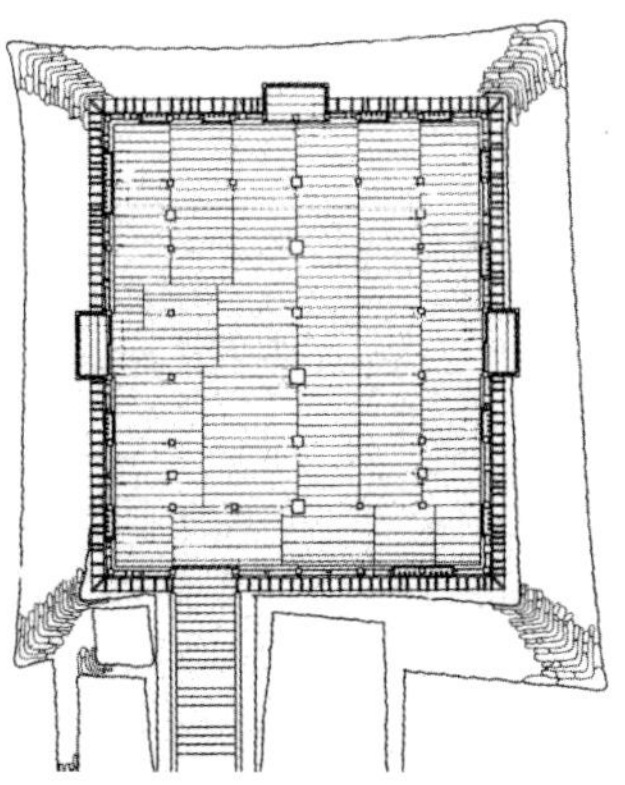
▲丸岡城天守一階平面図

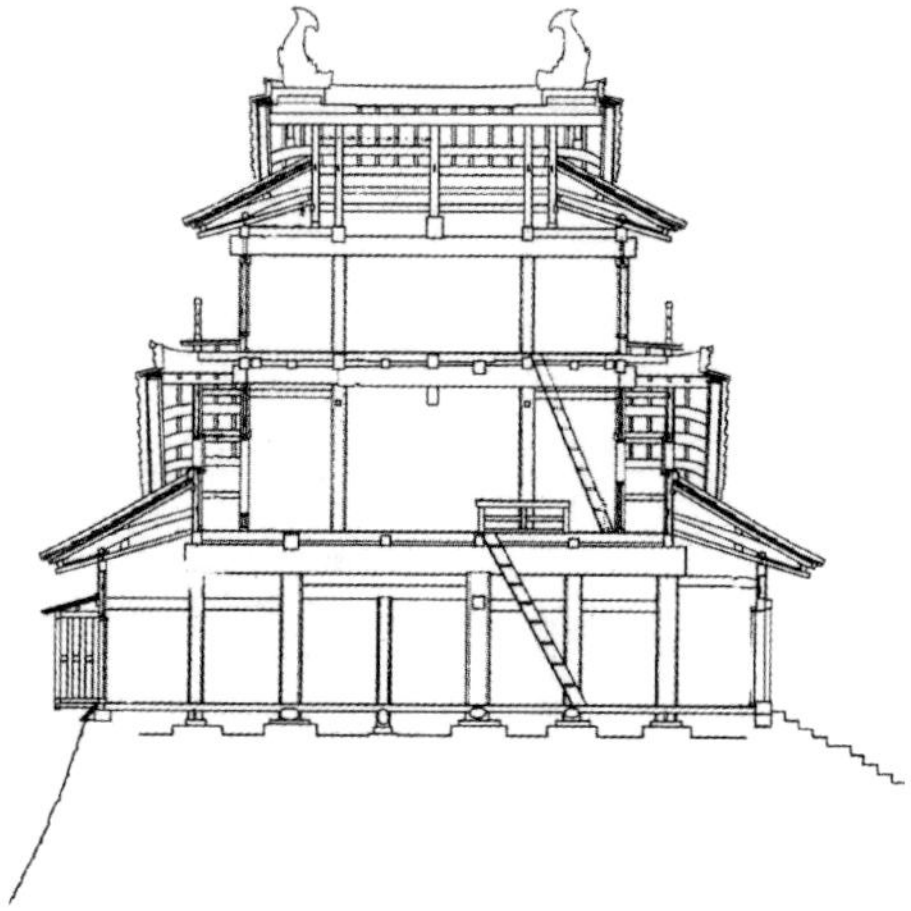
▲丸岡城天守断面図

確には極めて深い床下）をもっていたことが判明しており、丸岡城天守も当初はそうした浅い穴蔵（換言すれば極めて深い床下）をもっていたと考えられる。

一階（一重目）は平七間（六尺三寸間）に妻六間で、周囲一間を入側とし、その内の五間に四間を身舎として棟通りで二十畳大の二室に分けるが、部屋境に間仕切りは全くない。身舎は棟通りに異様に太い牛梁を通し、それに直交させて梁を載せる。しかし、入側には梁がなく、天守建築としては極めて異例である。一階の上を覆う一重目屋根は、望楼型の基部となる入母屋造である。下から見える化粧垂木とは別に、その上に桔木《はねぎ》と野垂木《のだるき》を掛けており、すなわち軒先が二重構造の屋根（上部の屋根を野屋根《のやね》という）になっている。野屋根は御殿や社寺建築の技法であって、天守では最上重にしか用いられない構造である。姫路城大天守の基部の大屋根でさえも使われない技法で、この点も異例である。

二階は四間に三間で、望楼型の屋根裏階である。平

▲丸岡城天守
一階入側の化粧垂木（下列）と野垂木（上列）

▲丸岡城天守　三階の中敷居と窓

▲丸岡城天守　石瓦

側の前後に切妻造の出窓を設けて明かり採りとする。三階（二重目）は二階と同大であって、内部を一室とし、室内に二本の柱を立てて牛梁《うしばり》を支える。三階には廻縁があるが、室内との境に中敷居《ちゅうじきい》があり、縁板が室内の床より高い位置にあるので、廻縁に人が出ることは想定されていない。すなわち飾りの廻縁である。

この天守の屋根瓦は、石を削り出して作った石瓦《いしがわら》葺《ぶき》で、寒冷地に対応するものである。

高知城天守

高知県高知市

延享四年（一七四七）に再建された、四重六階の望楼型、独立式天守である。江戸時代中期に旧式となって久しい望楼型天守を再建したのは、初代藩主の山内一豊《かずとよ》（豊臣系外様大名）が慶長六年（一六〇一）から築城を始めた高知城の初代天守の再現を目指したからであろう。初代天守は享保十二年（一七二七）に焼失している。本丸の城壁が鈍角で折れ曲がる鎬隅《しのぎすみ》（慶長創築時以来の縄張）に建てられ、独立した天守台はなく、本丸御殿と地続きの平地に建つ。したがって石垣には一階の一面だけが載り、残り三面は平地から直接に立ち上がる。

一階（一重目）と二階（二重目）は同形同大の平面で、平八間（五尺八寸間）、妻六間（六尺六寸間）であるが、平は六尺六寸間の七間を八等分した柱間寸法として設計されたと考えられる。したがって平と妻で一間の長さが相違しており、斬新である。一階・二階ともに間仕切りはなく、身舎と入側の明確な区別はないが、柱列を見ると、中央に四間四方（ただし、柱間寸法は相違）の広い部屋を置き、その両妻側に二間四方の部屋を二室ずつ、平側に幅一間、長さ八間の入側に類するものを配している。四間四方という梁間の大きな部屋は、最上階を除いて天守には使われない規模であって、極めて異例である。

この四間四方の直上に三階と四階（三重目）が位置し、そのまま三・四階の平面規模となっている。二重目の屋根は望楼型の基部の入母屋造であり、三階はその屋根裏階である。したがって、三階の両妻側には入母屋破風の間が設けられ、また平側にある大きな千鳥破風については、背面側（御殿側）にだけ破風の間を設ける。五階は三重目の屋根裏階であって窓がなく、階高は二メートルもなく、五階の床梁《ゆかばり》が床面より上に

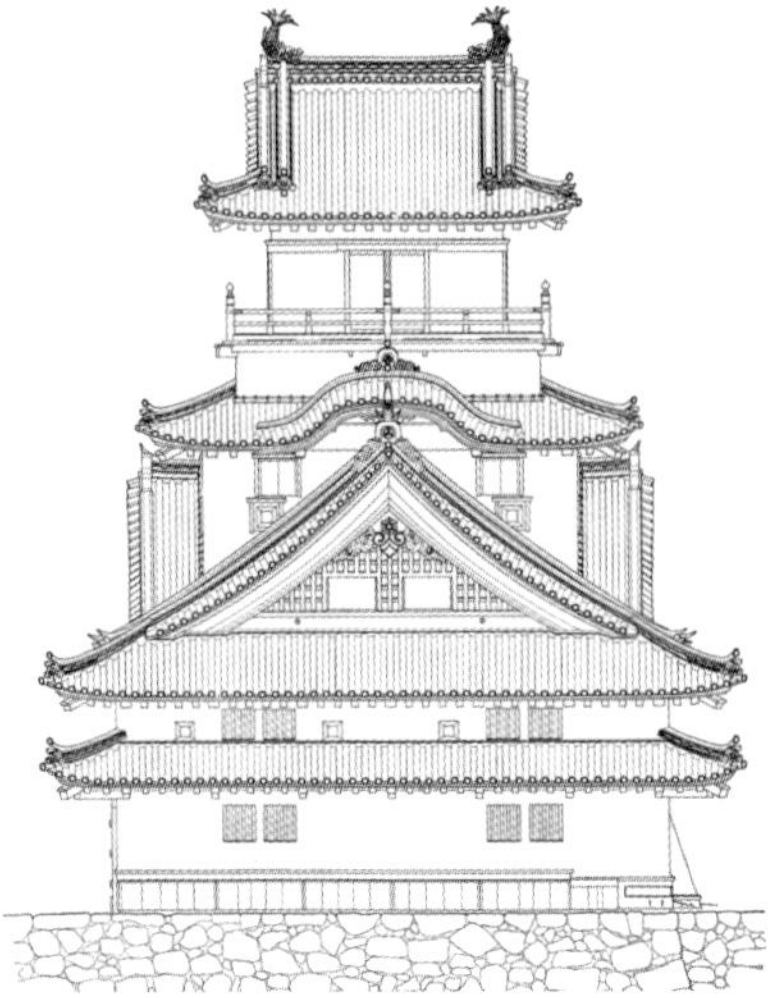

▲高知城天守側面図

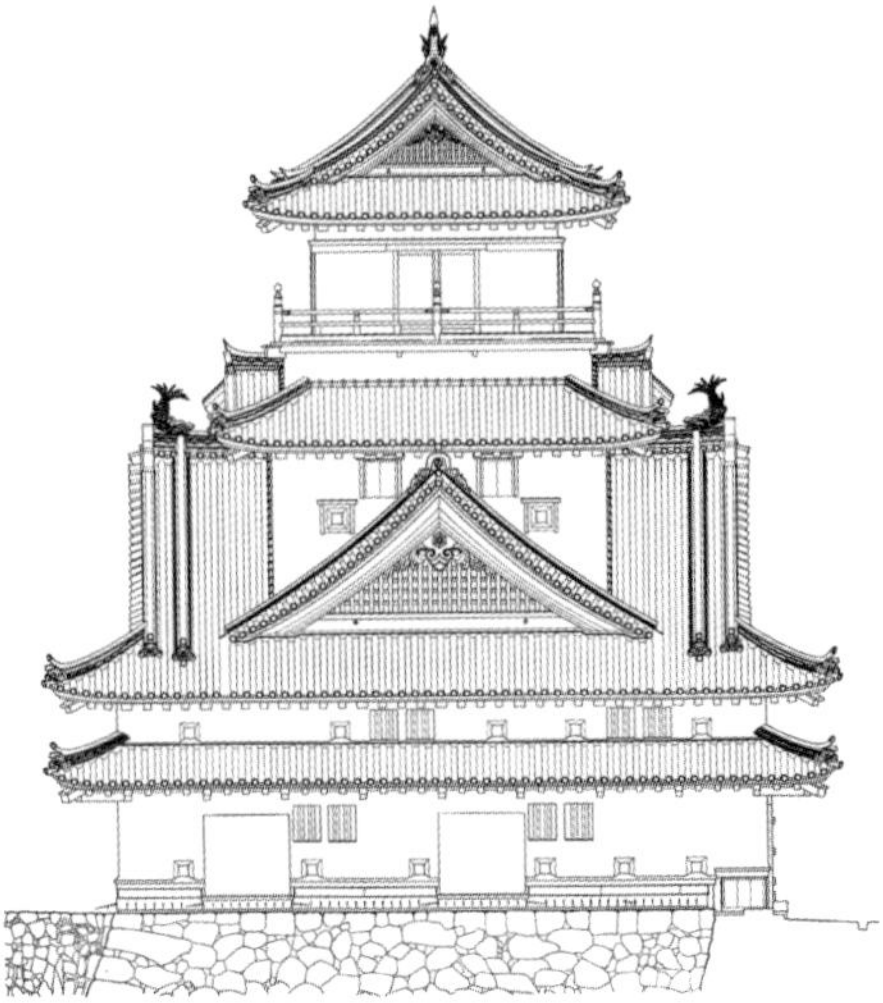

▲高知城天守正面図

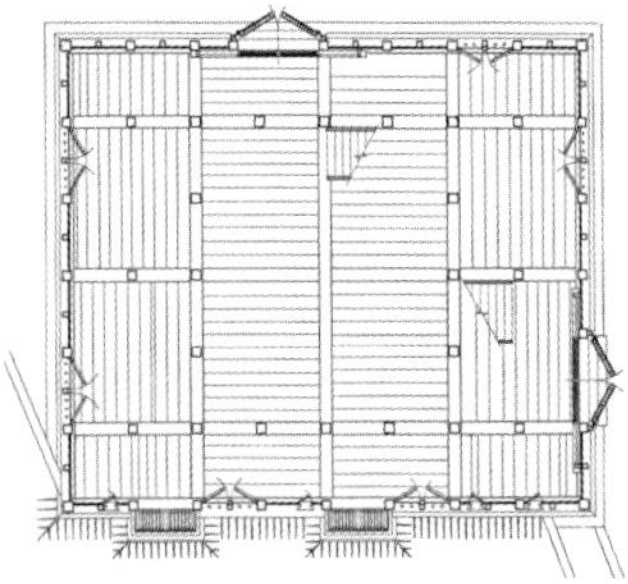

▲高知城天守一階平面図

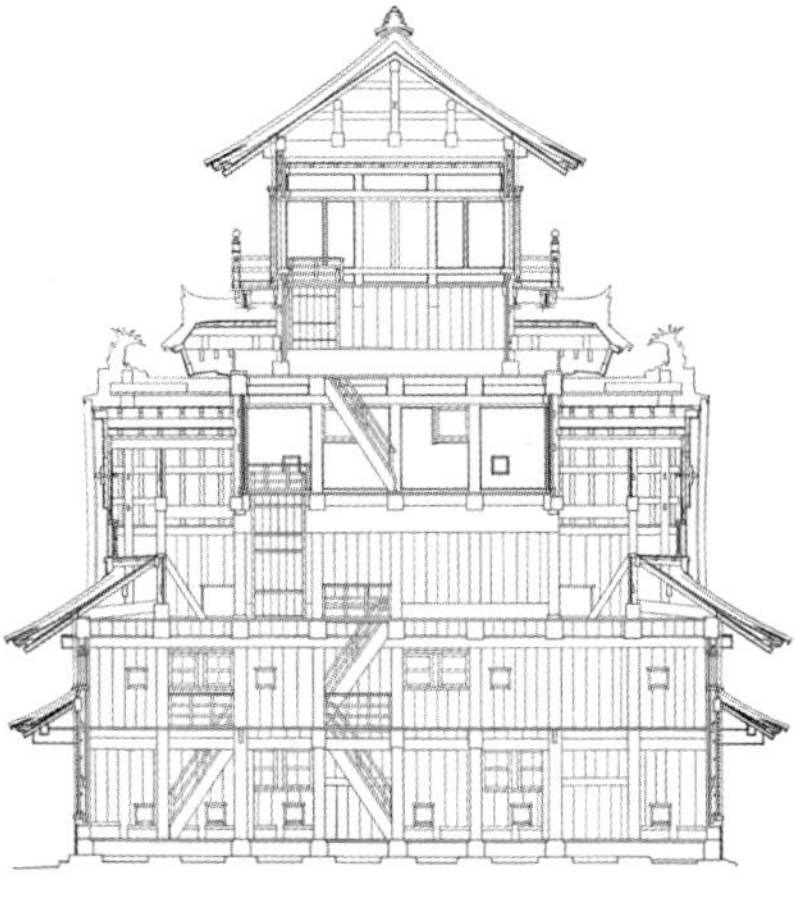

▲高知城天守断面図

◀高知城天守
五階。最上階（六階）下の屋根裏階で、窓がなく、階高も著しく小さい。左下に見える大材は四階の梁で、変則的に五階の床上に渡る

渡されているので、これをただの屋根裏とみなして階数に参入しない場合（四重五階天守として重要文化財指定）もある。五階・六階は、同大の三間（五尺六寸間）四方であるが、六尺五寸間の二間半を三等分したものである。六階の周囲には半間幅の廻縁を設ける。

高知城天守の外観は、二重二階の入母屋造の大屋根上に二重の望楼を載せた典型的な望楼型天守の形態を見せる。大屋根から上で大きく逓減し、最上階を廻縁付きの三間四方とすること、大屋根と最上重で入母屋破風の向きを直交させること、大屋根の平側に明かり採りの大きな千鳥破風を設けること、それらの点で初期の三重や四重の望楼型天守の形態を忠実に継承している。柱間寸法や間取りについては新時代の好みに従っているが、おおむね豊臣時代の大名衆の天守の趣を伝える現存唯一の天守といえよう。

なお、高知城の初代天守については、廻縁の設置を一豊が切望したと伝わる。四国に廻縁をもつ天守はないと重臣らが反対したが、幕府の許可を得て廻縁を設けたという。この伝承の真偽はともかく、一豊の初代天守の姿は土佐藩において尊崇されており、そこに確信的時代後れ天守が再建された理由があるようだ。

また、各階の階高は、現存天守中では最も低く、弓矢の使用が困難になっている。総高は四階建ての天守に近い。外壁は白漆喰の塗籠とし、一階・二階・四階には極めて大きな鉄砲狭間を開く。石垣に面して石落を二カ所設け、石落を含めて一階外壁の下端に忍《しの》び返《がえ》しの剣先を並べており、防備は厳重である。

▲高知城天守　大きな鉄砲狭間

▲高知城天守　忍び返しの剣先

第二節　現存の層塔型天守

松本城天守

長野県松本市

石川数正《かずまさ》・康長《やすなが》が文禄元年（一五九二）頃に建てた三重四階の望楼《ぼうろう》型天守に、慶長二十年（一六一五）頃に譜代《ふだい》大名の小笠原秀政《ひでまさ》が五重六階の層塔《そうとう》型天守を加え、旧天守は層塔型に改造されて乾小天守《いぬいこてんしゅ》となった。さらに親藩《しんぱん》大名の松平直政《なおまさ》が城主だった寛永十年（一六三三）から十五年に一重一階、地下一階の月見《つきみ》櫓《やぐら》と二重二階の辰巳《たつみ》（巽《たつみ》）付櫓《つけやぐら》が増築されて現在の姿となった。天守と乾小天守は二重二階、半地下一階の渡櫓《わたりやぐら》で結ばれた連結式、天守と辰巳付櫓・月見櫓は複合式に接続しており、現存唯一の複合連結式とも称される。乾小天守・天守・辰巳付櫓の最上重の入母屋《いりもや》破風《はふ》の向きは意図的に交互に変えられており、天守群の造形美を醸し出している。二度の増改築でできた複雑な造形の見事な天守群である。

乾小天守は、石垣の築造技術が低いため、やや平行四辺形に歪んだ天守台に建ち、その一階（一重目）も、やや歪んだ平《ひら》五間《けん》（六尺間）に妻《つま》四間（六尺七寸五分間）である。平と妻で柱間《はしらま》寸法を変えているが、妻側の柱間を長くすること、また梁間《はりま》の全長を二十七尺という完数値とするのは、室町時代の掘立柱《ほったてばしら》建物に一般的に見られる特徴であって、古式かつ地方色（三河地方）である。高知城天守でも平と妻で柱間寸法の相違が見られるが、それは七間を八等分して柱を密に立てる新式技法なので、同類として扱ってはならない。さらに乾小天守では、側柱のほぼ全部と室内の独立柱に丸太材を用いていることも注目され、室町時代の掘立柱建物の特徴を残している。これを建てた石川数正は、かつて徳川家康の重臣であって、三河地方の旧式な建築

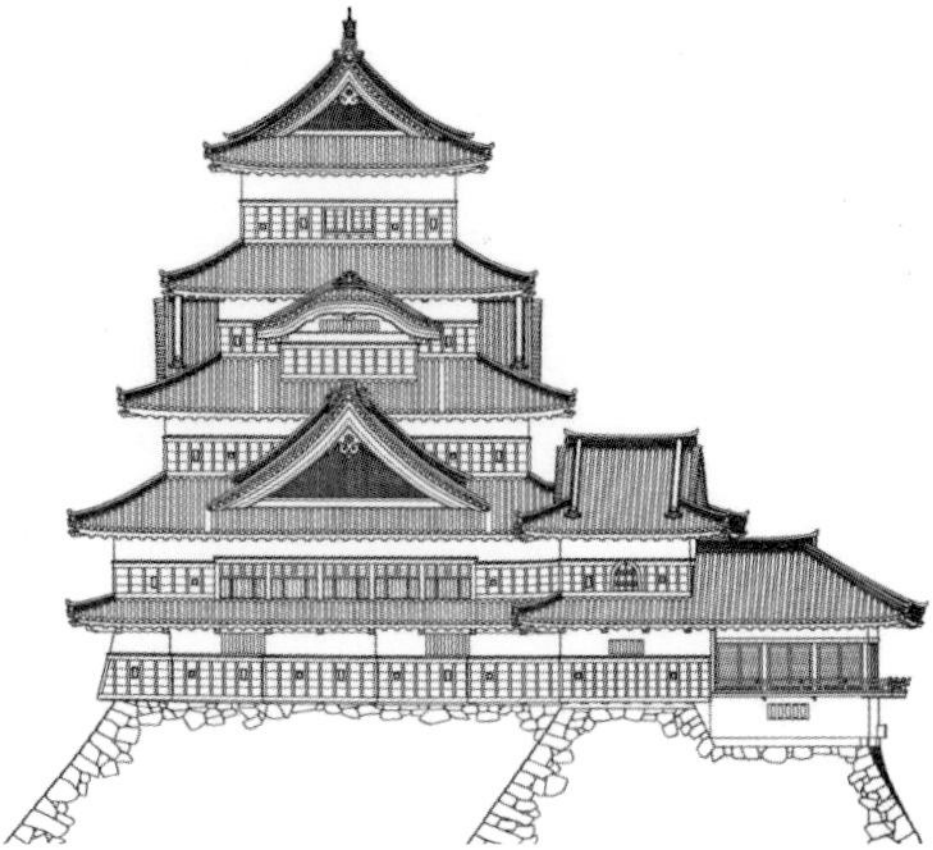

▲松本城天守正面図

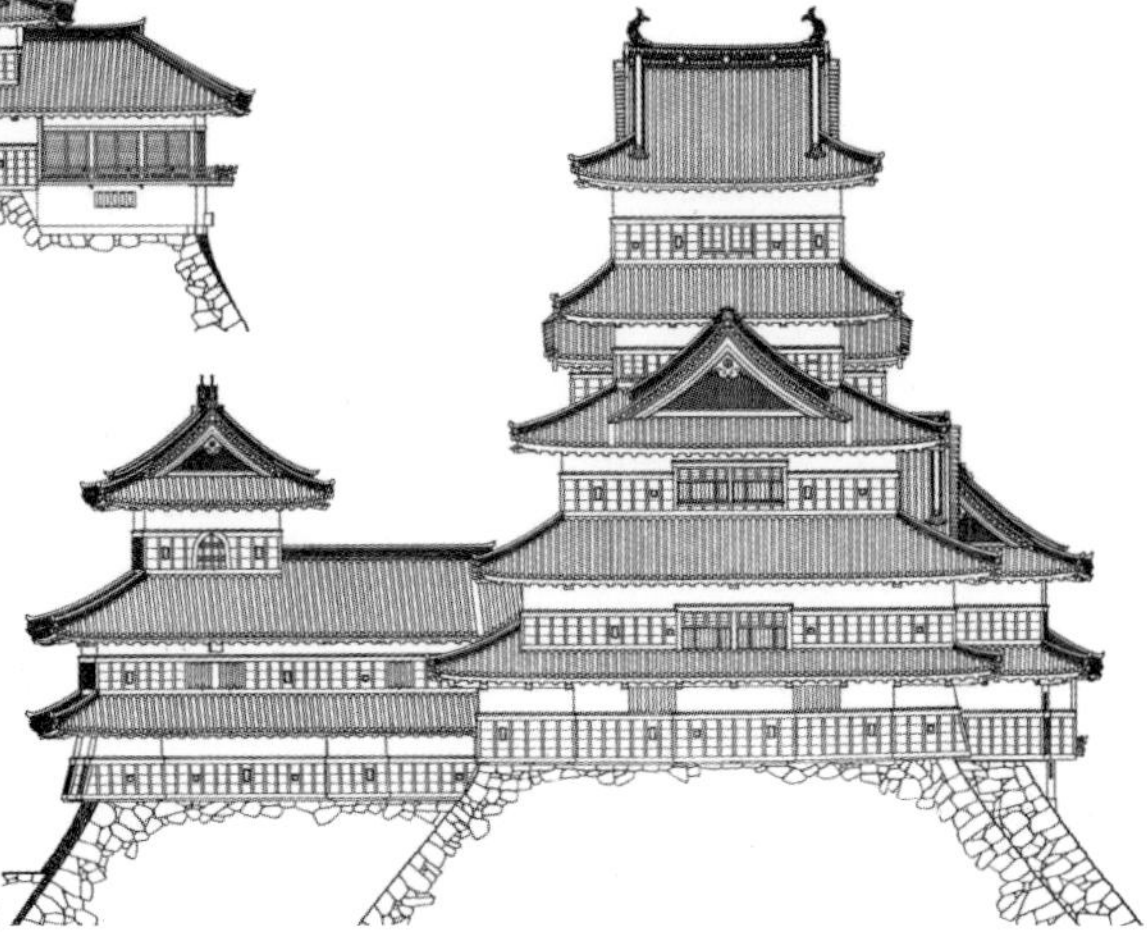

▲松本城天守側面図

▲松本城乾小天守
一階の丸太柱

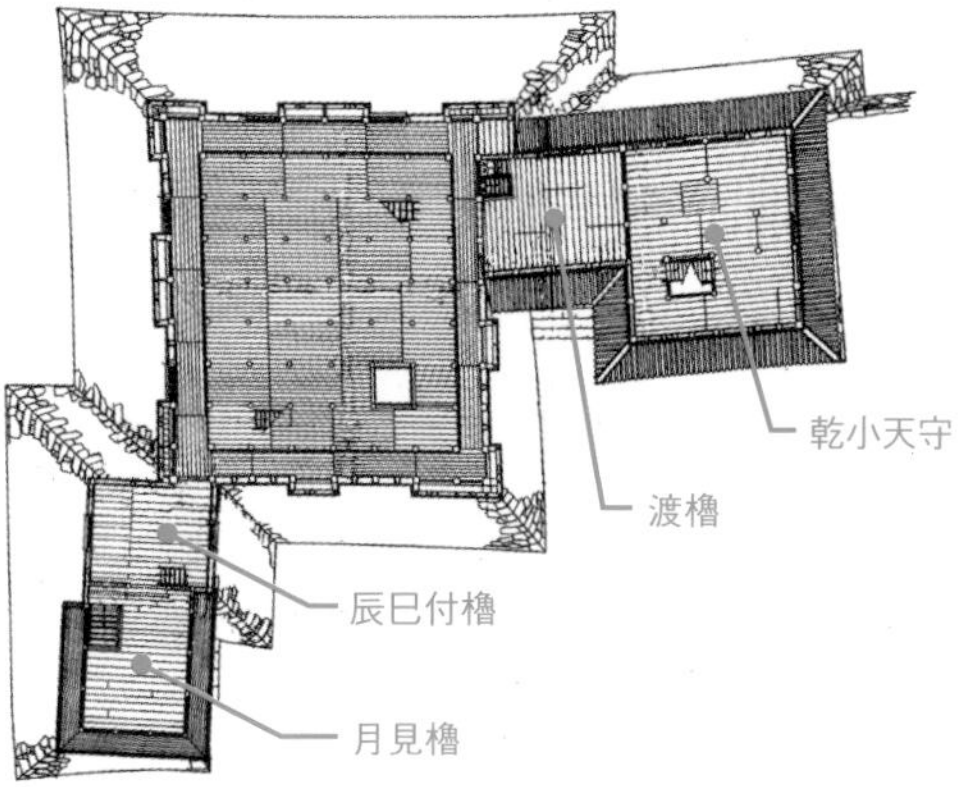

▲松本城天守一階（乾小天守・渡櫓・辰巳付櫓・
月見櫓）平面図

技法を天守という新時代の建築に応用した結果と考えられる。六尺間も三河地方の柱間寸法である。

乾小天守の二階（二重目）は一階と同形同大平面で、ともに内部は一室となっていて身舎《もや》と入側《いりがわ》の区別はない。三階は二重目屋根の屋根裏階で、同大の四階（三重目）が上に載る。最上階の四階は、関ヶ原以前の天守の定型である三間四方であるが、平は六尺間、妻は五尺間である。この五尺間については、梁間の全長を十五尺の完数値としたもので、一階と同じ地方的な設計方法と考えられる。天守として文禄創建当初は望楼型であったが、五重天守の増築時に新型の層塔型に改造されたと考えられる。三階が層塔型天守には通常はない屋根裏階であるのは、二重目屋根が当初は望楼型の基部の入母屋造であったからにほかならない。創建当初は、二重二階の入母屋造の基部の上に望楼を上げた、典型的な望楼型天守だったと推定され、現状でも現存最古の天守の風格を見せる。

天守は層塔型であるが、天守台が平行四辺形に歪み、四重目から五重目への逓減《ていげん》が乱れて四重目屋根の勾配《こうばい》が左右と前後で相違し、また層塔型なら五重五階となるべきなのに五重六階と重階不一致である。望楼型を無理矢理に層塔型としたような特異な天守で、整然と上重が逓減する一般的な層塔型天守とは一線を画すが、古式な層塔型というよりは望楼型の構造を残して層塔型の外観を実現した独特な形式と考えられる。また、一階（一重目）は、北西隅の一間四方の突出部を除いて、平（南・北面）九間（六尺五寸間）、妻（東・西面）八間（同）であって、小さな平面で五重天守を実現した効率の良さが評価される。

基準柱間寸法は、乾小天守が六尺間の田舎間《いなかま》（江戸《えど》間《ま》）であるのに対し、天守は六尺五寸の京間《きょうま》を用いており、明らかに両者の建築年代や施主は異なっている。四階・五階に層塔型の新式梁組《はりぐみ》が見られること、

▲松本城天守
一階入側。左方が身舎、右は石落

最上階の六階が廻縁《まわりえん》を取り込んだ四間四方であることなどから、小笠原秀政による慶長二十年（元和元年〈一六一五〉）頃の建築としてよいであろう。

　一階は天守台の歪みに合わせて平行四辺形に歪んでいる。五重天守としては異例なことに、入側が一間幅と極めて狭い。通常なら平面の歪みは入側の幅で調整し、身舎は矩形《くけい》に整形するところであるが、入側の一間幅を一定に取ったため、身舎が平行四辺形に歪んだままである。さらに入側は身舎より床高が五〇センチメートルも低く、入側柱《いりがわばしら》筋で大きな段差を生じている。その理由は、五重天守としては異例に一階の階高が八尺五寸（約二・五八メートル）しかないにもかかわらず、一重目屋根（腰屋根《こしやね》）を支える腕木《うでぎ》の延長が入側の梁となっており、低い位置にその梁が渡る。そのため、入側梁下が低くて五尺六寸しか取れなかったので、やむなく入側の床高を下げたものである。身舎については、床下には太い土台が渡されているため、床高を下げられなかった。もちろん、以上のような類例はほかにはない。

　さらに珍しいことに、一階においては、柱が一間間隔で縦横に立つ総柱《そうばしら》である。そのため身舎は部屋に区画されておらず、一体となっている。しかし、梁の架かり方や柱材の新旧および礎石の配置などからすると、当初からの総柱ではなく、後世の修理によって柱が補加されたものである。当初は、身舎中央の梁間方向に一間幅の通路が通り、その両側に十二畳大の部屋が三室ずつ間仕切られていた。そのような間取りは他の天守に全く類例がなく、松本城天守は全国の天守の系譜に乗らない独特のものだったことが分かる。なお、一階の総柱の例として丸亀城天守が挙げられるが、その総柱は創建時からの補強であって類例とはいえない。

▲松本城天守
一階入り口（渡櫓側）

　一階への入り口は、乾小天守と結ぶ渡櫓の一階から半間幅の木階を上るものであるが、五重天守の入り口としては狭すぎであり、敵の侵入を妨げる工夫としても欠陥である。なお、辰巳付櫓・月見櫓の増築後は、その一階どうしが一間幅の開口部で繋がっており、月見櫓地階から付櫓を通って天守へ入る通路に変更されたと考えられる。

二階（二重目）は、北西隅の突出部がないことを除いて一階と同大平面であり、入側は一階と同様に一間幅である。現状では、ほぼ総柱であるが、一階と同様に後世の改造である。身舎の間取りは一階とは相違して、十八畳大二室、十二畳大三室を取り、残りを小部屋三室としていたらしい。三階は二重目屋根の中に埋没する屋根裏階である。平側の南面に千鳥《ちどり》破風《はふ》の間《ま》を設けており、明《あ》かり採《と》りとする。

四階（三重目）は三階と同大の平七間、妻六間で、一間幅の入側を取り、平側の南面に千鳥破風の間（三階の千鳥破風の間の上階）を設ける。四階は階高が大きく、身舎に長押《なげし》を打っており、最上階の六階とともに格式が高い。

五階（四重目）は、平五間、妻四間で、平側に唐《から》破《は》風《ふ》造の出窓、妻側に千鳥破風の間を突き出す。最上階の六階の床高を上げるために階高が大きい。六階は三間四方の身舎の周囲に半間幅の縁側を廻したもので、合わせて四間四方となる。五階平面からは、東西方向は一間逓減するが、南北方向は逓減せずに同規模となっており、そのため南・北面の四重目屋根が著しく急勾配となり、造形的に無理が生じている。東・西面は緩勾配《かんこうばい》のため、四重目屋根は振《ふ》れ隅《すみ》になっており、

▲松本城天守
四階。柱には長押が廻る。長押は四階と最上階の六階だけにあり、城主が登閣した際の着座の間と考えられる

天守を斜め四五度方向から眺めると、隅棟《すみむね》の方向が四重目だけ相違していて美しくない。

　天守台は広大な水堀に面した軟弱地盤に築かれているので、天守の重量を支えるために天守台内に太い木造の地下杭が四本ずつ四列に合計一六本埋め込まれていた。長さ約五メートル、太さ三八センチメートルほどの栂《つが》の丸太材で、地下の固い地盤まで達しており、杭どうしは太い胴差《どうざし》で縦横に結ばれていた。杭の頂部は、一階身舎の土台を支えていたが、昭和三十年（一九五五）の解体修理時には完全に腐朽してしまっており、構造的には全く役立っていなかった。地下杭は現代建築に用いられる工法であるが、天守に応用されたのは稀有の例である。

　松本城天守は層塔型であるが、二重二階までを同大に造ること、三階が二重目の屋根裏階になっていることは望楼型の特徴である。また、層塔型では上下階で柱筋が揃わないのが一般的であるのに対して、ほぼ総ての柱筋が揃っており、この点も望楼型である。層塔型では一重目の妻側に最上重の入母屋破風が向くが、松本城では最上重の逓減を平と妻で相違させることによって、最上重は入母屋破風を一重目の平側に向けている。平側正面に最上重の入母屋破風を見せることも望楼型天守の特徴である。また、各重の軒先は、総て野屋根《のやね》を設けた二重構造になっており、それは天守ではなく社寺建築の構造である。一階・二階の入側が幅一間しかないこと、一階の身舎の間取りが類例のないものであること、最上重の特殊な逓減の仕方などを考え合わせると、松本城天守は独特かつ地方的な作品であるといえよう。

　なお、現状では、二重目屋根の平の南面に千鳥破風、

▲松本城天守
四重目屋根の振れ隅。写真上方の隅棟の方向が相違する

三重目屋根の平（四階）に唐破風造の出窓、妻に千鳥破風を設けている。創建当初（あるいは建造中に計画変更）は、一重目屋根の妻側西面の上（二階）に切妻《きりづま》造《づくり》の出窓、二重目屋根の平側北面東寄りに入母屋破風（千鳥破風が端に寄ったもの）があったことが柱に残る痕跡から推定され、二重目屋根の現状の大きな千鳥破風は小さな比翼《ひよく》千鳥破風だったと推定されている。

外壁は下見板《したみいた》張りである。昭和修理の際に漆塗りの痕跡が見つかったため、現状では高級な黒漆《くろうるし》塗《ぬ》りに復元されている。豊臣大坂城など関ヶ原以前の一部の天守は、外壁を墨塗りではなく黒漆塗りとしていたと考えられるので、松本城天守はその伝統を守る唯一の天守である。

松本城月見櫓は一般的な城郭建築とは異質である。ほかの四棟が黒漆の下見板張りであるのと対照的に、月見櫓の半地下階の外壁は塗籠《ぬりごめ》の白壁で、その上に廻縁が突き出されている。廻縁の高欄《こうらん》は、隅部が交差して先端を少し跳ね上げる跳高欄《はねこうらん》で、神社本殿などに使われる最高格式の高欄であって、城郭建築には使われることのない高貴な意匠である。その一方、月見櫓の屋根は、城郭建築では最低級とされる寄棟造《よせむねづくり》になっており、正統な入母屋造としていない。隣接する辰巳付櫓の入母屋造と変化をつけ、月見という風雅な趣を醸し出すために、あえて寄棟造が選択されたようで、高度な美意識が感じられる。

▲松本城月見櫓
廻縁を設けた楼閣建築で、白木の柱を見せた真壁造。柱間には御殿に使う舞良戸を引違いに建てる。右方は辰巳付櫓

丸亀城天守

香川県丸亀市

三重三階の層塔型天守である。万治三年（一六六〇）に外様《とざま》大名の京極高和《きょうごくたかかず》が建てたといわれているが、その年代は三階の壁体に塗り込められていた祈禱札《きとうふだ》によるものなので、天守の建築年代とはいえない。先代城主であった外様大名の山崎家治《いえはる》が正保二年（一六四五）に幕府へ提出した「正保城絵図《しょうほうしろえず》」に天守の姿図《すがたず》がすでに描かれていること、その絵図作成時に普請《ふしん》中だった石垣については姿図がなく単線で示され、黄色の付紙《つけがみ》が貼られ、「黄ノ付紙之分石垣、当年大形出来可仕候」と記されていることと合わせてみれば、天守は正保二年には内壁の仕上げはともかく一応完成していたことが明白である。なお、同絵図には「矢倉六間五間」と記されており、天守ではなく櫓として申告されてい

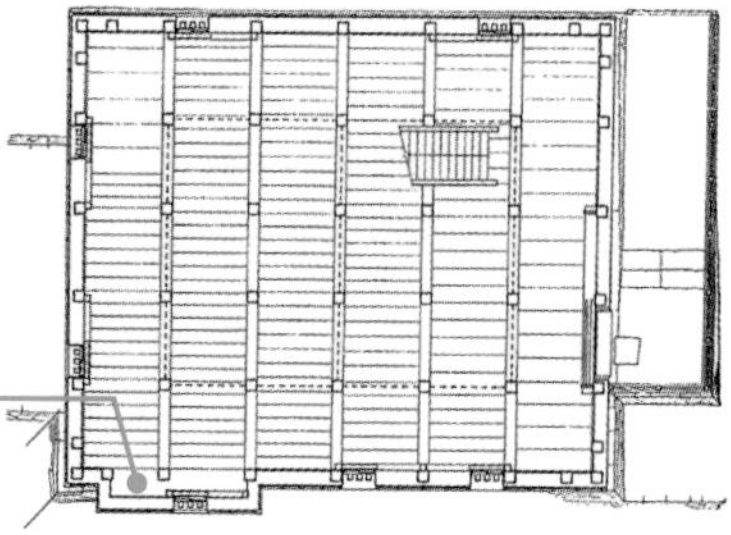

▲丸亀城天守一階平面図

▲丸亀城天守正面図

▲丸亀城天守側面図

▲丸亀城天守
一階身舎の見上げ

▲丸亀城天守
二階身舎隅部に並び立つ３本の入側柱

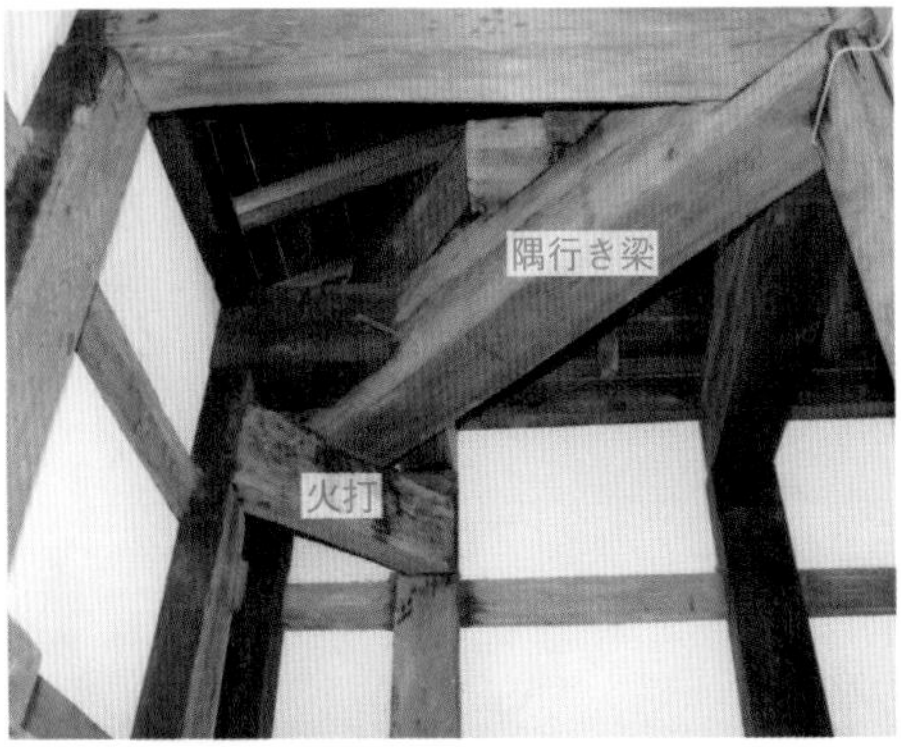

▲丸亀城天守
一階の火打

▲丸亀城天守
三階の隠大筒狭間　床面近くに切られた大きな狭間で、風雨防止のために狭間内を壁で塗り塞いでいる

◀丸亀城天守
三階正面の窓。窓の外側に白木の連続した格子を取り付けて一連の大きな格子窓に見せ掛けたもので、一種の出格子窓ともいえる特殊な形式

る。

　天守は本丸の隅部ではなく、本丸北正面の中央部からやや二の丸寄りに建つ。現在は独立しているが、かつては東西両側には多門櫓《たもんやぐら》が接続しており、その多門櫓の中から天守へ入った。したがって、現状は独立式天守であるが、当初は一種の複合式であった。

　一階（一重目）は平六間（六尺三寸間）に妻五間（中央六尺一寸間、両脇六尺三寸間）で、北正面の東に寄せて石落《いしおとし》を出す。妻側の身舎柱間寸法をわずかに短くするのは、石垣の築造誤差の調整であろう。内部には当初から畳は敷かれておらず、間仕切りも全くないが、内法貫《うちのりぬき》より上方に小壁《こかべ》を付けることによって、周囲一間を入側とし、身舎は十二畳大の二室に分かれることを示している。その十二畳大の部屋の内部に独立柱を二本ずつ配して構造補強をしているので、結果的に一階は総柱になっている。

　また、側隅柱に近寄せて側柱を二本ずつ立て加え、その頂部に火打《ひうち》（隅部において隅木《すみぎ》と直交する方向に渡された短い梁）を渡して隅行き梁《すみゆきばり》を支える補強がなされている。火打を用いた現存最古の天守であって、この時期以降、多くの天守で火打が応用されるようになった。また、その隅行き梁は入側隅柱を越えて室内の独立柱に達しており、珍しい補強構造を見せる。

　二階（二重目）は、四方から四尺三寸（およそ三分の二間）ずつ逓減させた平面で、その周囲一間を入側とし、身舎を一室とする。その結果、身舎は平二間四尺、妻一間三尺六寸という中途半端な規模となり、その端数を処理するために入側隅柱に近寄せて入側柱を立て加える。さもないと入側の梁が渡せないのである。側隅柱では、一階と同様に側柱を加えて補強し、火打を設けるが、この際に加えられた側柱は、側柱筋の端数処理を兼ねている。

　三階（三重目）も同様に、四方から四尺三寸ずつ逓減させた平面で、入側は設けずに一室とする。その結果、平三間余り、妻二間余りとなっている。逓減により最上階平面が小さくなっているので、一階の平と妻の長さの差である一間が大きく作用し、随分と細長い平面となった。

　一重目平側に向唐破風《むかいからはふ》、二重目妻側に千鳥破風を飾りに付ける。向唐破風には、社寺建築と同じ虹梁《こうりょう》と蟇《かえる》股《また》を造っており、格式が高い。最上重の入母屋破風は、層塔型であるので、通常は妻側に向くが、この天守では、無理矢理に平側に破風を向けている。平の正面側に入母屋破風を向けることにより、錯覚によって天守を大きく見せ、また格式を高めている。そのような構法は、天守に類例がなく、慶長二十年（一六一五）に完成した名古屋城本丸御殿の玄関が類例である。

外壁は一階のみに下見板張りを加え、二階・三階は塗籠である。一階正面には三角形の鉄砲狭間《てっぽうざま》を四つ、四角形の大筒《おおづつ》（石火矢《いしびや》）狭間を二つ開く。この大筒狭間は床面にほぼ接して切られているので、手持ちの大筒ではなく、木製台座に砲身を据える形式の大筒を放つ狭間である。天守の大筒狭間の唯一の現存例である。狭間の蓋は薄い板戸を横引きにする新式である。二階・三階にも大筒狭間が切られているが、風当りが強いので、外側を塗り塞ぐ隠狭間となっている。

三階の北正面の窓は、引違い戸を建てる二間続きの窓で、その外側に二間幅の窓格子を取り付けたものである。天守の窓としては特殊であるが、鳥取城の二の丸三階櫓の正面側の窓も同様だったと考えられる。

宇和島城天守

愛媛県宇和島市

初代天守は築城の名手として誉高い藤堂高虎《とうどうたかとら》によって慶長六年（一六〇一）に建てられたが、柱の大半が古材だったので早くから老朽化が進み、外様大名の伊《だ》達《て》宗利《むねとし》が藩主であった寛文四年（一六六四）から五年に現存の天守に建て替えられた。

初代天守は三重三階の望楼型で、一階（一重目）は六間四方の正方形であり、正面側に付櫓を伴う複合式天守であった。天守台石垣はなく、現在の天守台のところにあった岩山の上部を削平《さくへい》して天守を建てていた。二階（二重目）は四間四方、三階（三重目）は二間四方と逓減しており、その規則正しい逓減は層塔型と同じであった。また、二階には三カ所、三階には一カ所の入母屋造の突出部が非対称に取り付き、三階には廻縁があって、その複雑な造形は史上随一であった。

現存の二代目天守は、三重三階の層塔型の独立式天守で、一階（一重目）は六間（六尺五寸間）四方の正方形平面であって、初代天守の規模（一階の大きさと屋根の重数）を正しく受け継いでいる。ただし、間取りは全く相違しており、一階は入側の幅を一間半（初

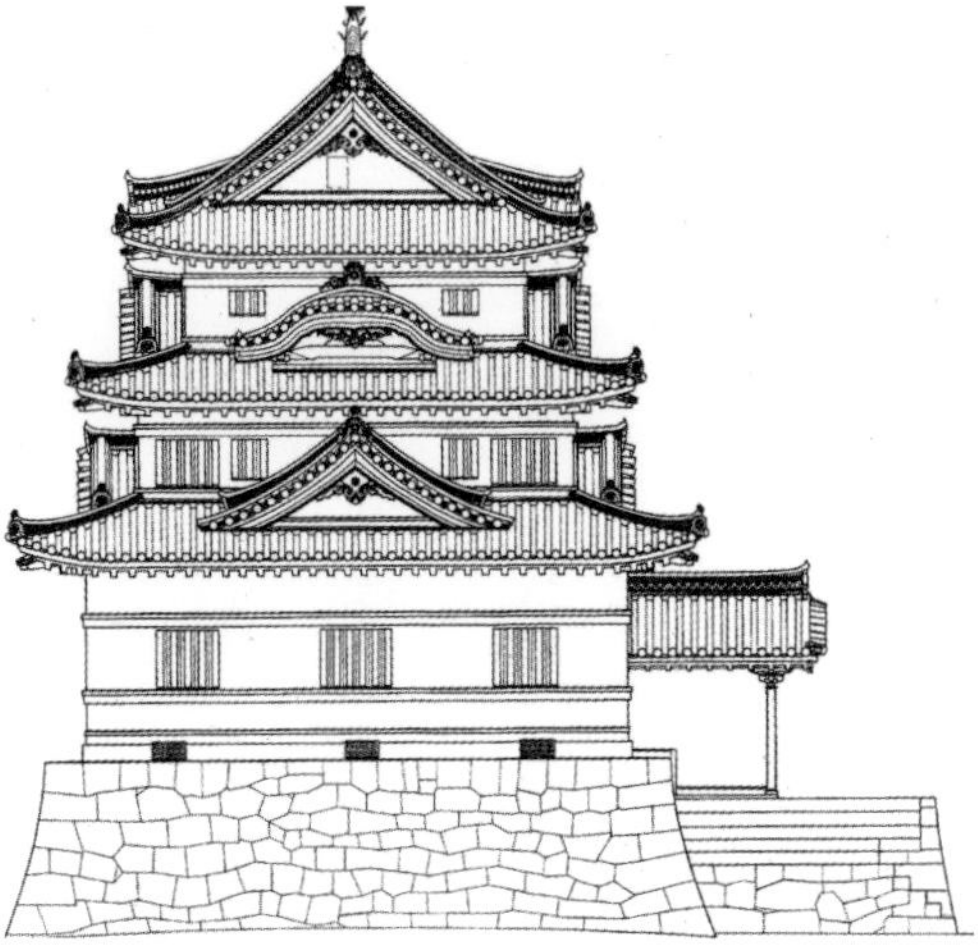

▲宇和島城天守側面図

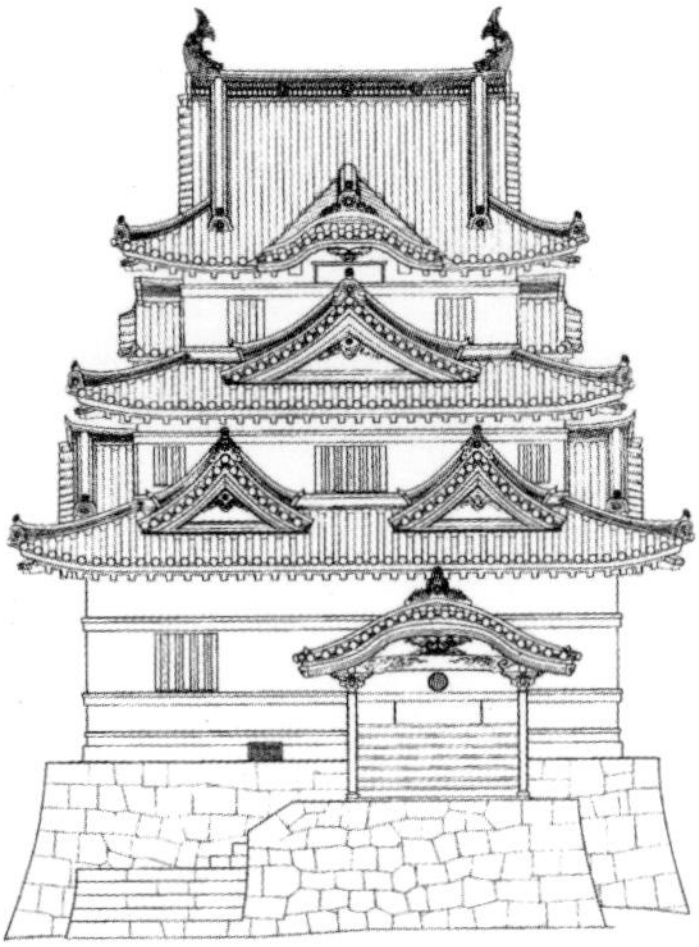

▲宇和島城天守正面図

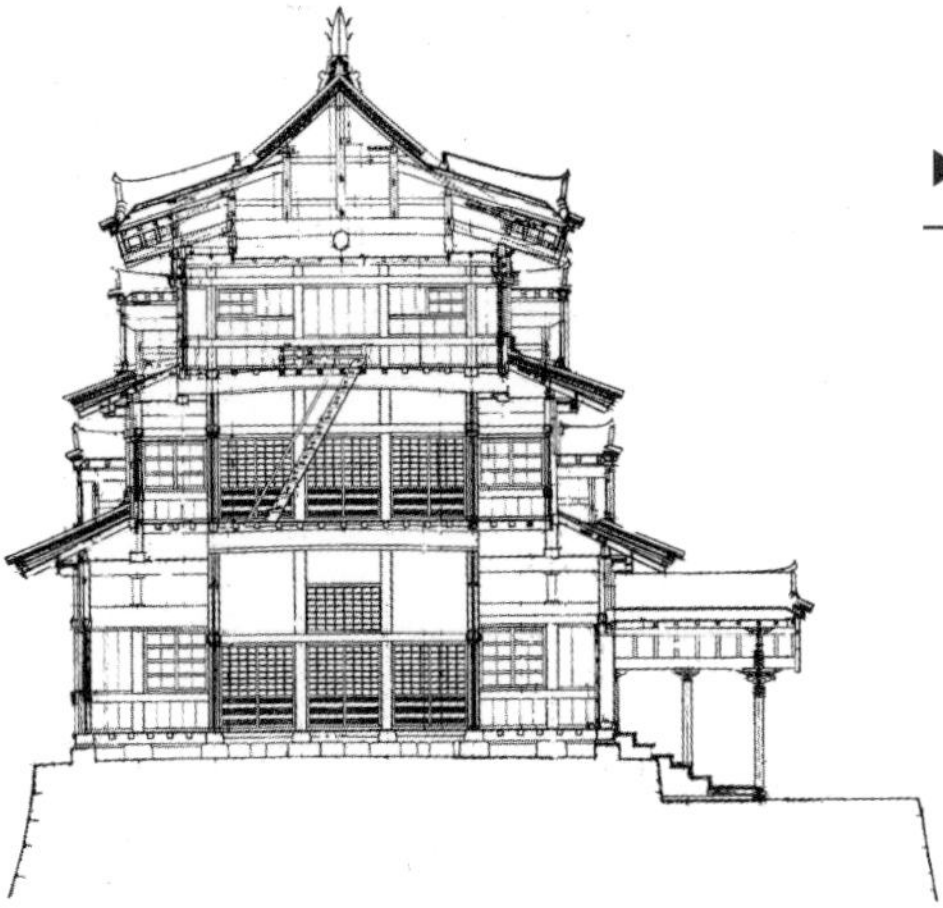

▲宇和島城天守断面図

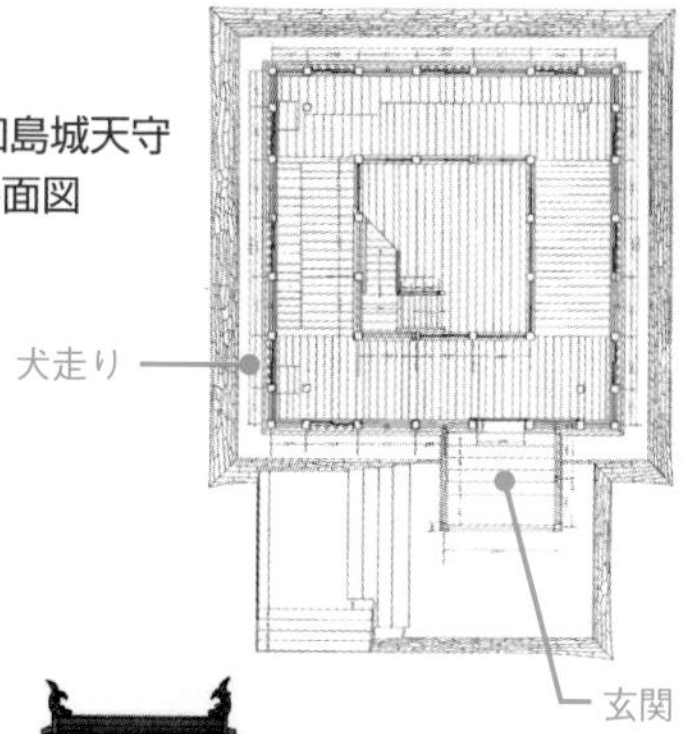

▶宇和島城天守一階平面図

▶宇和島城
初代天守復元正面図

代天守は一間幅）とし、身舎は三間四方の一室である。入側内の四隅に独立した柱を設けて隅行き梁の途中を支えており、その上に二階（二重目）の側隅柱が立つ。

　一階と二階は身舎を同大とし、入側の幅だけで逓減する、層塔型三重天守の典型例である。そのため、二階側柱は一階入側の梁上に渡された柱盤《ちゅうばん》に整然と立てられている。一階身舎の梁は入側梁よりはるかに高い位置に架けられており、層塔型に多い新式の構造である。二階の大きさは、一階の四方から半間ずつ逓減した五間四方で、入側の幅は一間になる。三階（三重目）も四方から半間ずつ逓減し、四間四方であり、入側はなく、一室になっている。梁間が四間となって無理が生じたので、途中で梁を支える柱が補加されている。三階には天井を張る。初代天守より逓減が小さいので、三階の面積が四倍に増大している。

　一重目屋根には正面と背面に比翼千鳥破風、側面に千鳥破風、二

▲宇和島城天守
一階入側隅の架構

▲宇和島城天守
一階入側隅に立つ独立柱

▲宇和島城天守
玄関式台。奥の白壁は天守の外壁

重目屋根には正面・背面に千鳥破風、側面に向唐破風を設ける。いずれも破風の間はなく、純然たる装飾である。三重目屋根の正面・背面には軒唐破風を設ける。また、一階正面には唐破風造の玄関が突き出し、その下は低い板敷きの式《しき》台《だい》とする。現在の玄関は十九世紀中期の新造である。

外壁は漆喰《しっくい》の塗籠であり、各階に長押形《なげしがた》を造り出しており、格式が高い。一階の格子窓《こうしまど》は、本来は半間窓に片引きの土戸を建てるべきものであるが、総て一間幅になっており、そこに引違いの土戸を建てる。身舎を三間四方にして、それに合わせて側柱が立てられているので、左右対称に半間窓を配せなかったからである。引違いの土戸では、どちらか一方しか開けられないので不合理であるが、左右対称の美を優先させたものである。窓の格子は極めて太く、射撃の邪魔にならないように、三角形に近い五角形断面としてあり、性能が良い。鉄砲狭間は全くなく、防備性能は概して低い。しかし、

▲宇和島城天守
側面。一階の七つの柱間（中央三つは１間幅、両端二つずつは４分の３間幅）は奇数なので半間幅の窓では左右非対称となるため、窓は柱間一杯の幅として、格子の内側に引違いの土戸を建てる

▲宇和島城天守
三階の排煙窓

◀宇和島城天守台
外壁より張り出している

三階の軒唐破風下には横長の排煙窓を設けており、その点は極めて実戦的である。天守の排煙窓は、姫路城・広島城以外に類例がなく、宇和島《うわじま》城天守を泰平の世の天守の代表例に挙げるのは正しくない。

また、天守台上の天守外壁の周囲に幅一メートルもの広い犬走《いぬばし》りが設けられており、正面の玄関や飾りの破風とともに泰平の世の天守の特徴とされている。ところで、現在の天守台石垣は、亀甲積《きっこうづみ》に近い切込接《きりこみはぎ》であって、幕末の天守修理の際に新造されたものである。この天守台の石垣には耐用年数の短い砂岩《さがん》が使われており、寛文新造の天守台石垣も砂岩だったと推定される。幕末にはすでに石材が風化して耐用年限に達しており、修理に際して旧天守台を解体せずに、その外側に張り出して新たに現在の石垣を積み加えたため、極端に広い犬走りが生まれたと考えられる。

備中松山城天守

岡山県高梁市

険しい山城《やまじろ》に上げられた二重二階、層塔型、複合式の天守で、現在のものは天和三年（一六八三）頃に外様大名の水谷勝宗《みずのやかつむね》によって再建された二代目天守である。

初代天守は、「正保城絵図」によると渡櫓で平櫓《ひらやぐら》と連結された二重天守で、現在と同じ場所にあった。慶長十年（一六〇五）に松山城は幕府の備中《びっちゅう》代官であった小堀政一《こぼりまさかず》（遠州《えんしゅう》）によって修理されているが、小堀氏は一万二千石に過ぎず、天守建造には禄高が低いので、その創建は関ヶ原の戦い以前の毛利氏支配下だったと考えられる。なお、二重天守と平櫓を渡櫓で連結する形式は、天和再建後も継承されていたが、現在は天守のみが残存している。

現存する二代目天守は低い天守台上に建ち、一階（一重目）は平七間（六尺五寸間）、妻五間であって、妻側を正面に向ける。正面に唐破風造の二間幅の出窓、向かって右側面に五間に一間半の入母屋造の付櫓、背面に三間に一間半の入母屋造の付櫓を設ける。さらに左側面の天守台下に渡櫓（天守の玄関を兼ねた八の平櫓と結ぶ）の端部が残っており、天守本体から庇《ひさし》を葺《ふ》き下《お》ろしたような形式の付櫓になっていて、その内部から天守に上る。

側面や背面に大きな入母屋破風をもつ付櫓を従えているので望楼型天守に見間違うが、付櫓を除いた本体

▲備中松山城天守正面図

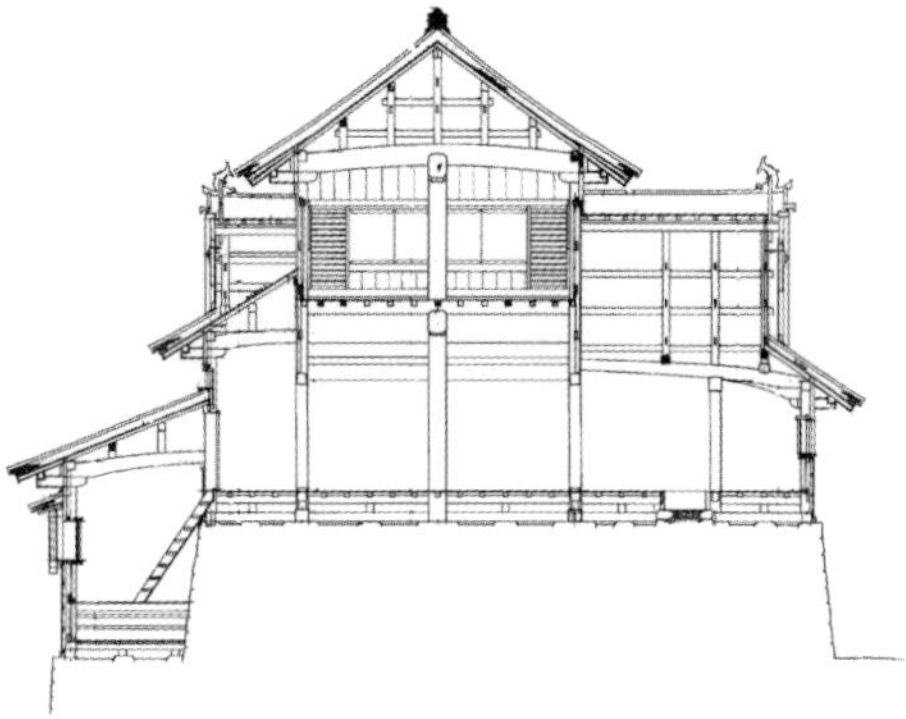

▲備中松山城天守断面図

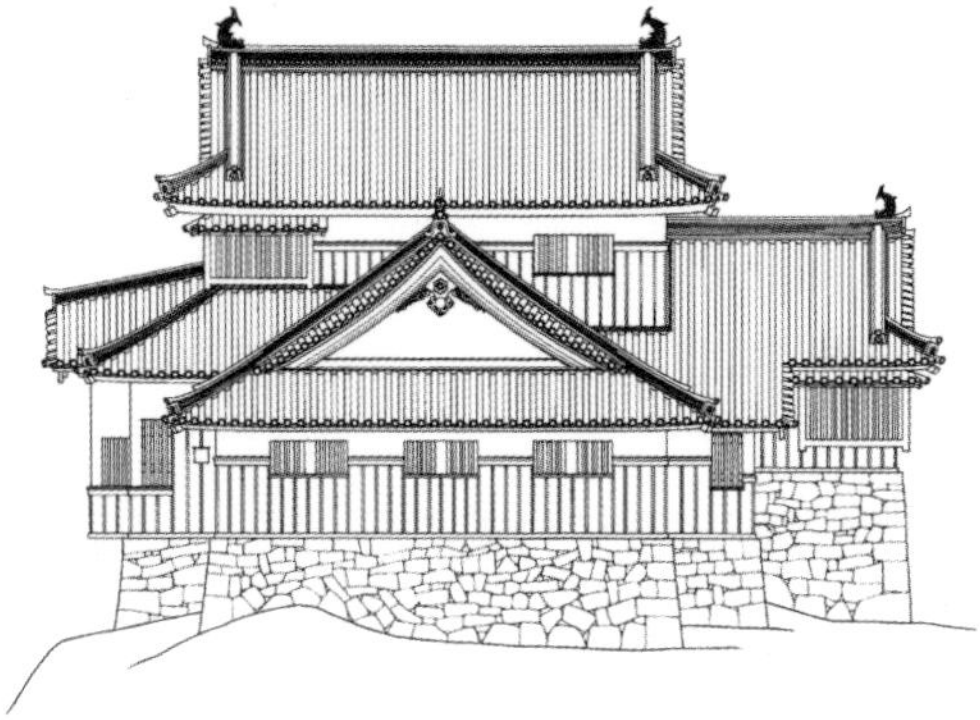

▲備中松山城天守側面図

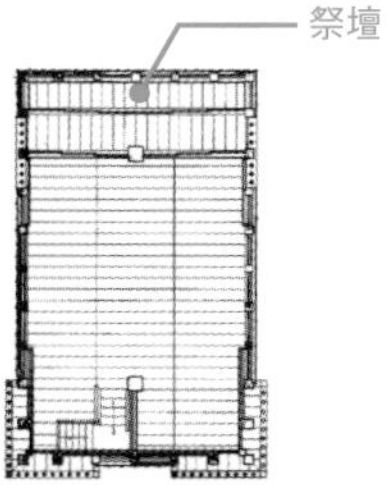

▲備中松山城天守
二階平面図

▲備中松山城天守
背面の付櫓の石垣は天守本体の石垣より高い

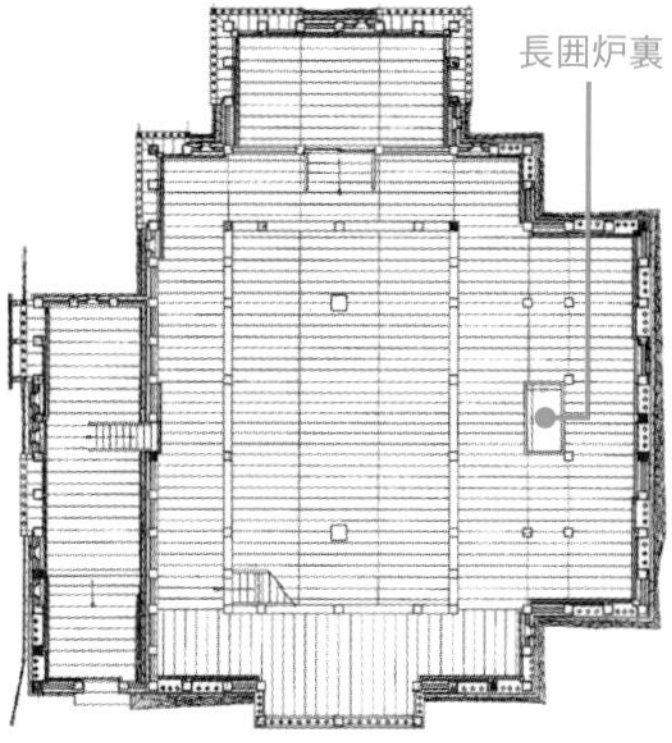

▲備中松山城天守一階平面図

だけを見れば新式の層塔型天守である。単純になりがちな小規模な層塔型二重天守であるが、出窓や付櫓を四方に設けており、その複雑な屋根構成によって優れた造形を見せ、二重天守の最高傑作である。背面の付櫓の台座石垣は本体の天守台より一・五メートルほど高いが、それは背面側の地盤が高くなっているためで、浜松城（静岡県）天守台が類例である。

一階内部は、五間に三間を一室の身舎とし、室内に太い大柱《おおばしら》を二本立てて二階までの通柱《とおしばしら》とする。周囲一間を入側とするが、向かって右側の付櫓との境にあたる側柱を二本省略し、付櫓内へ入側を張り出して部屋とし、そこに長囲炉裏《ながいろり》を切る。

二階（二重目）は一階の身舎部分が立ち上がった構造になっており、すなわち一階から入側を省略した規模である。室内には大柱が立ち上がる。二階背面側の奥行一間は後方の大柱の背後に当たり、そこを仕切って窓のない祭壇としている。天守の最上階の背面側に窓がないのは、極めて異例である。

▲備中松山城天守
二階の祭壇。牛梁を支える太い大柱（心柱）の奥は窓のない狭い部屋で、奥壁に寄せて祭壇（通し仏壇）が設けられている。神社本殿や寺院本堂の仏間のような空間で、天守に類例はない

▲備中松山城天守
一階の長囲炉裏。天守に長囲炉裏を設けるのは異例であるが、寒冷な山頂で暖を取るため、あるいは重臣による軍議の際の密談（盗聴を恐れ囲炉裏の灰に文字を書いて意思を伝達）のためと言われている

弘前城天守

青森県弘前市

慶長十五年（一六一〇）に津軽信枚《つがるのぶひら》が弘前《ひろさき》城を築城し、その頃に五重天守が創建されたという。その初代天守は寛永四年（一六二七）に落雷により焼失し、以後しばらく再建されなかった。津軽氏は四万七千石の外様大名だったので、五重天守というのは五階天守を表したもので、四重五階か三重五階だったと考えられる。その後、文化二年（一八〇五）に七万石に加増され、同五年に十万石に石高《こくだか》を直されたことを契機に、同七年に現在の天守を再建した。三重三階の層塔型天守であるが、江戸時代には三重櫓として扱われていた。現状では独立式天守であるが、江戸時代には北側に多門櫓が接続していた。

一階（一重目）は平六間（六尺五寸間）に妻五間であり、四方から半間ずつ逓減させて、二階（二重目）は五間に四間、三階（三重

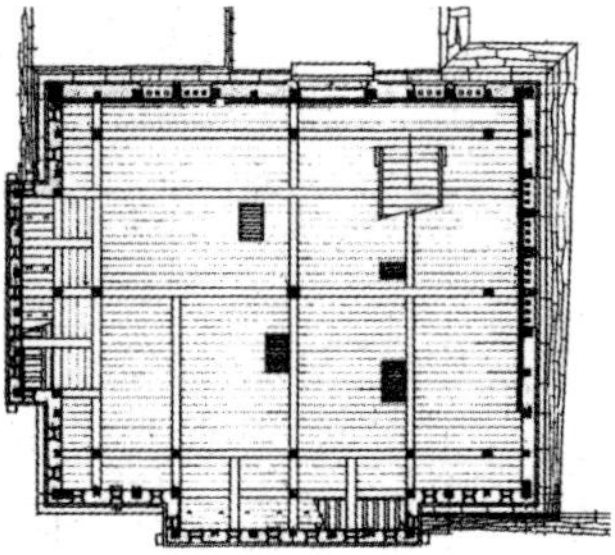

▲弘前城天守一階平面図

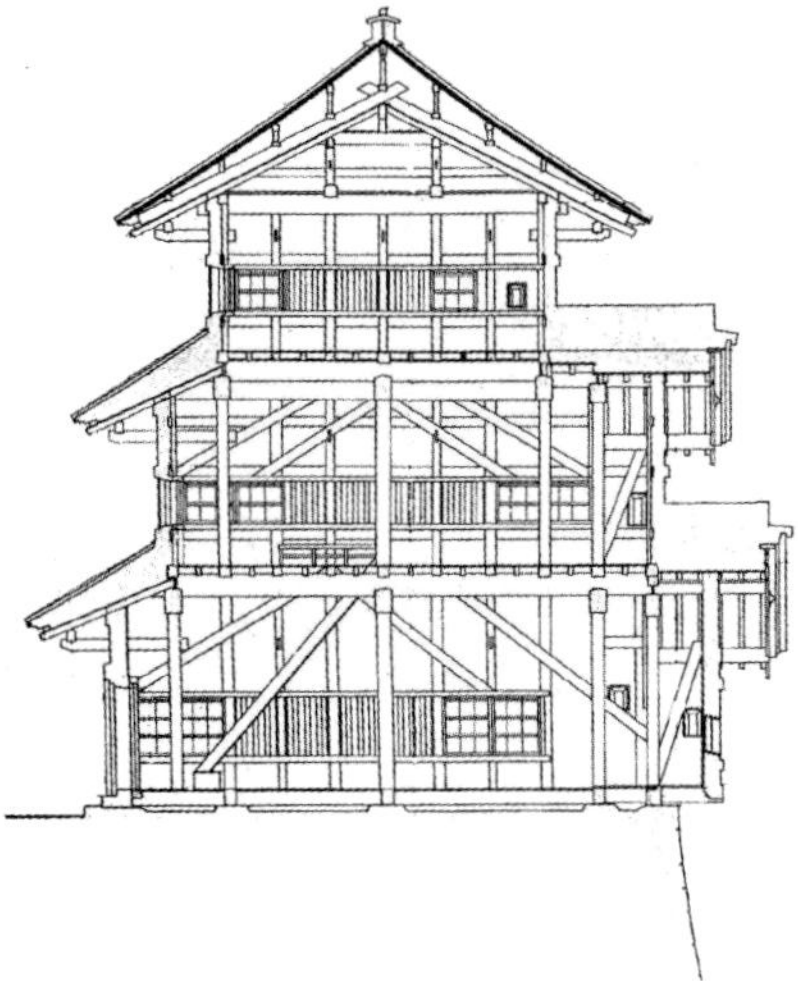

▲弘前城天守断面図

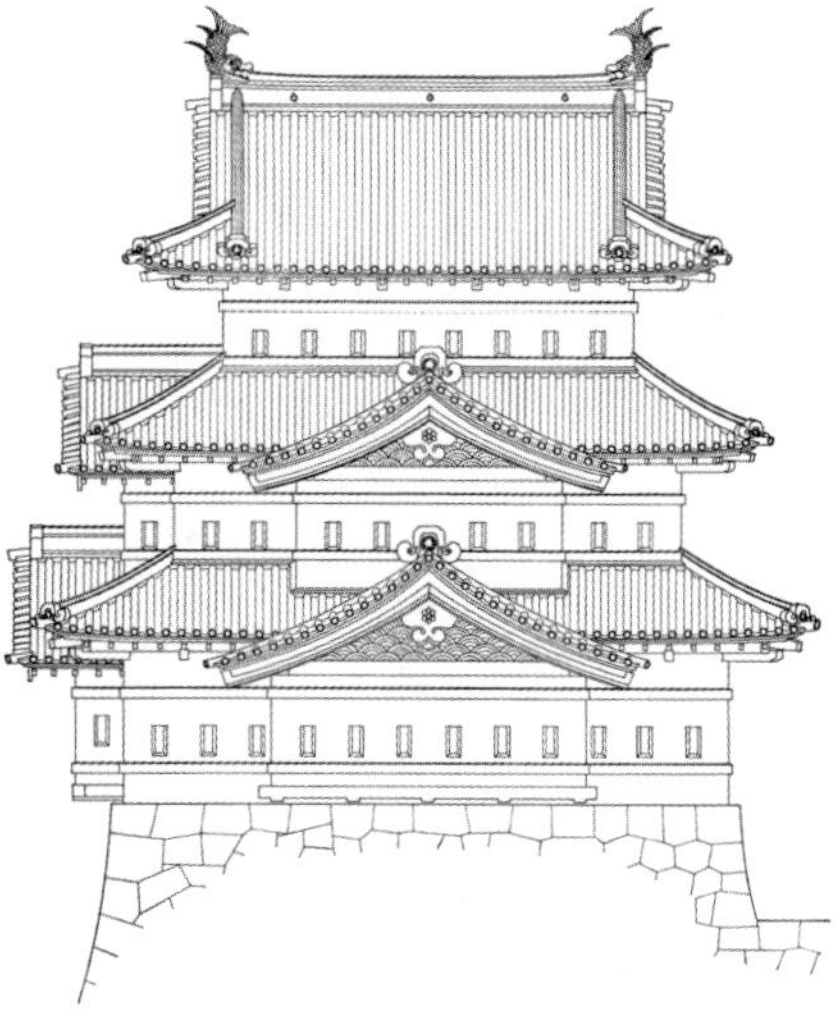

▲弘前城天守郭外側立面図

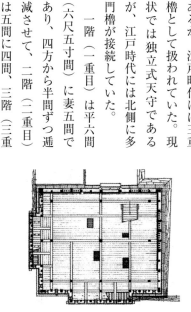

目）は四間に三間である。各階ともに入側と身舎の区別はなく、内部を一室とする。一階と二階では、側柱より半間内側に入側柱に相当する柱を疎《まば》らに立てており、江戸時代後期の三重櫓の構造をとる（類例は彦根城西の丸三重櫓）。入側柱や身舎内の柱は少ないが、各階ともに側柱は一間ごとの本柱に加え、半間の位置に間柱《まばしら》を立てており、強度を補っている。

城外側の二面においては、平は一階に間口三間、二階に間口二間半、妻は一階に間口二間半、二階に間口二間の切妻造の出窓をそれぞれ二段重ねに設けている。江戸城の三重櫓では一階に切妻造や唐破風造の出窓があるので、それを参考にして二階にも出窓を増設したものと考えられる。切妻破風の妻壁《つまかべ》が青海波文《せいがいはもん》を打ち出した銅板張りとなっているが、それは江戸城の櫓と同じ意匠である。

外壁は漆喰の塗籠で、長押形を造り出す。垂木やそれを支える腕木は、塗り込めずに白木《しらき》造りである。そして、城外側の二面においては、窓が全くなく、その代わりに矢狭間《やざま》を半間ごとに切っている。極めて珍しい形式であってほかに類例はない。鉄砲狭間は全くないので、矢狭間と兼用である。城内側は、一転して格子窓を連続させて設け、銅の開き戸を設ける。屋根は各重ともに高級な銅瓦葺《どうがわらぶき》（類例は寛永度江戸城天守・水戸城天守）である。

▲弘前城天守

郭内側。郭外側とは対照的に破風が一つもない原初的な層塔型である。郭内側に多数の窓を開くのは天守の特質

松山城天守

愛媛県松山市

松山城（伊予松山城）天守は、嘉永五年（一八五二）に再建された三重三階、地下一階の層塔型天守で、二重二階の小天守と二棟の隅櫓《すみやぐら》を渡櫓で連結した連立式天守である。小天守と隅櫓・渡櫓は昭和八年（一九三三）に焼失し、昭和四十三年に木造再建された。天守および両脇の筋鉄門《すじがねもん》・内門《うちもん》の一階が現存している。

松山城は、豊臣系外様大名の加藤嘉明《よしあき》が慶長七年（一六〇二）に着工しており、その初代天守は古図によると大きく歪んだ台形平面で、小天守や櫓を連結して溜池を取り巻く連立式天守であった。現在の天守群およびその入り口である城門（一の門・二の門・三の門・仕切門）・櫓群（一の門南櫓・二の門南櫓・三の門南櫓・天神櫓）が建つ本丸本壇と同じ位置にあった。親藩大名の松平定行《さだゆき》が寛永十九年（一六四二）に五重天守を三重に改築したと伝わるが、五重天守であったという確証はなく、三重か四重の五階天守のことかもしれない。いずれにしても天明四年（一七八四）に落雷焼失し、幕末になってようやく再建された。

一階（一重目）は平九間（六尺五寸間）に妻七間半であり、幅一間半の入側を廻し、六間に四間半の身舎は十文字に四室に間仕切る。二階（二重目）は、平七間半に妻六間で、身舎は一階と同じ大きさとし、入側の幅を一階の半分、すなわち四分の三間に縮めたもので、入側の幅だけで逓減させる層塔型三重天守の典型例である。身舎は一階と同様に四室に間仕切る。また四方に狭い千鳥破風の間を突き出す。三階（三重目）は、平六間に妻四間半で一階・二階の身舎の大きさに等しく、そこから幅四分の三間の入側を取り、身舎は四間半に三間の一室となる。平側に千鳥破風の間を突き出す。また、外側に見せ掛けの廻縁を設ける。

地階は一階の入側と同じ幅の一間半の石塁《せきるい》を廻らせた穴蔵《あなぐら》で、連立式天守群の中庭に向けて石塁に穴門《あなもん》を穿《うが》って入り口を設ける。この穴門式の穴蔵入り口は珍しく、会津若松城にやや似た例があるにすぎない。現状では地階から一階へ木階で上がれるが、当初は木階がなく、中庭に開く隅櫓の玄関から上り、内門の二階を通って天守一階へ入った。

この天守の最大の特色は、内部が御殿《ごてん》（書院造《しょいんづくり》）になっていることだ。各階ともに身舎には天井を張り、また床《とこ》（床《とこ》の間《ま》）を設えており、しかも床の壁は漆喰

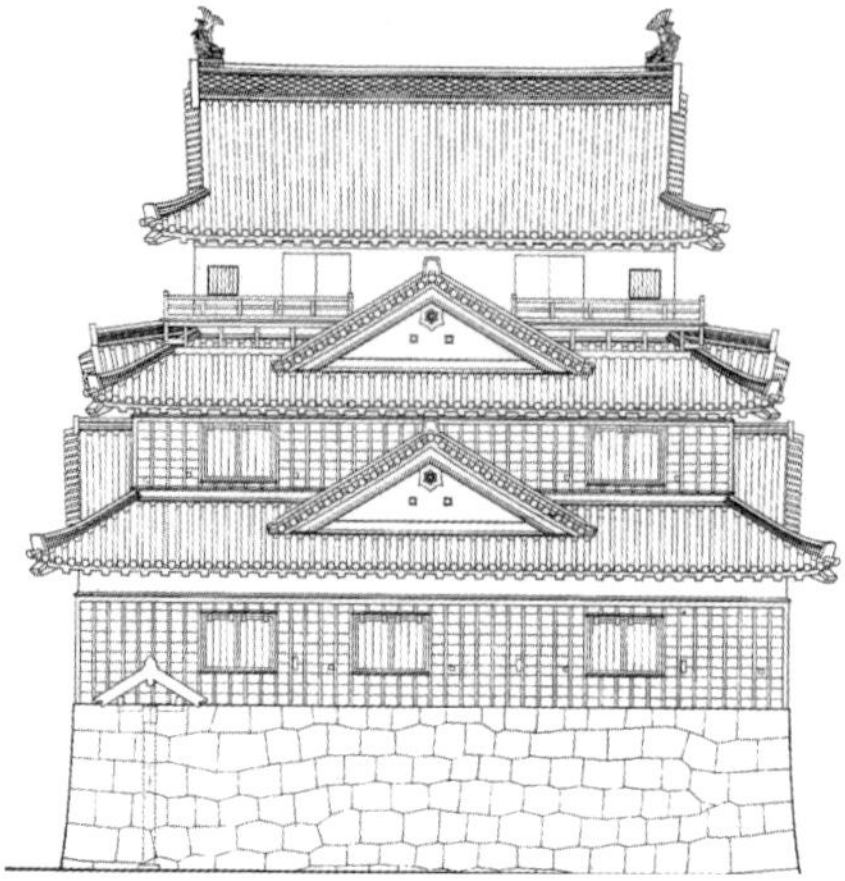

▲松山城天守側面図

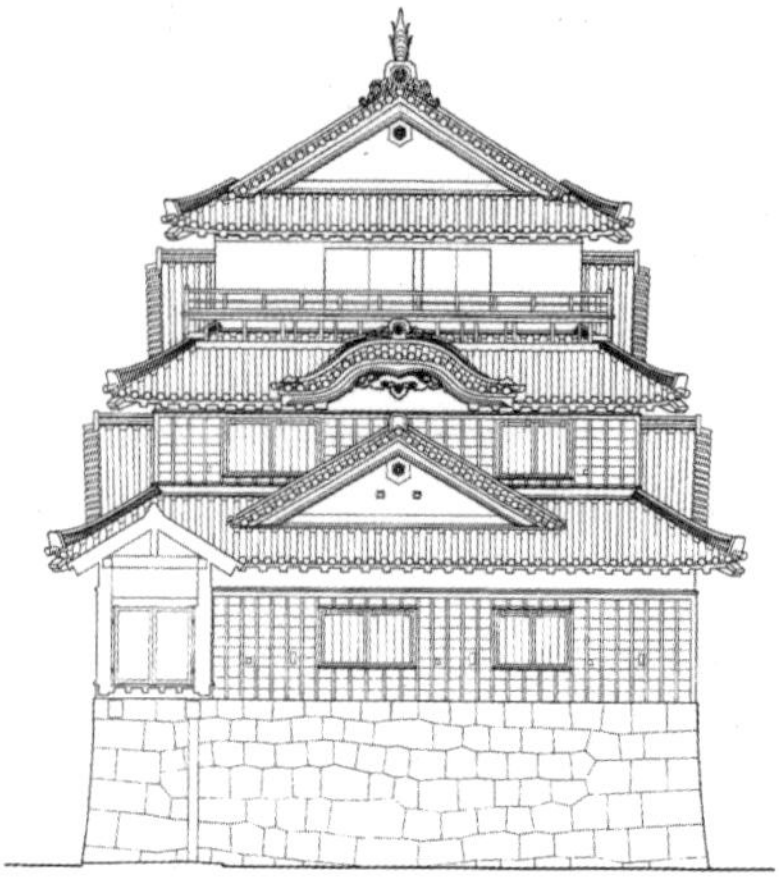

▲松山城天守正面図

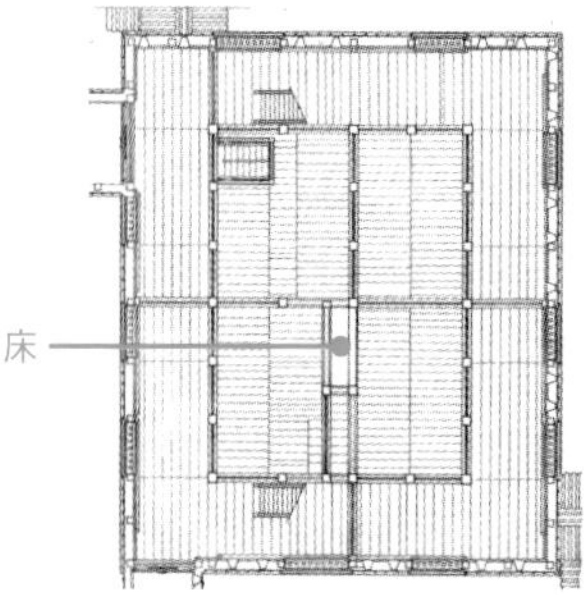

▲松山城天守一階平面図

▲松山城天守断面図

◀松山城天守
見せ掛けの廻縁。屋根上に細い縁束を立てて廻縁を支える簡略な構造で、容易に修理や造替ができる

塗りではなく、正式な書院造に使われる紙の貼付《はりつけ》壁である。現存天守にそうした類例はない。さらに一階では、入側に四カ所の杉戸《すぎと》を建てて仕切っており、これは御殿の廊下の扱いであり、防備上では武者走《むしゃばし》りの妨げになるだけである。天守は信長が御殿建築を重層化したことに始まるので、幕末の再建ながら原初の天守形態に帰ったものといえる。

　天守の外観は、一重目屋根は四方に千鳥破風、二重目屋根は平に千鳥破風、妻に軒唐破風を設けており、千鳥破風の妻壁には鉄砲狭間を切っている。外壁は一階と二階は下見板張りで、板壁上の漆喰壁が少ないが、三階は塗籠である。窓は古式に一間幅であって、突上《つきあ》げの板戸を吊る。

　三階の窓は廻縁への出入り口に見せ掛けている。平側の両端に半間の小さな格子窓を設けて、他の窓が出入り口に見えるように演出しており、意匠に工夫を凝らしている。

▲松山城天守
穴蔵入り口

◀松山城天守
床。高級な貼付壁で、壁面の周囲に紙を押さえる四《し》分一《ぶいち》という黒塗りの細い額縁が見える

第三節　失われた天下人の天守

安土城天主

滋賀県近江八幡市安土町

織田信長が天正七年（一五七九）に完成させた史上初の五重天守だったが、そのわずか三年後、本能寺の変に伴う混乱の中、織田信雄《のぶかつ》の放火で焼失してしまった。天主台石垣は上部が崩れてしまっているが、穴蔵《あなぐら》に礎石がほぼ完存している。天主本体の高さや柱の本数、各階の室構成や意匠などが「安土山御天主之次第」（『信長公記』などに所収）に詳しく記述されており、四重目と五重目の外観は信長がローマ教皇に送った屏風絵の写しの残欠から分かる。したがって、復元図を作成できる。

外観五重、内部は地上六階、地下一階で、階数の日本記録を一気に更新する最先端建築だった。それ以後、五重が天下人《てんかびと》や特別な大大名の天守の基準となった。

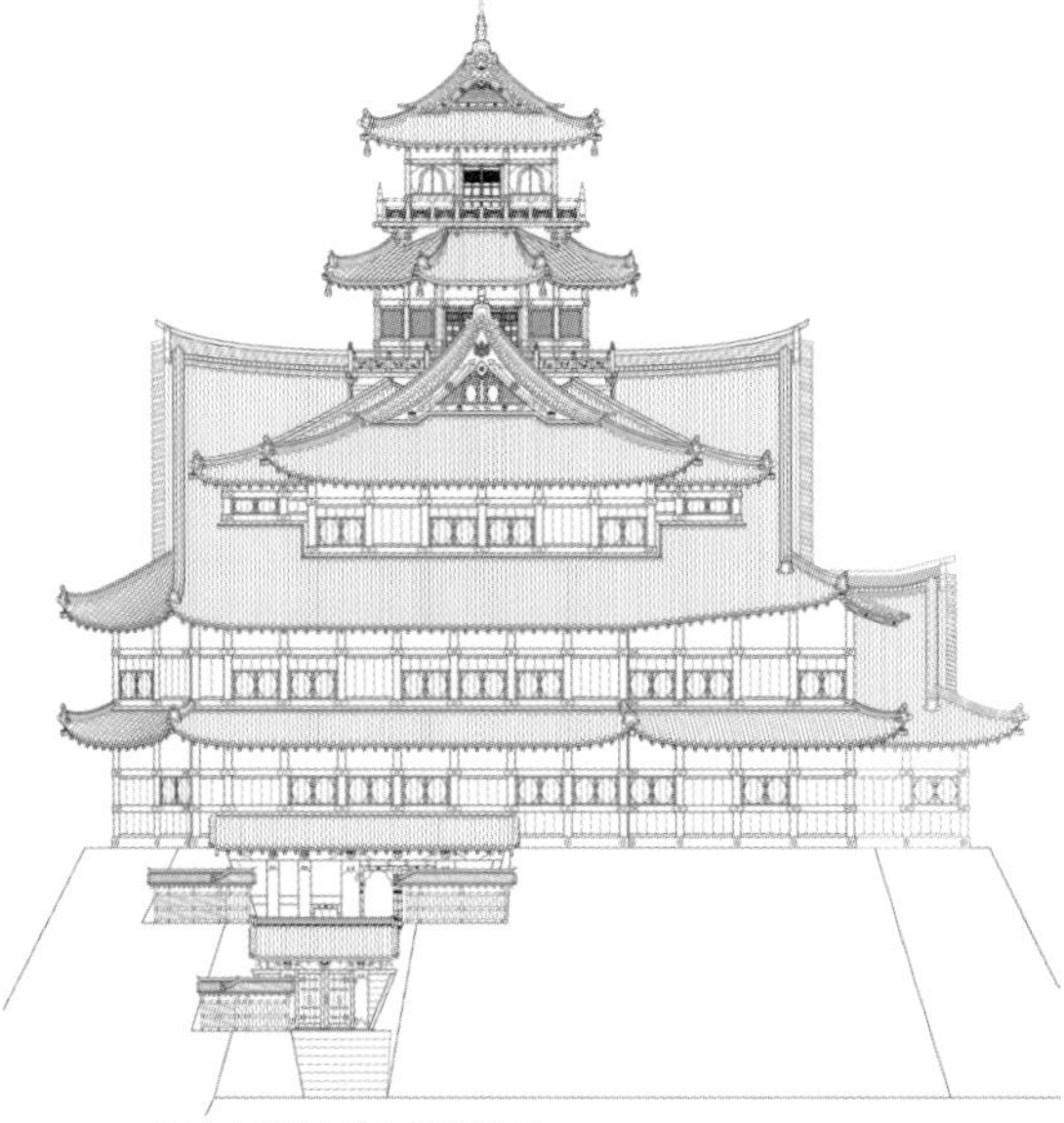

▲安土城天主復元正面図

それまでの石垣の高さの三倍を超える天主台上に建てられ、暴風が吹く琵琶湖畔の山頂に立地する。それは建築技術的に未知の領域への挑戦だった。天主台には穴蔵を設け、天主本体の重量の大部分は石垣の上ではなく、穴蔵の地盤に直にかかるように工夫された。また、天主中央には、穴蔵から立ち上がり三階天井まで達する大柱である「本柱」を掘っ立てとし、強風に対抗させた。

　堅い地山を削り出して天主台の芯としたので、その結果、天主の一階は不等辺八角形になってしまった。一階（一重目）と二階（二重目）はほぼ同型同大である。不等辺八角形平面に巧妙に屋根を被せるため、二重目の屋根の軒先は、天守史上で最も複雑な形に納められている。

　三階（三重目）は、大きな二重目の入母屋《いりもや》屋根から平《ひら》側の上部だけが少し突き出ることになるので、出窓を設けて明《あ》かり採《と》りとしていたはずである。四階は二重目入母屋破風《はふ》の上部と三重目の出窓の屋根裏階で

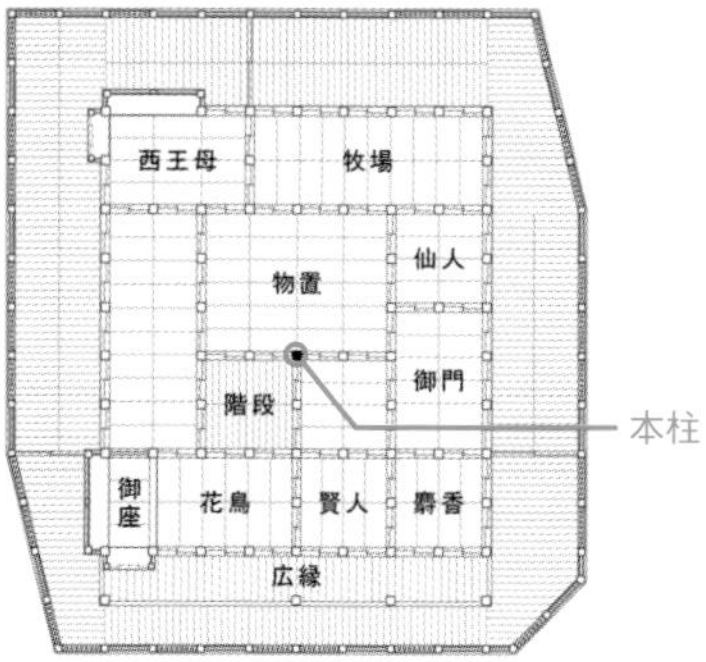

▲安土城天主復元二階平面図

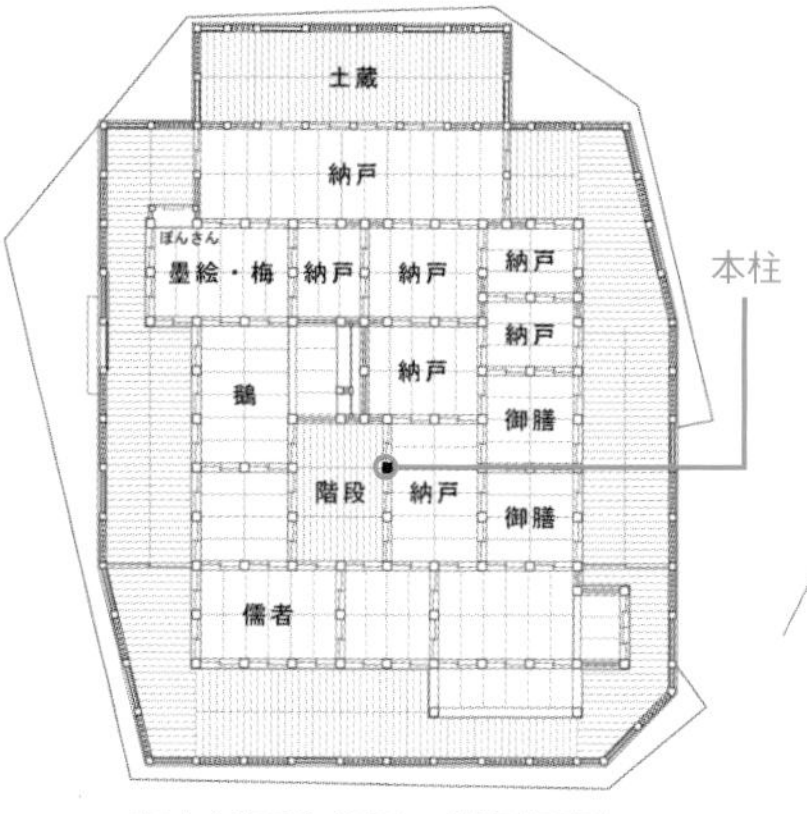

▲安土城天主復元一階平面図

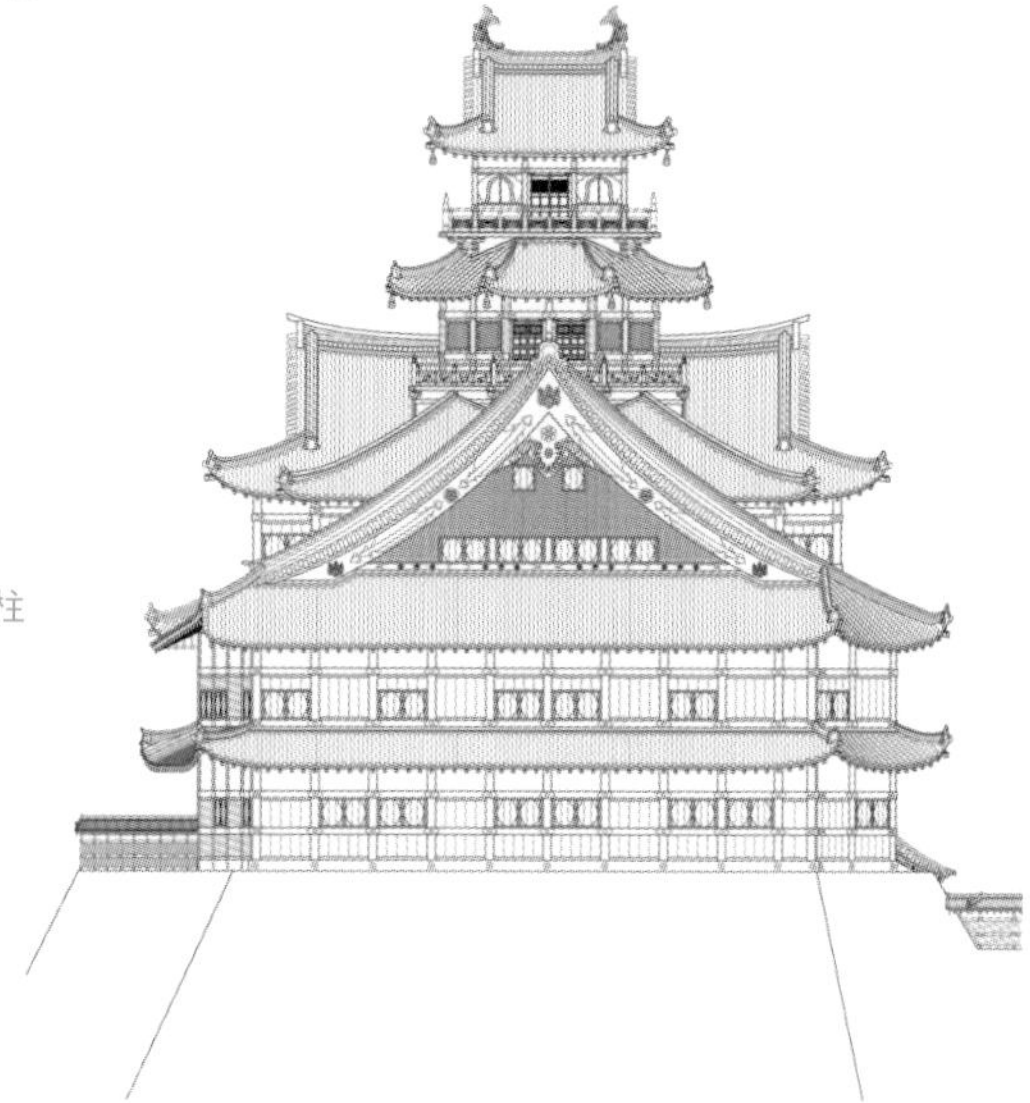

▲安土城天主復元側面図

あって、松江城天守の四階に近い構造だったと考えられる。その上には城郭史上で唯一の八角形の五階（四重目）が載り、そして正方形の六階（五重目）が上がった。

天主台穴蔵に残る礎石は、平九間《けん》（七尺間）に妻《つま》八間（北西隅部は一間突出）の総柱状である。その中央部のみに太い掘立柱跡があるので、土台を一間ごとに渡し、中央に高さ八間の本柱を掘っ立てていたと考えられる。この穴蔵部分が一階の身舎《もや》の大きさと一致していたと想定される。上部が崩れ落ちている天主台石垣を復元すると、穴蔵の周囲に二間幅の石塁《せきるい》が取り巻いていたことが分かる。後世の天守から類推すると、その石塁上が一階の入側《いりがわ》（武者走《むしゃばし》り）だったことになる。したがって、一階（一重目）は平十三間（その北部に土蔵が二間突出）、妻十二間であり、不等辺八角形の天主台上は、奥側にわずかな空地ができていたらしい。

「安土山御天主之次第」によると、一階身舎には三畳・四畳・六畳・八畳・十畳・十二畳・二十六畳といった畳敷きの部屋が十八室もあり、後世の天守とは相違して小さな部屋が多数あったことが分かる。二階は十一室および広縁《ひろえん》から成っており、そのうちの四畳の上段《じょうだん》の間《ま》は信長の「御座の間《ござのま》」で、その下段に当たる十二畳の花鳥の間《かちょうのま》と合わせ用いて、信長が賓客と対面していたと推定される。その外側には広縁があり、まさに書院造《しょいんづくり》の御殿《ごてん》建築だった。三階は、二重目の大屋根に半ば埋没（類例は姫路城大天守の三階）して住環境が良くないので、二十四畳大の大きな板の間三室に当てられた。また、八畳敷きの部屋三室が平側にあったと推定されるので、平側には松江城天守にあるような明かり採りの大きな出窓が設けられていたらしい。

四階は二重目大屋根と出窓上の屋根に完全に埋没する屋根裏階であって、「小屋《こや》の段」と呼ばれた。小屋とは屋根裏のことをいう。入母屋破風のところに四畳半の部屋があった。五階は八角形平面で、差し渡し四間であって、外側に廻縁《まわりえん》があった。最上階の下の階に廻縁を設けた例は、信長の岐阜城の四階建て御殿がある。六階は三間四方で廻縁を設けており、関ヶ原の戦いまでの天守の最上階の規範となった。

安土城天主の外観は、現存天守には見られない華やかなものだった。木部は総て贅沢な黒漆《くろうるしぬ》塗りで、五階の柱は弁柄《べんがら》(赤色)塗り、六階の柱は金箔押《きんぱくお》しだった。

ルイス・フロイスも「層ごとに種々の色分けがなされている」と記している。また、五階の廻縁は極彩色の飛龍《ひりゅう》や鯱《しゃち》の絵で飾られ、四重目と五重目の軒先には寺院建築のように風鐸《ふうたく》が吊られ、屋根の頂部には、金箔押しの鯱瓦が燦然と輝いていた。軒先の瓦にも金箔が押されており、その金瓦が発掘されている。

天守内部は、地階は土蔵とされ、一階から三階は、当時の支配者層の住宅建築である書院造だった。内部の柱は総て黒漆塗りとされ、襖《ふすま》や壁は狩野永徳《かのうえいとく》に描かせた障壁画《しょうへきが》で満たされ、後世の軍事建築と化した天守とは一線を画すものであった。八角形平面の五階は仏教絵画で飾られ、六階は金箔を張られた金色の間で、中国の聖人君子が描かれていた。五階の釈迦を六階の聖人君子で足蹴《あしげ》にする、信長らしい構想であった。

豊臣大坂城天守

大阪府大阪市

天正十三年（一五八五）に豊臣秀吉が建造した、織田信長の安土城天主に次ぐ史上二例目の五重天守である。現在の大阪城天守閣が建つ徳川再築天守台とは場所が違っていて、本丸の北東隅にあった。高い石垣

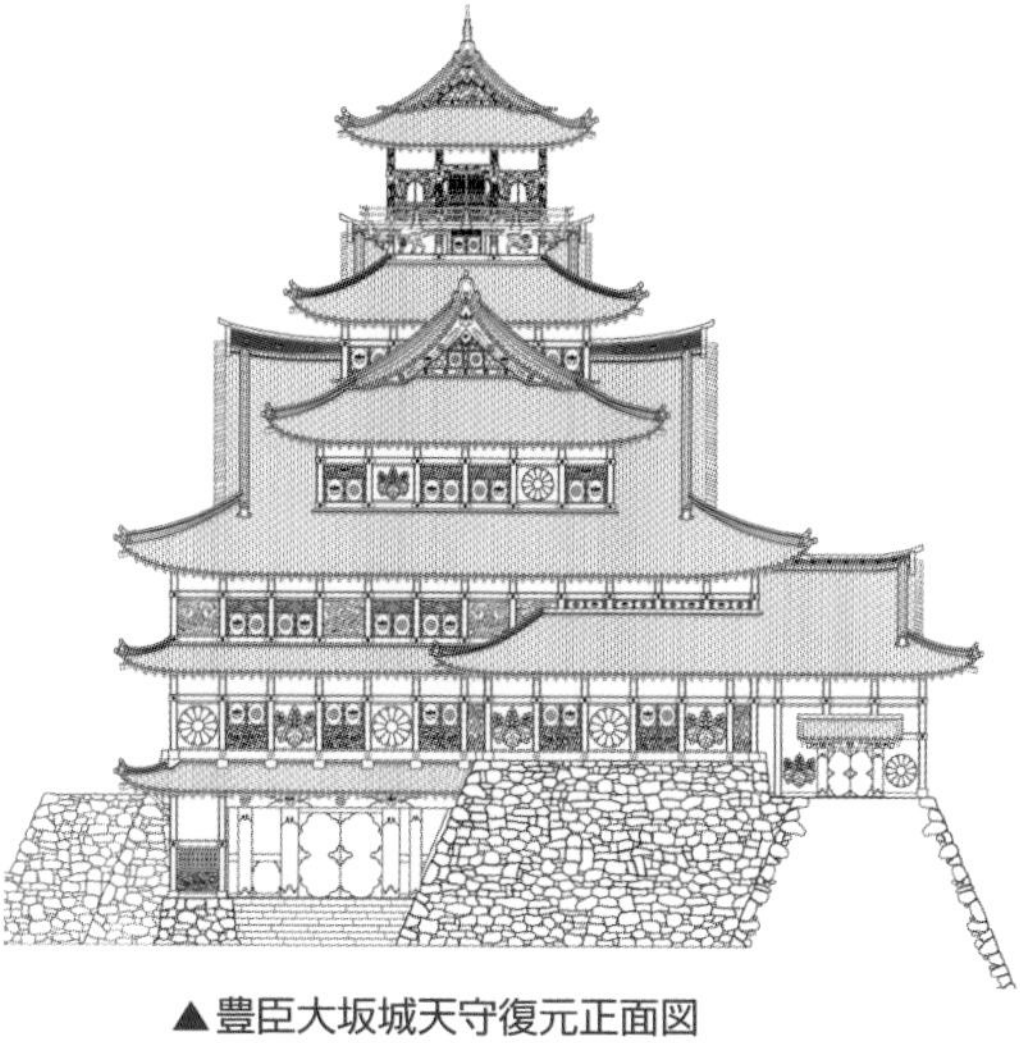

▲豊臣大坂城天守復元正面図

▲豊臣大坂城天守復元側面図

に高層天守を直接に載せるのは、まだ技術的に不安があったようで、本丸の城壁より三間引いて建てられていた。内部は地上六階、地下二階だったと考えられる。「大坂城本丸指図《さしず》」によると、一階（一重目）は平十二間（おそらく七尺間）に妻十一間で、南東に付櫓がある複合式天守であり、北側には石垣で五尺下がって幅三間の武者走りがあった。「大坂城図屏風」では、その武者走りのところに大きな庇《ひさし》が描かれ、天守一重目の屋根が葺《ふ》き下《お》ろされているので、その北庇は増築されたものかもしれない。また、指図では、天守の南西隅部の輪郭が朱線で引かれているので、その部位には石垣がなく、天守の地階外壁が露出していたことを示す。したがって、地階の南西隅は石垣中の穴蔵ではなく、本丸内側に直面する半地下式だったことになり、その形式は現在の姫路城大天守の地階北西部に受け継がれている。

「大坂城図屏風」には五重の望楼《ぼうろう》型天守が描かれている。天守外壁の木部は高級な黒漆塗りで、その黒漆塗りの壁面には朝廷から使用を許された菊紋と桐紋の巨大な金色の木彫を取り付け（秀吉が建てた京都・醍《だい》醐寺三宝院唐門《ごじさんぽういんからもん》の扉や壁が同意匠）、さらに種々の彫刻や金色の金具で飾りたてられていた。「大坂夏の陣図屏風」によると、板壁の上部の小壁《こかべ》は白壁ではないので、銀箔押しだったと推定されている。豪華絢爛さにおいては安土城天主を超えて史上随一だったが、慶長二十年（一六一五）の大坂夏の陣で放火焼失した。

▲醍醐寺三宝院唐門正面図

駿府城天守

静岡県静岡市

今川氏の居館があった地に、徳川家康が居城を構えたのが駿府《すんぷ》城である。『家忠日記』によると、天正十七年（一五八九）二月に小天守《こてんしゅ》の石垣普請に着手したことが分かる。しかし、同年に小田原城（神奈川県）の北条氏征討が決定し、翌年には家康は関東に移封されて八月に江戸城に入っているので、家康の天守は未建に終わったはずである。したがって、駿府城の初代天守は、その後、豊臣大名の中村一氏《かずうじ》が慶長五年（一六〇〇）の関ヶ原の戦いまでに完成させたもので、その天守台石垣の一部と金箔瓦が出土している。

ところが、『愚子見記《ぐしけんき》』所収の「御殿守当御代中井大和守差図之覚」によると、豊臣大工で家康に仕えた中井正清《まさきよ》が慶長九年（一六〇四）に「駿河御殿守」の指図を作成している。この時期には、天正十八年（一五九〇）から慶長五年までの間に秀吉配下の大名らが建てた近辺の岡崎城・浜松城（静岡県）・甲府城（山梨県）などの天守が失われていたようで、駿府城の初代天守も廃棄された金箔瓦が出土したので同様に失われていた可能性もある。それらの天守は文禄《ぶんろく》・慶長《けいちょう》の役《えき》に際して解体移築されてしまったか、あるいは慶長九年十二月の大地震・津波で破損したものかもしれない。正清が家康のために設計（または改修計画）した二代目駿府城天守はほどなく火災で乙巳年（慶長十年）に焼けたというが、この火災は丁未年（慶長十二年）の誤りであろう。この二代目天守の作事《さくじ》（新築ではなく大改修の可能性もある）は遅れ、同十二年五月にようやく根石（礎石か）の据え付けを始めているが、同年十二月の火災で焼失した。二代目天守は、初代天

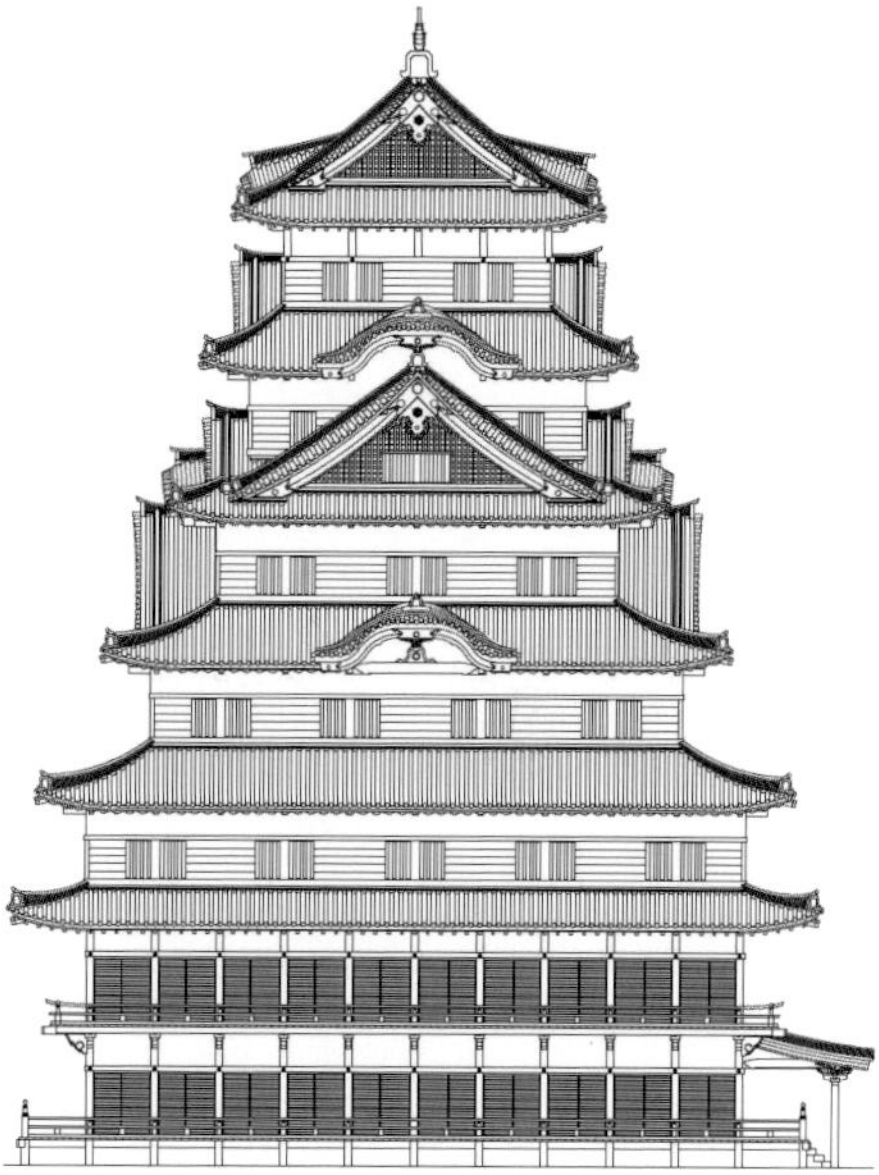
▲駿府城天守復元正面図

守台を再利用して建てられていたと考えられ、三代目天守の天守台の内部に埋め殺されていたのが発掘された。

三代目天守は慶長十二年に正清が設計し、翌十三年に完成したが、寛永十二年（一六三五）の火災で再び焼失し、それ以降は再建されなかった。天守台石垣は修復されて幕末まで存したが、安政大地震で大破し、明治を迎え、上部を取り壊されて埋め立てられていた。

三代目天守は、『当代記』によると、一・二・三階は、平が十二間（七尺間）、妻が十間の同大平面で、そのうち一階と二階は「欄干《らんかん》」（高欄《こうらん》）があるというので、廻縁を設けた御殿造だったことが分かる。三階より上階は一般的な天守の外壁をもっていたと考えられる。四階は十間に八間、五階は八間に六間、六階は六間に五間で、最上階の七階は「物見之段」であった。五階までは整然と層塔《そうとう》型の逓減《ていげん》を成し、六階は平と妻で逓減が異なる望楼型を成す。すなわち、層塔型の上部に望楼型を載せた特異な形式であって、元和七年（一六二一）頃に建てられた西尾《にしお》城（愛知県）の三重四階天守が類例に挙げられる。

外観も極めて特異な天守であって、最上重は銅瓦《どうがわら》葺《ぶき》、軒先瓦は鍍金《ときん》で、金鯱を載せ、大棟《おおむね》や鬼板《おにいた》（鬼瓦）などは黄金（鍍金か）、破風板は銅、その飾り金具や懸魚《げぎょ》などは銀、その下の三重分の屋根は白蠟《はくろう》（鉛）瓦葺で、破風板も鉛、飾り金具は銀であった。その下の屋根は通常の瓦葺であった。『当代記』の記述では屋根は五重であるが、その場合は一階と二階には屋根がないことになる。しかし、そこには廻縁があったので、腰屋根《こしやね》（柿葺《こけらぶき》かもしれない）が必ず存在したはずである。したがって、六重七階（あるいは七重七階）であったと推定される。

この天守の下二階分が変則的に御殿造であったのは、巨大な天守台の穴蔵中央部の平地に建てられていたからで、その周囲を廻る穴蔵石塁上には多門櫓《たもんやぐら》が建て廻されていたため、外からは三階以上の部位しか見えなかった。

なお、この巨大な天守台とその入り口に設けられた枡形《ますがた》は縮小されて名古屋城の天守台に応用され、その外側に続いていた小天守台も名古屋城の小天守台と橋台《はしだい》に応用されている。したがって、慶長十五年（一六一〇）の名古屋城築城の試行作品となったのである。

名古屋城天守

愛知県名古屋市

名古屋城は慶長十五年（一六一〇）、徳川家康が西日本を中心に二十家の外様《とざま》大名に命じて公儀普請（天下普請）で石垣を築かせ、天守は幕府直営工事で同十七年に完成した。五重五階、地下一階の層塔型天守である。天守の南側には、二重二階、地下一階、層塔型の小天守を建てる。大小天守は橋台という石垣の通路で結ばれた連結式であるが、渡櫓《わたりやぐら》を設けず土塀で代替している。これは小天守の火災が天守に及ぶのを防ぐ画期的な工夫であって、連結式の進化した形式である。

一階平面と二階平面を同大に造り、三階から上を逓減させており、望楼型五重天守の特徴を残している。そのため、千鳥破風《ちどりはふ》の配置も望楼型天守に類似したものになっており、妻側二重目の大きな千鳥破風は望楼型天守の基部の入母屋破風、平側三重目の大きな千鳥破風は望楼型天守三階の明かり採りの出窓上の入母屋破風に相当する。したがって、松江城天守の入母屋破風の配置と一致し、豊臣大坂城天守とも一致する。最上重の妻を正面に向けているのは、天下人の天守の品格であって、安土城・豊臣大坂城・徳川大坂城・江戸城の天守と共通する。

大小天守ともに台座の石垣内に地階（穴蔵）を設けて、そこを入り口とする。天守へ至るには、コの字形に折れ曲がる小天守の地階を通らねばならず、その地階通路の入り口に口御門《くちごもん》、出口に奥御門がある。狭い橋台を通って天守地階入り口の口御門を抜けたところが小さな枡形になっており、その奥に奥御門《おくごもん》があって、二つの城門から成る一種の枡形門を構成する。この天守への経路は史上で最堅固であり、類を見ない。もちろん、天守地階の枡形は史上唯一である。

一階平面は、平十七間（七尺間）、妻十五間であって、史上最大だった江戸城天守の十八間に十六間に次ぎ、徳川大坂城天守と同大の史上二位の規模である。名古屋城天守は一階と二階が同大だったので、延べ床面積は江戸城天守を越えて約一千三百三十九坪にも達し、史上最大の天守だった。

天守地階は、東北隅に井戸之間を設ける。天守台の穴蔵に井戸を設けた例は、堀尾吉晴《ほりおよしはる》が築いた浜松城・松江城しかない。一階と二階は、周囲に幅二間の入側を廻らし、その内側の身舎は各十室に間仕切られてい

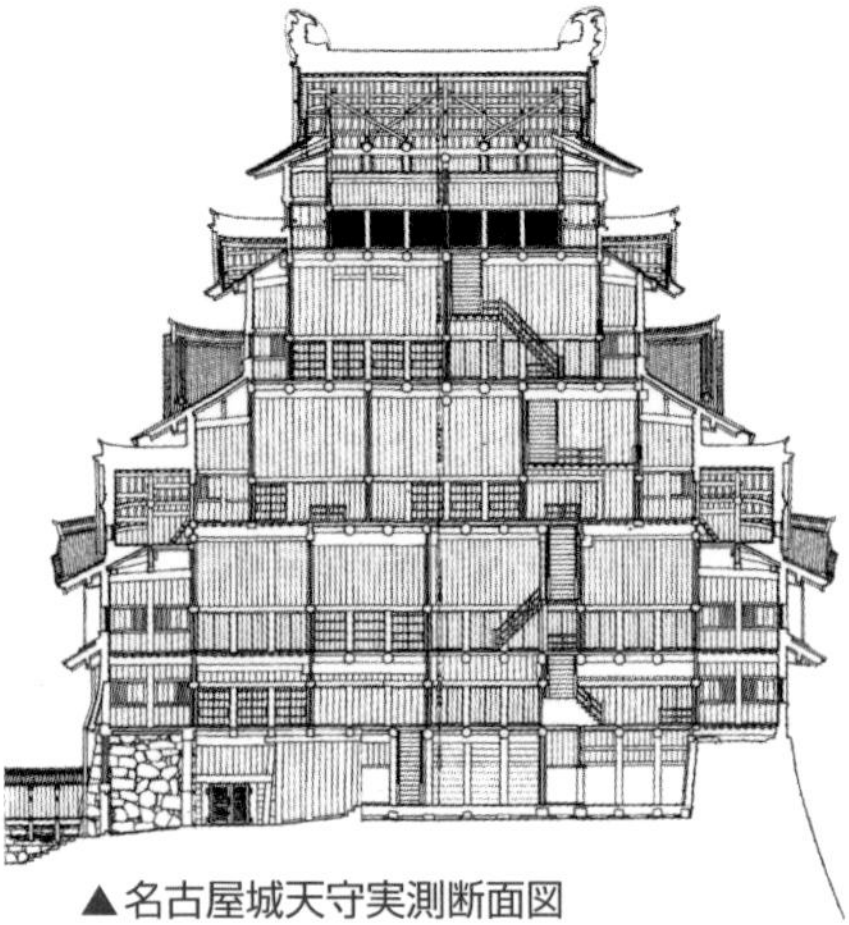

▲名古屋城天守実測断面図

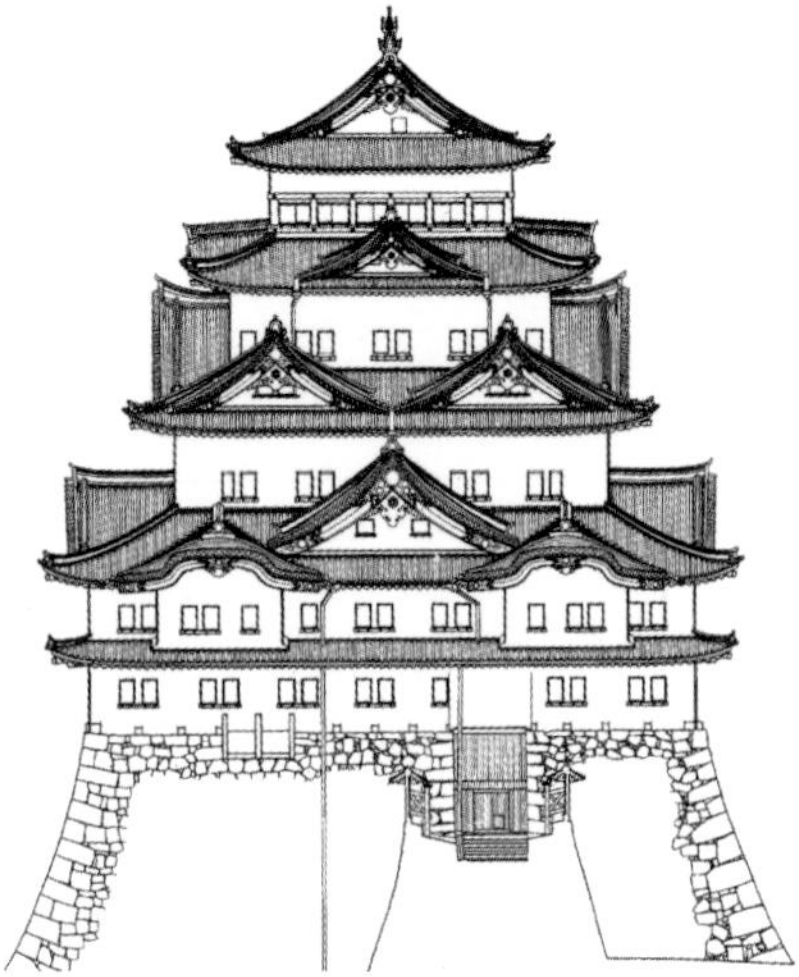

▲名古屋城天守実測正面図

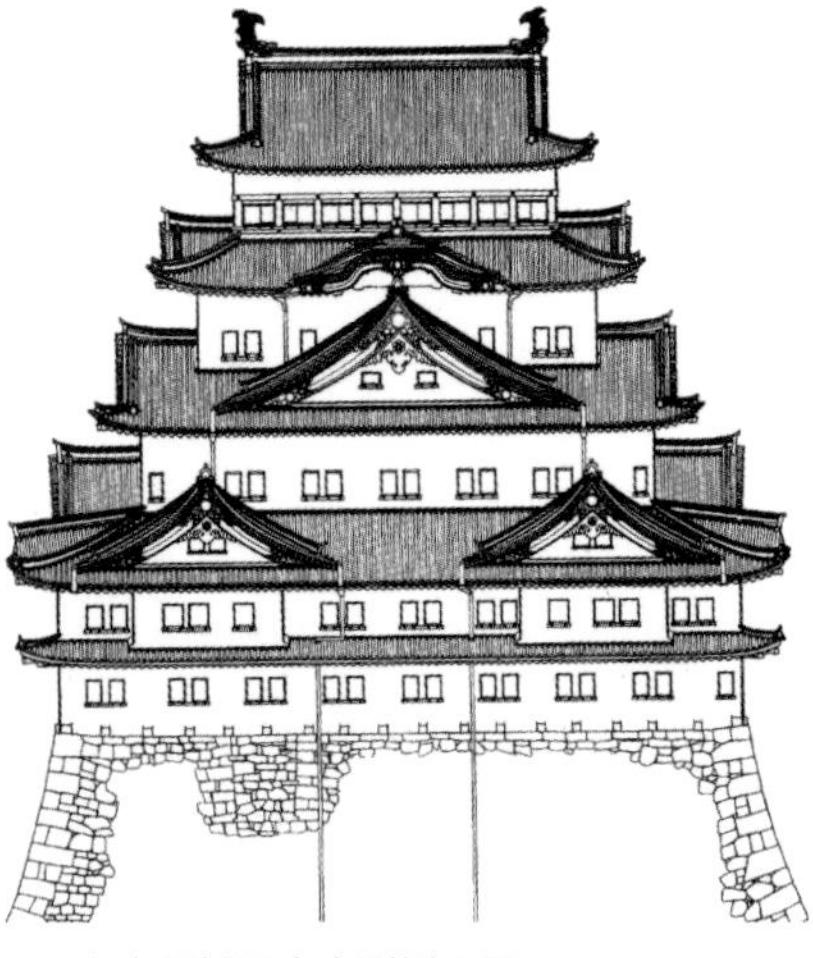

▲名古屋城天守実測側面図

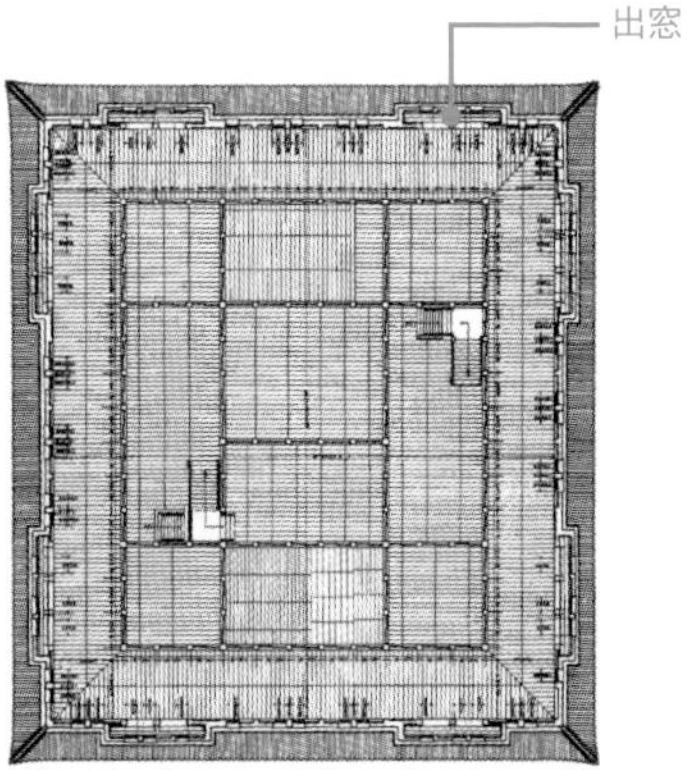

▲名古屋城天守実測二階平面図

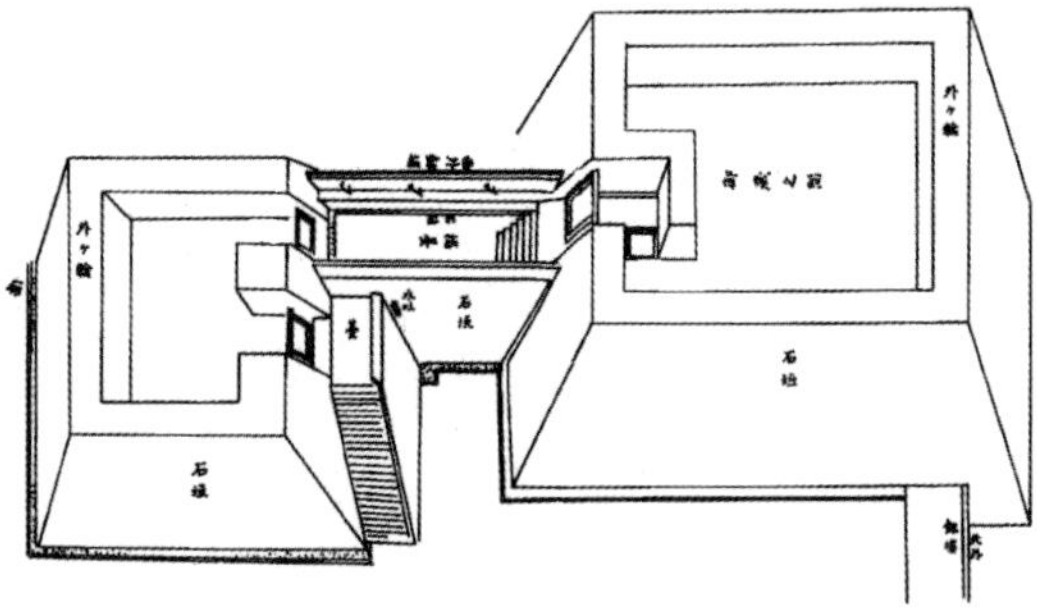

▶名古屋城大小天守台の見取り図（『金城温古録』）大小天守の穴蔵を取り巻く石塁や天守入り口の枡形などの構造がよく分かる

た。そのうち一階の東北室は地階の井戸之間の上に当たり、一階からも地階の井戸水が汲めるように床には汲み上げ口があった。天守に使われる梁《はり》は長さ三間が限界であるが、一階の東北室と一階・二階の中央北寄り室は梁間《はりま》が四間もあり、そこには極めて太い牛梁《うしばり》が渡されていた。その辺りはまだ、巨大天守の構造が完成しておらず、後の江戸城天守と比べると発展途上といえる。

二階の入側には各面二カ所ずつの出窓があり、その床面には開口部があって、石落《いしおとし》となっていた。出窓下方には一重目の屋根があって、石落が分かりづらいため、これを隠石落《かくしいしおとし》ともいわれる。しかし、出窓の上方には南・北面に唐破風《からはふ》、東・西面に千鳥破風を設けて飾り、目立たせているので、当初から隠す意図は窺えない。石落は天守に敵を近づかせない抑止効果が期待されるので、隠しておくのはかえって不利であろう。

三階は大きく逓減して平十三間、妻十一間となる。入側の幅を一間半に減じており、その半間の端数によって二階と三階で柱筋が平・妻ともに半間ずつずれてしまった。層塔型の五重天守にはよく起こる事態である。その結果、地階・一階・二階の間では、それぞれ二階分を貫く通柱《とおしばしら》が多数（史上最多）使われていたが、三階より上の階では通柱は全く使われていなかった。三階の身舎は九室を設ける。また、南・北面に一つずつ、東・西面に二つずつの千鳥破風の間を付ける。東北室の天井には四階から見下ろす物見窓が開かれており、そこから階段を見張ることができた。同様の構造は、姫路城西小天守にしかない。

四階は平十間、妻八間に逓減し、入側を一間幅とする。身舎は四室に間仕切る。南・北面に二つずつ、東・西面に一つずつの破風《はふ》の間《ま》を付ける。三階と同様に東北室の天井に物見窓を開く。

最上階の五階は、平八間、妻六間で、入側を一間幅とする。江戸城天守とともに史上最大の天守最上階だった。身舎は十二畳四室に間仕切り、そのうち城外から反対方向となって安全な東南室を一之間《いちのま》とする。藩主が登閣した際の着座の間であった。五階だけは蟻《あり》壁《かべ》付きの小組格天井《こぐみごうてんじょう》を張って格式を高めており、現存天守が全く及ばない最高格式だった。

天守の外壁は白漆喰《しろしっくい》の塗籠《ぬりごめ》であるが、壁体内には厚さ四寸（約一二㌢《セン チ》）の欅《けやき》や樫《かし》（実際は楠《くす》か）の横板を落とし込んでおり、大砲弾を止める史上最強の防弾壁となっていた。室内側は檜《ひのき》の化粧板を縦張りにしており、これも格調が高い。鉄砲狭間《てっぽうざま》は壁体内の厚板を三角形に刳《く》り抜《ぬ》き、化粧板には三角形の蓋が嵌《は》められていた。外側は壁土で塗り塞いだ隠狭間《かくしざま》で、外側からは狭間は見えなかった。高層建築である天守の狭間を開口しておくと、外側に蓋があっても風雨が吹き込むので、普段は塗り塞いでおくのである。

また、外壁には最新式の片引戸《かたびきど》を建てる半間窓が使われているが、名古屋城天守の一階・二階は奇数間数なので、左右対称には窓を配置できず、一階の東面・西面・北面では向かって右端に割余りの窓が一つできてしまった。南面は、口御門上にある石落で割余りをごまかしている。

窓の土戸を格子の外側に引くのは、幕府の城の特色で、戸を閉めると格子が隠されて美しく、また大切な格子が風雨で傷むのを防いでいた。格子は木に鉄板を張って黒く塗ったものだった。したがって、戸を開けた場合は、黒い格子はほとんど目立たず、品が良かった。窓の土戸は、分厚い板を縦に接合し、その上下に端喰《はしばみ》という扁平な台形の部材を嵌めて造った板戸で、表面に防火のため白漆喰を塗ったものである。端喰入りの厚板の戸は神社本殿の御扉《みとびら》と同じ形式で、最高級である。

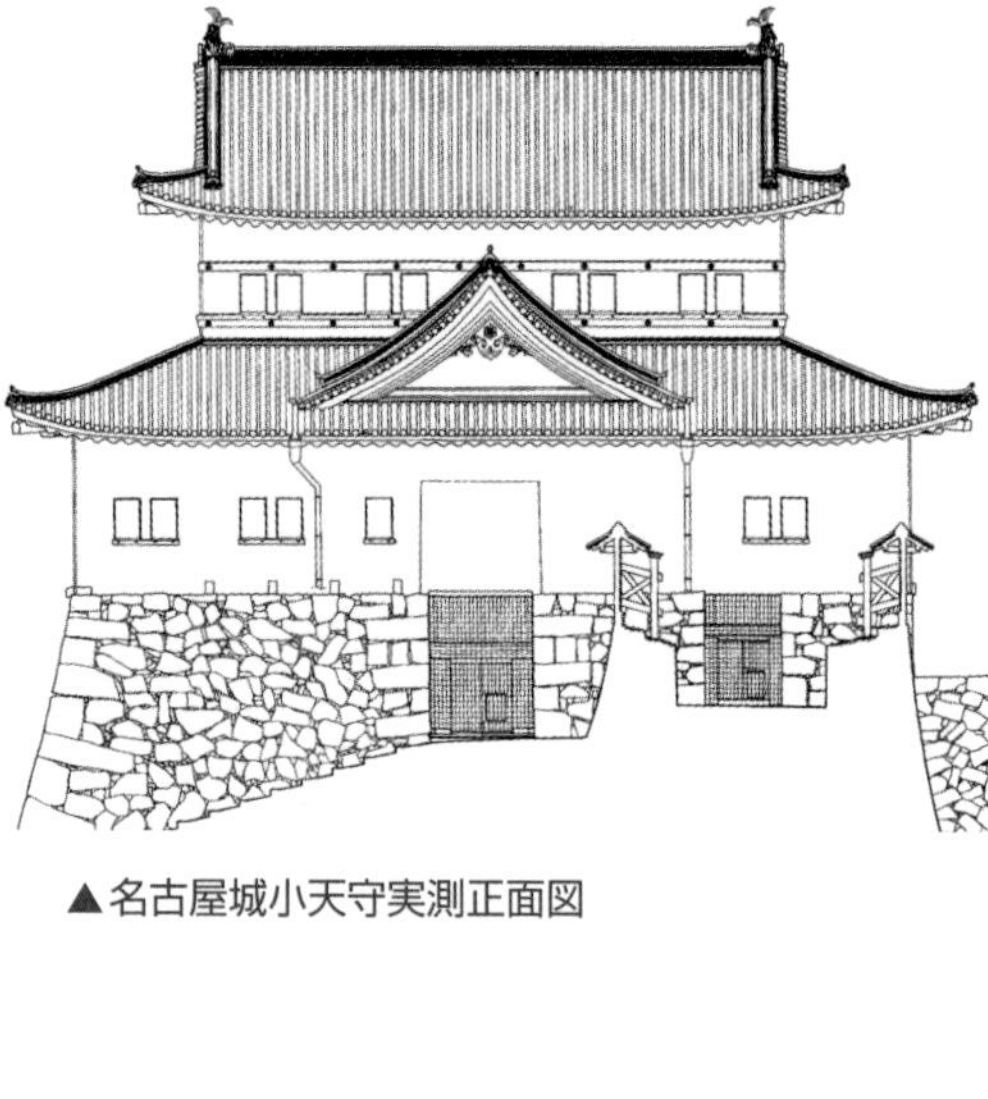
▲名古屋城小天守実測正面図

創建当初は五重目屋根のみを銅瓦葺としていたが、宝暦二年（一七五二）から五年の大修理の際に二重目から四重目までも銅瓦に改められた。大棟上の金鯱は、寄木造《よせぎづくり》の鯱に金の板を張ったもので、創建時には黄金（慶長大判金）一九四〇枚の金が使われたという。

小天守は二重二階、地下一階の層塔型である。北・

南面に千鳥破風を設ける。天守とは相違して、柱間寸法は天守に一般的な六尺五寸が使われ、一階は平十三間、妻九間である。層塔型としては、平と妻の間数差が最も大きく、そのため二階が極めて細長くなって、平九間、妻五間である。天守としては造形的に許されない細長さである。史上最大の小天守であって、二重二階とはいえ、一階面積は松本城天守や彦根城天守よりはるかに巨大である。その地階は天守への通路になっており、そのため地階の出入り口は二カ所ある。通路以外は板敷きとして三つの金蔵《かなぐら》に仕切られていた。

徳川大坂城天守

大阪府大阪市

寛永三年（一六二六）に江戸幕府によって再建された、大坂城の二代目天守である。現在の昭和再興大阪城天守閣は三代目であって、二代目の天守が載っていた天守台に建てられている。三代目天守は、「大坂夏の陣図屏風」を参考にして豊臣大坂城天守（初代天守）を再現する目的で設計されたので、旧式の望楼型であるが、二代目天守は新式の層塔型であった。寛文五年

▲徳川大坂城小天守台の金明水井戸屋形
小天守台の上に建てられた井戸屋形で、石造の井戸枠を覆う。天守と同時に建築されたもので、寛文５年の天守焼失の際には奇跡的に類焼を免れた

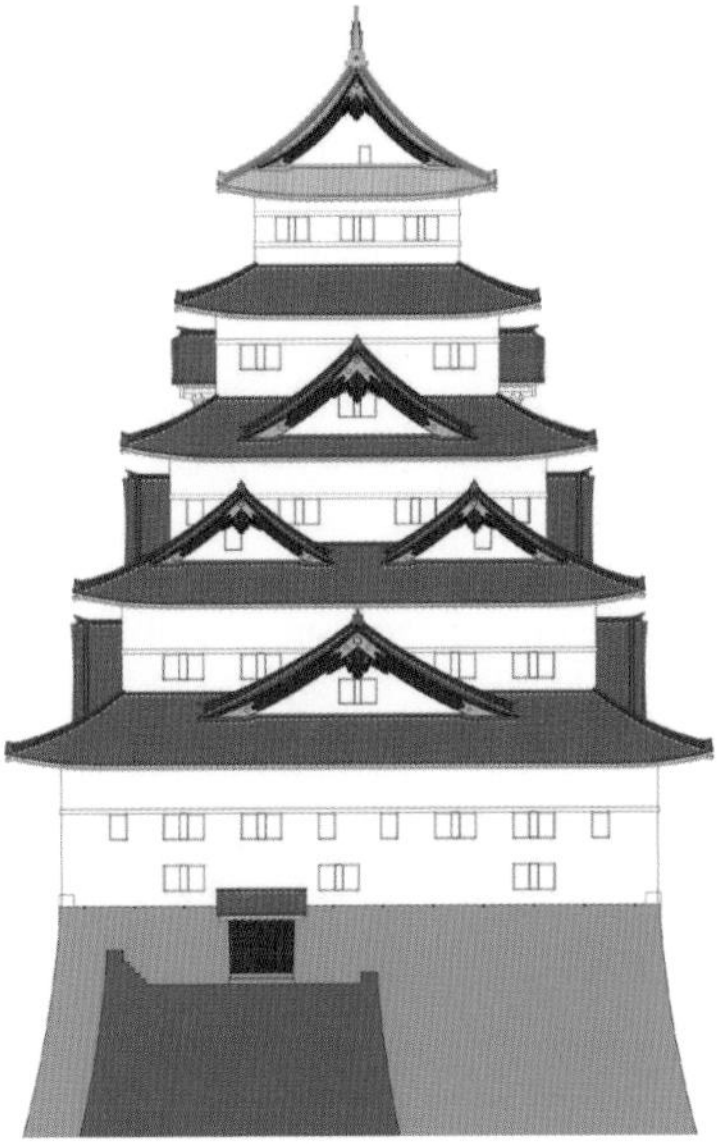

▲徳川大坂城天守復元正面図

（一六六五）に落雷によって焼失し、昭和再興まで天守がなかった。

天守台の正面に小天守台が築かれているが、小天守はなく、そこに金明水井戸屋形《きんめいすいいどやかた》（往時のものが現存）が建てられている。

二代目天守は、五重五階、半地下一階であった。一階（一重目）は平十七間（七尺間）、妻十五間で名古屋城天守と同規模であったが、身舎の部屋割りは整然としており、寛永度江戸城天守に近かった。二階（二重目）は平十四間に妻十二間、三階（三重目）は平十一間半に妻九間半、四階（四重目）は平九間に妻七間、五階（五重目）は平七間を八等分、妻五間を六等分とする。整然とした逓減であり、最上階の柱間寸法は新しい構法によっている。地階は、採光のために階高を大きくして穴蔵の石垣を超えて立ち上がる半地下式であって、一重目の外壁には一階の窓と地階の窓が上下に並んでいた。類例は、福山城天守がある。

外観については、千鳥破風（資料によっては一部が向唐破風《むかいからはふ》）を寛永度江戸城天守に類して多数配置していた。外壁は漆喰の塗籠で、長押形《なげしがた》を見せていたと考えられ、最上重の屋根だけ銅瓦葺であった。

寛永度江戸城天守

東京都千代田区

江戸城には三度、天守が建てられた。初代天守（慶長度天守）は徳川家康が慶長十二年（一六〇七）に建てたもので、現在の天守台よりかなり南方に位置しており、鉛瓦で葺かれた純白の雪山のような天守だった。二代目天守（元和度天守）は二代将軍秀忠《ひでただ》によって元和八年（一六二二）から九年にかけて建てられ、三代目天守（寛永度天守）は寛永十五年（一六三八）に三代将軍徳川家光《いえみつ》が建て直したものである。元和度と寛永度の天守は、現在の天守台と同じ位置にあった。両者はよく似ていたが、梁の架け方や窓の大きさがやや相違し、また四階の破風の形式が相違した。

寛永度天守は、江戸市中の総てを焼き払った明暦三年（一六五七）の江戸大火で類焼してしまったが、東京都立中央図書館に収められている建地割図《たてじわりず》（立面図・断面図の一種）などの資料を綿密に検討すれば、正確に復元することができる。五重五階、地下一階の層塔型天守で、高さ七間（約一四メートル、現在の天守台より一間高い）の天守台石垣上に聳《そび》えていた。天守本体の高さは約四四・八メートルで、史上最高であり、天守台

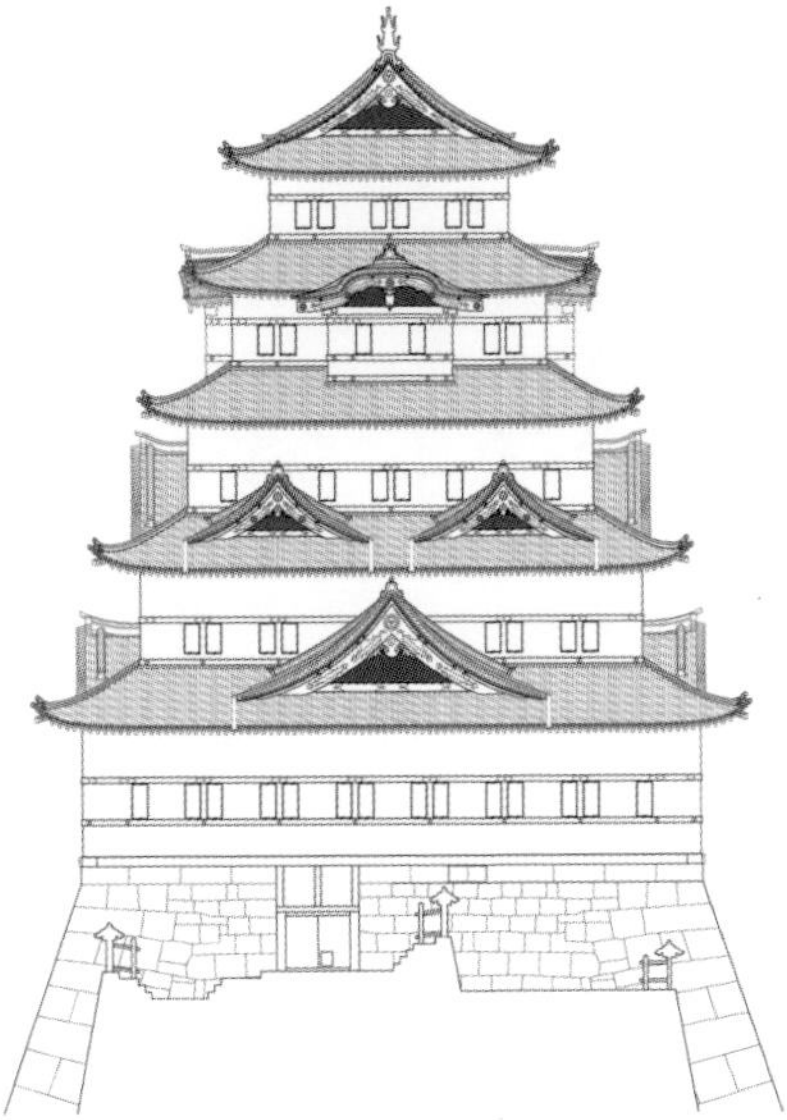

▲寛永度江戸城天守復元正面図

▲寛永度江戸城天守復元側面図

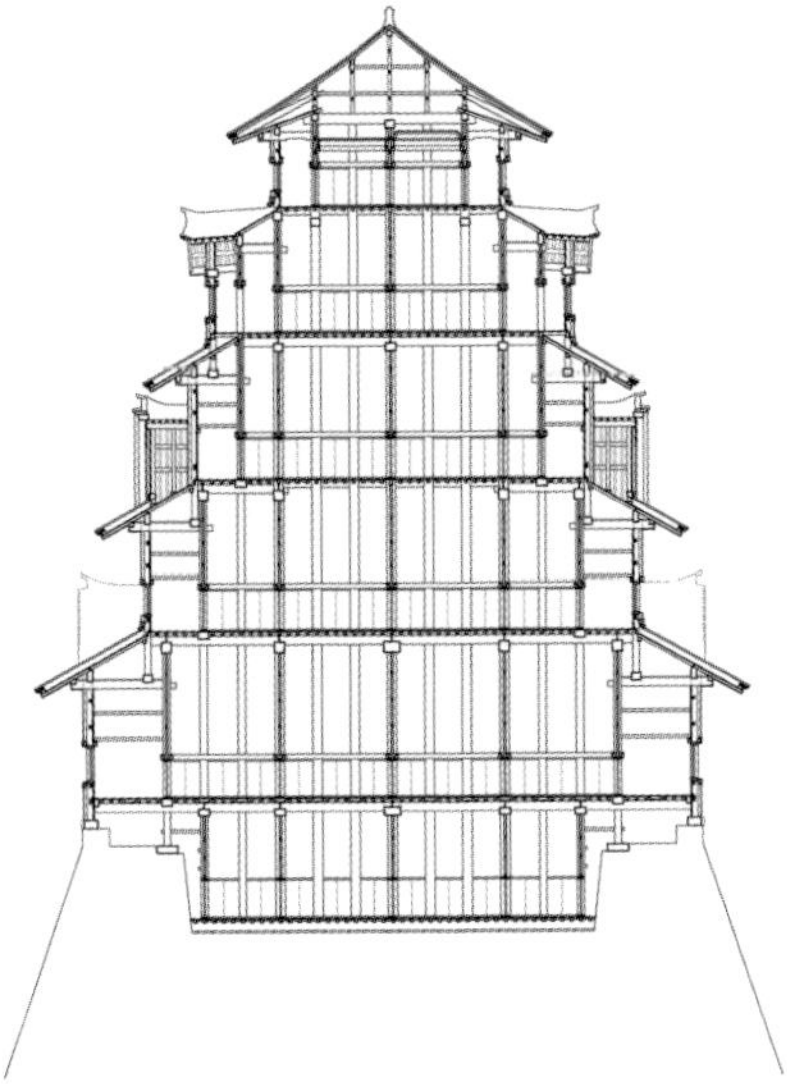

▲寛永度江戸城天守復元断面図

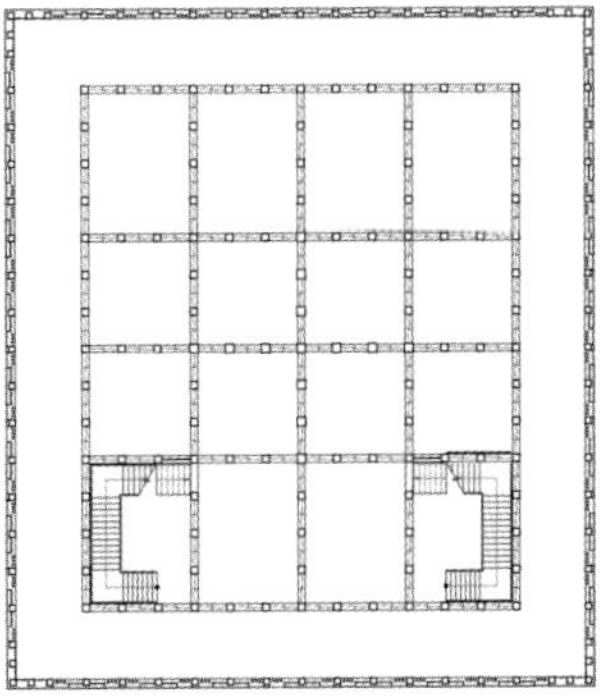

▲寛永度江戸城天守復元一階平面図

を含めると約五八・六メートルにも達し、それは一九階建てのマンションに相当する。天守台の南正面に小天守台を付けるが、小天守はなく、独立式天守だった。小天守台に向けて穴蔵の入り口を開く。

一階（一重目）は、平十八間（七尺間）に妻十六間もあった。史上最大の天守であり、一階の面積は現存最大を誇る姫路城大天守の二・三倍にも及んだ。周囲に二間幅の入側を取り、身舎には十八畳八室と二十四畳八室を整然と並べており、五重天守平面の完成形であった。二階（二重目）は平十五間に妻十三間、三階（三重目）は平十二間半に妻十間半、四階（四重目）は平十間に妻八間、五階（五重目）は平八間に妻六間と、整然と逓減していた。また、柱位置が上下階でずれることが多い層塔型五重天守にあって、側柱を除いて完全に柱位置が揃っていた稀有の天守であった。通柱の用い方も発展しており、二階以上において、中心部と周囲に交互に配置しており、構造的にも天守発展の最終段階を迎えていた。

外壁は、豊臣大坂城の黒漆塗り板壁を超えた贅沢な銅板張りで、銹止《さびど》めに新素材の黒チャン（煤《すす》に松脂《まつやに》と油を混ぜて練った黒色塗料）が塗られていたので、黒ずくめだった。屋根は銅瓦葺であって、屋根の頂には木芯《もくしん》に黄金の板を貼り付けた金鯱を載せており、その豪華さは信長の安土城や秀吉の大坂城をも上回った。

千鳥破風の配置は絶妙で、妻側は一重目に一つ、二重目に二つ、平側はその逆に並べていた。それらの破風は総て飾りだけのもので、内部に破風の間を設けていなかった。三重目屋根上（四階）は四面に唐破風付きの出窓を一つずつ設けた。

南正面に短辺である妻側を向けており、したがって正面に最上重の入母屋破風を見せていた。それは家康の名古屋城天守や徳川再建大坂城天守と同じであり、天下人の天守の品格を示していた。また、石落は全くなく、鉄砲狭間は一切見せておらず、武力ではなく徳をもって泰平の世を治めようとする平和主義の象徴でもあった。寛永度江戸城天守は、その造形の洗練された美しさで他城の天守を寄せ付けず、天守建築の最大かつ最高傑作であり、さらには世界に誇る日本の伝統的木造建築技術の最高到達点でもあった。

現在の万治度天守台は、明暦焼失後、天守再建を目指して直ちに新築されたもので、寛永度天守と同位置にある。家光は天守台が高すぎたと残念がっていたことから、再築に際して一間低く築かれた。万治二年（一六五九）に本丸御殿の再建工事は完了したが、幕府財政難のため家光の異母弟の保科正之《ほしなまさゆき》の建言によって天守本体の再建は見送られた。

なお、家康の慶長度天守と秀忠の元和度天守は、造替のために取り壊されたが、一階の平面規模は寛永度天守と全く同じであったので、解体した上で再度建てられた可能性は否定できない。特に元和度天守は寛永度天守とよく似ているので、多少の改造を施して再利用されたものと考えられる。

第四節　失われた諸大名の天守（文禄・慶長期）

広島城天守

広島県広島市

戦国大名の雄、毛利輝元《もうりてるもと》は中国地方のほぼ全域を掌握していたが、天正十年（一五八二）に備中《びっちゅう》高松城（岡山市）を秀吉に水攻めにされて講和した。結局、秀吉に臣従し、天正十六年には秀吉の招きで聚楽第《じゅらくてい》を表敬訪問した。聚楽第はその前年に完成したばかりで、水堀と石垣で築かれた最新鋭の平城《ひらじろ》だった。本丸には五重天守が聳《そび》え、その豪華豪壮な本丸御殿で輝元一行は歓迎の祝宴を受けた。続いて秀吉直々の案内で大坂城天守の内部を見物している。その当時の毛利の本城は吉《よし》田《だ》郡山《こおりやま》城（広島県安芸高田市）で、旧式な中世の山城《やまじろ》だった。秀吉の勧めによって輝元は天正十七年に広島の築城を開始し、広大な四角い本丸と二の丸は秀吉の聚楽第の縄張《なわばり》をそのまま写し、天守は大坂城を模

▲広島城天守実測正面図

したらしい。広島城天守は天正二十年（文禄元年）頃に完成し、肥前《ひぜん》名《な》護《ご》屋《や》城（佐賀県唐津市）へ出陣途中の秀吉が立ち寄っている。

広島城天守は、高い天守台上に建つ五重五階の望楼《ぼうろう》型天守であった。石垣築造技術が未発展だったため、一階（一重目）平面は著しく歪んだ不等辺四角形である。一階は平《ひら》十二間《けん》（六尺五寸間）に妻《つま》九間であって、大坂城天守より妻が二間短いだけで、その当時存在した全国第二位の巨大な五重天守だった。南側と東側にそれぞれ三重の小天守《こてんしゅ》を従え、天守と小天守を渡櫓《わたりやぐら》（廊下）で結ぶ連結式天守だった。二基の小天守を連結した例（複連結式）は後にも先にもなく、全国無類の壮大さだった。毛利百十二万石の威厳を示す天守であった。

天守に穴蔵《あなぐら》はなく、渡櫓の石垣下から玄関内の木階で渡櫓一階へ上り、渡櫓の二階から天守一階へ入った。天守は一階と二階（二重目）を同大平面に造り、その二重二階の大きな入母屋《いりもや》造《づくり》の屋根上に三重三階の望楼を上げる。天守最上階の五階（五重目）は三間四方で、廻縁《まわりえん》があり、入母屋《いりもや》破《は》風《ふ》を正面に向けており、豊臣大坂城天守を忠実に模倣していた。平には二重目屋根

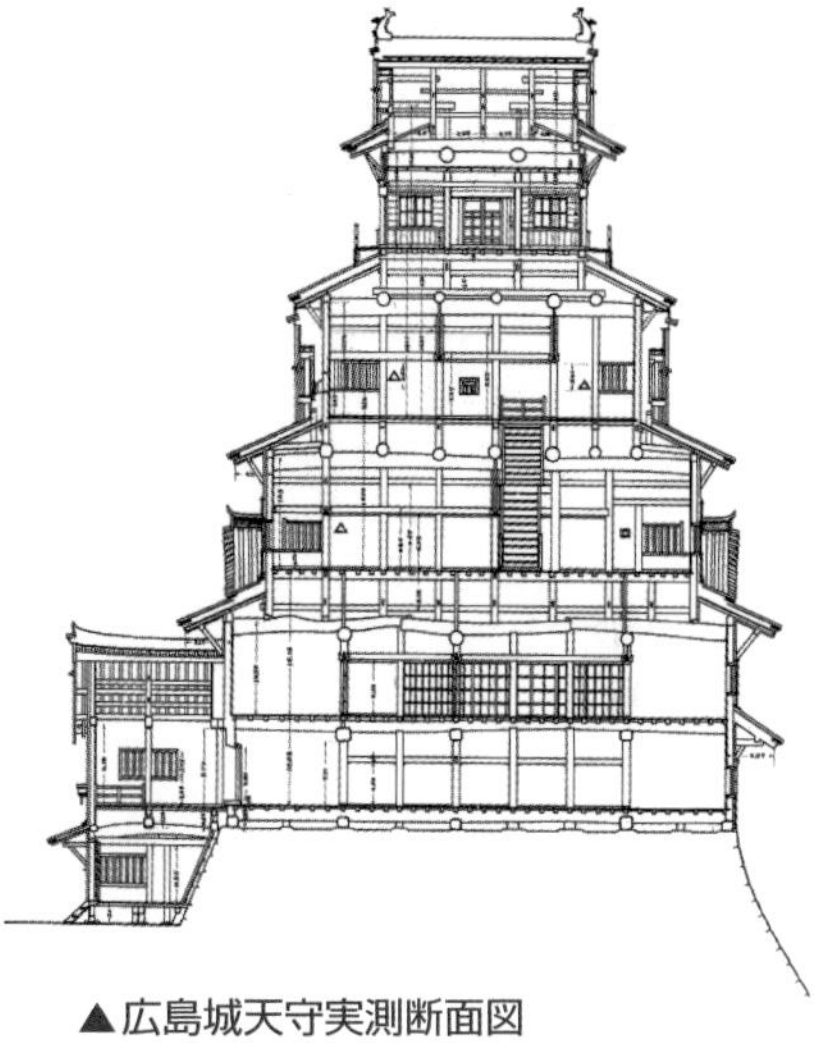
▲広島城天守実測断面図

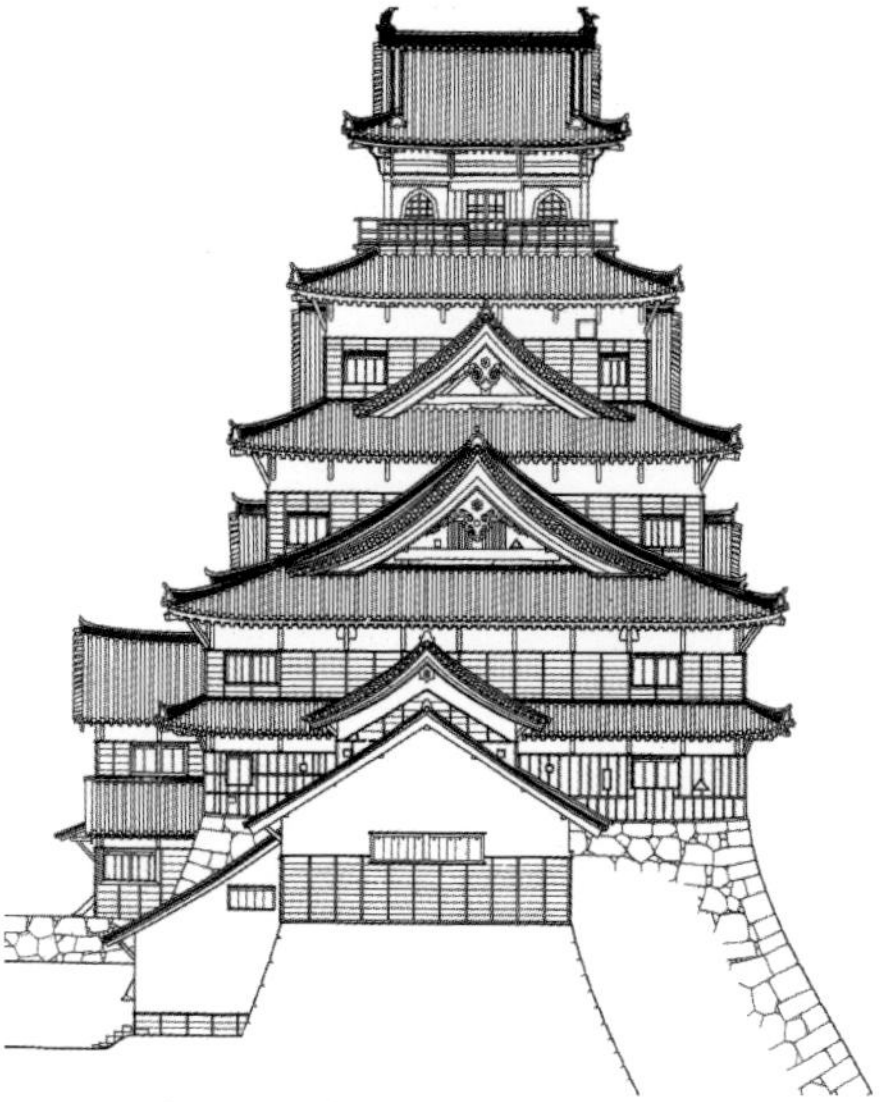
▲広島城天守実測側面図

に比翼千鳥《ひよくちどり》破風《はふ》、三重目に大きな千鳥破風、妻には二重目屋根が基部の入母屋破風で、三重目に大きな千鳥破風を設けていた。破風《はふ》の間《ま》は基部の入母屋破風にだけあった。

外壁は下見板《したみいた》張りで、窓は一間幅の格子窓《こうしまど》に突上戸《つきあげど》を吊っていた。また、二階・三階・四階に排煙窓を設けており、注目に値する。石落《いしおとし》は一階の北西隅に一カ所だけあったが、福島正則《まさのり》が城主の時に付加されたものと考えられる。なお、最上階五階の柱間《はしらま》寸法は、京《きょう》間《ま》ではなく、中央間は八尺一寸、両脇間は七尺三寸と異常に大きかった。三間四方では狭いので広くしたものであろう。柱間寸法が京間より大きいことと、中央間を脇間より少し大きく造るのは、天守ではなく社寺建築の手法であった。

この天守には特異な点が二つあった。その一つは、史上初の重階一致の五重天守だったことだ。当時の望楼型五重天守は、大きな入母屋造の屋根を基部としており、その大きな屋根の中に屋根裏階が生じ、外部の屋根数より内部の階数が一つ多くなる。屋根裏階がない五重天守は、この十二年後の慶長九年（一六〇四）頃に建てられた層塔《そうとう》型の今治《いまばり》城天守に始まる。

▲広島城天守（戦災前）

しかし、広島城天守の構造は層塔型天守とも全く異なり、南北朝時代以来、禅宗寺院の三門《さんもん》（山門）として建てられた二重門（京都の東福寺《とうふくじ》・大徳寺《だいとくじ》・南禅寺《なんぜんじ》など）と同じ構造だった。上階の床を下階の梁組《はりぐみ》から分離して高く上げて、屋根裏階ができるのを防いでいたのである。天守としては空前絶後の構造だったが、耐震性には劣っていた。

もう一つの特異点は、破風の間がない、単なる飾りの千鳥破風を史上初めて取り付けたことである。広島城天守には八つもの千鳥破風があって、関ヶ原以前の天守では最多であり、また比翼千鳥破風を付けたことが確認できる史上初の天守でもある。しかも、この天守の千鳥破風は、外壁面に破風の屋根を張り付けただけの構造であって、破風の屋根下には破風の間どころか屋根裏（小屋組《こやぐみ》）すらない、異例中の異例といえる特異な構造である。天守の内部構造を知らずに、大坂城に多数あった入母屋破風を誤認して飾りだけの特異な千鳥破風にしてしまったらしい。ただの飾りの千鳥破風は、ずっと後の寛永度江戸城天守から始まったものであるが、その場合でも破風の屋根には屋根裏がある。

創建当初の広島城天守は、各重の壁面が黒漆《くろうるし》塗《ぬ》りの板壁で、軒先の瓦や鯱《しゃち》も金箔押しだった。五重の外観とともに大坂城を模したものだったが、その構造は他の天守とは全く相違したものだった。自尊心が一際高い毛利家中では、天守の構造を秀吉側から教わるのを恥として、独自に開発したのであろう。戦前に国宝だった広島城天守は、漆が墨に変わり、金箔が剝《は》がれ落ち、小天守を取り壊されてはいたが、輝元が創建したものが残っていた。原爆の爆風で惜しくも倒壊（焼失はしていない）してしまったが、現存しておれば、間違いなく最古かつ最重要の天守だった。

岡山城天守

岡山県岡山市

岡山城は、広島城の毛利輝元とともに豊臣五大老であった宇喜多秀家《うきたひでいえ》（五十余万石）が慶長二年（一五九七）までに完成させた。岡山城本丸は上中下の三段で構成され、天守は上段である本段の北端に建つ。そこは城壁の鎬隅《しのぎすみ》（鈍角に折れ曲がる部位）にあたり、そのため天守台の平面は細長い不等辺五角形を成している。天守台の鎬隅石垣は岡山城内で最も古様を示しており、天正十八年（一五九〇）の築城開始後、最初に築かれたようで、天守完成は慶長二年という通説よりも早く、文禄年間（一五九二～九六）に遡るものと考えられる。建築年代が古いので、石落はない。天守は戦前に国宝に指定されていたが、昭和二十年（一九四五）

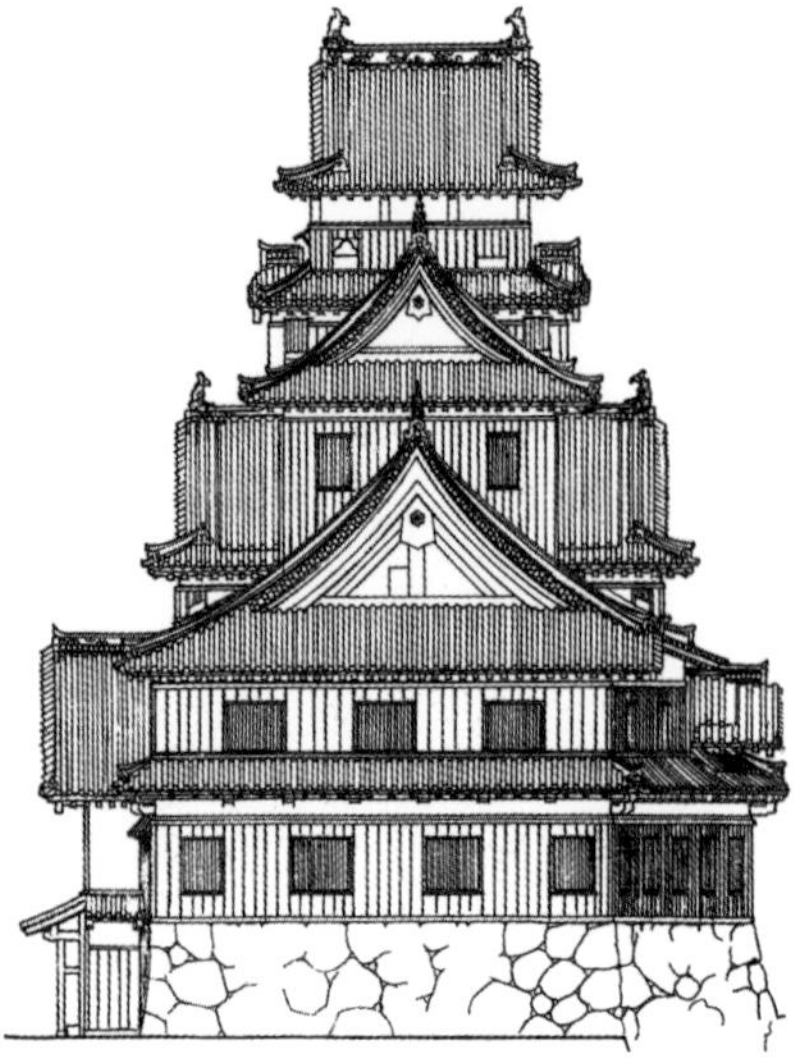

▲岡山城天守実測側面図

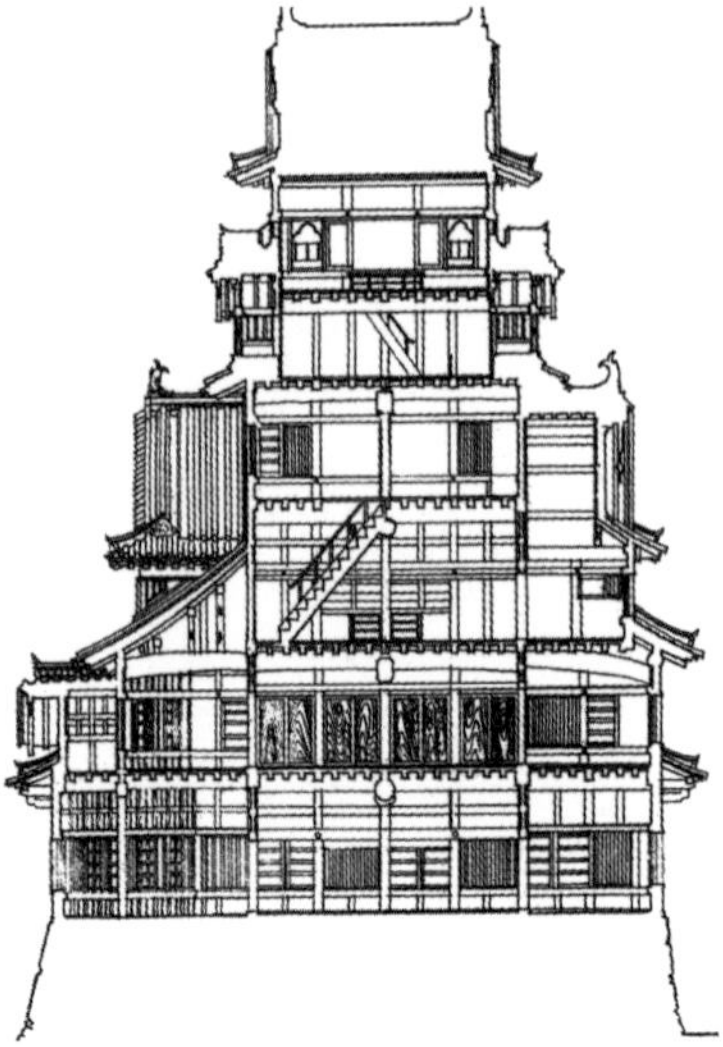

▲岡山城天守実測梁間断面図

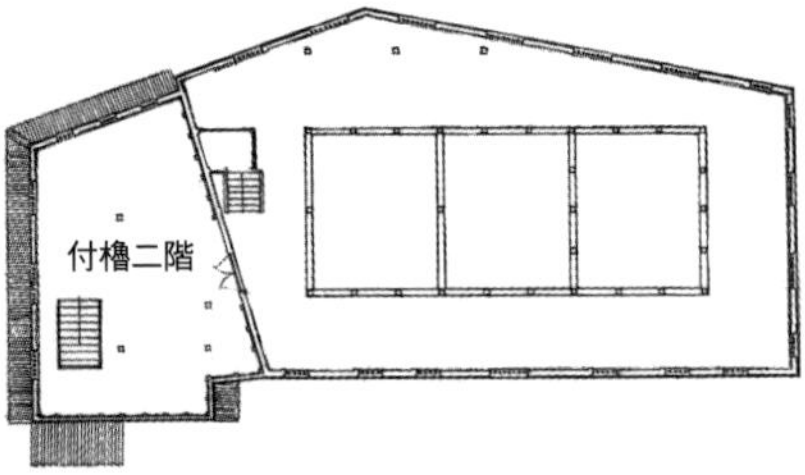

▲岡山城天守実測一階平面図

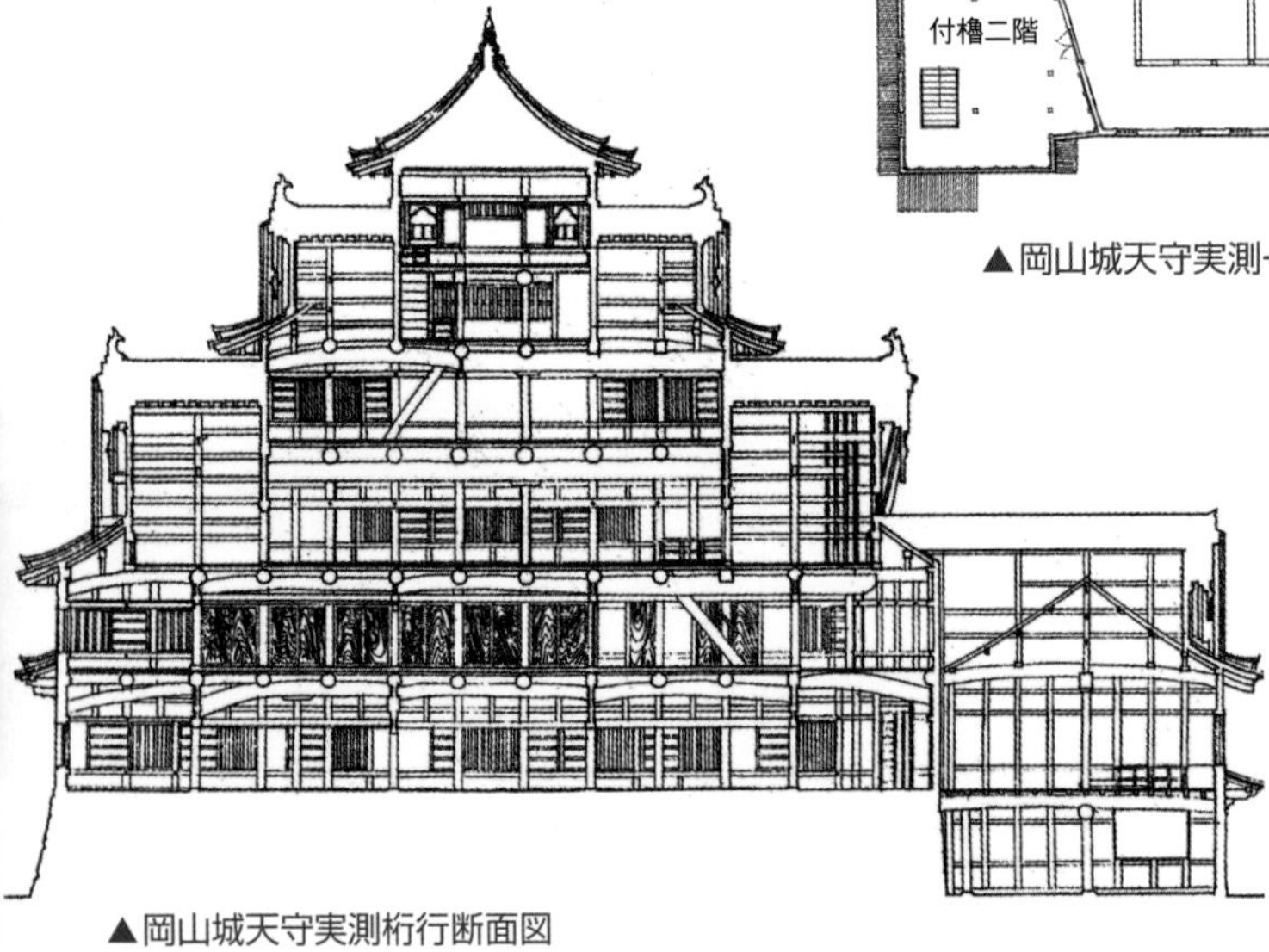

▲岡山城天守実測桁行断面図

に戦災焼失した。

外観五重、内部六階であり、二重目の東西に大きな入母屋破風を設ける望楼型天守であった。西側の天守台下に二重二階の付櫓《つけやぐら》（塩蔵《しおぐら》）を従えた複合式天守であって、付櫓の二階から天守一階へ入った。なお、戦後再建に際して、天守に地階を新設している。不等辺五角形の一階平面は、不等辺八角形だった安土城天主を偲ばせるものであった。また、二重二階の東西棟の入母屋造を基部とし、その屋根上の南・北面に大きな入母屋造の出窓を設け、さらにその上に東西棟の入母屋造の三重目を載せ、その上に望楼部を載せているが、そうした複雑な構造は豊臣大坂城天守に倣ったものと考えられる。天守の外壁が黒色の下見板張りであったので、烏城《うじょう》と呼ばれた。

一階（一重目）は不等辺五角形平面であって、その上、平均すると平十三間（六尺五寸間）に妻八間と極めて細長い。望楼型でなければ建築不能の平面形状である。身舎《もや》に二十四畳間を三室連ね、平面の不整形は入側《いりがわ》（標準幅は二間）で調整する。特に、その北辺には鎬隅があって五角形の頂点が外側に突き出し、西辺は大きく傾いて南西隅が鈍角になっている。二階（二重目）は一階とほぼ同形同大平面であるが、北辺の鎬の頂点を七間にわたって削り落として長方形平面に近づけている。その削った頂点においては、一重目屋根が上ってくることになるので、唐破風造《からはふづくり》の出窓を設けて隠していた。

▲岡山城天守（戦災前）
郭外側から写されたもので、天守一階中央部に鎬隅の折れが見える

三階は二重目の大入母屋《おおいりもや》屋根に埋没する屋根裏階

で、平七間に妻四間と大きく逓減《ていげん》し、妻側に入母屋破《いりもやは》風《ふ》の間《ま》、平側に明《あ》かり採《と》りの出窓（間口五間）を突き出す。四階（三重目）は三階と同大の平七間に妻四間で、身舎と入側の区別はなく、内部を一室とする。

四階を覆う三重目屋根は、東西棟の入母屋造で、その屋根に五階（四重目）が載る。五階は三間四方であるが、三重目屋根に半ば埋没してしまうので、平側に間口四間、奥行半間の大きな出窓（軒唐破風付き）を設けており、したがって外観は四間四方に見えた。このような技法は豊臣大坂城天守でも用いられていたと思われるが、現存例はない。六階（五重目）は三間四方で、入母屋破風を一階の平側に向ける。廻縁は戦災前にはなかった。四重目屋根が六階壁面の華頭窓《かとうまど》下まで上がってきているので、層塔型天守に応用される見せ掛けの廻縁しか設置できないため、創建当初から廻縁はなかったであろう。

外観も構造も二重目・三重目・五重目を入母屋造にして積み上げた、珍しい三段重ねの望楼型天守であった。その理由は一階平面の細長さにある。平と妻の差が五間もあり、一つの入母屋造の基部だけでは修正できなかったからである。したがって、二重目屋根で三間差まで修正し、三重目屋根で正方形平面に仕上げたものである。この巧みな構造によって岡山城天守は、平側からは安定した山のように見え、妻側からは細身の塔のように見え、望む角度によって大きく趣を変える造形美は比類なきものであった。

熊本城天守

熊本県熊本市

熊本城の普請《ふしん》は、豊臣系大名の加藤清正によって三期にわたって行われた。その第一期普請では、天正十六年（一五八八）に清正が秀吉から肥後半国十九万石余りを与えられて、石垣を築き天守を創建した。その時代の熊本城（当時は隈本《くまもと》城と書いた）は現在の茶《ちゃ》臼山《うすやま》の地ではなく、南西に八百メートル離れた古城《ふるしろ》に所在した。慶長三年（一五九八）に秀吉が没すると、翌四年から第二期普請に着手し、城地を茶臼山の現在地に移転し、本丸の石垣を築いたと考えられる。関ヶ原の戦いの功績で肥後一国五十四万石に加増されると、慶長六年から十四年にかけて第三期普請を行い、熊本城をほぼ完成させた。第一期普請で建てられた初代天守は、第三期普請の際に移築改造されて現存の宇《う》土櫓《とやぐら》（熊本城三の天守とも呼ばれる）となったと考えられる。現在の天守台は第二期普請で築造され、第三期普請において慶長六年頃に二代目天守が建てられた。さらに小天守台石垣が増築されて、慶長十四年頃に小天守が建てられたと考えられる。

天守は五重六階、地下一階の望楼型天守で、北側妻面に三重四階、地下二階の小天守を複合式に接続し、また東側天守台下に二重二階の付櫓を設けて天守穴蔵への入り口とする。大小天守は明治十年（一八七七）の西南戦争に際して明治政府軍の放火によって焼失した。

天守台は隅部に算木積《さんぎづみ》（長い隅石を用い、その長辺と短辺を交互に違えて積むこと）が全く見られない古式な石垣で、関ヶ原の戦い直前、すなわち慶長四年（一五九九）頃に築かれたものである。天守台上面の広さは平十二間に妻十間ほどで、松江城の天守台とほぼ等しいので、四重五階の天守が計画されたものかもしれない。しかし、天守建造が関ヶ原の戦いで中断され、戦後に禄高が五十四万石の太守《たいしゅ》となったため、五重天守の建造が可能となり、一階は天守台石垣より周囲に約半間ずつ張り出して床面積を二割増しの平十三間に妻十一間としたと考えられる。慶長六年頃の竣工当時では、豊臣大坂城天守を超えて全国最大の天守だった。なお、一階床面を天守台石垣より張り出すことによって、石垣築造誤差による平面の歪みを修正することができ、その後に小倉《こくら》城・萩《はぎ》城（山口県）・高松城でも応用されている。

一階（一重目）は、入側と身舎の区別がやや曖昧で、縦横ともに五列に間仕切っていた。そのうち周囲に連なる細長い部屋が入側に相当し、身舎は十八畳六室、十二畳三室であった。一重目が望楼型の基部の入母屋屋根になっていたので、二階（二重目）はその屋根に半ば埋没しており、明かり採りのために平側に巨大な千鳥破風を設ける。平九間に妻八間で入側はなく、九室に間仕切り、入母屋破風の間と千鳥破風の間を突き出す。

三階（三重目）は、破風の間がないことを除いて、二階と同形同大である。三重目屋根は入母屋造で、その平側に大きな千鳥破風を設けており、一重目の屋根と同じ構成であった。そのため四階は、三重目屋根に埋没した屋根裏階であって、平三間に妻四間の部屋を中心にして（構造的にみると平五間に妻四間）、大きな破風の間を四方に設けていた。五階（四重目）も三重目屋根に半ば埋没し、三間四方の部屋を中心に置き、その四方に破風の間や出窓状の部分を設けていた。岡山城天守の五階（四重目）と類似した構造であった。

　六階（五重目）は、三間四方の部屋（上段の間）を中心にして、五重目屋根は下重とは棟方向を変えて入母屋破風を一階の平側（東・西面）に向ける。六階の南・北面には四畳大の部屋を突き出して唐破風造の屋根を架け、そのうち北側室を階段室としていた。突出部を除いて、半間幅の入側が廻っており、それを加えて、六階は四間四方となる。さらに入側の外側に半間幅の縁側が廻っていた。この縁側の外側に雨戸が引かれ、隅部には戸袋が造られていたが、そうした雨戸は慶長期にはなく、後世の改造であったと考えられる。当初は室外の廻縁であって、寛永九年（一六三二）の加藤氏改易以降、細川氏が城主となった後に廻縁の縁先に軒支柱《のきしちゅう》を立てて室内の縁側に改造されたようである。なお、記録によると、二階・三階・六階には障壁画があったといい、書院造殿舎の面影を残す、安土城以来の正統派天守だった。

　外壁は下見板張りで、格子窓は一間幅とし、突上戸

▲熊本城大小天守（焼失前）

を吊っていた。一階を張り出す太い腕木《うでぎ》（土台の先端を突き出したもの）は防火のために漆喰《しっくい》の塗籠《ぬりごめ》とされ、さらに雨避けのために小さな腰屋根《こしやね》が掛けられていた。島充氏によると、石垣天端《てんば》上には、忍《しの》び返《がえ》しの剣先が小天守と同様に並んでいた。

望楼型の五重天守では、一階（一重目）と二階（二重目）を同大に造り、二重目屋根を基部とするのが常であるが、熊本城では一重目屋根を基部としている。それについては、一階が天守台より張り出しているからであろう。その張り出し部の直上に二重二階の外壁を載せるのは構造的に危ういため、二階を逓減させたようで、同様の張り出しをもつ萩城・高松城の天守でもそのようになっていた。また、熊本城天守では、三重目も入母屋造としており、一重目と合わせて三段積みの望楼型であって、岡山城天守が類例に挙げられるも、特別な構造である。熊本城の初代天守と考えられる三重五階の宇土櫓も三段積みの望楼型であって、しかも大きな千鳥破風の配置も全く同様である。したがって、三重五階の初代天守の構造をそのまま拡大して五重六階の天守としたと考えられる。

小天守は、台座石垣の算木積が発達しており、天守台に対して明らかに増築されたものである。しかし、北側の下部の石垣は算木積がやや未完成な古様を見せ、穴蔵内部の北壁石垣も歪みが大きいので、当初は天守台とは離して別の小天守（または大型の櫓）が建てられていた可能性がある。

小天守一階（一重目）は平十三間に妻八間半もあって、天守に匹敵する巨大な小天守である。平十三間に妻九間の名古屋城小天守に次いで史上第二位の規模である。三重四階の望楼型であるが、その望楼部は小天守一階の中央部にはなく、天守から反対方向の北側に

▲熊本城大小天守台

離れて上げられている。小天守の一階が南北に極めて長大なので、小天守望楼から北方向への監視の便を図るために、望楼部をなるべく北側に寄せたものと考えられる。また、大小天守が並び建つ造形上の均整も、小天守望楼部が巨大な天守から離れて端に寄っていたほうがはるかに優れている。

小天守と天守の接合部では、小天守一重目の入母屋破風を通常の位置に立てると、天守の入母屋破風や千鳥破風と屋根が絡まってしまって納まらないので、北側に二間離して入母屋破風を立てている。その結果、小天守の西面寄りの南妻側では一重目屋根より庇《ひさし》を葺《ふ》き下《お》ろした形で天守と接合するという、変則的な技法が応用されている。この特殊な庇屋根（縋破風《すがるはふ》）があることを根拠に、小天守が宇土城（熊本県）天守を移築したものとする宮上茂隆博士の説には賛同できない。東面では、天守北妻面に付櫓状の入母屋造の突出部を設けて小天守と接続する。この突出部は、立面上は天守に付属するように見えるが、平面上では小天守の部屋に属す。また、小天守東面には唐破風造の付櫓があった。

小天守の穴蔵は天守の穴蔵とは別に築かれており、相互に往来はできない。穴蔵の入り口は東面に開かれ、石階を下ると本丸北腰曲輪《こしぐるわ》に出てしまう裏道（当初は虎口《こぐち》があったが後に封鎖）である。穴蔵は地下二階となっており、地下二階に井戸があり、地下一階は階高を大きくして石垣天端より高く立ち上げ、明かり採りの窓を並べていた（類例は福山城天守・徳川大坂城天守）。一階は望楼下の位置に床《とこ》と付書院《つけしょいん》を備えた十二畳の座敷があった。西面と東面の天守との接合部には大便所があった。二階（二重目）は基部の入母屋屋根に半ば埋没しており、三階は最上階が屋根裏に埋まらないように床を持ち上げるための、いわば床下階（類例は高知城天守）である。四階（三重目）は屋根の向きを基部とは変えて、入母屋破風を一階の平側に向ける。四階身舎は短辺（東・西面）三間に長辺（南・北面）五間と細長く、その北側に床を設《しつら》えた十二畳の上段を設ける。身舎の周囲に半間幅の縁側を廻らせ、その外側に雨戸を建てていた。古写真を見ると、小天守の三重目屋根の軒《のき》の出《で》が極端に短いので、当初は縁側（廻縁）が吹き放たれていたものと推定される。

今治城天守と丹波亀山城天守

愛媛県今治市
京都府亀岡市

今治《いまばり》城は、当代一の築城の名手と謳われた藤堂高虎《とうどうたかとら》が、宇和島《うわじま》城に続いて自己の居城として慶長七年（一六〇二）に着工した。最新鋭の平城かつ海城《うみじろ》で、天守は同九年頃には完成したと考えられる。日本初の層塔型五重天守であったが、本丸内の平地に建てられていて、天守台はなかったらしい。層塔型天守の建造には一階平面が正確な矩形《くけい》であることが必要条件であるが、当時の石垣築造技術では高い天守台の上面を矩形にできなかったからであろう。

高虎は自ら望んで慶長十三年（一六〇八）に伊勢・伊賀へ転封《てんぽう》となり、新たな居城の伊賀上野城（三重県）に移築するために今治城天守は解体されて藤堂家の大坂屋敷に運ばれた。同十五年に丹波《たんば》亀山城の公儀普請（天下普請）を家康から命じられ、その普請の際に今治城の天守部材を家康に献上し、亀山城天守として移築建造された。亀山城天守については、取り壊し直前の明治五年（一八七二）に撮影された写真が残る。天守台は明治期に完全に解体されて現存しない。

丹波亀山城天守は、天守台石垣上にそびえた五重五

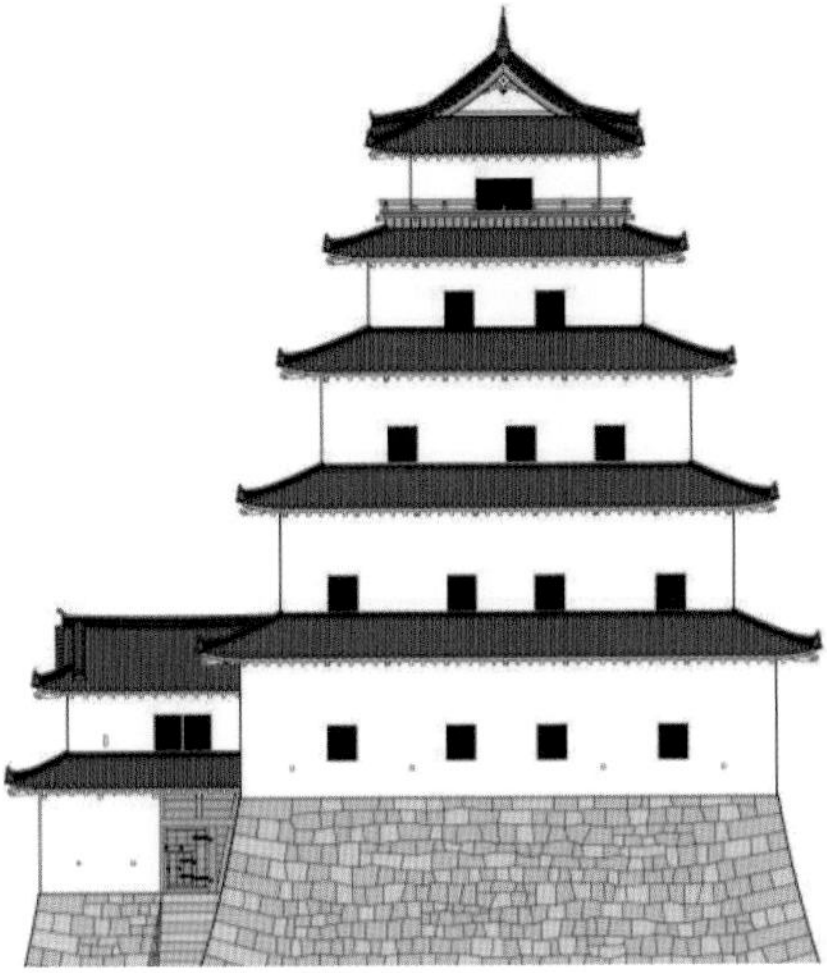

▲丹波亀山城天守復元正面図

▲丹波亀山城天守（明治５年）
天守左下は本丸御殿、手前は本丸を囲う多門櫓

階の層塔型天守で、二重二階の小天守を従えた複合式であった。小天守二階から天守一階に入る形式であって、穴蔵はなかった。江戸時代の亀山城本丸指図《さしず》に記載されている寸法は、一階「九間半四方」、二階「八間四方」、三階「六間二尺八寸四方」、四階「四間半一尺七寸四方」、五階「三間二尺二寸四方」であるが、七尺間で建てられた天守の寸法を、六尺五寸を一間として測った値（または六尺五寸間を六尺で測った値）であるため、寸法に端数が生じたものと考えられる。『高山公実録《こうざんこうじつろく》』に挙げられている今治城天守の寸法と比べてみると、移築の際に一階入側幅が少し切り縮められたらしい。そうした考察結果によると、今治城天守は、一階（一重目）九間四方（七尺または六尺五寸間）、二階（二重目）七間半四方、三階（三重目）六間四方、四階（四重目）四間半四方、五階（五重目）三間四方であって、各階で四方から四分の三間ずつ規則的に逓減していたと考えられる。なお、天下人《てんかびと》以外の天守に七尺間が使われたとすることに異議もあろうが、高虎の伊賀上野城天守台に残っていた礎石（現存せず）は七尺間であったと記録されている。また、正方形平面も珍しいが、高虎が先に建てた望楼型の宇和島城天守は六間四方の正方形平面であった。正方形平面は、高虎が採用した層塔型天守の原初的な特徴であるといえよう。

古写真によると、亀山城天守は、最上重を入母屋造にして、軒唐破風を飾り、廻縁を設けるが、下重には全く破風がない。五重の純然たる層塔型天守であり、下重に破風が全くないことも層塔型の原初形態であると言えよう。

亀山城天守の廻縁は、古写真から分析すると五階の床面よりかなり高い位置に張られていたことが分かり、見せ掛けの廻縁であった。この頃になると、望楼型天守では廻縁は室内に取り込まれるのが一般化しており、時代逆行のようにもみえる。しかし、見せ掛けの廻縁は軽微なため造替《ぞうたい》も容易であるので、外観が単調な層塔型天守では装飾要素としてあえて採用された意匠と考えられる。なお、装飾が多い望楼型の彦根城天守でも見せ掛けの廻縁は使われている。

小倉城天守

福岡県北九州市小倉北区

小倉《こくら》城は、関ヶ原の戦いで功績のあった外様《とざま》大名の細川忠興《ただおき》が慶長七年（一六〇二）から大改修をした新鋭の平城かつ海城で、慶長十五年の不動尊《ふどうそん》の札が天守五階にあったと記録されているので、天守はそれまでに完成していた。天保八年（一八三七）の本丸火災で類焼してしまったが、幕府上使に提出された巡見帳の写しから各階の間取りが復元できる。また、「正保城絵図」には、下重に破風が全くない層塔型の四重天守として描かれ、その最上階は上半部が外側に張り出したような表現になっている。また、一階の壁面下部に余分な線が一本引かれていることにも注目される。

水堀から立ち上がる壮大な天守台に建てられた四重五階の層塔型天守で、穴蔵はなく、小天守から上る複合式であった。この天守台は水堀に直面する例としては、史上最高である。

一階（一重目）は平約十五間半（六尺五寸間）、妻約十三間半もあって、江戸城・名古屋城・徳川大坂城に次ぐ史上第四位の超大型天守であった。天守台上面はやや歪んでいるので、それを調整するために天守一階が少し天守台から張り出して建てられていたらしく、「正保城絵図」に描かれた天守一階壁の下端の線はそれを表現したものらしい。大型天守では入側は幅二間とするのが通例であるが、一間半しかなく異例である。身舎の部屋には、床《とこ》（床《とこ》の間《ま》）・違棚《ちがいだな》を備えた座敷があること、八間に五間余りという天守史上で最大の部屋（江戸後期には天守方《てんしゅかた》役所）があること、二

▲小倉城天守復元立面図

間半や五間余りなどの中途半端な大きさの部屋が多くあったこと、二階へ上がる階段室には湯殿《ゆどの》と揚《あ》がり場《ば》（脱衣室）があったことが注目される。また、石落は大きな天守にしては少なくて三つしかなく、すなわち城外側の隅部だけに配されたもので、数の少なさからすれば、石を落とす装置ではなく、下向きの鉄砲狭間《てっぽうざま》であったことは間違いない。

二階（二重目）は大きく逓減して平十二間に妻十間とし、幅一間半の入側を取って身舎中央に七間に五間という巨大な部屋、その両脇に七間に二間の部屋、合わせて三室しかなかった。三階（三重目）は平九間に妻七間とし、幅一間の入側を取り、身舎は二階と同様に三室構成とする。四階は平七間に妻五間とし、入側はなく、身舎を畳敷きの五室に仕切る。

五階（四重目）は平八間に妻六間であって四階より大きく、半間幅の縁側が四階より外側に張り出していた。縁側の縁先に黒戸《くろど》（黒塗りの引戸《ひきど》）三六本が建てられていたので、五階は黒段と呼ばれた。五階身舎の中央には三間四方、十八畳敷きの上段の間が置かれ、その周囲に四室が配されていた。最上階中央に上段の間を置くのは珍妙であるが、初期の天守における三間四方の最上階の規模を上段の間としたものと理解される。

外観は、「正保城絵図」の描写によると、四階には屋根がなく、その代わりに五階の縁側が張り出しており、したがって四重天守である。この特殊な構造について、『倉府見聞集《そうふけんもんしゅう》』には或人が「唐作」（唐造《からづくり》）といったとあるが、これは斬新なもの、高価なもの、珍しいものに、当時「唐」を冠していたからである。近代になって「南蛮造《なんばんづくり》」と命名されたが、唐造のほうが文化的によい名称である。四階の屋根を省略した理由は、五重天守を幕府が規制していたため、実質五重を名目四重とする便法だったと考えられる。また、層塔型天守では、最上階の直下階に本格的な屋根を設けると、その屋根が最上階外壁に高く上ってきてしまい、廻縁の床高が室内よりはるかに高い、見せ掛けの構造になってしまうので、それを回避するためでもあった。この性能の良い唐造の構造は、佐賀城・津山城・高松城の天守造営に参考にされており、他城の天守に及ぼした影響は大きかった。

外壁は多くの城絵図に白壁に描かれているので塗籠だったと考えられる。窓については、巡見帳に「窓上棒百三十六本」が挙げられているので、古式な突上戸の窓だったことが分かる。また、「大窓惣数」として天守六十、小天守八が挙げられているので、一つの窓に突上げ棒二本ずつであり、一間幅の旧式窓だったことが分かる。

津山城天守

岡山県津山市

慶長八年（一六〇三）に岡山城主の小早川秀秋《こばやかわひであき》が改易となり、その遺領のうち美作《みまさか》一国（十八万石余り）を外様大名の森忠政《ただまさ》が得て、津山城を築城した。したがって城普請は他の西日本の外様大名から後れ、五重五階、地下一階の天守は慶長二十年頃に完成した。その結果、旧式の望楼型ではなく、新式の層塔型が採用できた。

　明治初期の取り壊し前の写真によると、最上重以外に破風が全くない初期の層塔型五重天守で、五階は板囲いになっていた。しかし、古図や古記録によると、五階には高欄《こうらん》を廻らせていたことが分かり、また、その下の四重目の屋根だけが板葺《いたぶき》であった。四重目が板葺であったのは、大身あるいは高官職以外の諸大名が五重天守を建てることを幕府が規制していたからで、この板葺の屋根を数えずに、四重と公称したようである。そうした新規築城に関する規制は慶長十四年（一六〇九）頃から厳しくなったらしい。

　天守台の正面に小天守台（小天守は建てない）を突き出し、そこから天守本体の穴蔵へ入って木階で一階に上がる。江戸城天守や徳川大坂城天守と同様であっ

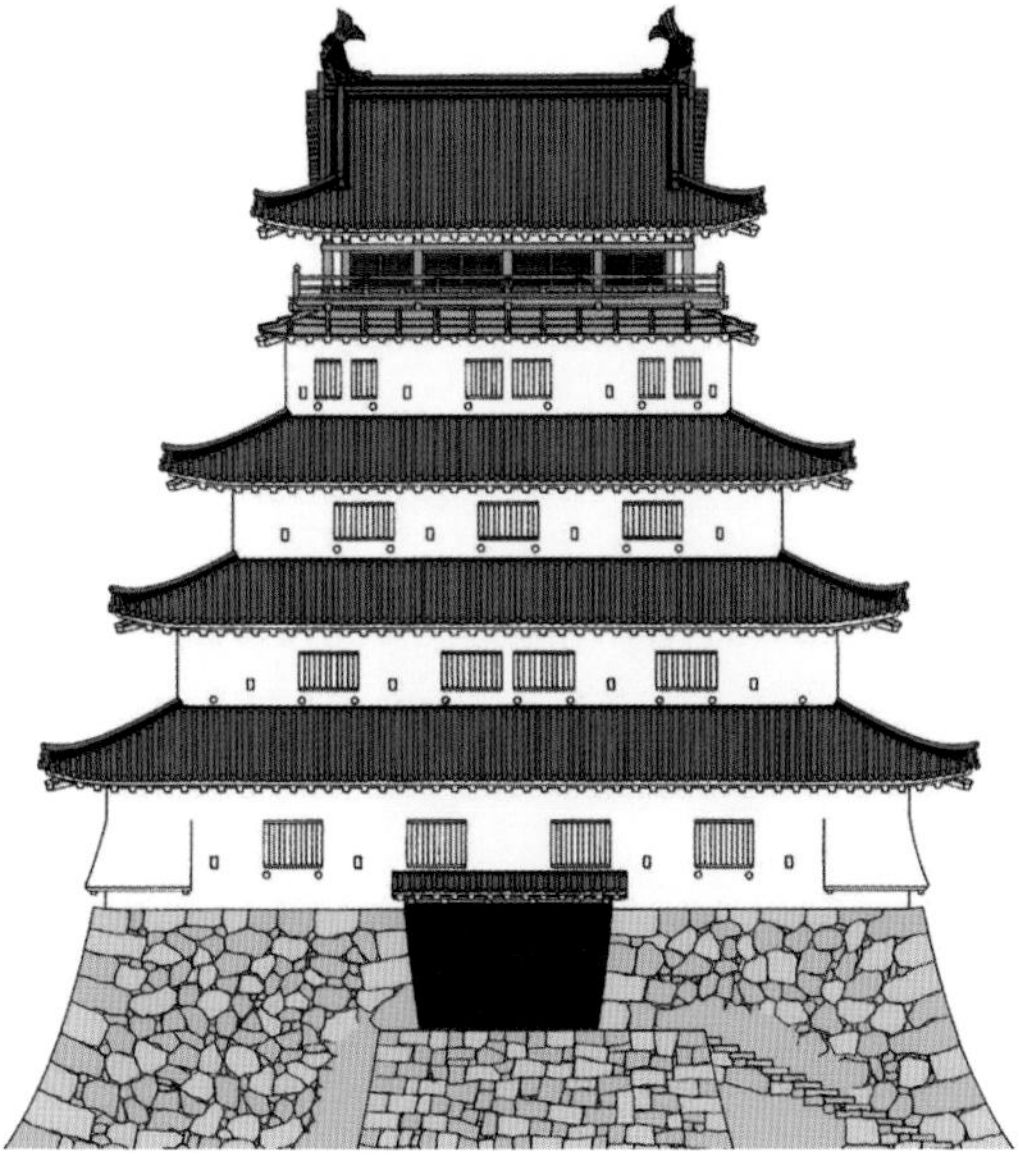

▲津山城天守復元正面図

た。一階（一重目）は平十一間（六尺五寸間）に妻十間で、幅二間の入側を取り、身舎を七室に間仕切る。一階から二階へ上がる十二畳大の階段室は中二階になっており、その階下に大便所二基と湯殿・揚がり場（脱衣室）があった。湯殿・揚がり場を一階の階段室に設けるのは、小倉城天守と同じである。姫路城大天守に大便所はあるが湯殿はなく、津山城が籠城の備えを最も調えた天守だったといえる。また、一階の南入側には六番門（櫓門《やぐらもん》）の二階が接続していた。

二階（二重目）は平九間に妻八間で入側幅を一間半に縮め、身舎に四室を配す。三階（三重目）は平七間に妻六間で入側幅を一間、身舎に三室、四階（四重目）は平六間に妻五間で入側幅を半間、身舎一室と整然と逓減する。五階（五重目）は平五間に妻四間で、中央に十畳の上段の間を設け、その四周を下段とし、室外に廻縁を造る。一階・二階・三階間は四方から一間ずつ、三階・四階・五階間は半間ずつ逓減し、入側の幅は一階から順に二間・一間半・一間・半間と規則的に逓減しており、層塔型五重天守の逓減の典型例である。その結果、一階から三階までは各階間で柱筋が総て半間ずつずれてしまい、上階の柱は下階の梁の上に渡された柱盤《ちゅうばん》に立てられた。

外壁は漆喰の塗籠で、一階の四隅に石落を配し、窓は古式の一間窓であった。格子窓のほかに、窓の間に矢狭間《やざま》、窓下に鉄砲狭間を切っており、重武装であった。また、創建当初は四重目屋根は板葺で、板を押さ

▲津山城天守（取り壊し前）
四重目の屋根は簡略で、五階は板囲いされている

える猿頭《さるがしら》（五角形断面の棒材）が打たれており、古写真で見ると他重よりも軒の出が著しく短かった。五階の外壁は白木の真壁造《しんかべづくり》であって、中敷居《ちゅうじきい》を設けて「戸障子《としょうじ》」すなわち板戸を引違いに建てており、廻縁は五階の床より高い位置に張られ、見せ掛けであって外へは出られなかった。

津山城天守は、『森家先代実録』によると、「天守ハ豊前小倉の天守を大工保田惣右衛門、木図に作り帰て建る、小木図櫓に有り」と記されており、小倉城天守の木図《きず》（木製の模型）によって建てられたと伝わっている。破風のない層塔型であること、四重目の屋根が板葺となっていて名目上では省略されていたこと、最上階の中央に上段の間があること、一階の階段室に湯殿・揚がり場があったこと、一階と二階の身舎の間取りが小倉城の二階や三階に似通っていることからして、その伝えは史実であったと確認できる。

第五節　失われた諸大名の天守（泰平期）

岡崎城天守

愛知県岡崎市

岡崎城の初代天守は、豊臣系外様《とざま》大名の田中吉政《よしまさ》が十六世紀末に建てた。現在の天守台石垣は、自然石を用いた野面積《のづらづみ》で、隅部がまだ算木積《さんぎづみ》になっていない。関ヶ原以前に築造された古式をよく示しており、吉政が築造した天守台が残っている。吉政は関ヶ原の戦いで東軍に与し、その戦功を家康に認められて北九州の柳川《やながわ》へ栄転していった。岡崎城は家康の支配下に復帰し、譜代《ふだい》大名の本多康重《ほんだやすしげ》が入城した。吉政の初代天守は関ヶ原の戦い前後に失われたらしく、元和三年（一六一七）に康重の子の本多康紀《やすのり》が二代目天守を再建している。

　吉政時代の天守は、二代目天守の南正面より一間《けん》ほど奥に引き込んでおり、そのため天守台石垣の南東隅

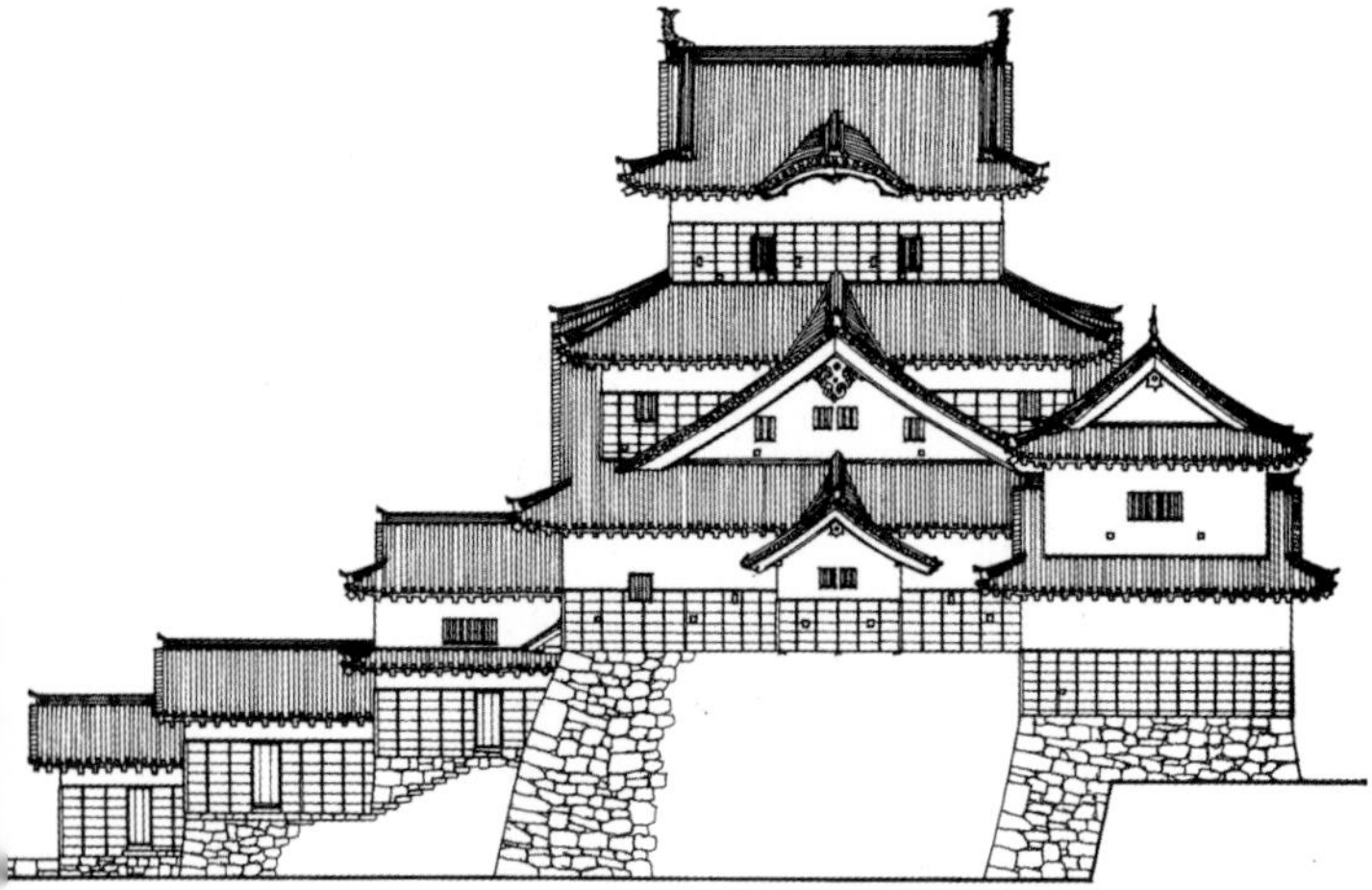

▲岡崎城天守復元側面図

は本体より突き出して、そこが付櫓《つけやぐら》となっていた。初代天守に関する記録は全く残されていないが、天守台の大きさから推定すれば、三重四階、地下一階の望楼《ぼうろう》型だったであろう。天守台は初代天守のものがそのまま使われたが、天守一階は南側に一間拡張された。そのため、天守穴蔵《あなぐら》（地階）入り口の門扉を入って少し進むと、かつての天守台正面の石垣に突き当たる。南正面が天守台より迫り出したのである。なお、穴蔵中央に大きな大柱《おおばしら》の礎石が現存しているが、これは二代目天守のものであろう。

　明治の取り壊し前の古写真や古記録によると、二代目天守は、三重三階、地下一階の望楼型天守で、二重二階の井戸櫓と付櫓を従えた複合式であった。一階（一重目）は平《ひら》八間半（六尺五寸間か）に妻《つま》七間、二階（二重目）は平七間半に妻六間、三階（三重目）は平五間半に妻四間と推定される。望楼型天守としては珍しく、一階妻側を南正面に向けていた。

　この天守の逓減《ていげん》は各重で四方から均等になっているので、層塔《そうとう》型でも建築可能である。層塔型であれば、最上重の入母屋《いりもや》破風《はふ》を正面に向けるために、一階の妻側を正面に向けていたと理解できる。さらに、南側へ天守一階を拡張したのも、南側を妻側とするためだったかもしれない。しかし、天守本体の一重目の屋根には、妻（南・北面）に望楼型の特徴となる入母屋破風、平（東・西面）にはその入母屋破風とほぼ同大の千鳥《ちどり》破風《はふ》があった。千鳥破風が余りにも大きいので、あたかも四方に入母屋破風があるように見え、極めて立派である。現存する高知城天守や熊本城宇土櫓《うとやぐら》、また今はなき福井城天守や米子《よなご》城（鳥取県）天守といった古式を継承する望楼型に共通する形式である。初代天守の外観を踏襲したものかもしれないが、元和再建にしては旧式で時代後れである。

　ところが、その大きな破風の大棟《おおむね》が二重目屋根と絡まるので、その大棟を二重目屋根の斜面に沿わせて上らせており、その点は最新式である。また、三階（三重目）が五間半に四間と大きく、関ヶ原以前の通例であった三間四方と比べて二倍以上もあり、その点でも新型天守であった。また、一階の平に切妻造《きりづまづくり》の出窓（石落《いしおとし》）を設けており、譜代大名の天守に好まれた意匠である。平の三重目屋根に軒唐破風《のきからはふ》を飾る。外壁は各階ともに黒い下見板《したみいた》張りであった。

　天守台下の北側には幅三間、西側には幅一間半の空き地があり、武者走《むしゃばし》りとなっている。古写真では、西側の武者走りには土塀が見える。天守台が本丸外周の城壁に直面せずに、武者走りを設けて少し内側に築かれているのは、石垣築造技術が未発達だった初期の近世城郭の特徴で、豊臣時代の大坂城天守にも見られた。

福山城天守

広島県福山市

広島城主の福島正則《まさのり》が広島城無断修築の罪で元和五年（一六一九）に改易《かいえき》され、その旧領の大半は外様大名の浅野氏が受け継ぎ、南東部の十万石を割いて譜代大名の水野勝成《かつなり》が襲封した。勝成は秀吉系大名を渡り歩いたこともあり、譜代大名の中では近世城郭の築城術に長けており、福山の新規築城を幕府から任された。元和六年に築城を始め、同八年に天守も完成した。天守は戦前の国宝に指定されていたが、戦災で焼失した。

福山城天守は、外観の屋根が五重、内部は地上五階、半地下一階の層塔型で、南正面に大きな庇《ひさし》（付庇《つけびさし》と呼ばれる、一重一階、半地下一階）を設け、その庇の東端に二重二階、半地下一階の付櫓を建てた形式である。天守に付櫓や小天守《こてんしゅ》を接合させた複合式天守に分

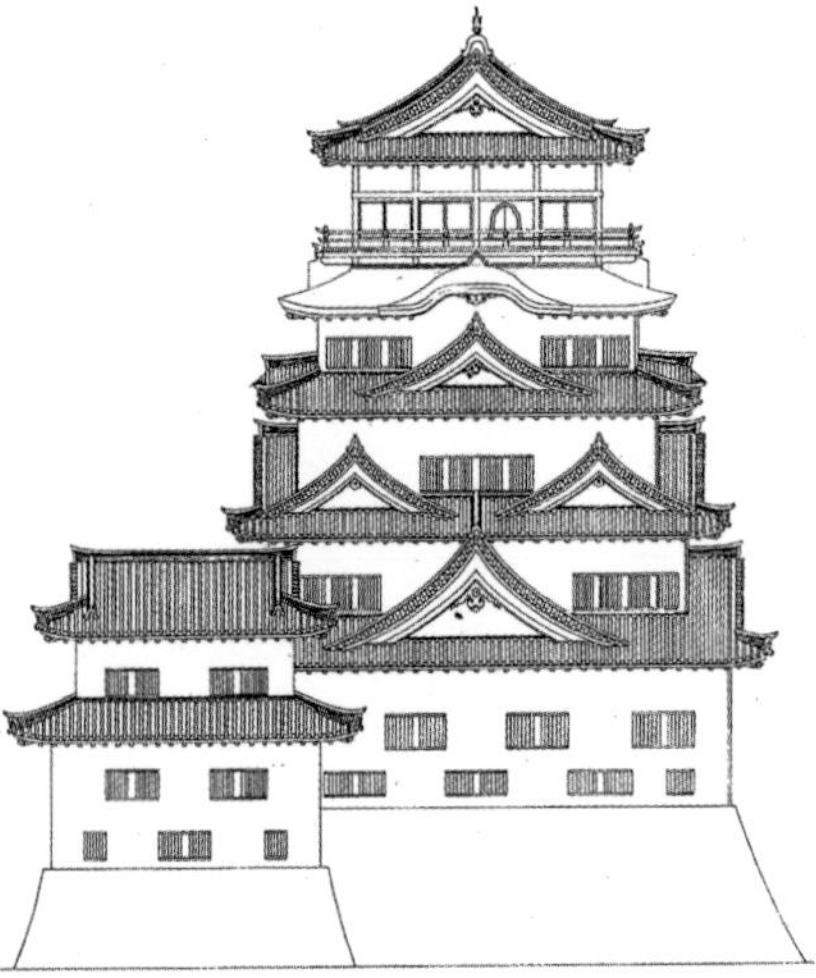

▲福山城天守創建時復元側面図

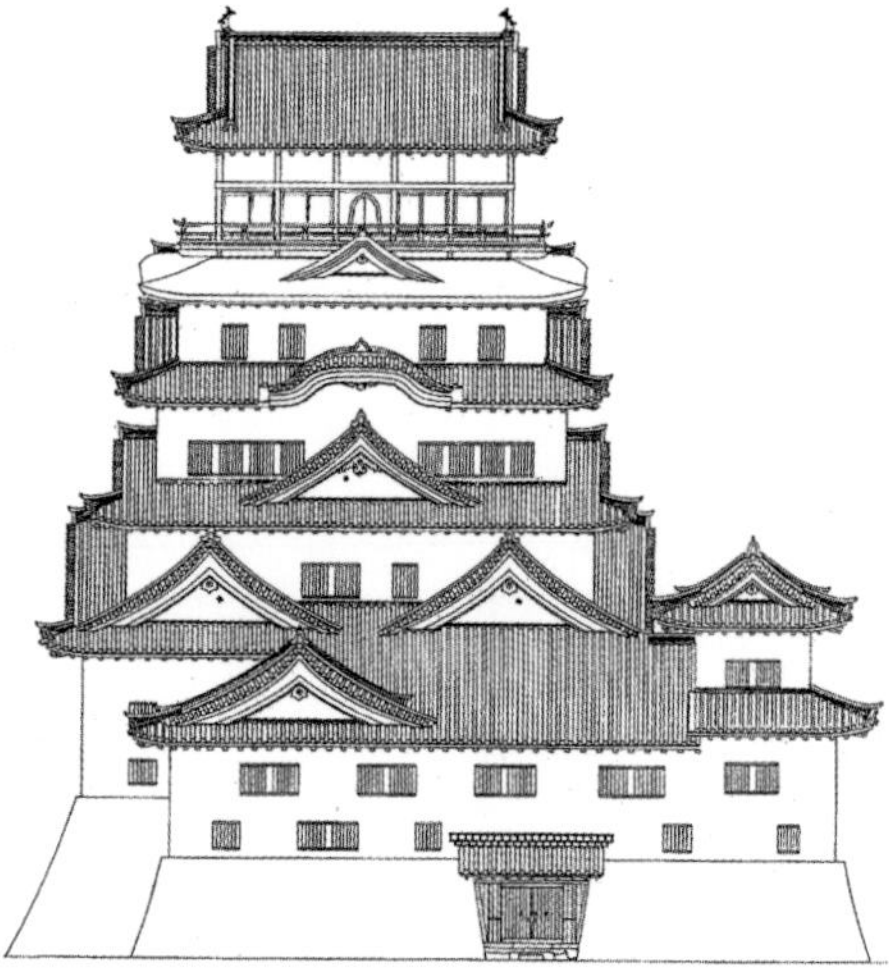

▲福山城天守創建時復元正面図

類され、その代表例の一つだった。なお、福山城の付櫓は二重櫓（付櫓は一般的に一重の平櫓）で規模が大きいので、小天守とするのがよい。付庇の地階から入り、付庇の地階内の坂を上って天守穴蔵《あなぐら》の入り口の門から天守に入る。天守地階は階高が大きく、穴蔵周囲の石塁天端《てんば》より半間ほど一階の床が上がっており、地階の周囲には窓が多数、開かれていた。この手法は後に幕府が大坂城天守を再建する際に応用されている。

一階（一重目）は、平九間に妻八間で入側《いりがわ》幅は二間を取る。柱間《はしらま》寸法は一定ではなく、身舎《もや》の平五間と妻の両脇間は七尺二寸間、身舎の妻の中央二間は七尺六寸間、入側は七尺四寸間だったと推定される。身舎の妻の中央二間が長いのは、その中央に大柱（直径一尺八寸〈約五五チセン〉）が立つからで、他の入側柱の一尺二寸より圧倒的に太く、それを調整したものであった。柱間寸法が天下人の五重天守に使われた七尺より大きいこと自体についても、一階の身舎柱が一尺二寸角と極めて太く、そのための柱間調整であった。

▲福山城天守（戦災前）
五階は仮設の板囲いで、突上戸が開かれている

一階から五階まで総ての階で、身舎の大きさは平五間に妻四間に統一され、入側の幅だけで逓減する。その入側の幅は、一階は十四尺八寸、二階は十尺、三階は六尺四寸、四階は三尺八寸で、五階は入側がなくなり身舎だけになる。層塔型五重天守では、上下階で柱位置が半間ずつずれてしまうのが常であるが、一階を

極限的に小さくしてその身舎の規模を小さく抑えることで、身舎の規模を最上階まで統一し、初めて上下階で柱の位置が揃えられた。極めて計画性が高い天守であって、層塔型天守の完成形と評価できる。

発展し尽くした高い建築技術によって、最上階（一一・〇六に八・六四メートル）が大きい割に、一階（一九・七六に一七・六六メートル）を極力小さく造ることに成功している。すなわち、一階と五階の大きさの差が史上で最も小さい天守だった。一階を小さくすることで建築費用を抑えながら、遠望された時に目立つように最上階を広島城や岡山城の五重天守の二倍以上の大きさに造ってあり、外様大名の巨大な五重天守を超えたように見える工夫がなされていた。その結果、天守の入側の幅だけを縮小して上重を載せていく構造になっており、五重天守では、福山城と江戸城天守（元和度・寛永度）だけに見られた最新工法だった。

各重の外観は、千鳥破風や唐破風を多数付けて飾ってあったので、初期の層塔型天守（丹波《たんば》亀山城や小倉《こくら》城など）と比べて極めて華やかだった。古写真や実測図によると、平には一重目屋根に比翼《ひよく》入母屋破風、二重目に千鳥破風、三重目に軒唐破風、四重目に千鳥破風を設けて飾り、妻は逆に一重目に千鳥破風、二重目に比翼入母屋破風、三重目に千鳥破風、四重目に軒唐破風を設けていた。これらの千鳥破風と比翼入母屋破風の内部は、棟から片側半分だけに狭い破風の間《はふのま》を設け、六角形の鉄砲狭間を一つずつ切ってあった。しかし、破風の間への出入り口には高い中敷居《ちゅうじきい》に板戸（室内から見ると窓と同意匠）が建てられており、出入り

▲福山城天守（戦災前）
北面の鉄板張り。短冊状の鉄板が隙間なく張られ、鉄板の継ぎ目が分かる。右側は西面で、通常の塗籠になっている

に極めて不便だった。

また、最上階には格式高く廻縁《まわりえん》を設け、西面を除いて中央部に華頭窓《かとうまど》を一つずつ開き、また西北隅の二間ずつを除いて中敷居に引違の窓を開いていた。最上階だけ壁厚を薄くして柱や長押《なげし》（白木《しらき》）を見せており、天守として最高の格式を総て揃えたものだった。ただし、廻縁は風雨に晒《さら》されて傷むので、江戸時代後期になると板囲いをされ、戦災前の姿は板囲いの状態であった。

内部の設《しつら》えについては、注目すべき特色があった。地階を除き総ての階で身舎には長押が打たれ、二階以上の階で身舎に天井を張り、三階と四階には二間幅の床《とこ》が設えてあった。五階では、北西部に二間四方の上段の間があった。幕末再建の松山城天守とともに、天守内部を座敷として扱う、格式が極めて高い稀有の天守であった。

ところで、四重目の屋根は、戦災前は他の重と同じ本瓦葺《はんがわらぶき》だったが、創建当時は板葺《いたぶき》(または柿葺《こけらぶき》)であった。その理由は、創建当時、五重天守は五十万石以上あるいは中納言以上の格式の大名だけに許されていたからと考えられる。四重目を板葺にすることで、その屋根が重数に算入されるのを避け、名目上は四重、実質的には五重天守とした。幕府の建前主義の表れであろう。森忠政《ただまさ》の津山城天守も四重目を板葺とし、細川忠興《ただおき》の小倉城天守は四重目屋根を省略しており、それらが類例だった。

福山城天守でもう一つ注目されるのは、背面側である北面の外壁である。北面以外は白漆喰《しろしっくい》の塗籠《ぬりごめ》だったが、北面は間近に城外が迫っていたため敵の大砲弾の直撃に耐えられるように鉄板を張り詰め、その錆止《さびど》めに黒チャンという黒色塗料が施されていた。一階から四階までが真っ黒な総鉄板張りだった。城門の扉や柱に鉄板を張り詰めた鉄門《くろがねもん》はあるが、天守の外壁を鉄板張りにした例は史上唯一であった。文字通り、鉄壁の構えだった。

会津若松城天守

福島県会津若松市

会津若松城は、公式には会津城で、地元会津藩では若松城と呼ばれたことが多い。現存する天守台は、秀吉に九十一万石を与えられた蒲生氏郷《がもううじさと》が文禄元年（一五九二）に築いたものである。関ヶ原の戦い以前の天守台としては全国現存最大で、広さは約三〇メートルに二五メートルもある。豊臣大坂城でさえ二五メートルに二三メートルしかなかったので、関ヶ原の戦い以前にその天守台の上面全部を用いて天守が建てられていたはずはない。隅に寄せるか、中央部に建てるかであろう。

ところで、明治七年（一八七四）に取り壊された会津城天守は五重の層塔型で、この巨大な天守台の北西隅に寄せて建てられていた。天守台の南側と東側には空地ができていて、その部位の石垣天端には土塀が掛けられていたのである。また、天守台南側には一段下がって走長屋《はしりながや》（多門櫓《たもんやぐら》）が接続しており、そこから天守台へ登ったところに切妻造の天守台入り口櫓（平櫓）が建っていた。

天守が隅に寄っていることについては、寛永十六年（一六三九）頃に豊臣系外様大名加藤嘉明《よしあき》の子の加藤明成《あきなり》（四十万石）が蒲生時代の七重天守（望楼型）を五重天守（層塔型）に縮小再建したからとされている。あるいは、氏郷の天守は慶長十六年（一六一一）の大地震で大破し、明治まで残っていた天守は氏郷の子、蒲生秀行《ひでゆき》（六十万石）が大改修したもので、その

▲会津若松城天守東面（取り壊し前）

際に五重の層塔型に改変されたとも考えられる。当時は「階」と「重」が混乱して使われており、蒲生時代の七重というのは七階を意味し、したがって地階を含めて七階建ての天守だったといえる。なお、蒲生時代とされる古絵図に七重天守が描かれているが、これは天守一階の腰屋根《こしやね》（土塀に続く小さな屋根）を大きく描きすぎたため一重が増え、ついでに上部に一重多く描きすぎて七重となったもので、五重天守を不正確に描いただけであって全く信用できない。

慶長十六年（一六一一）以降の再建であれば層塔型天守でも有り得るし、または寛永十六年（一六三九）に再建（あるいは改修）されたものとしても問題はない。実物の天守が現存しないので、慶長と寛永のいずれかは断定できないが、ここでは、明治に取り壊された天守、すなわち加藤氏以降の会津城天守について述べておく。

五重五階、地下二階の層塔型天守で、切妻造、一重一階、地下二階の付櫓を従えた複合式であった。天守一階（一重目）は十一間半（六尺五寸間）四方であり、天守の昭和再興前に残っていた礎石によると、中央間と両端間だけは少し広く八尺五寸間だったと藤岡通夫博士は記している。層塔型天守なので、その上階も総て正方形平面であって、各重で四方から一間ずつ整然と逓減していた。内部の間取りについては記録がないが、一階の両端間の柱間寸法が一間より長かったので、その幅が一階入側であったらしい。

古写真によると、穴蔵の入り口は天守台東面に開口し、その中段に太い石梁（現存）を渡して、その下に地下二階へ通じる扉、その上には付櫓の地下一階の白壁が直に載る。したがって、切妻造の付櫓の妻面は、天守台石垣が勾配《こうばい》によって後退する分だけ天端から外側へ突き出していた。付櫓は天守台の地下通路の上を覆って天守本体の一階に接続し、地下通路は天守本体の穴蔵まで通じていた。穴蔵は深く、地下二階になっていたと考えられる。その地下一階は天守台石垣の天端より高く立ち上がっており、いわゆる半地下構造（類例は熊本城小天守・福山城天守・徳川大坂城天守）で、西面では地下一階の立ち上がった外壁に鉄砲狭間を並べて切っていた。また、西面外壁においては、地下一階と一階との境に水切りのために短い腰屋根を付けており、六重天守にも見えた。

天守本体の東・西面には三階（三重目）に入母屋造

の出窓、南・北面には二階（二重目）に切妻造の出窓を設け、そのほかに飾りが全くない画期的な層塔型の造形である。清楚で気品が漂う。外壁は漆喰の塗籠で、新式の半間窓は、名古屋城天守と同じように格子の外側に土戸を引いていた。最上階の五階は、真壁造《しんかべづくり》にして柱や長押は白木とされて格式が高く、また廻縁を設けていた。屋根瓦は、江戸時代後期に凍害に強い赤瓦に葺き替えられていた。

戊辰《ぼしん》戦争では、官軍の集中砲火を浴び、大砲弾が多数命中して損傷したが、致命的な破壊は生じておらず、天守の防弾性能の高さが証明された。なお、古写真では損傷した外壁に下地の木舞《こまい》が見えているが、防弾性能が高い太鼓壁《たいこかべ》であったらしい。

高松城天守

香川県高松市

高松城は、豊臣系外様大名の生駒親正《いこまちかまさ》が讃岐《さぬき》一国を与えられて天正十六年（一五八八）に築城した平城《ひらじろ》で海城《うみじろ》である。現存する天守台は、隅部の算木積がやや未発達であって、慶長七年（一六〇二）から十五年に生駒一正《かずまさ》（十七万石）が築いたものである。その時に三重天守が創建された。その天守の姿は「高松城下図屏風」に描かれているものといわれ、それによると、三重四階の層塔型天守であって、最上階がその直下階より張り出す唐造《からづくり》（南蛮造《なんばんづくり》）であり、さらに一階が天守台より張り出しており、明治十七年（一八八四）に取り壊された天守と特徴が一致しているが、外壁が下見板張りであること、軒唐破風や比翼入母屋破風がないことが相違している。もちろん、絵画なので細部については信頼できないし、屏風の作製年代も当てにはならない。

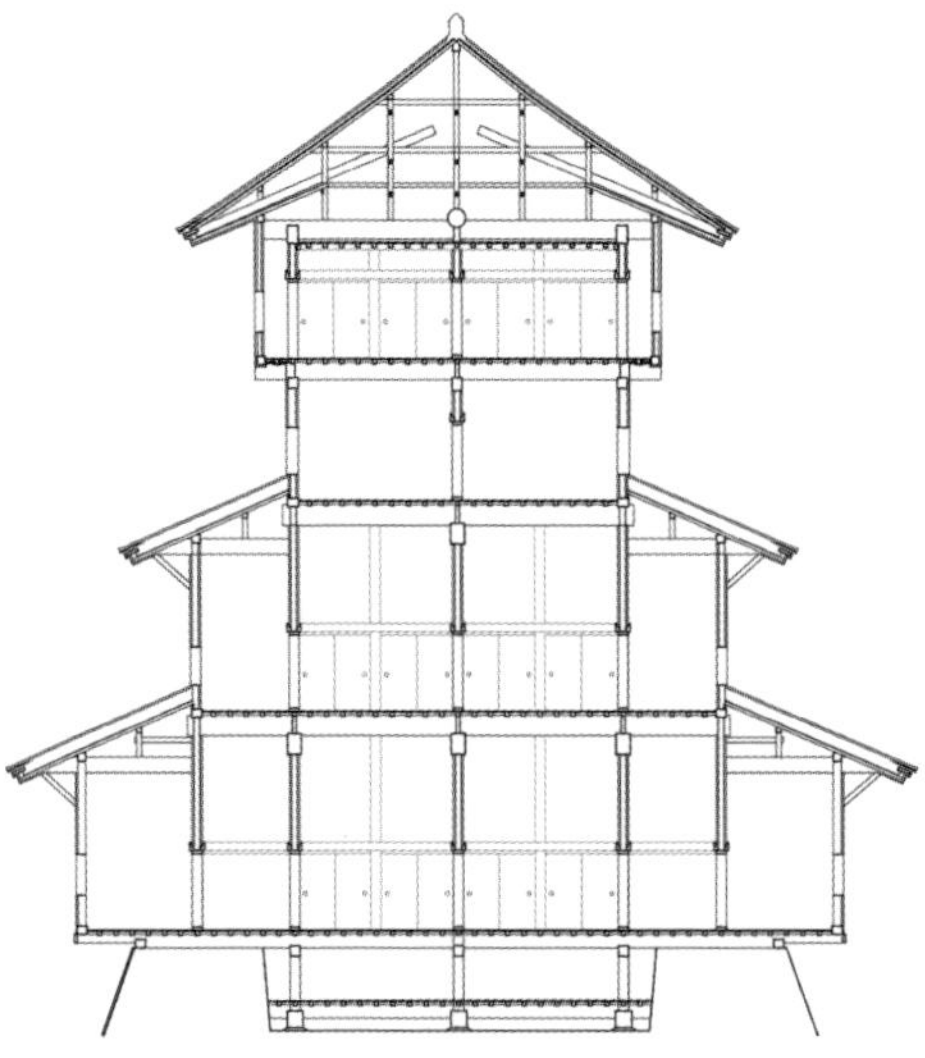

▲高松城天守復元断面図

生駒氏は寛永十七年（一六四〇）に生駒騒動で改易され、その後に城主となった親藩《しんぱん》大名の松平頼重《よりしげ》によって正保四年（一六四七）頃に天守が修理された。天守台の発掘調査の際に天守穴蔵から掘立柱《ほったてばしら》跡四つが発見されたが、それは正保の応急修理で補加された支柱であって、その当時、天守一階の床梁《ゆかばり》が腐朽して支柱が必要になったものと考えられる。それ以降も天守の老朽化が進み、寛文十年（一六七〇）に造替《ぞうたい》され、その天守が明治まで残っていた。造替の際には、天守台および地階礎石はほぼそのまま再利用され、古材も積極的に再利用されたものであって、完全な新築ではなかったといえる。

寛文造替の天守は、三重四階、地下一階の層塔型、唐造であった。地階は発掘調査によって礎石が出土しており、三間に二間半、すなわち十五畳大の部屋が田の字形に四室配されていたことが判明した。その四室のそれぞれ中央に掘立柱跡が見つかっている。生駒創建天守と松平造替天守は地階の間取りが同一であって、礎石も再利用されたものと考えられる。掘立柱跡については、創建天守の老朽化に対して掘立柱の支柱を加えて便宜的に補修したものと考えられる。したがって、寛文造替後には、その掘立柱は使われていない。なお、発掘調査によって、その柱穴から滴水瓦《てきすいがわら》が出土したので、生駒時代の天守には滴水瓦が使用されていたことが分かった。二間半という中途半端な柱間は、慶長期の小倉城や佐賀城の天守でも見られるもので、後述するように小倉城を参考にしたという伝承は蓋然性が高い。

▲高松城天守（取り壊し前）

一階は、古写真および記録されている規模からすると、天守台から外側へ一間近く張り出していた。同様な技法は慶長期の熊本城・萩《はぎ》城（山口県）・小倉城の天守に使われており、その時期の生駒創建天守に応用されていてもおかしくない。一階（一重目）は、平十二間半（六尺五寸間）、妻十一間半であって、熊本城天守とほぼ同規模で、姫路城大天守より少し大きかった。天守台上面（穴蔵周囲の石塁上《せきるい》）の発掘で、入側柱の礎石が発見されたので、入側の幅は二間よりやや短かった。一階の中心部には、地階と同じ十五畳大の部屋が四室配されていたとするのが至当であろう。その場合は、その周囲に一間半幅の入側状の部屋が取り巻くことになる。平側に軒唐破風付きの大きな出窓があり、華やかであった。一重目屋根妻側に比翼入母屋破風を設ける。また、鮮明な古写真からは、軒下に約五尺間隔で方杖《ほうづえ》（軒を支える斜め材）が並んでいたことが分かり、寛永期以降における側柱《がわばしら》を密に立てる技法が窺える。

二階（二重目）は、平九間に妻八間と大きく逓減し、妻側には比翼入母屋破風の間を突き出し、また軒唐破風付きの出窓を設けていた。二重目屋根平側に比翼入母屋破風を設ける。三階は平六間に妻五間で、平側に比翼入母屋破風の間を突き出す。三階には屋根がなく、四階が張り出していた。四階（三重目）は、平七間に妻六間で、周囲の半間幅の入側（縁側《えんがわ》）が外側へ張り出す。四階身舎および三階の規模は、地階の四室を合わせた規模と等しく、したがって各階は入側だけで逓減していたと考えられる。四階平側には、城郭史上最大の幅二間の華頭窓を開き、三重目屋根に軒唐破風を飾る。

通常の五重天守よりも巨大な一階平面をもちながら三重天守とするために、史上最大の逓減率と唐造が適用されて、均斉のとれた美しい造形が生まれた。軒唐破風付きの出窓と比翼入母屋破風を平と妻で交互に設けた巧みさや、史上最大の華頭窓も卓越した意匠である。日本の天守の白眉と評価される。

唐造であること、一階が天守台より張り出すこと、二間半の中途半端な部屋があることは、小倉城天守と一致しており、小倉城天守を参考にして高松城天守を建てたという伝承には首肯できる。しかしながら、それらの特徴は生駒創建天守にすでに存在したものらしく、生駒一正の事跡が松平頼重の頃のことと誤伝された疑いがある。

水戸城天守

茨城県水戸市

昭和二十年（一九四五）に米軍の空襲によって焼失した水戸城天守は、江戸時代の絵図や記録には「御三《ごさん》階《がい》」と記された天守代用の三重櫓だったが、その規模の壮大なことからすれば実質的に天守であった。したがって本書では、天守と記しておく。

水戸城天守の創建は、寛永年間（一六二四〜四四）に徳川頼房《よりふさ》が行った水戸城の大改修の時期とされるが、御殿《ごてん》建築に類する高層の楼閣《ろうかく》建築（会津若松城の三階楼閣は移築現存）であって、「三階物見《さんがいものみ》」と呼ばれていた。その三階物見は明和元年（一七六四）に焼失し、明和六年に二の丸御殿の南背面の平地に再建されたのが天守代用の御三階である。三重五階の層塔型天守で、天守台はなかった。

「御三階御絵図」（建地割図《たてじわりず》）によると、一階から三階までは六間（六尺五寸間）四方の正方形平面で、その三階分をまとめて一重目の屋根を架ける。そこから上重は逓減して、四階（二重目）は四間四方、五階（三重目）は三間四方となる。屋根は銅瓦葺《どうがわらぶき》であった。

最上重以外に破風は全くなく、典型的な層塔型天守である。最初期の層塔型天守には、最上重を除いて飾りの破風は全くなかったが、名古屋城天守以降になると多くの破風で飾られるようになった。水戸城天守は、再建年代が新しいが、最初期の層塔型天守の形態を再現している。

一階が六間四方という規模は、現存する公式な三重天守である宇和島《うわじま》城天守と同じであるが、三重三階の宇和島城天守と比べて三重五階の水戸城天守は遥かに高かった。「惣高六丈五尺程」と建地割図に記載されており、約一九・七メートル（宇和島城天守は一五・八メートル）もあった。公式には三重櫓だった丸亀城天

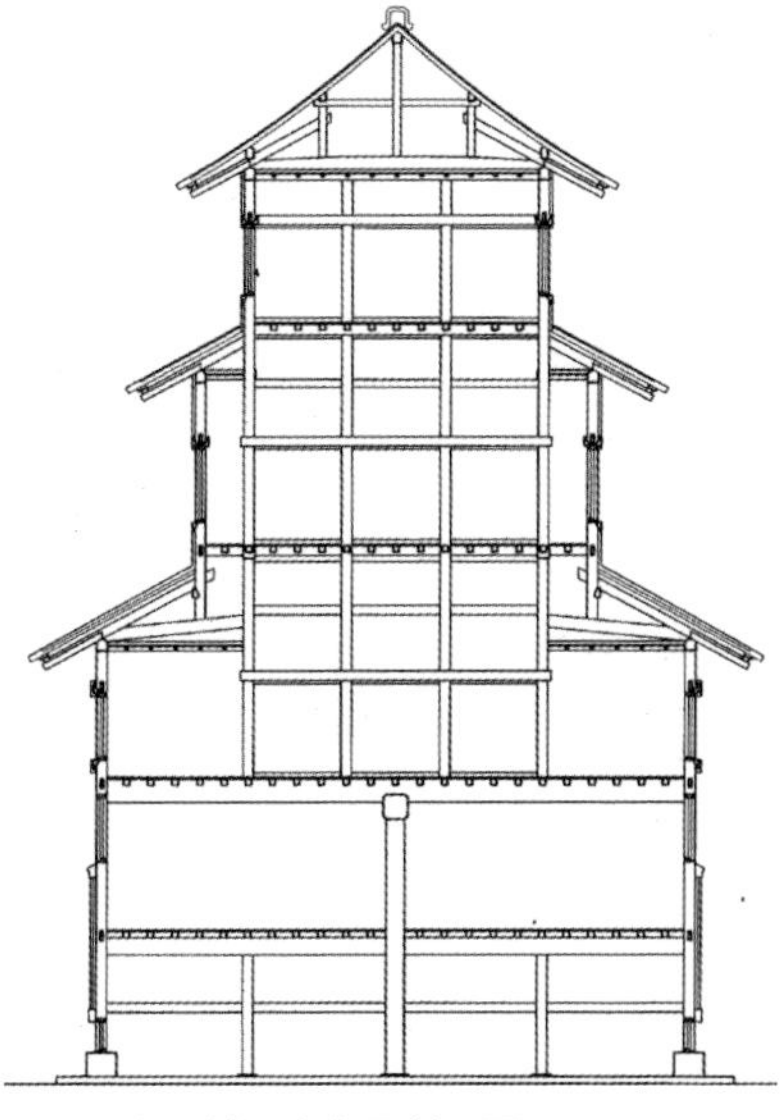

▲水戸城天守復元断面図

守と弘前《ひろさき》城天守の一階は、平六間に妻五間であって水戸城天守より小規模である。規模からすれば、水戸城の御三階は紛れもない公式天守だった。なお、慶長七年（一六〇二）に天守を焼失した金沢城では、天守の代用に「三階御櫓」を建てており、水戸城天守と同じ三重五階であったが、その一階は五間四方しかなく、かなり小さかった。

水戸城天守の第一の特色は、三階分をまとめて一重目の屋根を架けることである。小田原城（神奈川県）天守が二階を一重目としてはいるが、三階分は類例がない。そして、その高い一重目の外壁が風雨で傷まないように、その半分の高さ、すなわち一階半までの高さを海鼠壁《なまこかべ》としている。土壁の下部を風雨から保護するためには、下見板張りにするのが一般的であるが、それを高級にしたものが海鼠壁である。そこで注目されるのは、今はなき金沢城の三階御櫓である。三重五階の櫓で、一重目は二階分の高さがあり、その外壁は海鼠壁だった。しかも、海鼠壁の最下部には、地面に接して換気窓が開かれており、その点は水戸城天守と全く同じであった。また、水戸城天守が再建された江戸時代後期には、江戸府下に存した大名屋敷の周囲に一重二階の長屋（多門）が建てられており、特に高禄な大名家だった細川・黒田・尾張徳川などの長屋はその外壁の一階分を海鼠壁にしていた。水戸徳川家上屋敷の長屋も、残されている絵図からすれば、一重二階の海鼠壁であった。水戸城天守一階に背の高い海鼠壁が使われていたのは、風雨対策という実用性と当時の江戸の大名屋敷での流行からだった。

次に注目されるのは、一重目の外壁上部の仕上げである。白漆喰の塗籠であるが、柱形《はしらがた》を外に表す真壁造である。防火や防弾の性能からすれば外壁は厚い大壁《おおかべ》造《づくり》が優れ、水戸城天守では二重目と三重目が大壁造である。格式は真壁造が高く、大壁造は低い。姫路城大天守や犬山城・丸岡城の天守では最上階を真壁造、下階を大壁造として、最上階の格式を高めているが、水戸城天守では正反対に下階の格式が高く、上階の格式が低い。水戸城天守のような上下逆の例は、福山城伏見櫓しかない。水戸城天守の場合では、二の丸の城壁（土居《どい》）から少し引いて建てられ、しかも天守台石垣もなかったため、一重目の外壁は土塀や多門櫓に隠れて城外からはほとんど見えず、防弾の必要がなかったからであろう。二重目以上は外から見えて被弾の恐れがあり、厚い大壁が採用されたらしい。なお、一重目が高いのは、城外から二重目以上が見えるようにする工夫と考えられる。

水戸城天守は窓の形式にも特異性が見られる。一重目の上部である三階では、壁を全く設けずに、格子窓《こうしまど》を連続させていた。そのような類例は全くない。三階の入側には、天守建築としては異例なことに天井を張っており、三階内部を御殿の一種として扱っていたためらしい。また、二重目と三重目の四方に開かれた窓は、中央一間は両開きの土戸を外開きに設け、その両脇間は半間幅の格子窓の内側に引戸を設けていた。水戸城天守に独特な窓形式である。特に外開きの土戸の窓は、天守には例がない。

内部の構造も極めて個性的で、一階は総て土間であった。西尾《にしお》城（愛知県）天守の例はあるものの、天守としては珍しい。その中央に太い柱（牛請柱《うしこいばしら》）を一本立てて二階天井までの通柱《とおしばしら》とし、二階の床はその周囲に立てられた十本の柱で支えていた。しかし、二階内部にはこの牛請柱しかなく、その頂部に極めて太い牛梁《うしばり》を渡して、その牛梁に三間の長さの梁を架け渡して三階の床を支えていた。このような豪快な構造は他の天守には見られないもので、六間四方の大空間を、たった一本の太い柱でもたせた奇抜な構造だった。

▲水戸城天守（戦災前）
一重目屋根の下が三階分になっている。雨除けの海鼠壁は二階窓下まで立ち上がり、三階は連続した格子窓

三浦正幸 みうら まさゆき

広島大学名誉教授、工学博士、一級建築士

1954年10月、名古屋市に生まれる。1977年3月、東京大学工学部建築学科卒業。広島大学工学部助手・助教授を経て、1999年に広島大学文学部教授。専門は日本建築史・城郭史。神社・寺院・城郭・茶室・民家の歴史や構造などを文科・理科の両分野から研究。

松山城・宇和島城・津和野城・広島城・福山城・三原城・岡山城・赤穂城・名古屋城・横須賀城・諏訪原城・小島陣屋・上田城・松代城・二本松城などの国史跡の整備委員等を兼任。史跡吉川元春《きっかわもとはる》館跡台所・史跡万徳院跡風呂屋・史跡河後森城馬屋・史跡岡山城本丸供腰掛・史跡諏訪原城北馬出門・岡崎城東櫓・浜松城天守門・高根《たかね》城城門および井楼《せいろう》・西尾城二の丸丑寅櫓などを復元設計。

著書に、『城の鑑賞基礎知識』（至文堂）、『城のつくり方図典』（小学館）、『神社の本殿』（吉川弘文館）ほか多数。

［図版の出典および作成］

国宝・重要文化財指定の建造物の図面は、修理工事報告書等（本書続巻「櫓・城門編」に記載）から複写・補筆修正。岡山城天守は仁科章夫論文（「岡山城に就いて」建築雑誌502号、1927年11月）、名古屋城大小天守は名古屋市蔵。復元図は、宇根利典（福山城天守）、石井正明（萩城天守断面図・津山城天守）、土手内賢一（萩城天守立面図）、松田克仁（丹波亀山城天守）、山田岳晴（鎌刃城大櫓）、松島悠（駿府城天守・寛永度大坂城天守・水戸城天守・小松城天守・津城丑寅櫓）、中村泰朗（安土城天主・豊臣大坂城天守・小倉城天守・寛永度江戸城天守）、佐藤奈月（高松城天守断面図）／説明図は、千原美歩（P21、P52、P124）、金澤雄記（P38）、山田岳晴（P133、P141）、松島悠（P136）、柳川真由美（P147）／古写真は、『最新日本名城古写真集成』（新人物往来社、2002年5月）および著者所蔵写真から複写。名古屋城は『国宝史蹟名古屋城』から複写／その他の図版は著者の作成・撮影による。

［編集・本文レイアウト］

アルテ企画

［カバーデザイン］

川島進デザイン室

図説《ずせつ》 近世《きんせい》 城郭《じょうかく》の作事《さくじ》 天守編《てんしゅへん》

2022年1月31日　第1刷発行

著　　者　三浦正幸《みうらまさゆき》
発 行 者　成瀬雅人
発 行 所　株式会社 原書房
〒160-0022　東京都新宿区新宿1-25-13
電話　03（3354）0685
印刷・製本　株式会社 明光社印刷所

© 2022 Masayuki Miura, Printed in Japan

ISBN978-4-562-05988-1

本書のコピー、スキャン、デジタル化等の無断複製は、著作権法上の例外を除き禁じられています。
本書を代行業者等の第三者に依頼してスキャンやデジタル化することは、著作権法違反となります。